古典文獻研究輯刊

十八編

潘美月・杜潔祥 主編

第 2 冊

陳繼儒研究：歷史與文獻

高明 著

國家圖書館出版品預行編目資料

陳繼儒研究：歷史與文獻／高明 著 ─ 初版 ─ 新北市：花木
蘭文化出版社，2014〔民103〕
目 2+300 面；19×26 公分
（古典文獻研究輯刊 十八編；第 2 冊）
ISBN：978-986-322-610-9（精裝）
1.（明）陳繼儒 2.學術思想 3.文學評論
011.08   103001302

ISBN-978-986-322-610-9

9 789863 226109

古典文獻研究輯刊
十八編 第 二 冊   ISBN：978-986-322-610-9

陳繼儒研究：歷史與文獻

作　 者　高明
主　 編　潘美月　杜潔祥
總 編 輯　杜潔祥
副總編輯　楊嘉樂
編　 輯　許郁翎
企劃出版　北京大學文化資源研究中心
出　 版　花木蘭文化出版社
社　 長　高小娟
聯絡地址　235 新北市中和區中安街七二號十三樓
　　　　　電話：02-2923-1455／傳眞：02-2923-1452
網　 址　http://www.huamulan.tw 信箱 hml 810518@gmail.com
印　 刷　普羅文化出版廣告事業
初　 版　2014 年 3 月
定　 價　十八編 22 冊（精裝）新台幣 40,000 元

陳繼儒研究：歷史與文獻

高　明　著

作者簡介

高明，山東沂南人，2008 年畢業於復旦大學歷史系，獲歷史學博士學位。現供職於上海中國近現代新聞出版博物館（籌）編研部，主要從事近現代新聞出版史和明清江南地方史的研究。先後在《民俗研究》、《圖書館雜誌》、《中國學研究》、《韓國研究論叢》等雜誌發表論文十餘篇。

提　　要

　　陳繼儒（1558～1639 年），字仲醇，號眉公、眉道人，松江華亭人，歷經嘉靖、隆慶、萬曆、泰昌、天啓、崇禎六朝，二十九歲時放棄生員的身份，終生未仕，縱情山水間，是晚明著名的文化名人。

　　本文在重新編寫《陳繼儒年譜》基礎上，擬對陳繼儒的生平、學術、交遊、著述諸方面做一個全面細緻的考察，還原一個歷史上眞實的陳繼儒，並嘗試分析陳繼儒在晚明江南社會的歷史定位。

　　全文共分四章。第一章通過探究晚明江南地區出版印刷業的發展與對陳繼儒之影響，考察現存署名陳繼儒之總集、叢書的成書過程，爲下文的研究打下基礎。第二章討論陳繼儒的生活實踐與交遊，還原陳繼儒的生活趣味，展示出一個晚明江南士人的日常生活。第三章通過分析陳繼儒編纂的《虎薈》和《逸民史》，從文獻——社會風氣的角度來具體闡述陳繼儒在晚明江南地區社會風氣的影響。第四章通過討論陳繼儒的政治熱情，從關心地方公共事務和朝廷之內政外交，得出陳繼儒實爲晚明江南社會中朝廷與地方的雙重聯係人，理應成爲明代社會主導群體的一員。

　　在此基礎上，本文嘗試分析明人和清人對陳繼儒評價的轉變，最後得出本文對陳繼儒的評價，分析陳繼儒在晚明江南社會的歷史定位和歷史作用。

目次

緒　論

第一節　學術史回顧

　　晚明江南地區的經濟發展和社會變遷引發了眾多史學家的思考，對此問題的探討一直是學界的熱點。就社會成員而言，士人群體最能反映晚明江南社會的內在變化，而陳繼儒是其中較為特殊的代表，具有其獨特的意義。

一、陳繼儒其人

　　陳繼儒（1558～1639 年），字仲醇，號眉公、眉道人，松江華亭人。生於明嘉靖三十七年（1558）十一月初七，卒於崇禎十二年（1639）九月二十三，享年八十有二，歷經嘉靖、隆慶、萬曆、泰昌、天啓、崇禎六朝，二十九歲時放棄生員的身份，終生未仕，縱情山水間，是晚明著名的文化名人。

　　陳繼儒既沒有顯赫的家世，只是二十一歲的時候中了秀才，此後再無任何的功名，其子只是作為生員，也沒有獲得一官半職，此後家道衰落，幾乎沒有受到陳繼儒的任何影響，子孫泯然眾人矣。但陳繼儒在晚明社會尤其是江南地區卻聲名日隆，「王元美、陸平泉兩先輩為斯文宗匠，引仲醇為小友」〔註1〕；「同郡徐階特器重」，「與董其昌齊名」；〔註2〕「玄宰久居詞館，書畫妙天下，推仲醇不去口，海內以為董公所推也，咸貴仲醇」。〔註3〕陳繼儒的

〔註1〕 姜紹書《無聲詩史》卷四，《四庫存目叢書》子部 72 冊，第 743 頁。
〔註2〕 張廷玉等《明史》卷二百九十八，中華書局年 1974 年，第 7631 頁。
〔註3〕 錢謙益《列朝詩集小傳》，《明代人物傳記叢刊》第 11 冊，臺北明文書局 1991

名聲越來越大，以至「天子聞其名」。楊廷筠、吳甡、何喬遠、沈演、閔洪學、黃道周、曹文衡、解學龍等人薦舉陳繼儒。〔註4〕

至清初纂修《明史》，陳繼儒亦得入只選 12 人的《隱逸列傳》，地位不可謂不高。但是在乾隆朝四庫館臣的正統眼光那裡，陳繼儒本人和著作得到的卻是一無是處的評價，《四庫全書總目》評價《逸民史》「並非高逸者，皆濫入之，未免擇之不精也。」評價《虎薈》：「是書凡所引用，多拉雜無倫。」評價《巖棲幽事》稱「詞意佻纖，不出明季山人之習」；更把導致晚明文風、世風敗壞的矛頭指向了他，「然正嘉以上，淳樸未漓，猶頗存宋元說部遺意。隆萬以後，運趨末造，風氣日偷。道學侈稱卓老，務講禪宗，山人競述眉公，矯言幽尚。」「明之末年，國政壞而士風亦壞，掉弄聰明，決裂防檢，遂至於如此，屠隆、陳繼儒諸人不得不任其咎也」；「三書識趣議論，出入於屠隆、陳繼儒、袁宏道之間，蓋明末風氣如是也。」這與陳繼儒在晚明社會中的名聲形成了鮮明的對比，但四庫館臣的評價也恰恰承認了陳繼儒對晚明社會的文人性格、社會風氣的巨大影響，進而到了清代中期以後，對陳繼儒的評價更加嚴苛，「陳眉公、李笠翁諸人，行業未嘗不可，結富貴之歡，仰聲勢之庇，僞託於清流之末也。」〔註5〕單就此而言，陳繼儒就是一個值得仔細研究的人物。

二、學術界關於陳繼儒的研究

陳繼儒這樣一位生前在晚明文化界頗有影響、其後又頗有爭議的人物，前人對其研究主要集中在文學和藝術兩個方面，包括小品文、散文、小說、尺牘等和書畫作品、文化性格方面，這個方面的成果也最為顯著。

（一）文學方面

首先，最為普遍的是將陳繼儒放入晚明文學史的研究範圍之中，陳萬益《晚明小品與明季文人生活》〔註6〕、吳承學《晚明小品研究》〔註7〕、尹恭

年，第 677 頁。

〔註4〕 詳參萬曆三十五年、天啓三年、崇禎三年、崇禎四年、崇禎五年、崇禎十年譜。

〔註5〕 章學誠著、倉修良注《文史通義》內篇五《書坊刻詩話後》，浙江古籍出版社 2005 年，第 391 頁。

〔註6〕 陳萬意《晚明小品與明季文人生活》第三章《論李卓吾與陳眉公——晚明小品作家的兩種典型》，臺北大安出版社 1992 年，第 100～115 頁。

弘《小品高潮與晚明文化——晚明小品七十三家評述》〔註8〕都是把陳繼儒的文學作品作爲一個章節來進行討論的。以上研究在承認陳繼儒文學作品局限性的同時，都肯定了其文學作品的價值和在晚明文學中的地位，指出陳繼儒代表了晚明社會中的一種文化價值取向。對於陳繼儒的小品成就，牛弘恩的《晚明小說家陳繼儒論》對陳繼儒的生平思想、文學主張、小品特色三個方面進行了較爲詳細的評述。〔註9〕他認爲陳繼儒的文學主張在大方向上「與公安派、竟陵派是一致的」，「主張書寫性靈、反對復古泥古、提倡新變」。在吳承學、李光摩的《晚明心態與晚明習氣》〔註10〕、趙軼峰的《山人與晚明社會》〔註11〕爲代表的論文中對陳繼儒也有深刻的討論。

近年來出現了一些對陳繼儒的文學成就進行專門研究的碩士論文：李鳳萍《晚明山人陳眉公研究》（東吳大學中文研究所 1985 年碩士論文）是最早的一篇對陳繼儒的生平、交遊、文學、著作進行系統研究的文章，尤其對陳繼儒的文學觀、小品文、詩歌用功甚勤，並編製了一個簡單的《陳繼儒詩文繫年》。

張靜秋《陳繼儒與晚明山人文化》（南京師範大學中文系 1997 年碩士論文）是大陸最早對陳繼儒文學成就進行系統研究的論文，其主要的研究成果已通過其三篇論文體現出來。〔註12〕作者在對陳繼儒小品的理論、價值取向、審美特徵進行了闡述，認爲「陳繼儒對晚明小品的興起、形成、風格、價值都有精到的理論見解，他的小品創作注重對凜然正氣的張揚、眞情至上的崇尚、個性自我的肯定、閒逸生活的追摹，意象淡靜典雅，語言整麗細婉，意境青逸放曠，表現出獨特的價值取向和審美特徵。」楊曉菁《陳繼儒及其小品研究》（臺北市立師範學院應用語言文學研究所 2002 年碩士論文）、包建強《陳繼儒及其小品文研究》（西北大學中文系 2005 年碩士論文）、李菁《晚明

〔註7〕　吳承學《晚明小品研究》第三章第三節《陳眉公小品》，江蘇古籍出版社 1999年，第 92～107 頁。
〔註8〕　尹恭弘《小品高潮與晚明文化——晚明小品七十三家評述》第十九章《富有生活情趣的小品作家——陳繼儒的小品藝術》，華文出版社 2001 年，第 176～185 頁。
〔註9〕　《北京社會科學》1999 年第 3 期。
〔註10〕　《文學遺產》1997 年第 6 期。
〔註11〕　《東北師大學報》2001 年第 1 期。
〔註12〕　《陳繼儒的文化性格及其成因》（《南通師範學院學報》2000 年第 1 期）、《晚明大山人陳繼儒的小品創作成就》（《安慶師範學院學報》1999 年第 3 期）和《放性行文繪浮世——陳繼儒文學研究之二》（《寧波大學學報》2002 年第 3 期）。

文人陳繼儒研究》（上海師範大學中文系 2006 年碩士論文）、宋桂芬《論陳繼儒的人生哲學》（華東師範大學中文 2006 年碩士論文）、劉元元《陳繼儒詩學思想研究》（首都師範大學中文系 2011 年碩士論文）、吳艷麗《陳繼儒序体文研究》（蘭州大學中文系 2012 年碩士論文）都是以陳繼儒文學方面的成就爲主要研究對象，但在深度上並沒有突破李鳳萍、張靜秋的研究水平。

以上研究存在的最基本的問題就是「未審其書而論其人」，沒有對署名陳繼儒的著述作一認眞的考辨就加以利用，利用一些託名陳繼儒的著述對陳繼儒進行討論，比如張靜秋等人利用託名陳繼儒的《小窗幽記》來討論陳繼儒的小品文思想，未免有「皮之不存，毛將安附」之嫌，同時對《陳眉公先生全集》視而不見。

李斌的《陳眉公研究》（中山大學中文系 2003 年博士論文）是對先前研究的一個總結和概括，在對陳繼儒生平、著述、交遊進行介紹的同時，着力分析了陳繼儒在散文和詩詞上的地位，並且力圖聯繫晚明文風、士風來討論陳繼儒的人格、思想、創作等，並探討了世人對陳繼儒的評價與接受。〔註 13〕

作爲目前文學領域陳繼儒研究最爲全面和系統的成果，李斌的博士論文在文獻和史學領域仍有較大的不足。首先，對陳繼儒其子陳夢蓮所作《眉公府君年譜》深信不疑，編製的《陳眉公年表》中完全引用《眉公府君年譜》而不加以考證，這就存在很大的問題。因爲在史學研究中，如何對待明人年譜的利用需要注意很多問題，尤其是譜主後代編寫的這類年譜，要注意曲筆、遺漏、與正史記載的關係等等。〔註 14〕陳繼儒的長子陳夢蓮學識有限，僅爲一生員，對照《明實錄》、《明史》和其他基本史料，可以發現陳夢蓮所著《眉公府君年譜》中單單黃道周等人薦舉陳繼儒的時間就錯誤頻出，且多有誇大其父事跡的內容。〔註 15〕此外通過檢閱《全集》，還可以發現《年譜》所記史實與陳繼儒自述也有很大的出入。〔註 16〕其第一章《陳眉公生平考述》則基

〔註 13〕其部分成果有《陳繼儒別號考略》（《學術研究》2002 年 12 期）、《明清人眼中的陳眉公》（《中山大學學報》2003 年 1 期）、《陳繼儒室名考略》（《學術研究》2003 年 8 期）、《陳眉公著述僞目考》（《學術交流》2005 年 5 期）、《陳眉公家世生平述論》（《廣東外語外貿大學學報》2006 年 4 期）、《晚明「山人」與晚明士風——以陳眉公爲主線》（《學術月刊》2006 年 6 期）等。

〔註 14〕南炳文《論明人年譜的價值和利用》，《求是學刊》2004 年 6 期。

〔註 15〕例如《舊譜》崇禎六年條，將崇禎四年沈演、崇禎五年閔洪學薦舉陳繼儒置於六年。

〔註 16〕詳參萬曆三十七年、崇禎四年譜。

本上是《眉公府君年譜》的白話翻譯。第三章《陳眉公交遊考述》將陳繼儒的交遊分爲達宦、鄉賢、文人；婁東四王及其子弟；方外及門生三個部分進行介紹，所謂的考述就是將所選人物傳記的堆積。更何況此种分類本身就是值得商榷的，達宦、鄉賢、文人選取的徐階、陸樹聲、董其昌、何三畏、王思任、徐霞客、鍾惺、項氏父子、吳從先、華淑、魯得之、許自昌、唐泰、周履靖、李日華並不能完全代表作者所限定的這個範圍，與陳繼儒交遊聯繫密切的蘇松地區的地方官員只選取一個青浦縣令（後爲松江府學教授）王思任是不能說明任何問題的，中央官員中只有陳繼儒的前輩徐階、陸樹聲，當陳繼儒聲名鵲起時他們早已作古，錢士升、唐文獻、錢龍錫與陳繼儒交往更加密切的閣臣反而是沒有選入；而作爲陳繼儒的後輩几社代表人物陳子龍、夏允彝等，陳繼儒交遊廣泛的隱士朋友如殷仲春等也沒有列入。而列入的吳從先、華淑與陳繼儒的交遊情況，目前還沒有發現第一手的資料來證明。第二部分婁東四王及其子弟其實也應屬於第一部分的範圍。第三部分中不知何故，收入揚州名妓王微。這樣的分類標準不合理，選擇的人物又不能具有代表性，既難以說明陳繼儒交遊者的身份和地域特徵，更不可能全面把握陳繼儒的交遊圈，意義不大。

其次，在行文過程中對一些史料沒有仔細研讀，比如認爲陳繼儒在天啓六年撰寫了《隱君春門徐公墓誌銘》，其實不然，如果仔細分析，則發現只是陳繼儒撰寫墓誌銘時回憶此年徐弘澤子栢齡來訪陳繼儒。〔註 17〕作者還認爲陳繼儒編纂《虎薈》只用了一個月時間，其實陳繼儒在前言中說的非常清楚了，「余自丁酉六月二十三日，始困瘧垂，戊戌之六月二十二日而瘧良已。蓋首尾屈指凡一朞焉，」明明是一年之後《虎薈》才成書。〔註 18〕亦有一種可能是作者並沒有親自利用明刻本的《陳眉公先生全集》。〔註 19〕

最後，對陳繼儒的政治思想和傾向分析地不夠深入。研究歷史人物而不考究其政治思想，使得人物形象並不完整。李斌簡單得認爲陳繼儒與官員交往乃是遊走官卿門下。其實不然，作爲一名在野的知識分子，陳繼儒對晚明

〔註17〕詳參天啓六年譜。
〔註18〕詳參萬曆二十五年譜；李斌《陳眉公研究》第 16 頁。
〔註19〕李斌《陳眉公年表》所引《陳眉公全集》（以下簡稱《全集》）史料，只有條目而無内容，且在第二章中認爲《金山衛議》等並無著錄，其實《全集》卷六十就有《金山衛議》，故對李斌在研究過程中是否利用此集存疑。

立儲、黨爭、閹黨、邊患都有自己的觀點和主張，陳繼儒與官員之間的交往是一種互動的關係，通過這些交往，在士人群體中產生了較爲廣泛的影響，從而使其獲得美譽，如果拋開這些，則使陳繼儒的研究缺少了更加豐富的色彩。

　　近年來有人開始嘗試探尋陳繼儒與晚明世風、文風之關係。王秀珍《論陳繼儒與晚明思潮的互動關係》（東吳大學中國文學研究所 1996 年碩士論文）則詳細分析了陳繼儒作品、思想、學術與時代風尚的關係，探尋陳繼儒思想內涵的精髓，從陳繼儒經世致用精神的探討，亦可探尋在晚明經世學風蓬勃而起的時代，在野知識分子用何種的方式，彰顯經世理念，表達救國經世之心。趙楠《陳繼儒——晚明士風的一個個案研究》（東北師範大學歷史系 2005 年碩士論文）探討了陳繼儒生存的時代背景，而通過陳繼儒與東林人士的比較，勾勒出晚明在野士人救世的另一圖景。陳繼儒本人既隱又顯的複雜身份，顯示出晚明時期，教育水平提高與國家制度的緊張關係，顯示出中國古代士人與國家關係逐漸疏離的趨向。夏咸醇《論晚明隱士陳繼儒》、段江麗《論陳眉公之隱逸》〔註 20〕則對陳繼儒的歸隱的原因、特徵進行了討論。趙獻海、趙楠的《陳繼儒山人身份考辨》〔註 21〕，通過討論陳繼儒山人形象的賦予，反映了清朝對於社會控制加強的歷史走向，而且揭示出士人在這一改變中可以施展影響的社會空間逐漸狹小，士人的社會地位呈現下降的趨勢。同時，清人對陳繼儒形象的再塑造及其對於後世的巨大影響，反映出歷史可以隨着時代的變遷而逐漸獲得不同的解讀，解讀本身甚至在一定時期可以取代史實本身，成爲人們心目中的歷史眞實。這與本書的結論有相似之處。

　　以上這些成果同樣也存的一個問題就是，幾乎沒有人利用與陳繼儒交遊的人物的文集中所記載的與陳繼儒的交遊情況，即沒有從第二者的角度來補充陳繼儒的生平，更少有利用《明史》、《明實錄》等正史和基本史料者，反而多採用一些《中國美術年表》這樣一些二手甚至三手的資料來組織史料，造成一些陳繼儒行跡的史實值得商榷。雖然幾乎所有論文都有章節對陳繼儒的生平交遊進行討論，但是人云亦云，將陳夢蓮編《眉公府君年譜》視爲瑰寶，反而沒有對《陳眉公先生全集》即行細緻的解讀和利用，比如趙楠《陳繼儒——晚明士風的一個個案研究》就花費大量篇幅利用一些《明史》、《無

〔註20〕《天府新論》2004 年第 3 期；《中國典籍與文化》1999 年第 4 期。
〔註21〕《史學月刊》2007 年第 4 期。

聲詩史》等二手史料來討論陳繼儒何時遁入山林，其實《全集》中陳繼儒就多次提到自己「萬曆丙戌年裂青衿」，即 1586 年 29 歲的時候放棄生員身份。〔註22〕對陳繼儒的交遊沒有作細緻的考訂，章工部、顧光祿這種稱謂比比皆是，字、號不分，籍貫、官職混淆，如李菁《晚明文人陳繼儒研究》中第 27～33 頁所附陳繼儒交遊表就是最爲明顯和集中的反映，編製這樣一個姓名、籍貫、字號完全不分，甚至不知所云，出現諸如交遊人物中有「純父司馬」、「懷寇毛公」、「清谿王」這樣字眼。既然編製交遊的表格，最主要的當然就是人物的姓名，籍貫、身份，把字號和官職混爲一談的表格反而給讀者帶來更大的混亂，這些就造成了對陳繼儒生平、交遊、著述的研究重複勞動比較多，但是沒有實質性的進展，反而對陳繼儒的生平並沒有做出一個眞實全面地描述。更有不利用《陳眉公先生全集》而研究陳繼儒之論文，不知這樣的研究會得出何種結論。

（二）在有關陳繼儒的文獻、繪畫整理考訂方面

前人對陳繼儒的著述研究做出了一些扎實而有效的工作。朱万曙將署名陳繼儒的戲曲評點著作作爲明代戲曲評點的三大署名系統之一進行了細緻地研究，通過仔細查閱各大圖書館的收藏情況，統計出包括《六合同春》在內署名陳繼儒批評的曲本共有 15 种，着重將師儉堂的 13 种在版本上進行了辨析，這一點具有重要意義。但是最後作者認爲署名陳繼儒的戲曲點評著作還是具有較高的可靠性的。〔註23〕但是本人通過對陳繼儒《全集》的翻閱，則更傾向於蔣星煜和黃仕忠的觀點，對陳繼儒批評本的眞實性表示懷疑。〔註24〕

劉漢忠《陳繼儒信札選錄（一、二）》〔註25〕是作者將柳州市圖書館歷史文獻部發現的陳繼儒信札抄本一冊，計 168 通，其中有關書畫活動及與書畫家交往的信件 24 件和 40 件，加以標點，有文句明顯錯訛者因無法比勘，只能保持原貌，並對受信人的情況略加注釋。作者認爲書札大部分寫於明萬曆

〔註22〕詳參萬曆十四年譜。
〔註23〕朱万曙《明代戲曲評點研究》第三章《明代戲曲評點的三大署名系統》第三節《「陳評」系統》，安徽教育出版社 2002 年，第 81～93 頁。
〔註24〕蔣星煜《〈西廂記〉的文獻學研究》之《陳眉公評本〈西廂記〉的學術價值》，上海古籍出版社 1997 年；黃仕忠《〈琵琶記〉研究》之《陳眉公批評本〈西廂記〉是贗本》，廣東教育出版社 1996 年。
〔註25〕《朵雲》1990 年第 4 期、1992 年第 3 期。

四十五年（1617）前後，並經上海圖書館善本特藏部沈津幫助核對，認為這冊書札內容未見於已刊的《陳眉公十種藏書》及《陳眉公全集》中。其實不然，這些選錄的書札中就有見於《全集》中﹝註26﹞，至於這冊信札的成書過程，現在還難有一個較為合理的解釋。日本長澤規矩也編輯、解題的中國歷史資料與此相關的有《和刻本漢籍隨筆集》20集（1974年）中陳繼儒的《群碎錄》。就陳繼儒的一部作品進行研究的有黃大宏、張天莉的《明陳繼儒〈虎薈〉研究》﹝註27﹞，雖然對《虎薈》的虎故事類型及其文獻價值做了全面的分析，對此書作出了較高的評價。遺憾的是作者對《虎薈》的直接材料來源——仍然流傳至今的《虎苑》卻作佚亡來處理，導致對《虎薈》的材料來源的分析有很大的偏差，也沒有對《虎薈》的大規模傳播所反映的晚明江南地區的社會風氣之間的關係進行深入的研究。杜澤遜《明刊〈福壽全書〉辨偽》﹝註28﹞一文將署名陳繼儒的明刻本《福壽全書》考訂對刊，認定此書為託名陳繼儒，實為書商將鄭瑄的《昨非庵日纂》初集加以竄亂、改題並翻刻而成的。

（三）書法藝術方面

馮勇《陳繼儒書法年表及相關問題研究》（南京師範大學2006年碩士論文）是一篇美術史方面的碩士論文，該文對陳繼儒的印學活、書法題跋等方面的研究較為平淡，其所附「陳繼儒書法年表」也沒有跳出其他碩士論文中所做陳繼儒詩文繫年的範圍，但作者最大的貢獻當屬利用其專業知識和學術背景所具有的優勢，參考各大博物館、文物所的收藏情況，以作品名稱、形式尺寸質地、創作年代、收藏地四項，編製了一個「陳繼儒書法作品一覽表」，共收錄了作者知見的119件陳繼儒書法作品。雖然這些作品的真偽有待考證，但此表卻為以後對陳繼儒進行更深入的研究提供了一個最基本的史料來源。陳亮霖《晚明松江書派研究》（國立屏東教育大學中國語文學系2007年碩士論文）專關一節討論陳繼儒的書法藝術，一節討論董其昌、陳繼儒的書法活動。黃惇在《中國書法史・元明卷》（遼寧美術出版社2001年）對陳繼儒也多有論述，認為陳繼儒書在蘇、米之間，同董其昌意趣相似。2013年7月14日，西泠印

﹝註26﹞ 比如收錄的《與包儀甫爾庚》與《全集》卷五十六《與包儀甫》實為一文，但文字稍有出入。
﹝註27﹞ 《文獻》1999年第3期。
﹝註28﹞ 《文獻》1996年第3期。

社 2013 春拍中國書畫古代作品專場，陳繼儒《梅花冊》以 2000 万起拍，終以 2898 万成交，足見陳繼儒書畫的水準與價值。趙志成在《傳明陳繼儒〈達摩渡江圖〉考辨》〔註 29〕一文中從題材及繪畫的技巧等方面就考釋出此圖作者應為孫克弘（1533～1611）的可能性非常大，但是作者也沒有找到為何此圖託名陳繼儒的原因。

　　近年來對陳繼儒的研究在廣度上有所增加，況克彬《陳繼儒的造園活動與造園思想探析》（上海交通大學農業與生物學院 2013 年碩士論文）一文，首次對陳繼儒的園林進行了系統研究，對陳繼儒造園活動進行了完整梳理，利用其一生中親自建造並用於自身隱居的六個園林的相關資料，包括造園時間、由來、建造情況、園林要素、造園手法等，得出陳繼儒造園活動的基本規律和基本模式。選址：遠離城市；建築：規模小，風格簡陋；植物：松竹梅菊，文人君子喜聞樂見的植物，以及能自食待客的瓜果蔬菜等；空間：空曠清幽；管理：專人負責；園居：琴棋書畫，文人生活；功能：隱士所居，頤養天年。進而探析陳繼儒的造園活動與造園思想，從而對陳繼儒本人有更全面的認識。作者繪製的大量表格，對豐富陳繼儒研究亦多有啟發。涂伯辰《清閒與戒懼──從陳繼儒見晚明人心態》（載《全球化明史研究之新視野論文集（二）》，東吳大學 2008 年）則以陳繼儒為討論中心，從清閒和戒懼討論了晚明士人的心態。李微微《陳繼儒旅遊活動初探》（東北師範大學 2011 年碩士論文）按其生活的不同時期分成四個階段對陳繼儒的旅遊活動進行研究，並分析了旅遊活動對陳繼儒詩詞、遊記、尺牘、序跋等文學作品創作的影響，以及這些作品中蘊含的文學觀及其形成的歷史背景。最後，從休閒觀、旅遊主體、舟遊以及游道四個方面來總結陳繼儒的旅遊觀。

第二節　本書的基本目的及研究思路

一、本書的研究目的

　　第一，在全面解讀《陳眉公先生全集》的基礎上，重新編定《陳繼儒年譜》，展示陳繼儒的日常生活，還原一個歷史上真實的陳繼儒。

　　如前所述，前行諸研究普遍存在的一個基本問題就是對其子陳夢蓮所編

〔註 29〕《收藏家》1996 年第 18 期。

寫《眉公府君年譜》〔註30〕深信不疑，生平考述就是《眉公府君年譜》的白話文翻譯，生平交遊、日常活動模糊不清，而上述所有編製過陳繼儒詩文繫年或簡譜的文章都是完全引用《眉公府君年譜》而不加以考證，而且內容都沒有超出《眉公府君年譜》的範圍。因此，本書的第一個目的就是在全面閱讀《全集》的基礎上，將《眉公府君年譜》進行考證，充分利用陳繼儒交遊的好友所存文集中有關與陳繼儒交遊過程的史料，並且結合《明實錄》、《明史》等官方史料，《石渠寶笈》等書畫集，陳繼儒生平交遊的文集、年譜等，重新編寫《陳繼儒年譜》，還原陳繼儒的眞實的日常生活。

第二，考察署名陳繼儒的著述，尤其是《全集》、《眉公先生晚香堂小品》、《晚香堂集》、《白石樵眞稿》的成書過程、他們之間的關係以及《寶顏堂祕笈》的成書情況。

由於陳繼儒在晚明具有極高的聲譽，其因此託名陳繼儒的著述、字畫不勝枚舉，其所著、所編、校訂之書和大量的繪畫、書法著作眞僞混雜，更有不肖書商將其文章自行編纂出版。因此需要重新對現存署名陳繼儒著述尤其是對《白石樵眞稿》、《眉公先生晚香堂小品》、《陳眉公集》的成書過程進行考釋，只有在此基礎上進行研究才可能客觀眞實的評價陳繼儒。僞書也並非完全沒有價值，它雖不能眞實的記述歷史，但卻可以藉以瞭解做僞者的時代和思想。因此考訂署名陳繼儒的著述，不僅可以瞭解陳繼儒的思想和立場，更有助於了解其所處的時代和社會。

第三，在重新編定《陳繼儒年譜》和考訂文獻的基礎上，努力將陳繼儒研究放入整個晚明社會的大背景中去考察。

研究歷史上的人物最忌爲了人物而研究人物，陳繼儒以一布衣而得天下大名，因此對陳繼儒的研究，不僅可以對晚明江南社會士人的生活有一個更爲具體和直觀的認識，從而對明末江南的社會風氣可以做一個深入的剖析。他的生活來源、愛好是什麼？其如何成爲晚明江南士人獲得如此高的名聲，爲何楊廷筠等人要薦舉他？他究竟通過何種方式在晚明江南的士人中形成巨大的影響？又是如何卷入政治的漩渦中去？又如何在清代的評價在短短幾十年內產生巨大的反差。這些都是值得思考的方面。

〔註30〕以下簡稱《舊譜》。新編年譜簡稱年譜。

二、本書的研究方法

　　首先，對於古代人物、作品的研究，第一位重要的原則就是求「眞」，這裡所說的「眞」，既是眞理之「眞」，也是事實之「眞」。王家範曾對明清江南研究進行了深刻的反思，「我們是不是需要暫時地先把許多誘人卻消化不良的社會科學概念擱置一旁，不計較研究的結果，更看重研究的過程，回到歷史實況敘述上來，讓眞切的實事求是，取代名不副實的宏論？因爲這種歷史詮釋的習慣，已經延續百年有餘，時時妨礙我們直面生活事實。「理論」牽著史料的鼻子，歷史的眞容不是變得更清晰，反而越來越像不斷整容甚至變性後陌生的『她』」。〔註31〕

　　「事實」一詞也具有雙重含意。實證主義者（以及經驗主義者）將事實定義爲「經驗的材料」，觀念論者則將事實視爲「證據」。前者強調其客觀的眞實性，重視「符合」過去的事情，認爲應「爲過去而研究過去」；後者則強調主觀的解釋性，重視連貫的現在的知識體系，認爲不可避免的是「爲現在而研究過去。」〔註32〕拋開歷史眞實，天馬行空、憑空虛構、逞想臆說式的所謂研究，不僅對於解決問題毫無用處，而且有害。如果過度闡釋克勞奇「一切歷史都是當代史」的觀點，以爲歷史研究只是藉用歷史來表述當代的精神與情緒，把歷史當成了一件道具，熱衷追求「宏大敘事」，不怎麼看重史料，不屑於花費力氣去求最大限度的接近歷史眞實，只要逮著一點點歷史的影子，洋洋灑灑的高談闊論。

　　因此對於研究陳繼儒來說，可以暫且拋開所謂的理論框架，全面梳理其生平事跡，編製一個更加詳實可靠的年譜，從而還原陳繼儒的生活實態，看看陳繼儒每天都在做什麼，才能發現陳繼儒爲代表的這些士人在沒有功名的情況之下是如何生存，如何發揮其在地方的影響力；考訂與其交遊人物姓名字號、籍貫、宦跡，甚至生卒，只有在此基礎上才有能考察陳繼儒爲何會與這些人物往來，他們在交往的過程中談論什麼，陳繼儒的思想、政治傾向自然而然的就會展現在我們的面前，從而進一步揭示晚明江南地區士人群體的日常生活有何種特色。通過仔細研讀陳繼儒所作壽序、墓誌銘、書札，可以將一位林下知識分子的政治熱情展現的淋漓盡致，才可以發現一位無甚功名

〔註31〕王家範《明清江南研究的期待與檢討》，序陳江《明代中後期的江南社會與社會生活》，上海科學院出版社 2006 年，第 4 頁。

〔註32〕方志強《「歷史事實」──「事實」與「解釋」的互動》，《新史學》13 卷 3 期，三民書局 2002 年 9 月。

的知識分子如何卷入政治謠言的漩渦。

其次，研究歷史上的人物最忌爲了人物而研究人物，只專注於人物本身和其周圍的事情，而沒有將其放入整個社會的大背景中去。晚明是一個日益多元化的時代，單向度的考察易於進行切實的觀察，但卻導致簡單化的處理和以概念的邏輯推演代替現象研究，以單層考察代替多層面研究。個體的生活狀態、精神面貌以及由此而外化出的社會交往活動，在與社會的互動狀態中相互作用，互爲建構，更能夠展示出晚明江南社會和士人的眞實生活狀態。

在美國歷史學界，從 1980 年代開始發展成的「新文化史」研究爲我們研究明清江南的社會與文化提供了一個非常有益的借鑑。1984 年，以 Victoria Bonnell 和 Lynn Hunt 爲首的一批史學家，出版一系列以「社會與文化史研究」爲名的叢書。在這套叢書的序言中，編者爲研究主題作了大概的界定，指出這套書的研究範圍將包括「心態、意識型態、象徵、儀式、上層文化及通俗文化的研究，並且要結合社會科學、人文科學，作跨領域的研究」〔註 33〕

2003 年 8 月，熊秉眞主持的「近世中國的物質、消費文化」計劃開始執行。2001 年正式開始執行王汎森、李孝悌主持中央研究院主題研究計劃「明清的社會與生活」。2006 年元月，李孝悌主持的三年期主題計劃「明清城市文化與生活」開始執行，九個子計劃內容包括明清江南城市中的「時尚、豪宅、情色、節慶、寺院、感官之娛、城市文學」以及城市居民的「認同政治」與「工作習慣」。這兩項計劃，則持續強調西方史學「日常生活史」的重要啟發，由兩期集體研究的計劃名稱，都可看出「日常生活」是這項研究的核心問題意識，主持人要做的就是將生活史與「思想史、政治史、經濟史、社會史等相結合」，將生活史既用「勾勒歷史上人民生活的狀態及其變遷」，也「幫助我們梳理政治史、思想史、社會史、經濟史的問題」。〔註 34〕

儘管錢茂偉認爲「具體問題的解決，不可能引起更多的共鳴。只有視野、方法的討論，才能引起更多人的關注。」〔註 35〕而且有人認爲實證史學選題

〔註 33〕李孝悌《明清文化史研究的一些新課題》，《中國的城市生活》，新星出版社 2006年，第 2 頁。

〔註 34〕關於臺灣地區明清時期新文化史的研究概況可詳參邱澎生《物質文化與日常生活的辯證》，載《新史學》第 17 卷第 4 期（三民書局 2006 年 12 月）。具體成果可參閱《中央研究院近代史研究所集刊》第 50 期《明清社會與生活》專號；李孝悌編《中國的城市生活》，新星出版社 2006 年。

〔註 35〕錢茂偉《國家、科舉與社會：以明代爲中心的考察》，北京圖書館出版社 2004年，第 6 頁。

過於狹窄，所做的研究對於人生、社會沒有意義，是乾嘉考據學派的翻版，
「如果日常生活研究只專注於描寫中下階層的生活細節，殊難超越原有的研究架構，形成一新的典範」，更大的潛在的問題是「它使研究者的眼光日益狹窄，不厭其煩的詳細敘述各種瑣碎事務，卻不能從中說明其歷史意義」，如此，「歷史學家的工作只剩下在舊報紙雜誌堆裏尋找人們茶餘飯後的閒談，再將之拼湊成『小市民的日常生活史。』」〔註36〕但是實證史學嚮往和所提倡的是小題大做、以小見大的研究境界。所謂小就是著手的入口小，而著眼則要在大處，貴在「以小見大」，由小問題引發出對大問題的全局性認識，而且這種方法是必須建立在廣泛的閱讀史料、博通專業知識的基礎上的。善於理論者可以從方法和角度來討論歷史，不善於理論者坐下來解決一些小問題也未嘗不可。

白謙慎在《傅山的世界：17世紀中國書法的嬗變》〔註37〕中為我們研究人物作出了一個精彩的範例，作者採用了藝術史研究慣用的風格分析方法，更借鑒了物質文化、印刷文化和學術思想史等領域的理論研究方法和成果，將傅山的書法放進17世紀思想和文化藝術的「現場」來解讀，該書對傅山書法的研究不僅是對17世紀書法的探討，並且涵蓋了相當廣泛的社會文化現象和問題。「其視野已經由藝術史領域延展到晚明社會文化史、清初學術思想史領域。」〔註38〕

因此本書想努力做到的就是從歷史事實和歷史文獻的兩個角度出發，將對陳繼儒的研究放入整個晚明的大背景中去考察，在盡可能的全面細緻還原其歷史生活原貌的基礎上，從而揭示籠罩在陳繼儒身上的種種謎團，從而進一步較深瞭解晚明江南社會和士人的生活狀態、社會風氣，展示一個更加接近歷史真實的晚明江南名士陳繼儒。

三、關於本書所涉及的幾個概念：晚明、江南和士人

從研究的時間範圍來看：作為一個時間概念，明史學界的「晚明」至今

〔註36〕邱澎生《物質文化與日常生活的辯證》，《新史學》第17卷4期，三民書局2006年12月。

〔註37〕白謙慎著、孫靜如等譯《傅山的世界：17世紀中國書法的嬗變》，三聯書店2006年。

〔註38〕劉濤《進入傅山的世界》，《讀書》2006年第9期。

沒有一個明確的定論。有不加界定而直接進行討論的〔註39〕，也有用爲明末、明代晚期同義語的，有指稱嘉靖以至明末的，也有以萬曆劃線的。歷史研究中的所謂「晚明」，通常指的是隆慶、萬曆、泰昌、天啓、崇禎五朝，嵇文甫認爲「晚明」這樣一個思想史上的轉型期，「大體上斷自隆萬以後，約略相當於西曆 16 世紀的下半期以及 17 世紀的上半期。」〔註40〕周明初則把「萬曆到天啓年間這樣一段時期作爲晚明的主體時期，把嘉靖後期作爲晚明時期的上限，把崇禎時期作爲晚明的下限。」〔註41〕鄧志峰在研究王學的興衰也大約是從弘治後開始的。〔註42〕李文治研究晚明民變則是從天啓七年至南明時期。〔註43〕還有更爲寬泛的概念，謝國楨《增訂晚明史籍考》中就將晚明等同於明季，而實際上所指並非明末而是自萬曆以迄清康熙年間平定三藩爲止，也即明末清初。〔註44〕

本書所討論的晚明則基本上以陳繼儒萬曆六年（1578）參加童子試開始討論，因爲參加了童子試就表明了陳繼儒正式踏上了他的人生歷程，至其崇禎十二年（1639）卒爲止，因此本書所討論的「晚明」與樊樹志在《晚明史》將晚明定義爲上起萬曆元年（1573），下迄崇禎十七年（1644）基本一致。〔註45〕

「江南」作爲一個地理概念，在古代文獻中是變化多樣的。〔註46〕當今史學界較早對「江南」的含義提出討論的是王家範，在他早期關於江南市鎮結構及其歷史價值的研究中就說到：「最遲到明代，蘇松常、杭嘉湖地區在人們的心目中，已經是一個有著內在聯繫和共同點的區域整體。在官方文書及私人著述中，常常是五府乃至七府連稱。最早的江南經濟區（嚴格說是長江三角洲經濟區）事實上已經初步形成。」〔註47〕李伯重曾對「江南」作出一

〔註39〕何俊《西學與晚明思想的裂變》，上海人民出版社 1998 年。

〔註40〕嵇文甫《晚明思想史論》序，《民國叢書》第二編第 7 冊，第 1 頁。

〔註41〕周明初《晚明士人心態及文學個案》，東方出版社 1997 年，第 1 頁。

〔註42〕鄧志峰《王學與晚明德師道復興運動》，社會科學文獻出版社 2004 年，第 17、18 頁。

〔註43〕李文治《晚明民變‧緒論》，《國立中央研究院社會科學研究所叢刊》第二十三種，中華書局 1948 年，第 2～3 頁。

〔註44〕謝國楨《增訂晚明史籍考‧凡例》，中華書局 1964 年，第 17 頁。

〔註45〕樊樹志《晚明史（1573～1644 年）》《導論——「全球化視野下的晚明」》，復旦大學出版社 2003 年，第 4 頁。

〔註46〕關於歷史上江南含義的變遷可參閱馮賢亮《明清江南地區的環境變動和社會控制‧敘論》，上海人民出版社 2002 年，第 1～4 頁。

〔註47〕王家範《明清江南市鎮結構與歷史價值初探》，《華東師範大學學報》1984 年

個較爲科學的界定，指出「對江南的地域範圍作接定，在標準上不但要具有地理上的完整性，而且在人們心目中應是一個特定的概念。據此，江南的和合理範圍應當包括今天的蘇南浙北，即明清時期的蘇州、松江、常州、鎮江、江寧、杭州、嘉興、湖州八府及後來由蘇州府劃出的太倉直隸州；這八府一州之地不但在內部生態條件上具有同一性，同屬於太湖水系，在經濟方面的相互聯繫也十分緊密，而且其周邊有天然屏障與臨近地區形成了明顯的分隔。」〔註48〕基本上包括了今天江蘇省的南部、浙江省東部和上海市，是一個以今天的上海爲經濟中心，北部包括揚州、泰州、南通，南部包括鎮江、常州、無錫、蘇州、嘉興、湖州以及處於杭州灣以南的紹興、寧波、舟山，共十五市。

　　通過《陳繼儒年譜》的編寫，亦可以發現陳繼儒的活動範圍西最遠到過南京，北到太倉，南到過永嘉，除此之外，陳繼儒的活動地域幾乎不出蘇、松、杭、嘉、湖、太五府一州。陳繼儒一生將「北不渡揚子，南不渡錢塘」〔註49〕爲其生活交遊活動之準則，而陳繼儒的友人也是多以來到蘇、松、杭、嘉、湖、太五府一州與陳繼儒進行交往的。

　　因此本書所討論的江南地區就是以陳繼儒活動的蘇、松、杭、嘉、湖、太五府一州爲中心。這個範圍跟日本學者中對江南的定義比較一致，在他們看來這才是江南的核心。〔註50〕周振鶴曾經將「江南」解釋爲一種文化概念，「江南不但是一個地域概念——這一概念隨著人們地理知識的擴大而變易，而且還具有經濟涵義——代表著一個先進的經濟區，同時又是一個文化概念——透視出一個文化發達的範圍。」〔註51〕因此，本書也將蘇、松、杭、嘉、湖、太五府一州從文化上看作是一個整體來進行討論。

　　　　1 期。
〔註48〕　李伯重《簡論「江南地區」的界定》，《中國社會經濟史研究》1991 年 1 期。
〔註49〕　《全集》卷九《湯伯衡石礄集序》：「顧益卿先生遺書相招，余以江險爲辭。益卿覆書曰：『長江限南北，非英雄語。』余笑而不應。十年前，已辦一小艇，豹囊棕屩，釣竿詩卷，往來山澤間。但南不渡錢塘，北不渡揚子耳。」《全集》卷二十一《青來園記》：「往顧益卿司馬來書邀予爲廣陵之遊，予謝曰：生平有二誓，北不渡揚子，南不渡錢塘。」《全集》卷五十四《復周懷魯撫臺》：「某自丙戌年即裂青衿，里居教授，生平未嘗渡揚子江。」
〔註50〕　馮賢亮《明清江南地區的環境變動和社會控制》，上海人民出版社 2002 年，第 7 頁。
〔註51〕　周振鶴《釋江南》，《中華文史論叢》第 49 輯，上海古籍出版社 1992 年。

　　關於士人群體的定義。晚明社會的多元化，表現在社會分化上，即社會階層的變化，不再只是統治和被統治這樣的單向度關係，而呈現為多層結構，多種新型社會階層或稱之為新型群體。〔註 52〕晚明松江是商品經濟和社會文化非常發達的地方，通過編纂《陳繼儒年譜》，可以發現陳繼儒有一個非常廣泛的生活交遊圈，從身份上來看，主要有士人、隱士、商人和僧侶等。關於中國的士大夫階層，西方學者喜歡用「紳士（gentry）」指傳統中國的士大夫階層，而日本學者多用「鄉紳」加以替代。士紳在傳統中國社會中又舉足輕重的地位，曾有人稱古代中國為「士紳之國」，它主宰著廣大民眾的社會生活，擔負著多種社會職能，且構成統治的基礎。從 20 世紀 40 年代年代以來，海內外學者在考察中國傳統社會構造時，已經對這一階層作了比較深入的探討。〔註 53〕到了明代，隨著地方士紳力量的不斷擴張，這種趨勢日益得到強化。明中葉以後，特別是到了 17 世紀，社會動盪加劇，災荒不斷，大規模的農民起義此起彼伏，社會秩序的穩定便成為人們日益關心的焦點。地方士紳們一方面向地方政府提出各種建議，一方面則通過各種方式來行使本該由政府承擔的責任，如王陽明等便曾大力推行鄉規民約之制。許多士紳更身體力行，如對本社區人民進行道德教化和政治管理，建立以濟貧為其主要功能的慈善組織，此外還領導社區百姓開荒、賑災、防洪和治安防範等。〔註 54〕但是無論採用哪一種「紳士」、「鄉紳」或者「士大夫」的概念，〔註 55〕陳繼儒都難以列入其中，原因就在於其二十九歲時取儒衣冠焚棄之，即表示完全放

〔註 52〕 關於明清江南地區的社會結構，可參閱馮賢亮《明清江南的士紳階層與地方社會》，載熊月之、熊秉眞主編《明清以來江南社會與文化論集》，第 43～52 頁，上海社會科學院出版社 2004 年；商傳《明代的社會主導群體》，《東嶽論叢》2005 年第 1 期。

〔註 53〕 此類研究主要包括張仲禮《中國紳士——關於其在 19 世紀中國社會中作用的研究》，上海社會科學院 1998 年，《中國紳士的收入》，上海社會科學院 2001 年；費孝通《皇權與紳權》，天津人民出版社 1988 年；王先明《近代紳士——一個封建階層的歷史命運》，天津人民出版社 1997 年；周榮德《中國社會的階層與流動——一個社區中士紳身份的研究》，學林出版社 2000 年。

〔註 54〕 關於地方士紳的個案研究可參考馮賢亮《陳龍正：晚明士紳社會生活的一個側面》，《浙江學刊》2001 年 6 期；葉舟《危機時期的士紳與地方：以休寧金聲為例》，《安徽史學》2005 年 1 期。

〔註 55〕 西方和日本學者關於「士紳」、「鄉紳」、「士大夫」的界定，可參閱巴根《明清紳士研究綜述》，《清史研究》1996 年 3 期；謝俊貴《中國紳士研究述評》，《史學月刊》2002 年 7 期。

棄了生員的資格，從此他一生中再沒有任何的功名，雖屢被徵召，但終生未仕。關於「士」的概念，各歷史時期包含的內涵不同。〔註 56〕酒井忠夫也指出「鄉紳」與「士人」的區別在於任官與否，強調兩者在科舉官僚制度上促在著形態的差異。〔註 57〕因此本書所採用了「士人」這個相對寬泛的概念來界定陳繼儒，其既具有較高的文化水平，同時也沒有任何的功名背景。

「士人」作為受過傳統儒家教育的知識分子，在本書的討論中主要包括兩個方面，一個是官僚系統中的的在職、削職、賦閒、丁憂的官員；二是非官僚系統中的知識分子，包括學校生員、舉人、社會賢達，甚至可以包括僧侶、隱士等等有文化的讀書人，陳繼儒應該屬於第二個系統，即萬木春所說的下層文人。

四、本書的內容綱要

本書擬對陳繼儒的生平、學術、交遊、著述諸方面做一個全面的考察，從文獻和歷史兩個角度，還原一個歷史上真實的陳繼儒。對陳繼儒文學和書法方面的成就，由於前行成果較為豐富，本書將不再贅述。同時，由於本人書法和繪畫知識的欠缺，對今人所編《中國美術年表》、《宋元明清書畫家年表》、《歷代流傳書畫作品編年表》等所收錄陳繼儒書畫作品真偽難以考訂，故其中所述陳繼儒史料一般不予採用，而現存各收藏機構、私人收藏家之手陳繼儒書法作品也大多沒有紀年，故編製年譜也難以採用〔註 58〕。具體而言：

緒論，主要對國內外學術界對陳繼儒的研究現狀進行整理和述評，同時闡明本書的研究目標和基本思路。

第一章通過探究晚明江南地區出版印刷業的發展與對陳繼儒之影響，考察現存署名陳繼儒之總集、叢書的成書情況。

第二章討論陳繼儒的生活實踐與交遊。通過考察陳繼儒的交遊文化圈，從而闡明陳繼儒之交遊圈的文化水平在全國處於領先地位，這種文化的發達

〔註 56〕 關於「士」的內涵可以參考余英時《古代知識階層的興起與發展》，載《士與中國文化》第 1～83 頁，上海人民出版社 1996 年；閻步克《士大夫政治衍生史稿》，北京大學出版社 1996 年。

〔註 57〕 于志嘉《日本明清史學界對「士大夫與民眾」問題之研究》，《新史學》第 4 卷 4 期，1993 年 12 月，第 142～143 頁。

〔註 58〕 例如陳亮霖《晚明松江書派研究》附錄所載收藏於故宮博物院、上海博物館等機構的陳繼儒書法作品除一《行書十四冊》外，皆無紀年，國立屏東教育大學中國語文學系碩士論文，2007 年。

爲以後名聲日隆奠定了基礎；其次拈取部分陳繼儒的生活趣味，展示一個晚明江南士人的日常生活；最後討論晚明江南地區的社會思潮與陳繼儒的史學思想和實踐。

第三章通過陳繼儒編纂的《虎薈》和《逸民史》的文獻分析，從文獻——社會風氣的角度來具體而微地闡述陳繼儒在晚明江南地區的影響。

第四章通過討論陳繼儒的政治熱情，從關心地方公共事務和朝廷之內政外交，得出陳繼儒實爲晚明江南社會中朝廷與地方的雙重聯繫人，理應成爲明代社會主導群體的一員。

結語，嘗試分析明人對陳繼儒的評價、清人對陳繼儒評價的轉變，最後得出本書對陳繼儒的評價，分析陳繼儒在晚明江南社會的歷史定位和歷史作用。

最後，附錄爲重新編寫的《陳繼儒年譜》。

第一章　陳繼儒與晚明江南出版印刷業

第一節　晚明江南出版印刷業的繁榮

　　明代建國之初比較重視文治，政治氣氛比較寬鬆，出版機構中最重要的是南北國子監和司禮監經廠。明初南京因係全國政治中心所在，故有大量政治性及教化性印刷品刊出，而南京國子監在明代建國之初就開始印製圖書，成爲全國出版的中心機構。這些印刷品主要由官營機構刊出，因此官營出版印刷業十分發達。洪武朝刊刻大藏經，刻板多達 57160 塊，藏於大報恩寺，稱爲《南藏》。南京的寶鈔局，更有鈔匠 580 名，在局印製寶鈔。〔註1〕

　　明中葉以後，資本主義萌芽的發展，市民階層大大增加，政府對刻書又沒什麼嚴格的管理，故刻家蜂起，坊肆林立，出版事業蓬蓬勃勃的開展起來了。前期私家刻書繼承宋元之風，沒有多大變化。弘治以後，私人刻書日益增多。嘉靖以後尤多，並且大多數集中在富饒的江南一帶。萬曆以降，出版印刷業又出現了一個新的局面，一時士大夫階層竟以刻書爲榮。書籍生產由官刻發展到坊刻和家刻，同時意味着知識的一種擴散。明代胡應麟說：「今海內書，凡聚之地有四」，而蘇、杭、南京占其三。其中「吳會、金陵擅名文獻，刻本至多，巨帙類書咸薈萃焉。商賈所資，二方十七，閩中十三，燕、趙弗與也。然自本方所梓外，他省至者絕寡，雖連檻麗棟，搜其奇秘，百不二三。蓋書之所出，而非所聚也」。胡應麟又說：「余所見當今刻書，蘇常爲上，金

〔註1〕　張秀民《明代南京的印書》，《文物》1980 年第 11 期。

陵次之，杭又次之。近湖刻歙刻驟精，遂與蘇常爭價。」〔註2〕胡氏雖然評價的是刻書的質量，但是也交待了私人刻書的主要地點，這些私人刻書地點大多集中在江南地區。其中尤以南京、杭州、蘇州、徽州爲主要聚集地，其他地區除了福建建陽具有相當規模外，幾乎沒能與江南書坊業相比的。

　　冀淑英通過對一百零幾種明刻本書籍的研究統計，自嘉靖初年萬曆末年的 90 餘年間，活動於蘇州、無錫、常州區域內的已知刻工約有 600 人稍多。這大約包括了三代刻工，也就是說在這一地區同時從事書籍刻版工作的已知刻工約有 200 人左右，〔註3〕蘇州地區的出版機構的規模可見一般。當時蘇州地區的書坊主要有顧春的世德堂、徐時泰的東雅堂、安國的桂坡館、毛晉的汲古閣等三四十家之多。《姑蘇繁華圖》中圖書字畫文化用品業共十家，赫赫有名的「大雅堂書坊」就在閶門。〔註4〕葉德輝在《吳門書坊之盛衰》中說，黃丕烈久居蘇州城，時收時買，又值承平無事，「書肆之盛，比於京師。」他據《士禮居藏書題跋記》勾勒出來的當日蘇州書鋪的布局爲「胥門有胡鶴（字立群）經營之經義齋，城隍廟前有陶廷學與其子陶蘊輝經營的五柳居，山塘街有錢景凱經營之萃古齋……閶門有書業堂、有文秀堂書坊，閶門橫街有留耕堂，閶門外有桐涇橋頭書鋪芸芬堂」等等。〔註5〕根據繆詠禾最新的統計，明代蘇州地區的書坊有據可查的就有 67 家。〔註6〕南京書坊的刻書事業相當興旺。書坊刻書用書林、書坊、書肆、書鋪等名稱。張秀民在《中國印刷史》中列出了 93 家，從其他文獻上還可以補充一些。據張秀民的考證，南京書肆所刊以戲曲、小說等通俗文學作品居多，尤以戲曲最盛。其他如日用讀物、醫藥、史傳、文集等，也有刻印。在這些書肆中，以唐姓最多，共有 15 家，其中又以富春堂、文林閣、廣慶堂、世德堂最爲有名。〔註7〕富春堂的主人爲唐富春，所見牌記多刊署「金陵唐對溪富春堂」、「金陵三山街書林唐富春」、

〔註2〕　胡應麟《少室山房筆叢》卷四，《文淵閣四庫全書》子部 886 冊，第 207、208、
　　　　210 頁。
〔註3〕　冀淑英《談談明刻本及刻工——附明代中期蘇州地區刻工表》，《冀淑英文
　　　　集》，北京圖書館出版社、上海科學技術文獻出版社 2004 年，第 84～109 頁。
〔註4〕　范金民《清代蘇州城市繁榮的寫照——〈姑蘇繁華圖〉》，載《古代中國：傳統
　　　　與變革》，《復旦史學集刊》第一輯，復旦大學出版社 2005 年，第 374～385 頁。
〔註5〕　葉德輝《書林清話》卷九《吳門書坊之盛衰》，嶽麓書社 1999 年，第 211～214
　　　　頁。
〔註6〕　繆詠禾《明代出版史稿》，江蘇人民出版社 2000 年，第 77、78 頁。
〔註7〕　張秀民《中國印刷史》，上海人民出版社 1989 年，第 369～371 頁。

「金陵三山街唐氏富春堂」等，萬曆元年即刊有《新刊出像增補搜神記》。

在工商業發達，農業高度集約化、商業化的江南地區，由於交通的便捷，各個市鎮之間的交往是非常密切的，除了商品的交流，還有人員的交流、文化的交流。這就爲書籍的大規模流通提供了可能。出版業是以滿足對實際知識的需求爲前提的，它本身就是商業化和貨幣化社會的一部分，巨大的經濟活力爲文化的繁榮提供了肥沃的土壤，使江南地區成爲遠近聞名的文化中心。同時由於江南地區市鎮興起以後，交通方便，經濟發達，信息靈通，環境舒適，吸引了臨近地區的士大夫知識階層向它聚集。這樣，市鎮就具備了知識相對密集，文化凝聚力強大的特殊優勢。江南地區星羅棋佈的市鎮多層次的市場帶來了經濟的繁榮，造就了一大批財富集中人才薈萃的經濟中心，吸引四鄉的人群向這裡聚攏，形成日趨龐人的聚落。以前不能接觸到印刷紙業的人們，或以前不得不花費時間和精力去借閱和抄寫書籍的人們，都能毫不費力的從公開的市場買到書籍。這些城鎮居民包括學生生員、小業主、士紳、家庭女性等等迅速增加，都加入了傳統的精英行列，而構成了一個新的讀者大眾群。他們的生活相對穩定，當他們的物質生活得到一定的滿足之後，立即對文化精神生活提出相應的或更高的要求，於是小說戲曲等平民文化作品便大量產生並版行於世了。〔註8〕

文化上的發達也加大了對書籍的需求量。晚明江南地區書院密佈，最著名的如東林書院，它並不是一個孤立獨立的書院，而是環繞在它附近有一大批書院和文會，從而在環太湖沿岸的吳中地區形成一個書院網路。除東林書院而外，還包括了常州府武進縣的經正堂、宜興縣的明道書院、蘇州府常熟縣的虞山書院、嘉興府的仁文書院，以及鎮江府金壇縣的志矩堂，也包括一些文社。這些書院，以東林書院爲核心，他們之間成員相互交錯，並且往來講學不輟，通過會講的方式緊密地結合爲一個地域相鄰、宗旨相近、成員重疊的書院網路。〔註9〕書院聚集了大批文人學士，書院的創建人和主講人大多是有名的學者，他們一邊講學一遍進行學術研究活動，著書立說，發表學術成果政治見解，這一系列活動都離不開書籍。書院的刻書活動，其重要環節並不局限於刻板印刷，而在於對要刻的書進行整理、編輯和校勘，這對出版

〔註8〕　高彥頤著、李志生譯《閨塾師：明末清初江南的才女文化》，江蘇人民出版社
　　　　2005 年，第 37 頁。

〔註9〕　陳時龍《晚明書院結群現象研究——東林書院網路的構成、宗旨與形成》，《安
　　　　徽史學》2003 年第 5 期。

印刷業發展的貢獻無疑是巨大的。

　　陳繼儒自然不會無視這一出版的大好局面，根據年譜，萬曆二十七年刻《論膾》，三十一年刻《品外錄》於婁江，〔註10〕不僅在江南地區刊刻書籍，其《逸民史》曾刊刻於徽州，足見當時私人刻書之盛。陳繼儒自身也具有相當的財力，可以根據自己的愛好隨時編纂出版自己的著述，〔註11〕《虎薈》、《銷夏部》、《辟寒部》、《巖棲幽事》、《太平清話》、《讀書十六觀》、《妮古錄》等小冊子可以在短時間內相繼刊刻，在晚明流傳甚廣。〔註12〕明代刻大多數府州縣都有刻書活動，文化發達的府州縣刻書尤多。江南地區政府刻印最多的書籍是地方志、鄉試錄、地方文獻等等。16 世紀以來，各行政單位的各類地方志激增，明代修志約 3470 種，其中江蘇修志 232 種，浙江修志 348 種。〔註13〕如此大規模的修志活動，反過來又促進了出版印刷業的發展。陳繼儒不僅為《萬曆上海縣志》、《萬曆秀水縣志》作序，還親自掛名參與編寫了《崇禎松江府志》，參與地方文化建設。〔註14〕

　　明清江南地區私營出版事業發達的一個有利條件，是江南彙集了全國主要的私家藏書和私人藏書家，因而不僅擁有豐富的書籍資源，同時也擁有眾多的書籍愛好者。藏書家是學術研究的首要條件之一。許多刻書家都是藏書家，他們因藏書而提倡刻書。江南藏書樓的長足發展、雕刻及善本翻刻業的進步，使學術的交流更為便利，還為之提供了新的資料來源。〔註15〕如崑山葉盛菉竹堂、寧波范氏天一閣、太倉王世貞的小酉館、常熟趙琦美脈望館、紹興祁承爜澹生堂、常熟錢謙益絳雲樓、常熟毛晉汲古閣、常熟錢曾述古堂、秀水朱彝尊曝書亭等等。這些藏書家都是當時著名的學者，他們不僅收書藏書，還積極投身到出版印刷業中，形成了刻書業與藏書業的良性互動關係。陳繼儒與烏程閔氏兄弟也多有往來。〔註16〕常熟汲古閣的毛晉與陳繼儒有著

〔註10〕詳參萬曆二十七年、三十年、三十一年譜。

〔註11〕陳繼儒喜東坡字，於是將所藏東坡碑帖刻成《晚香堂蘇帖》行於世，詳參萬曆四十四年譜。

〔註12〕湯賓尹《睡庵稿》詩集卷八《李玄亮歸雲間致問眉公以試代書》：「年年心境夢眉公，身在膻場未敢通。一自姓名歸落籍，支分山水劃江東。」又：「香案牘前尋吏帖，珍球船裏護斌宮。問君新著逸民史，千萬毋忘漢孔融。」

〔註13〕巴兆祥《方志學新論》第三章，學林出版社 2004 年，第 73 頁。

〔註14〕《全集》卷十《秀水縣志序》、卷十二《修上海縣志序》、卷五十六《答方禹脩太尊脩郡志》、卷二十二《脩郡志始末》。

〔註15〕艾爾曼著、趙剛譯《從理學到樸學》，江蘇人民出版社 1995 年，第 101 頁。

〔註16〕《全集》卷四十二《大中丞蘧菴趙公傳》：「當公七十也，吳興閔氏兄弟徵余

更爲密切的關係。毛氏藏書豐富，版本精良，刻書範圍廣泛。毛晉汲古閣刊刻的大部頭古籍，如《十三經》、《十七史》、《津逮秘書》、《陸狀元增節音注資治通鑒》、《文選注》、《陸放翁全集》、《宋六十名家詞》、《六十種曲》，以及諸多唐宋元人詩文集，和代人刻的《漢魏六朝百三名家集》、《唐詩類苑》等。毛晉刻書講究質量，不僅愼選底本，所刻之書多爲宋版元刊，而且毛氏父子親自參加，精審校勘，並高薪聘請周硯農等名手校勘書稿和書寫版樣，故陳繼儒稱讚其爲「胸中有書，故本末具有脈絡，眼中有眞鑒，故眞贋不爽秋毫」，〔註17〕而且非常樂意爲毛晉刊刻的書籍作序。〔註18〕

第二節　晚明出版印刷業的造僞之風以及對陳繼儒之影響

　　晚明圖書市場的商業化程度已經很高。圖書出版有普及趨勢，大大小小的出版機構不計其數。只要有錢，有利可圖，誰都可以搞出版。每年出版的圖書數量不少。數量一多，質量就有所下降。校勘工作粗製濫造，盜版現象相當嚴重。比如說在市場經濟的衝擊下，明代的文化界顯得浮躁，人人都想在書上留個名。爲了提高書的身價，寫序跋成了時髦，有的書序有四五個，如《梁浙名賢錄》、《雪廬讀史快編》。前面的參閱人名單，更是讓人咋舌，多達六七十人，《憲章外史續編》。〔註19〕陳繼儒也不例外，有時一本書不得不做兩份序言，一份是自己的任務，一份是朋友的文債，這些都是圖書市場商業運作後才有的現象。〔註20〕

　　明代刻書的利潤非常高，萬曆年間刻書的平均售價爲每卷 1.8 錢銀，與同時期每卷 0.129 錢銀的刻印成本相比較，盈利率在 12 倍以上，即使扣除其他種種雜費和損耗，書商的利潤仍應十分客觀。這些都大大促進了明清江南地區的出版印刷業的發展。〔註21〕明清江南民間出版印刷業既然完全以牟利爲

　　　　　文爲祝。」
〔註17〕《全集》卷十一《汲古閣題辭》。
〔註18〕《全集》卷二《盛唐二大家序》「虞山毛子晉氏，耽奇嗜古，自十三經以迄歷代名人奇文秘冊，較讐殆盡，尤念風雅，一路正正齊齊，斷當以李杜爲宗主，就舊刻而飜之，持一編過余山示余。」
〔註19〕錢茂偉《明代史學編年考》，中國文聯出版社 2000 年，第 4 頁。
〔註20〕《全集》卷二《范忠宣公集序二首》。
〔註21〕袁逸《明代書籍價格考》，《中國出版史料（近現代部分）》，湖北教育出版社

目的，故往往急於求成，刻工多不精。田汝成則說：「杭人作事苟且，重利而輕名。但顧眼底，百工皆然，而刻書尤甚。」〔註22〕

　　一種文化活動之興盛也必須有其生態環境，造偽也必須有其讀者群和市場。〔註23〕中國歷史上書籍作偽的傳統可謂源遠流長。歷朝歷代都有大批偽書的出現，涉及範圍廣泛，經、史、子、集、佛經、道藏等方面。張心澂所辨偽書有一千零五十九部（經部七十三部、子部三百七十部、集部一百二十九部、道藏三十一部、佛藏四百十六部）〔註24〕，《中國偽書總攷》也收錄偽書達一千二百部，〔註25〕足見中國古代的偽書之多。西漢成帝時出現百兩篇《尚書》的偽造，成哀間劉歆大規模的篡改經書都是較為典型的例子。〔註26〕

　　伴隨晚明江南地區的出版印刷業的繁榮而來的是作偽之風盛行。明代書業競爭激烈，翻刻、盜版、冒名、偽託現象層出不窮。虛假廣告蔚然成風，從書名、作者、版本、題記、到序跋、評點，可謂無處不在。〔註27〕胡應麟總結出了21種偽書的類型，〔註28〕足見當時偽書製造種類之繁複。盜版仿刻、假託名人、剿襲剽竊、任意刪減、拼湊舊版，坊間作偽之手段數不勝數。陳仁錫刊刻自己文集的時候就曾強調當時翻刻的猖狂，「他如遊客假序以自媒，賈客偽書而滋蔓，不在此集，其贗明矣。」〔註29〕作為晚明的文化名人，陳繼儒也不能幸免。李致忠就發現北京圖書館藏有一部王國維親筆題跋的明嘉靖刻本《孔子家語》，刻印精良，書品極好。但書賈硬在書前加了一頁刻書牌記，右上角豎行題稱「陳眉公先生重訂」，中間豎行大字題名《孔子家語》，左下角署「古關楊敬泉梓」。嘉靖三十七年出生的陳眉公，至嘉靖皇帝晏駕，不過8歲而已，不可能重訂《孔子家語》。本來是嘉靖時刻的書，卻安上了一塊萬曆時的刻書牌記，目的在於藉重陳眉公的大名以抬高本書的學術價值，

2004年，第529頁。

〔註22〕田汝成《西湖遊覽志餘》卷二十五，《文淵閣四庫全書》史部585冊，第607頁。

〔註23〕王汎森《明後期的造偽與思想爭論——豐坊與〈大學〉石經》，載《晚明清初思想十論》，復旦大學出版社2004年。

〔註24〕張心澂《偽書通攷》，上海書店出版社1998年，第1頁。

〔註25〕鄧瑞全、王冠英《中國偽書總攷・前言》，黃山出版社1998年，第1頁。

〔註26〕楊緒敏《中國辨偽學史》，天津人民出版社2007年，第21～23頁。

〔註27〕王海剛《明代書業廣告研究》，嶽麓書社2011年，第248頁。

〔註28〕胡應麟《少室山房筆叢》卷十四《四部正偽上》，《文淵閣四庫全書》子部886冊，第310、311頁。

〔註29〕陳仁錫《無夢園初集》卷首《徵文自引序》，《四庫禁燬書叢刊》集部60冊。

並想利用這塊牌子來說明此書版本的完整性和確切性。二者合一，此書便可以身份大增，書賈從中獲利。〔註 30〕不僅偽造著述，連序文也不放過。清代編修四庫全書之時就已經發現這個問題，偽書《筠軒清秘錄》，舊題董其昌撰，實則書賈私自將張應文的《清秘藏》二卷析作三卷，再偽撰陳繼儒之序而成。無怪乎《四庫提要》對此一言以蔽之，「書賈以其昌名重，故偽造繼儒之序以炫俗射利耳。」〔註 31〕

所以鄭振鐸斷言，今世流傳之陳繼儒著述「大抵皆明季坊賈妄冒其名……以資速售爾。」〔註 32〕陳繼儒去世後，各家藏書目錄中署名陳繼儒的著述的記載就異常的混亂，這從另一個方面反映了晚明書坊託名陳繼儒造偽之猖狂。〔註 33〕晚明書坊的造偽行為明目張膽，沒有任何顧忌，其手段不可不謂拙劣。世人多有將陳繼儒所作序、所刊刻之書題作陳繼儒評點、陳繼儒校訂、陳繼儒訂正，更有甚者直接將所編所刻之書署上眉公大名以求速售，以混淆視聽。明末書坊所售賣的署名陳繼儒的著述令人眼花繚亂，筆者總結其作偽的方式主要有以下幾種：

1. 將陳繼儒之文章自行收集刊刻成集，偽造序跋，版本粗劣，草草成書，如較為流行的《陳眉公先生十集》〔註 34〕，下節所述湯大節刻《眉公先生晚香堂小品》、章臺鼎刻《白石樵眞稿》等。

2. 將他人著述挖改刪補，變亂目次，署陳繼儒大名，冒允陳繼儒著述，如《福壽全書》〔註 35〕、《小窗幽記》〔註 36〕等。

〔註 30〕李致忠《古書版本鑒定》，文物出版社 1997 年，第 104 頁。

〔註 31〕永瑢等《四庫全書總目》卷一百三十，中華書局 1965 年，第 1114 頁。

〔註 32〕鄭振鐸《西諦書話》，三聯出版社 1983 年，第 300 頁。

〔註 33〕可參祁承㸁《澹生堂藏書目》、陳第《世善堂藏書目錄》、丁丙《善本書室藏書志》、丁仁《八千卷樓書目》、周中孚《鄭堂讀書記》、姚覲元《清代禁燬書目四種》、嵇璜《續文獻通考》、徐乾學《傳是樓書目》、張廷玉《明史》、萬斯同《明史》、范邦甸《天一閣書目》、錢謙益《絳雲樓書目》、黃虞稷《千頃堂書目》、阮元《文選樓藏書記》等所著錄陳繼儒書目。

〔註 34〕大連圖書館藏明末沈德先溶發堂刻本《陳眉公先生十集》有：《讀書鏡》十卷，《狂夫之言》三卷，《續狂夫之言》二卷，《筆記》二卷，《安得長者言》一卷，《書蕉》二卷，《香案牘》一卷，《讀書》十六觀一卷，《群碎錄》一卷，《巖棲幽事》一卷。清華大學圖書館藏聚奎樓《陳眉公先生十集》：卷一為《讀書鏡》，卷二為《狂夫之言》、《續狂夫之言》、《安得長者言》，卷三《眉公筆記》、《書蕉》、《香案牘》，卷四為《讀書十六觀》附《書畫金湯》、《眉公群碎錄》、《巖棲幽事》附《枕譚》。

〔註 35〕此書乃書商將鄭瑄《昨非菴日纂》篡改書名、變亂目次而成。

3. 將陳繼儒所爲之作序之著作重新刊刻，署陳眉公選、陳眉公重訂、陳繼儒補，以吸引讀者，如《東坡禪喜集》〔註37〕、《古今韻史》〔註38〕、《梅顛稿選》〔註39〕、《陳眉公先生訂正丹淵集》〔註40〕、《瀚海》〔註41〕、《奇女子傳》〔註42〕、《陳眉公重訂瓶史》〔註43〕等，其中包括大量的署名陳繼儒的戲曲點評著作〔註44〕。

4. 將自編或他人編纂書籍照搬過來，冒用陳繼儒大名，實爲換湯不換藥，如《文奇豹斑》〔註45〕、《古今人物論》〔註46〕、《陳眉公考槃餘事》

〔註36〕 《小窗幽記》實爲陸紹珩所輯《醉古堂劍掃》，有天啓四年初刻本，見於著錄的國內有四家度藏。此外，有日本嘉永五年（1852）、嘉用六年（1853）星文堂等相繼刊刻的陸紹珩《醉古堂劍掃》十二卷本，其《序》、《跋》、《劍掃凡例》、《採用書目》、《參閱姓氏》等，與天啓四年的初刻本比勘完全相同，其作僞者是乾隆三十五年本的作序者陳本敬和刊刻者崔維東。詳見清風譯注《小窗幽記·前言》，中州古籍出版社2005年。

〔註37〕 此本内容略分頌、贊、偈、銘、書後、記、序、傳、文、疏、雜文、書、雜誌和紀事等十四目，前十三目皆自東坡文集中輯出，最後一目則是從《冷齋夜話》、《詩話總龜》、《西湖遊覽志餘》等詩話筆記及他人文集中輯出東坡與佛教有關的記載，彙爲一編。原題「蘇東坡先生禪喜集，陳眉公先生選。」《全集》卷二《蘇長公禪喜集序》：「此集輯自徐長孺，而唐元徵欲刻之以示同志，且以廣諸才子之學爲文而窮於變者」，故此書實爲徐益孫輯。

〔註38〕 程銓序：「予不韻，每見一韻人，聞一韻事，迨夫韻人之語句，靡不交相嚮往，忻洽之意，有過於其身之所爲。以故屏間坐上，黏錄迨遍，歲久謀所以集成之。因與眉公先生參訂，復廣搜遍覽，以成一編。」

〔註39〕 《全集》卷十一作《梅顛稿序》，此書卷前作《梅顛稿選序》，内容一致。

〔註40〕 《全集》卷八《鄧嚴子詩文和刻序》：「余幸得《丹淵集》於密閣抄本，刻其集始行。」又上圖藏有崇禎四年毛晉得萬曆三十八年吳一標版重印，繼儒與毛晉多有往來，故可能署繼儒之名以廣其傳。

〔註41〕 書前陳繼儒序「崇禎庚午孟夏朔日，雲間友人陳繼儒眉公父題。」

〔註42〕 此書吳長卿作。《全集》卷四《奇女子傳序》：「陳子冬日居山中，擁短壠偎曝於積薪之上，執《易學義》一卷且讀且睡，齁齁然適也。已童子扣扉，投一緘索序，《奇女子傳》。」詳參泰昌元年譜。

〔註43〕 卷首題「《陳眉公重訂瓶史》，石公袁宏道撰、伯承郁嘉慶閱、元發張晅重校」，全然與陳繼儒無關，卷末刻「掃華頭陀陳繼儒」以欺人耳目。

〔註44〕 關於陳繼儒戲曲評點著作的版本情況，可參閱朱萬曙《明代戲曲評點研究》第三章《明代戲曲評點的三大署名系統》第三節《「陳評」系統》（安徽教育出版社2002年），第81～93頁，在此不再贅述。

〔註45〕 卷前有陳繼儒序，但《全集》未見；秦一鵬題辭，後附洋洋灑灑40人的校刻姓名，包括董其昌、徐爾鉉等人。但後又題「原校沈伯高譚鴻」，故此書應爲沈鴻刻成而署繼儒之名。

〔註46〕 上圖藏萬曆三十七年鄭賢刊本，卷首題「新刊陳眉公先生精選古今人物論，華亭陳繼儒仲醇父選」，卷三書名題「新刊張侗初先生精選古今人物論，明張

〔註 47〕、《秦漢文膾》〔註 48〕、《新刊陳眉公先生精選古論大觀》〔註 49〕
等。

5.《全集》、《舊譜》皆未見，且全書只署名陳繼儒著、編、重訂、選定等，
且無序無跋之書，如《捷用雲箋》、《養生膚語》等。

第三節　陳繼儒文集編纂之概述〔註 50〕

　　現將本書討論、編製年譜所主要利用的署名陳繼儒的文集和叢書的成書
過程討論如下：

一、《陳眉公先生全集》六十卷，附《眉公府君年譜》一卷〔註 51〕

　　明朝崇禎年間吳震元刻本。目錄爲方岳貢序，實爲范景文序。後有總目、
陳夢蓮謹識、陳繼儒自撰《空青先生墓誌銘》、熊劍化《陳徵君行略》、盧洪
瀾《陳眉翁先生行跡識略》，年譜一卷，正文六十卷，潘承弼跋。原題「華亭
陳繼儒仲醇父著，男夢蓮古澹父、夢草山賢父、孫仙居天爽父仝纂」。據盧洪
瀾《識略》，此書約刻於崇禎十四年前後。

　　陳夢蓮識語，詳細說明了此集的出版情況，茲錄如下：

　　此府君欲以藏稿分爲二集意也！筍稿共計七千餘頁，分列約百餘
　　卷，內有名世之文。不肖何敢定甲乙。吳長卿、許令則，府君入室

鬮輯。」又《四庫存目叢書》史部 286、287 冊（萬曆三十六年潭陽余彰德刻
　　　　本）題「鄭賢編」。鄭序曰「余讀書即喜讀史，於所記人物淑慝是非，輒繆有
　　　　評騭，以自附一家之言⋯⋯於是次第采輯，自三皇暨胡元，釐爲三十餘卷。」
　　　　由此可見實爲鄭賢所選，冒用繼儒之名。
〔註 47〕卷首題「《陳眉公考槃餘事》，東海屠隆著，繡州沈孚先閱」。
〔註 48〕書前鄒迪光序稱「雲間陳眉公所選秦漢文若干首，吾宗彥章氏付之棗而行於
　　　　世。」序末署鄒迪光纂，故實託名繼儒。
〔註 49〕書前題「新刊陳眉公先生古論大觀，華亭陳繼儒仲醇甫選，壻東吳震元長卿
　　　　甫編次。」末題「雲間陳夢松、陳夢蓮、陳夢草詮次。」朱勳序、陳繼儒序。
　　　　則此書應爲三子所輯而託繼儒之名。
〔註 50〕關於陳繼儒其他著述情況，可參李鳳萍《晚明山人陳眉公研究》（東吳大學中
　　　　文研究所 1985 年碩士論文）第三章，第 76～124 頁，其總結的陳繼儒的編選
　　　　本、校訂本、存目本介紹是目前爲止學術界最爲清楚完備的，本書將不再贅
　　　　述。
〔註 51〕上圖藏明崇禎年間吳震元刻本。《舊譜》：「（萬曆二十七年己亥）選《論膾》
　　　　刻於書肆。」；（萬曆三十九年辛亥）夏秋至冬半，仍留泖橋寺，有《泖橋稿》。」
　　　　二書今未見。

> 弟子也，因與商略參訂，分爲四刻。先以第一刻六十卷梓行，度費
> 約而力勉漸支。第二刻二十卷，詮次遴寫，續即授梓。第三刻二十
> 餘卷，尚欲搜討遺失，以成全書，庶幾無憾。蓋以府君少年行文，
> 隨手而應，亦間有爲先達代斫者，故存稿十無一二。即今一刻中，
> 新舊間雜，亦從友人處抄錄倖存者，插入以備博覽。至四刻則名別
> 集，約二十卷，此又片斷野錯，非能言立言可同日語也！若尺牘及
> 偶然題詠，即三刻中掛一漏萬，以俟四刻方見教增補，故每卷各目
> 正有待也！

由陳夢蓮識語可知，《全集》本擬四刻，此其第一刻也，由於明清易代和耗
費巨大，〔註52〕因此其餘三刻並沒有出版。對照《全集》、《白石樵眞稿》、
《眉公先生晚香堂小品》、《晚香堂集》、《陳眉公集》等內容，再加上陳夢蓮
在《舊譜》中有誇大其父事跡的做法，故筆者閱讀《全集》後認爲，《全集》
基本囊括了陳繼儒一生大部分的著述，所謂「本擬四刻」實屬誇大其詞，《全
集》未收的部分序跋、書札、書畫題跋，最多爲《全集》內容的四分之一。

　　經檢閱每卷末刻校梓人員名單，可知參與校梓的人有（依照卷次順序）：
吳震元、單恂、熊汝學、王元瑞、馮洪業、王時敏、董履、陸慶紹、許經、
莫高（孫婿）、楊肅、宋袤（孫婿）、徐代高（孫婿）、范必先（孫婿）、楊鼎
熙、董庭、盧洪瀾、馮淵、葉培恕、宋咸、嚴栴、諸慶源、沈士棟、許元恭、
朱萬禧、楊汝成、朱國盛、宋徵璧〔註53〕、王宗熙、徐孚遠、董廣、宋嗇、
周觀、古水、朱萬成、王揆、朱之俊、薛幼安、陳邦俊、王陞、朱履升。以
上除了陳繼儒的部分門生、孫婿與其交遊難以考證外，吳震元、單恂、王元
瑞、王時敏、董履、楊汝成、古水等人與陳繼儒生前交遊密切，這也證明了
《全集》六十卷的刊刻最爲正宗，校梓認眞精審，爲陳氏家刻本。目前此集
發現最大的問題就是，幾乎每卷都有文無目和有目無文的情況，利用的時候
要詳加注意。而對筆者編製年譜來說，最大的不便當屬在編纂《全集》的過
程中，編者刪除了絕大部分序跋、壽序、墓誌銘、碑記、詩歌、尺牘等所撰
寫的時間。〔註54〕

〔註52〕　例如《全集》卷二《倪雲林集序》最後一行變爲雙行小字，此舉可省半葉。
〔註53〕　《明清進士題名碑錄索引》稱「宋徵壁」，今從《全集》。
〔註54〕　例如《全集》卷六《董宗伯容臺集敘》就刪去了「崇禎庚午七月朔日，友弟
　　　　　陳繼儒頓首撰」語，同卷《王太史辰玉集敘》就刪去了「丙辰一陽日，友陳
　　　　　繼儒書於頑仙盧」。

卷　次	有　文　無　目	有　目　無　文
卷一		《范文正公全集序》（一）缺一頁
卷二	《盛唐二大家序》	《劉須溪評點九种書序》缺一頁
卷四	《秦上生集序》	《史翰林致身錄序》缺一頁
卷六		《陳滬海竹素堂全集敍》缺一頁
卷七	《浙中觀風錄序》	
卷九	《李君實舉義題辭》 《張忠烈全集序》 《登萊陳中丞奏議序》	《杜司空春星堂存稿敍》
卷十	《遊勿几懺悔詩敍》	
卷十一	《汲古閣題辭》 《林元裕擊筑草敍》	《許湘畹雪香庵集敍》
卷十七		《壽宮保閔公序》缺一頁 《壽少詹瑞屛顧公五十敍》缺一頁 《壽大學士機山錢公六十敍》缺一頁
卷二十		《郡司馬尤公去思碑記》缺一頁 《肅寧令劉公德政碑記》缺一頁
卷二十一		《大中丞鹿平陳公南征碑記》缺一頁
卷二十三		《虎丘三泉亭記》缺一頁 《寶夢堂記》缺一頁
卷二十九	《掃梅卜雪煎茶》、《探梅》、《山居新成》、《光福看梅》、	將前詩最後一句「劍花寒濺血模糊」作爲題目 《竹爲梅解》
卷三十一	《賦得宮人鬪草》、《送別彭仙翁》	
卷三十二	此章目錄缺所有的詞、賦。〔註55〕	

〔註55〕　《新秋詞》、《惜分釵　七夕》、《釵頭鳳　七夕》、《壽陸玄陽司寇》、《喜鵲見七夕》、《小詞》、《霜天曉角　山居》、《暮春偶成》、《百字令題陳定生還閣》、《山途忽遇彥明公屨然，明攜舟見訪，懸坐草堂碧桃下賦此》、《鸎業詠爲沈載猷記夢作》、《和顧仲方春興》、《霜天曉月》、《偶作》、《清明時感歎》、《清明》、《醉洛魄　送扈芷師歸四川》、《點絳唇　過泖橋澄鑿寺》、《點絳唇　春日同友人載妓遊泖》、《點絳唇　送包彥平歸鴛湖》、《點絳唇　天池》、《點絳唇　客從西湖以二妓女見邀》、《點絳唇　寒夜同姜夢月小集東郭園林爲豪獪奪之賦事》、《點絳唇　七夕》《點絳唇　庚申十一月二十二日，王修微從西子湖入雲間，才子慕之，輻輳兩涯之間，修微拂曙峭帆泖塔矣。因訪眉道人白石山僚，燒燈市酒詩以外不暇及也。此來如鴻飛雪中，莫可蹤跡，作點絳

卷三十三	《孝子曹嘉魚墓誌銘》、《茂才元禮汪公墓誌銘》、《司理碩菴徐公墓誌銘》	《靖江令澹營朱公墓誌銘》缺一頁
卷三十六	《明故光祿署丞觀瀾金公行狀》、《程次公誄詞》、《杜虛江誄詞》、《鄭太公誄詞》	
卷三十七		《贈戶部郎南野顧公暨配錢安人合葬墓表》
卷四十三	《郭長者傳》	
卷四十四		《顧母劉孺人傳》缺一頁 《吳母程孺人傳》缺一頁
卷四十七		《祭周公美太學》（上卷已收，此卷又多此目） 《祭王文肅母》缺一頁 《祭張烈婦墓》、《祭張太淑人》、《祭徐配王夫人》
卷四十八		《達摩讚》
卷四十九	《書改三字偈》、《盂蘭法會偈》、《鐘樓偈》、《題九十五老耆宿募飯僧偈》、《伏憨公與達師下火偈》	
卷五十	《跋毛子晉家藏仇十洲畫阿羅漢卷》、《又跋沈石田長卷》	
卷五十一	《題四印堂法帖》、《跋虞山毛子晉家藏董孫合璧詩話冊》、《跋陸君羽法書》、《題沈伯姬書冊》、《跋范會川書赤壁賦》、《跋沈簡庵榮賜堂記》	
卷五十二		《題李茂承詩》、《海嶽庵龍友卷》
卷五十四	《與張三星》	《與吳懷野》

唇一詞記之》《點絳唇》《點絳唇　山居秋況》、《點絳唇　秋日》、《點絳唇》、《漁家傲　宿吳延陵山莊》、《漁家傲　遊洞庭》、《風中柳　題唐嗣宗郊居》、《風中柳　笤帚庵作》、《避暑作》、《浪淘沙　山居作》、《昭君怨　舟中挾王六妓》、《昭君怨　重陽》、《昭君怨　銷夏》、《增減字浣溪紗　初夏夜飲歸》、《浣溪紗　牡丹下》、《浣溪紗　山居》、《浣溪紗》、《松下樂　和張伯雨三首》、《青玉案　贈沈純父》、《滿庭芳　題忏鹿莊園》、《臨江仙　孝崑山讀書臺》、《臨江仙》、《臨江仙》、《臨江仙》、《清平樂　閒居》、《清平樂　村居即事》、《清平樂》、《清平樂　贈傅道人》、《粉蝶兒》、《醉春風》、《滿庭芳》、《普天樂》、《折桂令》、《錦上花》、《麼》、《碧玉簫》、《鴛鴦煞》、《榮賦》、《憎蚊賦》

卷五十六	全卷目錄無。〔註56〕	
卷五十七		《答王徵美》
卷五十八	《與徐於室》、《海嶽庵龍友卷》、《答吳巨手茂才》	
卷五十九		《收兌議》缺兩頁、《盡荒議》缺兩頁
卷六十		《鄉勇議》缺兩頁

二、《眉公先生晚香堂小品》二十四卷〔註57〕（一函八冊，明萬曆湯大節簡綠居刻本）前有崇禎壬申小春滇中阮元聲題並書，山陰友弟王思任題。全書圈點句讀。

湯大節《眉公先生晚香堂小品例言》稱：「不肖之拮据於茲刻也。念節生二十六日而孤，先慈斷指殉烈。蒙先生贄而撫之，德其浩天矣。追隨峰泖，越二十年，兒提之暇，先生幾有著述，覽輒記。記輒筆，再補再膽，靡間凤夜，盈幾盈篋，頗費護持。近來移居吳越，不堪盡載，囊瓢筑筑，蠹侠是懼。故撮其簡要者，別爲品類，密加較讐，竊自壽梨，竇同天笒。本擬藏名山秘枕中，代寒絲飢粒，奈諸同人強迫流傳，以公欣賞。」又稱「先生集，昔年曾爲吳兒賈刻，不特魯魚帝虎，且□□剿襲古人，殊可痛恨。賴當道移檄郡縣，追板重懲。如有賈人俗子，希倖翻刻，前車可鑒，無贅予言。名敘繫於書者，鋸摹勒簡端，海內不能遍懇，倘有同好，或跋或贊，乞郵寄武林清平山之簡綠居。當依宋楷，彙梓集先，共勷不朽，亦藝林一大快事也。簡綠居主人湯大節半李父謹識。」

關於此書，首先冊、卷順序混亂：第一冊卷一、二；第二冊卷六、七、八、九；第三冊卷十、十一、十二；第四冊卷十三、十四、十五；第五冊卷十六、十七、十八；第六冊卷十九、二十、二十一、二十二；第七冊卷二十三、二十四；第八冊卷三、四、五。

〔註56〕《答丁改亭》、《謝陸平泉》、《答畢白陽》、《復韓求仲》、《答李本寧》、《答范質公》、《答方禹修大尊修郡志》、《答陳默庵》、《與章魯齋》、《答陳鉉五》、《答錢去非》、《答徐霞客》、《答姜開先》、《與朱敬韜》、《答王道觀》、《答蔡義微》、《答李思龍》、《答吳福生》、《與包儀父》、《與鄭澹石》、《答劉方贏》、《答張石林》、《與賀伯窖》、《答聞子將》、《答南二太》、《答錢龍門》、《答吳訒叟》、《與戴吾軒》、《答沈雲升》。且此卷末刻「《陳眉公先生全集》卷之終」之語，不知何意。

〔註57〕上圖藏明崇禎年間湯大節刻本。

其次，檢《全集》、《舊譜》皆未見「晚香堂」之號；除書前「例言」，《全集》、《眞稿》及陳繼儒生平交遊之文集、書札亦未見湯大節爲婿之說，故「贅而撫之」實爲孤證，並不可信；參與《陳眉公先生全集》校梓的門生中也未有湯大節之姓名；王思任、阮元聲序未在其本人集中查到。因此，湯大節自稱爲婿當爲附會之說，以利其刻本的銷售。「故撮其簡要者，別爲品類，密加較讐，竊自壽梨，寶同天笈。本擬藏名山秘枕中，代寒絲飢粒，奈諸同人強迫流傳，以供欣賞」則充分說明了此集應爲湯氏所編。

再次，檢此書所收內容，與《全集》對勘，所選諸文雖可確定爲陳繼儒所做無疑，但從湯氏《例言》「名敘繫於書者，鋸摹勒簡端，海內不能遍懇，倘有同好，或跋或贊，乞郵寄武林清平山之簡綠居」可略窺此書的成書過程，湯氏刻此書應爲自行收集陳繼儒爲他人所作序跋、墓誌銘之類文章與其它不肖書商翻刻陳繼儒文集拼湊而成，陳夢蓮《識語》亦稱「先有《晚香堂小品》、《十種藏書》，皆係坊中贋本，掇拾補湊，如前人詩句俚語僞詞頗多篡入，不無蘭薪之消，此在大方，自能辨之無俟」不無道理，湯氏自稱「如有賈人俗子，希倖翻刻，前車可鑒，無贅予言」倒是有賊喊捉賊之嫌。〔註58〕

三、《晚香堂集》十卷。（崇禎刻本）

《晚香堂集》與《眉公先生晚香堂小品》相比勘，除第一卷的《竹素堂全集序》、《王緱山全集》和第八卷的《祭常熟趙叔度》外，其餘都在《眉公先生晚香堂小品》中均有收錄，次序和同一文的目錄編排亦基本完全一致（內容少於《眉公先生晚香堂小品》）。有出入的情況只有《晚香堂集》卷一的《唐元徵文序》在《眉公先生晚香堂小品》中做《唐元道文序》。全書無序無跋，刊刻粗劣，故亦爲另一書坊託名所刻《眉公先生晚香堂小品》的刪節本。

四、《白石樵真稿》二十四卷《尺牘》四卷（明崇禎九年（1636）章臺鼎醉綠居刊本）

原題「華亭陳繼儒眉公著，同邑章臺鼎吉甫訂定」，前有董其昌和章臺鼎序。是書收序、記、壽言、祭文、傳、論、策、議、贊銘、題畫、跋帖、題、疏文、雜書、外紀、辨等共二十四卷，另有《尺牘》四卷。

董序不見《容臺集》中，又檢《全集》，未見「白石樵」。此集同一文改

換標題重出現象嚴重，例如卷二十有《修梅花道人墓疏》，有圈點；卷二十二有《書修梅花道人墓》，內容完全一致。又此本刊刻粗劣，卷二十一和卷二十二合併在一起沒有分開；卷十九末刊「《白石樵眞稿》卷四終」；且每卷內容編排混亂，毫無邏輯可言，如此粗劣，不可能爲陳繼儒親自校勘，乃坊間書坊之一貫作風。此集所收諸文與《眉公先生晚香堂小品》多有重複，但內容卻並不完全一致。〔註59〕

　　參年譜，可知崇禎年間章臺鼎與陳繼儒一起編纂《崇禎松江府志》，「而郡伯又聘章吉甫，以匡儒之不逮。」吉甫曰：「是不難。傾奉郡檄，人物如史例，生不立傳矣。郡伯留觀，得從容設處，以觀闕成，干旌不時至矣，廩餼不時饋矣。舊志徵引書籍，寥寥無幾，今採輯至三四千卷餘，如累朝之實錄，及省直、郡縣之通志，拈出無遺，儲蓄多，則排纘便矣。同事者或工於攷古，或敏於濡削，或嚴於訂訛，或密於收納部署。少者助若老，健者助若鈍，同事逾年，俱銷歸於太和爐治中矣。志何甚難之有！」〔註60〕故筆者認爲當是章氏與陳繼儒共事期間，搜羅陳氏文稿刊刻而成。

　　五、《陳眉公集》十七卷。（明萬曆四十三年（1615）史兆斗〔註61〕刻本）

　　陳眉公自序有言：「顧生平不喜留草，隨作隨逸。一日友人史辰伯氏自吳閶來，于捽一函，揖謂予曰：『此陳先生詩若文也！將事梨棗，唯先生輯而授我。』予笑謂辰伯：『爲我殺青，不如爲我浮白。身與名孰親，老氏能言之，予唯潛神塞兌之餘，與漁歌牧唱答和娛老，願且畢矣！使以區區敝帚博身後名，寧取以覆酒甕。』辰伯俯不答，胠篋掉臂而去。」是集雜收賦、詩、序、壽文、記、論、題詞、跋、疏、尺牘、啓、傳、贊、銘、雜著、墓誌銘、墓表、誄、行狀、祭文等諸類文章計十七卷。

〔註59〕《白石樵眞稿・尺牘》卷一《與唐抑所太史》：「故鄉旱潦如循環。然往歲禾頭短於鳧頸，今年田壤斥如龜文。東郭半頃不復如曩時。以足下且有東方之飢，而僕安得索侏儒之飽也。老父明年七十矣。欲檄兄之文爲壽。弟涼德無他長，願我翁之婆娑鄉社，晚年所甘，捨肉而藿，是人所難。」《小品》卷二十三《與唐抑所太史》：「故鄉旱潦如循環。然弟有天幸，得脫於玄武、朱雀之腹。異哉！陳郎可謂入水不濡，入火不焦矣。但往歲禾頭短於鳧頸，今年田壤斥如龜文。東郭半頃不復如曩時。以足下且有東方之飢，而僕安得索侏儒之飽也。老父明年七十矣。欲檄兄之文爲壽。弟涼德無他長，願我翁之婆娑鄉社，晚年所甘，捨肉而藿，是人所難。」

〔註60〕《全集》卷二十二《修郡志始末》。

〔註61〕史兆斗，字辰伯，鑒之後人，吳江人，諸生，明末出版商，康熙初年卒。

　　檢《全集》中，未見陳序。《全集》卷一《詩經注疏大全序》與《陳眉公集》卷五《詩經注疏大全集序》，標題多一「集」字，筆者仔細核對二文，後者只在「鄭伯有不賦鶉奔乎？」漏一「有」字，其餘完全一致。而《全集》卷六《王太史辰玉集序》與《陳眉公集》卷五《王辰玉全集序》兩貌，則此本爲史氏輯陳眉公詩文而成。「辰伯俯不答，肱篋掉臂而去」，此句也許爲實情。

　　又《陳眉公集》二冊不分卷。（中央書店編《國學基本書庫》本，1936年中央書店鉛印本）

　　此版本前有董其昌序、陳眉公自序。是書不知何所據，其陳眉公自序，乃是《陳眉公集》（十七卷本）之自序，而董其昌序，則是董其昌爲《白石樵眞稿》所作之序。書中之篇目，倒也均出自陳眉公之手，大多從《陳眉公集》、《晚香堂小品》、《白石樵眞稿》等文集中抄錄而成，應是拼湊之本。

　　1935年大道書局刊行此本，易名爲《陳眉公全集》，亦十七卷。

六、《寶顏堂祕笈》

　　《寶顏堂祕笈》，今有明萬曆秀水沈氏尙白齋、亦政堂刻本，1922年上海明文書局石印本。今檢上海明文書局1922年石印本，分秘、正、續、廣、普、彙六部，採著作223種，作者156人，共464卷。歷來譜錄記載皆以陳繼儒爲編者。今依六部順序敘述於下：

　　秘集：又名眉公雜著，標題爲：「尙白齋鐫陳眉公寶顏堂祕笈」。萬曆丙午（三十四年）沈德先序。所收眉公著作十六種，共四十八卷：1. 見聞錄八卷。2. 珍珠船四卷。3. 妮古錄四卷。4. 群碎錄一卷。5. 偃曝談餘二卷。6. 巖棲幽事一卷。7. 枕譚一卷。8. 清明曲一卷 9. 太平清話四卷。10. 書蕉二卷。11. 筆記二卷。12. 書畫史一卷。13. 長者言一卷。14. 狂夫之言三卷續二卷。15. 香案牘一卷。16. 讀書鏡十卷。

　　沈序曰：「今年來館項稚玉家，余益搜得其秘，乃稍爲取所雜著釐訂，合而行之。眉公間代異材，絕意仕進，燔枯折芰，縱觀古人書。往往薈撮古人書，點綴名理，單詞半偈，無不令人絕倒。其爲人不喜作月旦陽秋，臧否人物，而所論者多文獻掌故、徵風考俗之言，旁及古法書名畫彝尊山水之事。……每對一二知者，握塵尾，據梧長嘯，丙夜篝燈，證瓽今古褚錢，蕉葉幾爲滿，於是眉公文不脛而走矣！」尙白齋是沈孚先齋名，則是書實爲沈德先、沈孚先兄弟搜取合訂而成，借陳繼儒之名而刊刻。

正集：標題為：「尙白齋鐫陳眉公訂正笈」。有姚士麟序、萬曆丙午（三十四年）中秋後三日陳萬言序。共收著作二十種，作者十六人，共四十八卷。

姚序曰：「此刻為友人沈天生及其弟水部白生齋頭所藏，亦以不傳為慮，爰檢小史學稗諸海所無者，自梁宋遼元至今，凡得二十種，昆季手校，授之剞劂，乞敘於余。」陳序亦曰：「天生乃益富搜覽，悉綜古書祕笈，凡稗官小史之所不及備者，釐而存之，而先為流通其什一。自玉照新志而下若干卷，屬余序。」則分明出自沈氏兄弟之手。

續集：標題「尙白齋鐫陳眉公家藏祕笈續函」，有沈德先序、李日華序、沈孚先萬曆庚戌（三十八年）題辭。共收著作五十種，作者三十七人，共九十九卷。

沈德先序曰：「余既鐫彙祕笈，猶然不療饕癖。復從陳眉公篋中索得若干種，輒以艷詫親好，人亦不靳，出所藏來會，而家弟更從荊州邸寄我數編，謂足壓惠生一輻矣！私心獨謂唐篇尙屬典品，未駭耳目，而姚叔祥則以柳氏舊聞及故實近事所載。」沈孚先題辭則曰：「余頃在荊州，公暇時以續笈為念。……比歸里則眉公悉付梓，而家兄序其端矣！亦足徵吾兄弟兩人篇籍之好，與眉公鼎足。」

廣集：標題：「亦政堂鐫陳眉公家藏廣祕笈」萬曆乙卯（四十三年）歲三月褉日李日華序、沈德先序。所收著作共五十三種，作者四十五人，總一百卷。

沈德先序：「余兄弟雖猶然帖括生，無青箱異帙，顧息息羨眉公之多樂。推我眼中塵壤，謂足崔嵬嵩岱，與眉公角富，則亡弟白生尤稱勇鷙。故從祕笈正、續就函以來，每向藏書家得半通少幀墨副蠹殘，輒緘送寄，質問得脩郪侯籤軸否？……有如遊城南、出蜀、解老、丙丁、戊申，以及劍、馬兩記，皆弟意念所寄，手抄勤訂，再為藝場嚆矢。於是眉公盡發所藏，而與參叔祥、伯承、百一各以奇彙還成廣笈。……意必與余力纂四部，上匹前聞。」則亦為沈氏諸人所輯。

李日華《味水軒日記》云：「（萬曆四十三年二月七日）書林張氏梓《眉公廣祕笈》既成，來乞余序。九日，招郁伯承夜坐，伯承好古，酷嗜奇，隱張氏，所梓眉公集，大半都其書也！」〔註62〕由此可見《寶顏堂祕笈》所收

〔註62〕李日華《味水軒日記》卷七，《北京圖書館古籍珍本叢刊》第 20 冊，書目文獻出版社 1987 年，第 308 頁。

之書實爲張昞所藏，與陳繼儒無關。

是刻未成孚先卒，亦政堂爲德先齋名，其序曰：「何悟書能副人而出，人不待書而萎。行留夜乙，字剩朝鉛，滿紙眼光，俄言墮地。悲乎！倫璺靡爽，尚存啓事。一腔心血，徒藉寶顏堂秘，用託短折姓名。信乎！眉公名德，足令爛編傳，秘聞顯，夭人壽乎？」

普集：標題：「亦政堂鐫陳眉公普祕笈」，有張可大序、庚申（泰昌元年）孟秋梅林居士王體元序。共收著作五十種，作者四十六人，共八十四卷。

王序云：「眉公常以扁過訪，上下折衷，更卽予所訂正，與天生所選錄成普、彙二集。」「所謂雖不眉公文而以眉公行者，余兩實邀其靈。」由此可見此集亦是沈、王二人借眉公之名以速售。

彙集：標題：「亦政堂訂正彙祕笈」，姚士麟序。共收著作四十二種，作者三十九人，共八十五卷。

姚序曰：「吾友沈天生自初得眉公書，題爲祕笈，以至於今所稱廣、續、普、彙，凡五成軸矣！」其採書之來源，除沈德先所搜藏者外，尚有：「他若解老、兼明、緗素等文，皆眉公手授也！余愧措大，癖成虛嗜，僅以衍極、奉使，雜存副之。」

除通過《寶顏堂祕笈》序言可判斷外，還可以從陳繼儒自身和他人的記述找到一些答案：

首先，編輯如此大規模的叢書，在陳夢蓮所編《眉公府君年譜》只有（萬曆二十三年譜）「有時付祕笈於梨棗」之語，而此又《全集》前陳夢蓮識語所述相悖；《全集》中對編纂行動沒有任何的記載。陳夢蓮《眉公府君年譜》萬曆三十三年載：「府君四十八歲，檇李項虙虛以秘書省歸籍，耕經耨史，更欲搜討竹簡韋編，山纔琢刻，而縱讀之，齎贄授口於九溪橋之別業。」次年萬曆三十四年「復館於項，」而《寶顏堂祕笈》於是年由沈德先、沈孚先搜羅刊刻。至普、彙二集之出已是泰昌元年。盧洪瀾《陳眉翁先生行跡史略》亦稱「世傳《晚香堂小品》及《祕笈》諸編，皆坊肆掇拾補湊。」

其次，陳繼儒在世的時候就對這種造假行爲也多有反映。

《全集》卷五十八《复郭青螺》稱「《祕笈》方恨其龐贗亂行，何煩齒及，舊作數篇請正。」《全集》卷六《王太史辰玉集序》：「余著述不如辰玉遠甚，忽爲吳兒竊姓名，龐雜百出，懸贗書於國門。假令臣玉在，必且戟收頓足，作敘一通，爲余伸虎賁優孟之辨，而今乃已矣。後竟誰定吾文者？臨敘不覺

三歎。」《尺牘》卷一《與戴悟軒》：「但書坊所刻《祕笈》之類，皆僞以弟名。冒之。念此曹病貧賈，不能救正，聽其自行，多有極可咲可厭者。弟之不好名，此亦足以見其一斑矣。」〔註63〕《尺牘》卷一《答費無學》：「《祕笈》非弟書，書賈贋託以行，中無二三眞者。」〔註64〕《眞稿》卷五《甌餘漫錄序》：「余山居，薄有撰述，不足傳。而爲他氏竄入僞書幾大半。讀《甌餘漫錄》，無愧無以當康侯。」

除了上文所引李日華的證據外，姚希孟的一番話也可以作爲一個有力證據，「予以萬曆丁未年館溧水衛齋，見朱弁《曲洧舊聞》，去今十九年，忘其爲己刻書，亦忘其在陳眉公《祕笈》中也。近有一書賈以抄本來，余喜而售之。正檢閱間，而眉公適，以弔先慈喪至。語次出此書，知其已刻者，不剩慚愧。眉公曆言作書者，本末腹笥，所藏殆若數計。余之健忘若此，尚堪作奴邪？……眉公又言，《祕笈》非其手定，並識於此。售書並晤眉公，爲乙丑九月十一先府君忌辰。」〔註65〕

再次，近代以來就有多人對《寶顏堂祕笈》的是否爲陳繼儒編刻表示懷疑。王重民認爲「正集、續集及《眉公雜著》題尚白齋刻，廣集、彙集體亦政堂刻，並沈德先、沈孚先所刻也。續集刻迄，孚先下世，以次推之，尚白齋殆爲孚先齋名，而小政堂爲德先齋名歟？通稱爲『寶顏堂祕笈』者，則以寶顏堂爲陳繼儒齋名，而繼儒名在二沈上也。然則是書舊本，藏自郁而梓於張，眉公等名，特爲發售作招牌耳。」〔註66〕江世清亦認爲，「沈氏兄弟在該叢書目錄上標以『陳眉公家藏秘笈』的文字，其實有一種商業廣告的用意，而陳繼儒其實並未參與此套叢書的編撰。也由此可知，《寶顏堂秘笈》並非是陳繼儒所編撰，而是沈德先、沈孚先兄弟的「託名」之作。」〔註67〕

由上文可以得出結論：吳震元刻《陳眉公先生全集》乃爲陳繼儒家刻本，最爲正宗，以下本書的討論將以《全集》爲中心。其餘應皆爲坊肆自行刊刻，這些所謂的僞書，內容也不一定全部是假的。其內容與《全集》互勘，基本

〔註63〕《尺牘》卷一，《四庫禁燬書叢刊》集部 66 冊，第 442 頁。
〔註64〕同上。
〔註65〕姚希孟《松癭集》卷一雜著《曲洧舊聞書後》，《四庫禁燬書叢刊》集部 179 冊，第 223、224 頁。
〔註66〕王重民《中國善本書提要》，上海古籍出版社 1983 年，第 421 頁。
〔註67〕汪世清《〈畫說〉究爲誰著》，載《董其昌研究文集》，上海書畫出版社 1998 年，第 74 頁。

可以認定大部分爲陳繼儒所撰之文，但文集刊刻質量低劣，《眞稿》、《小品》、《陳眉公集》、《尺牘》雖爲陳繼儒所撰，但書坊在刊刻過程中出現脫、衍、倒、并、誤現象十分嚴重。故本書以下討論所引，《全集》與其他集互見者，引《全集》〔註68〕；獨見其他集而《全集》無者，謹愼採用；《全集》無而其他集互見者，對勘採用。陳繼儒雖然不能完全擺脫干係，但《寶顔堂祕笈》實爲沈孚先、沈德先兄弟搜集刊刻應該是沒有疑問的。對此，陳繼儒除了能在自己文章書信中抱怨一下外，似乎也沒有特別好的能禁止託名的辦法。而他的好友董其昌作爲晚明書畫大家，不僅請人代筆，而且對受畫者收到畫作的質量甚或眞僞並不關心，「余書畫浪得時名，潤故人枯腸者不少。又吳子贗筆，借余名姓行於四方。余所至，士大夫輒以所收示余，余心知其僞而不辨，此以待後世子云。」〔註69〕以至於「書畫出公手無十一，而借名衣食者，其贗筆往往播傳於輦轂，流通於外夷。」〔註70〕也許陳繼儒與董其昌心有感感焉。

〔註68〕 例如《全集》卷十七《壽敬新杜公七十敍》：「杜太公有伯子以給諫持節益藩，還視太公於里第。壬子當杖國之辰，出而介圭，入而介觴。鳴玉佩魚，鏗然委地，遠近聞而艷之。<u>於是邦君具牛酒，鄉紳具羔雁，太公謝不納。曰：『無以厄辭誤我，文綉鉏我。無已姑賜一言，傳示世世，庶幾杜氏之天球河圖哉。』開陽施君乃以屬陳子。不佞闔史也，習太公隱德甚晰。</u>乃以祝祠屬陳子。」而《眞稿》卷爲「杜太公有伯子以給諫持節益藩，還視太公於里第。壬子當杖國之辰，出而介圭，入而介觴。鳴玉佩魚，鏗然委地，遠近聞而艷之。乃以祝祠屬陳子。」

〔註69〕 董其昌《容臺別集》卷二「神怡務閒之難也」，《四庫禁燬書叢刊》集部 32 冊。

〔註70〕 《全集》卷十五《壽思翁董公六十序》。

第二章　陳繼儒的日常生活與交遊

第一節　晚明江南人文蔚興與陳繼儒之交遊

一、晚明江南地區人文之蔚興

　　江南地區素稱文化之邦，人文淵藪，唐宋以降，隨著商品經濟的發展，連接成交流頻繁的市鎮網絡，造就了一大批財富集中人才薈萃的經濟中心的同時，〔註1〕江南地區逐漸成為全國文化教育中心。江南地區更是人才輩出，雖然明政府在科舉考試中進行選拔時，實行的是地區名額分配製度，非按照全國統一的「分數線」錄取。但是考中進士的人數，浙江居全國各省之首，江蘇次之。蘇南三個府蘇州、常州和松江佔江蘇省總數的 77%。〔註2〕嘉萬以後興起的「士人」家族，大多是和江南地區在十六、十七世紀經濟、文化的突出發展有關。〔註3〕晚明上海地區的世家望更是族蓬勃興起，其多為科甲出仕起家。據吳仁安統計，明清時期上海地區的世家大族就有三百多家，其中不乏延祚明清兩代的浦東陸氏家族、華亭塘南張氏家族、上海曹氏家族等。〔註4〕

〔註1〕　關於江南市鎮研究可參閱樊樹志《明清江南市鎮探微》，復旦大學出版社 1990
　　　　年；陳學文《明清時期杭嘉湖市鎮史研究》，群言出版社 1993 年；范金民《明
　　　　清江南商業的發展》，南京大學出版社 1998 年。
〔註2〕　何炳棣著、王振忠譯《科舉和社會流動的地域差異》，《歷史地理》第 11 輯，
　　　　上海人民出版社 1993 年，第 302 頁。
〔註3〕　李洵《論明代江南地區士大夫勢力的興衰》，《史學集刊》1987 年第 4 期。
〔註4〕　詳參吳仁安《明清時期上海地區的著姓望族》第三章《明代上海地區的望族》，

　　道光《南潯鎮志》卷首凡例中說，南潯鎮「數百年來，人文蔚起，閭閻紛屯」，明代嘉靖萬曆年間這個鎮出了七名進士。范穎通《研北居瑣錄》說：「前明中葉，科第極盛，有『九里三閣老，十里兩尚書』之諺。」所謂的三閣老，即南潯馬港朱國楨、輯里村溫體仁、馬腰村沈榷；所謂兩尚書就是董份和沈演。〔註5〕陳繼儒所在的松江府更是科名興盛，有明一代，松江府共考中進士 461 名，其中有狀元三名，榜眼 2 名，探花 1 名，傳臚 3 名，尤以華亭縣為多，其次為上海縣。〔註6〕

　　陳繼儒雖然放棄舉業，但其周圍與之交遊的更多的江南士人卻是孜孜不倦的沿着這條路走了下去。自從陳繼儒放棄舉業後，其交遊中多有考中進士者，董其昌中萬曆十七年進士，朱國楨、王士騏、陳所蘊中萬曆十七年進士，楊繼禮、李日華、沈演、沈榷中萬曆二十年進士，范允臨、黃汝亨、王思任、王孫熙中萬曆二十三年進士，溫体仁、閔洪學中萬曆二十六年進士，王衡、項鼎鉉中萬曆二十九年進士，錢龍錫中萬曆三十五年進士，丘履佳、包鴻逵、錢謙益、朱國盛中萬曆三十八年進士，錢士升、董羽宸、王元瑞中萬曆四十一年進士，錢士晉、錢繼登、潘曾紘、王升、莫儼皋中萬曆四十四年進士，姚希孟中萬曆四十七年進士，陳仁錫、王繼廉、何萬化中天啓二年進士，冒起宗、曹勳、譚貞默中崇禎元年進士，吳偉業中崇禎四年進士，陳子龍、夏允彝中崇禎十年進士，單恂中崇禎十三年進士，諸如此類，不勝枚舉。范金民統計明清時期，每 7 個進士就有 1 個出自江南，江南進士以其人數多、名次前、仕宦顯而成為明清時期最為著名的地域文人集團。〔註7〕而陳繼儒一生中與這頂尖的文人集團一直保持密切的互動關係，既有前輩學者官員王世貞、陸樹聲、徐階，亦有同輩董其昌、王思任、王衡、范允臨，亦有晚輩陳子龍、冒起宗等，正是如此，放棄舉業的陳繼儒才會與眾不同。

二、陳繼儒的生活來源

　　陳繼儒自從二十九歲放棄舉業，並沒有像包括《明史·隱逸傳》描述的

　　　　上海人民出版社 1997 年。
〔註5〕　《咸豐南潯鎮志》卷六《選舉志科第志》，轉引自樊樹志《江南市鎮——傳統的變革》，復旦大學出版社 2005 年，第 418 頁。
〔註6〕　馬學強《上海通史》（古代卷），上海人民出版社 1999 年，第 269 頁。
〔註7〕　范金民《明清江南進士數量、地域分佈及其特色分析》，《南京大學學報》1997年第 2 期。

那樣就「遁入山林」，〔註 8〕如何維持生計成爲其最大的現實問題。蔣星煜對於這种放棄科舉的士人的出路作了總結，「學而優則仕，士人爲中國歷代帝王的計划教育的結果，目的使士缺乏自養，而不得不走入仕途，結果士遂對於自然科學、應用科學一無所悉，成了一個十足的門外漢。士在這種情形之下，假使又不願意做官，唯一的辦法是把從先生學來的那一套子曰詩云再傳授給別人，藉以生活。」〔註9〕在明代，不僅勛戚、達官家中多設有家館，而且在一些商人、鄉大戶家中，也不乏設家館者，這些無疑爲沒有中舉的士人提供了便利。〔註 10〕坐館授業成爲陳繼儒其首選的工作，從表中可以看到，陳繼儒在五十歲之前一直不停的坐館授徒，這也成爲陳繼儒隱居前的主要生活來源。陳繼儒教授的學生與同事日後多有中進士者，一方面說明了陳繼儒的學術水平，另一方面，亦爲其日後的聲名日隆打下了基礎。

時　　間	坐 館 地 點	教 授 對 象 及 同 事
萬曆八年	王翼明家	唐文獻、董其昌、方應選、何士端
萬曆十一年	王錫爵家	王衡與「四王」
萬曆十六年	沈時來荒圃	李日華
萬曆十七年	楊繼禮家	楊繼禮，了汝成等三人
萬曆十九年	徐氏水西園	徐階子孫
萬曆二十三年	包檉芳家	包檉芳，孫鴻逵，錢繼登，錢士升、士晉，沈孚先、沈德先
萬曆二十四年	包氏	屠叔方
萬曆二十五年	包氏	殷仲春父子
萬曆二十七年	王士騏家	王士騏父子

再次，明代不少士大夫往往要靠潤筆來補貼生活費用。〔註 11〕伴隨着晚

〔註 8〕 張廷玉《明史》卷二九八《隱逸》，中華書局 1974 年，第 7631 頁。此後諸研究皆以此時陳繼儒就隱居，其實不然，通過附錄年譜可以發現，陳繼儒五十歲之前以坐館授徒爲生，並無隱居打算。

〔註 9〕 蔣星煜《中國隱士與中國文化》，《民國叢書》第四編 38 冊，上海書店 1992年，第 36、37 頁。

〔註 10〕 晚明坐館的收入較爲可觀，除了正常的束脩銀或館穀之外，尚有禮聘銀以及四時的節儀，若在人家中坐館，東家還管一日三餐。具體可參考陳寶良《明代儒學生員與地方社會》下編第六章《生員層的社會職業流動》，中國社會科學出版社 2005 年，第 307～310 頁。

〔註 11〕 余英時《士商互動與儒學轉向——明清社會史與思想史之表現》，收於《現代

明江南地區商品經濟的發展以及商人階級的壯大，士人對商人的認識也發生了很大的變化，士商交往大大增多，商人階層成爲陳繼儒交往的一個重要階層。「文士是輿論的重要製造者和傳播者，毀譽之間，較一般民眾具有更大的影響力，商人因其地位，風雅之外，也多攀附。」〔註12〕自從陳繼儒出名之後，爲世商大賈撰寫墓誌銘和爲他們的家譜作序收取潤筆費，也成爲一個非常重要的來源。新安商人、洞庭商人都是陳繼儒的座上賓客。〔註13〕不僅僅商人要給「幣」，連官員、鄉紳請陳繼儒作文都是要納幣的。比如嘉興縣令羅炌爲母壽徵文陳繼儒，陳繼儒也會收錢作爲報酬的。〔註14〕以至於來納幣請文的人絡繹不絕。「海內束帛加璧，干謁輻輳，筆潤有逞逞。」〔註 15〕當然也有踫到熟人把錢送回去的時候。〔註16〕難怪後來會有陳繼儒跟毛文龍索取五百金爲其母作壽文而不得，從此忌恨毛文龍，以至於跟錢龍錫說「拔一毛以利天下」，要除掉毛文龍，將袁崇煥殺毛文龍的始作俑者記在了陳繼儒的頭上，雖然爲謠言，但卻反映了陳繼儒收取潤筆費是支撐其生活的重要來源這一歷史事實。〔註17〕以至於「四方徵其文者，束帛挺金造請無虛日」，

儒學論》，上海人民出版社 1998 年，第 71 頁。

〔註12〕 范金民《明清江南商業的發展》，南京大學出版社 1998 年，第 281 頁。

〔註13〕《尺牘》卷一《與汪先生》：「客歲奴子長干還，反承厚幣，此古人束錦薦緺之義乎。」又《全集》卷三十四《苦節方太君莊孺人墓誌銘》，爲新安商人方世壽母作墓誌銘；《全集》卷二十二《袈裟記》，爲客死他鄉的洞庭商人金如鼎兄作記。雖然文中並無明確「納幣」之言，但陳繼儒與其素不相識，肯爲之作文，必有回報。

〔註14〕 詳參崇禎十年譜。類似情況還有《全集》卷十六《壽孝廉玄岳查公七十敘》：「其父母屈指，父母壽辰，則子孫兄弟先期請於作者，必欲臚記其生平隱德，以廣無涯……太學查平仲束幣而謁眉道人於白石山也。」卷三十五《孝廉毅菴錢公暨配何孺人墓誌銘》：「吾友錢侃臣從如皐遣子捧書幣馳告陳子」。《全集》卷十五《壽元輔瑤翁申公七十序》：「《禮》，大夫七十致政，吳門申公少師，解相印凡十年餘。而甲辰秋，始稱七十。邦君諸侯登歌者，趾錯堂下。鉛山令顧禮初束幣及門，徵文於布衣陳子。」

〔註15〕 董其昌《容臺文集》卷二《壽陳徵君元配衛孺人六十序》，《四庫禁燬書叢刊》32 冊，第 169 頁。

〔註16〕《全集》卷五十七《答孫木山》：「惟有稽首返幣，遙謝台臺，以付定論於如椽如矢之筆者。」

〔註17〕 谷應泰《明史紀事本末補遺》卷四《毛帥東江》：「懷宗崇禎元年秋七月，起袁崇煥督師遼東。時朝議憂皮島毛文龍難馭，大學士錢龍錫被命入都，過華亭徵士陳繼儒。繼儒定策請誅文龍，龍錫領之，」中華書局 1977 年，第 1460 頁。又張鑑《冬青館集》卷六《倖存錄跋》稱是因爲「陳眉公爲毛母壽文千金之報」，《續修四庫全書》集部 1492 冊。

潤筆之費積數萬金，「以潤筆之資卜築佘山……縱情山水數十載。」〔註18〕

再次，陳繼儒具有較高的書法繪畫水平，於是買賣、鑑定書法字畫亦成為一收入來源。〔註19〕鑒古與收藏，本是傳統中國士人階層眞賞生活的主軸之一。鑒古之風盛行的萬曆年間，文人閒居生活又常常與書畫鑒藏聯繫在一起。〔註20〕參閱年譜可以發現，陳繼儒與董其昌的日常生活的一個重要活動就是在蘇松地區為收藏大家買賣、品題書畫，雖然年譜中還沒有直接的證據品題書畫完畢後會有收入。但是根據一般的判讀，沒有任何報酬的品題是難以想像的。品題書畫時遇見眞跡多會情緒盎然，作題跋以記之。高居翰則詳細回答了健在的畫家出售、獲得書畫的渠道，尤其是支付的方式，可供參考。〔註21〕

最後，接受士紳大戶的餽贈也成為陳繼儒的生活來源。萬曆十九年，徐澤夫贈田五十畝；萬曆三十五年，章憲文贈山四畝，陳繼儒方開始營造牛壙，並移家東佘山。〔註22〕但是接受餽贈不是無償的，陳繼儒接受了章憲文的餽贈後，就不時會跟自己相熟的高官推薦其子。〔註23〕陳繼儒與里居的官員的交往可見一般。修建小崑山讀書臺時，就收到了好友的大量捐助。〔註24〕

通過以上手段，雖然陳繼儒也不時地抱怨生活之艱辛，但是卻能在一生中建起了小崑山乞花廠、鍾賈山別室、小崑山讀書臺、天馬山草堂、辰山秀林山居、東佘山居、鳳凰山來儀堂等7座園林別墅，〔註25〕松江九峰據其五，〔註26〕其經濟實力可見一般。

〔註18〕宋起鳳《稗說》卷一《陳徵君佘山》，《明史資料叢刊》第二輯，江蘇人民出版社1982年。
〔註19〕詳參萬曆十九、二十、二十三年譜。
〔註20〕萬木春《味水軒裏的閒居者：萬曆末年嘉興的書畫世界》第三章《書畫的流通》，中國美術學院出版社2008年
〔註21〕高居翰著、鄧偉權審、楊宗賢等譯：《畫家生涯：傳統中國畫家的生活與工作》第二章，三聯書店2012年。
〔註22〕詳參萬曆十九年、三十五年譜。
〔註23〕詳參萬曆四十年譜。
〔註24〕《巖棲幽事》：「鄒超每聞欲高尚隱退者，輒為辦百萬貲，並為造立居宅……余秉尚不及前哲，陸平泉先生、包羽明、董玄宰輩，各捐山貲，為余築讀書臺於小崑山之陰，丘壑狎主，峰泖來賓，頗稱勝概。」
〔註25〕況克彬《陳繼儒的造園活動與造園思想探析》第二章《陳繼儒的造園活動》，上海交通大學農業與生物學院碩士論文，2013年。
〔註26〕九峰均在海拔100米以下，呈西南——東北走向，逶迤13.2公里，山地面積

三、陳繼儒的交遊圈——以《年譜》為中心的考察

姓　名	籍　貫	身　份	官　職	備　註
何三畏	華亭	萬曆十年舉人	紹興府推官	繼儒師
王錫爵	太倉	嘉靖四十一年進士	內閣首輔	
董其昌	華亭	萬曆十七年進士	南京禮部尚書、太子太保	
方應選	華亭	萬曆十一年進士	汝州知州	
范允臨	華亭	萬曆二十三年進士	福建參議	
王衡	太倉	萬曆二十九年進士	翰林院編修	錫爵子
李日華	嘉興	萬曆二十年進士	太僕寺卿	
王鼎爵	太倉	隆慶二年進士	河南提學副使	錫爵弟
王世貞	太倉	嘉靖二十六年進士	南京刑部尚書	
王世懋	太倉	嘉靖三十八年進士	南京太常寺少卿	世貞弟
徐益孫	華亭	國子生		
宋邦乂	華亭		御史	
唐文獻	華亭	萬曆十四年狀元	禮部右侍郎	
羅朝國	新建	萬曆十一年進士	南京刑部尚書	青浦知縣
顧憲成	無錫	萬曆八年進士	戶部主事	
楊繼禮	華亭	萬曆二十年進士	詹事府少詹事	
趙用賢	常熟	隆慶五年進士	刑部郎中	
燕祖召	貴州平溪	舉人		松江同知
毛一鷺	浙江遂安	萬曆三十二年進士	南京巡撫	松江司理
詹思虞	浙江常山	萬曆八年進士		松江知府
陳所蘊	上海	萬曆十七年進士	南京太僕寺少卿	
項應祥	湖北遂昌	萬曆八年進士	應天巡撫	華亭知縣
雪浪	金陵	僧人		
陸樹聲	華亭	嘉靖八年進士	禮部尚書	
王叔杲	永嘉	嘉靖四十一年進士	蘇松常鎮四郡兵備副使	
周履靖	嘉興	布衣		

共約 2.35 平方公里。依次名為小崑山、橫山、機山、天馬山、辰山、佘山、薛山、厙公山、鳳凰山。

何白	嘉興	布衣		
項德新	嘉興	畫家		
秋潭	秀水	金明寺僧		
錢士升	嘉善	萬曆四十四年狀元	禮部尚書東閣大學士	執弟子禮
錢士晉	嘉善	萬曆四十一年進士	雲南巡撫	士升弟
錢繼登	嘉善	萬曆四十四年進士	饒州知府	士升從叔
包檉芳	秀水	嘉靖三十八年進士	禮部郎中	
沈孚先	秀水	萬曆二十六年進士	工部郎中	
沈德先	秀水	諸生		
沈道原	嘉善	萬曆二十三年進士		
殷仲春	嘉興	隱士		
韓世能	長洲	隆慶二年進士	禮部左侍郎	
屠叔方	嘉興	萬曆五年進士	御史	
王穉登	蘇州	布衣		
顧正心	華亭	太學生	光祿寺丞	
張賓樵	無錫	隱士		
丘伯畏	嘉興	隱士		
宋啟明	華亭	諸生		邦乂子
黃庭鳳	青浦	歲貢	武定府知府	
畢白巖	山東淄川	萬曆二十年進士	戶部尚書太子少保	松江推官
沈懋孝	浙江平湖	隆慶二年進士	翰林院編修	
王叔承	吳江	布衣		
王士騏	太倉	萬曆十七年進士	吏部員外郎	世貞子
沈師昌	嘉善	諸生		
陶與齡	會稽	諸生		
馮夢禎	嘉興	萬曆五年進士	國子祭酒	
許自昌	長洲	舉人		
于玉立	金壇	萬曆十一年進士	刑部主事	
王肯堂	金壇	萬曆十七年進士	福建參政	
憨山	全椒	僧人		
顧禮初	崑山	舉人	知縣	
申時行	長洲	嘉靖四十一年狀元	內閣首輔太子太師	
張大復	崑山	布衣		

俞思沖	仁和	萬曆二十三年進士		華亭知縣
卜舜年	嘉興	諸生		弟子
張岱	山陰	諸生		
張汝霖	山陰	萬曆二十三年進士		
黃汝亨	武林	萬曆二十六年進士	江西布政司參議	
沈思孝	嘉興	隆慶二年進士	兵部侍郎太子太保	
費元祿	鉛山	諸生		
鍾薇	華亭			
楊廷筠	仁和	萬曆二十年進士	蘇松巡按	
章憲文	華亭	萬曆二十年進士	工部主事	
周之軾	太倉	太學生		京子
閔元衢	烏程	隱士		
莊毓慶	福建惠安	萬曆二十九年進士		松江知府
姚士粦	海鹽	國子監生		
蔡增譽	晉江	萬曆二十六年進士		松江知府
熊劍化	豐城	萬曆二十九年進士		華亭知縣
郁嘉慶	嘉興	諸生		
包鴻逵	嘉興	萬曆三十八年進士	湘潭知縣	檉芳孫
王思任	山陰	萬曆二十三年進士	禮部尚書	青浦知縣
吳孺子	蘭溪	隱士		
楊時偉	長洲			
張九德	慈谿	萬曆二十九年進士		松江知府
王時敏	太倉		太常寺少卿	錫爵孫
方一敬	歙縣	舉人		青浦教諭
許維新	堂邑	萬曆十七年進士	戶部侍郎	松江知府
葛一龍	吳縣		雲南布政司理問	
鄭忠材	海鹽			曉孫
吳鼎芳	吳縣	僧人		
李鶻翀	江陰	太學生		
鄭元昭	江西臨川	萬曆三十八年進士		華亭知縣
鄒舜五	無錫	布衣		
道敷	嘉興	僧人		
文貞	桐鄉	僧人		

李開藻	永春	萬曆十一年進士		
孫如法	餘姚	萬曆十一年進士	刑部主事	
管志道	太倉	隆慶二年進士	南京兵部主事	
穆光胤	大名	諸生		文熙子
鍾惺	竟陵	萬曆三十八年進士	工部主事	
張丑	崑山	收藏家		
汪然明	歙縣	商人		
王志道	漳浦	萬曆四十一年進士	吏部侍郎	
錢謙益	常熟	萬曆三十八年進士	禮部侍郎	
袁中道	湖北公安	萬曆四十年進士	南京吏部郎中	
張可人	南京羽林左衛	萬曆二十九年武進士		
施紹莘	華亭	隱士		
宋懋澄	華亭	布衣		
葛成		織工		
賀仲軾	河南獲嘉	萬曆三十八年進士	山東副使	青浦縣令
王修微	揚州	文妓		
杜應楚	晉江	萬曆二十三年進士		
繆昌期	山陰	萬曆四十一年進士	左諭德	
溫体仁	烏程	萬曆二十六年進士	禮部尚書東閣大學士	
張復	休寧	諸生		
張延登	山東鄒平	萬曆二十年進士	工部尚書	浙江巡撫
吳甡	興化人	萬曆四十一年進士	禮部尚書東閣大學士	晉江知縣
冒起宗	如皋	崇禎元年進士	湖廣布政使	
扈芷	成都	僧人		
蒼雪	呈貢	僧人		
匡雲		僧人		
魏嘉謀	常熟		南京吏部郎中	
王孫熙	華亭	萬曆二十三年進士	台州太守	
徐弘祖	山陰	布衣		
沈士立	嘉善	布衣		
南居益	渭南	萬曆二十九年進士	工部尚書	福建巡撫
朱國楨	烏程	萬曆十七年進士	禮部尚書文淵閣大學士	
金汝鼎	無錫	商人		

姚希孟	長洲	萬曆四十七年進士	詹事府詹事	
沈德符	秀水	萬曆四十六年舉人		
陳四賓	四川銅梁	天啓五年進士		上海縣令
鄭元勳	揚州	崇禎十六年進士	兵部主事	
徐弘澤	嘉興	隱士		
李維禎	湖北京山	隆慶二年進士	南京禮部尚書	
陳子龍	華亭	崇禎十年進士		
鄭友玄	湖北京山	天啓二年進士		青浦知縣
朱國楨	湖州	萬曆十八年進士	禮部尚書內閣首輔	
湯兆京	宜興	萬曆二十年進士	監察御史	
朱治憪	嘉興	舉人	肇慶通判	
黃承玄	秀水	萬曆十四年進士	巡撫福建右副都御史	
陳塏	餘姚	嘉靖十一年進士	湖廣參政	
憨世	關中	僧人		
張宗衡	山東臨清	萬曆四十一年進士	兵部侍郎總督宣大	松江知府
陳仁錫	長洲	天啓二年探花	國子監祭酒	
徐爾鉉	華亭	崇禎十二年舉人		陟孫
程嘉燧	僑居嘉定	畫家		
婁堅	嘉定	國子監生		
黃宗羲	餘姚	學者		
陶珽	雲南姚安	萬曆三十八年進士	武昌兵備道	
文震孟	長洲	天啓二年進士	禮部左侍郎兼東閣大學士	
吳眉生		文妓		
錢龍錫	華亭	萬曆三十五年進士	禮部尚書兼東閣大學士	
楊汝成	華亭	天啓五年進士	吏部侍郎	繼禮子
韓爌	山西蒲州	萬曆二十年進士	太子太保戶部尚書文淵閣大學士	
郭宗振	陝西人	舉人	壽州知州	
王繼廉	長興	天啓二年進士		松江推官
朱國盛	華亭	萬曆三十八年進士	太常寺卿	
張慎言	山西陽城	萬曆三十八年進士	南京吏部尚書	
許重熙	河南上蔡	國子監生		

方岳貢	谷城	天啓二年進士	左副都御史兼東閣大學士	松江知府
潘曾紘	烏程	萬曆四十四年進士	僉都御史巡撫南贛	
范志易	如皐	布衣		
官應鎮	黃岡	萬曆二十六年進士	太常寺少卿	楚黨
何喬遠	晉江	萬曆十四年進士	南京工部右侍郎	
曹勳	嘉善	崇禎元年進士	禮部侍郎	
沈演	烏程	萬曆二十年進士	南京刑部尚書	
曹文衡	南陽	萬曆四十四年進士	薊遼總督	應天巡撫
心燈		僧人		
俞廷諤	華亭	天啓四年舉人		
吳震元	太倉	萬曆四十三年舉人	漳州府同知	門生
閔洪學	烏程	萬曆二十六年進士	吏部尚書	
萬壽祺	徐州	舉人		
李雯	華亭	仕清中書舍人		逢申子
薛正平	華亭	諸生		
吳偉業	太倉	崇禎四年進士	仕清翰林祭酒	
羅明祖	福建貢川	崇禎四年進士	蕭山縣令	華亭縣令
唐泰	雲南普寧			畫家僧人
丁賓	嘉善	隆慶五年進士	南京工部尚書	
鄭鄤	武進人	天啓二年進士		
冒襄	如皐			宗起子
李明睿	南昌	天啓二年進士	左中允	
陳貞慧	宜興			於庭子
顧錫疇	崑山	萬曆四十七年進士	禮部尚書	
何萬化	上海	天啓二年進士	廣東按察使	
王瑞國	太倉		增城縣令	士騄子
宋徵輿	華亭	順治四年進士	都察院左副都御史	
楊文驄	貴陽	萬曆四十六年舉人		華亭知縣
徐日曦	衛縣	天啓二年進士		松江推官
馮元颷	餘姚	崇禎元年進士	天津巡撫	蘇松兵備參議
董羽宸	華亭	萬曆四十一年進士	吏部侍郎	

夏允彝	華亭	崇禎十年進士		
張國紳	陝西安定	萬曆三十八年進士	陝西布政使	蘇松道副使
陶汝鼎	湖南寧鄉			
王廷宰	華亭	歲貢	沅江知縣	
譚貞黙	嘉興	崇禎元年進士	工部主事	
魯得之	錢塘	畫家		
靜聞		僧人		
范景文	河北吳橋	萬曆四十一年進士	工部尚書東閣大學士	
張燮	福建龍溪	萬曆二十二年舉人		
楊鶴	武陵	萬曆三十二年進士	兵部右侍郎總督三邊軍務	
程正揆	湖北孝感	崇禎四年進士	仕清工部右侍郎	
黃以陞	福建龍溪			
吳統持	嘉興	隱士		
黃道周	漳浦	天啓二年進士	右諭德	
錢棻	嘉善	崇禎十五年舉人		士晉子
汪用威	新安	商人		
蔣之翹	秀水	諸生		
涂伯昌	南豐	崇禎三年舉人		
羅炌	歙縣	崇禎七年進士	嘉興縣令	
王元瑞	青浦	萬曆四十一年進士		
邢昉	高郵	諸生		
單恂	華亭	崇禎十三年進士		
梁伯柔	順德	諸生		
莫儼皋	金山	萬曆四十四年進士	四川左布政使	
方世壽	新安	商人		
徐標	山東臨清	天啓五年進士	右僉都巡史巡撫保定	
陳洪謐	晉江	崇禎四年進士	兵部右侍郎	蘇州知府
錢栴	嘉善	崇禎六年舉人		士晉子

　　通過總結陳繼儒的交遊圈可以發現，陳繼儒的交遊對象以士人、僧侶、隱士、商人為主。

　　從籍貫來看，士人的地域分佈最為複雜，其中以蘇、松、杭、嘉、湖五

府和太倉州的進士、舉人為多，包括這些士人的親友、同年、座師、同僚，不僅與他們本人保持著密切的關係，而且還與他們的子孫繼續交往。最典型的就是與王錫爵、王衡、王時敏一門祖孫三人的良好關係，儘管這種與公卿的交往成為後人譏諷陳繼儒的藉口。其次延伸為曾在蘇、松、杭、嘉、湖、太五府一州為官的官員，包括他們此後仕宦生涯中的同僚、同鄉、親友，這部分人除了五府本地籍貫的官員外，以福建漳州府、泉州府籍的人為最多，其中代表性的有陳弘謐、干志道、何喬遠等人。這些人官階普遍較高，在政治、文化等領域具有很高的地位和影響。其中內閣大臣就有徐階、申時行、王錫爵、錢龍錫、錢士升等人。

　　陳繼儒交遊的商人多為新安商人和洞庭商人。有教養的文人與富有的商人之間的關係實際上屬互惠性質〔註27〕。成化、弘治年間東南鹽政的改革，使徽商迅速崛起，形成亦儒亦商的文化氛圍。〔註28〕徽州商人往往僑寓個地，以江南為最。陳繼儒一則主要為徽州商人撰寫墓誌銘、志傳、序文為主要形式，收取饋贈，以金錢為聯繫紐帶；二則是與功成名就、家業豐實的徽州文人吟詩唱和，僑居杭州的汪汝謙就是最好的例證。

　　陳繼儒交遊的隱士多為以松江、蘇州、嘉興為中心，包括今天江南地區的隱士為主，主要有殷仲春、張賓樵等。

　　明末的著名高僧株宏、蒼雪、雪浪、匡雲、扈芷等人都是陳繼儒的座上客。

　　歷史文化的積澱與多種文化現象之間的縱橫交叉，相互滲透，會產生一種文化場效應，使生活在這一區域裏的人不自覺地帶有同樣基調的文化背景，並且在潛移默化中產生相互類同的文化意識與價值觀念。〔註29〕陳繼儒雖然沒有任何的功名，但是這個文化交遊圈整體的文化水平在全國處於領先地位，如王世貞、董其昌在晚明文學、書畫領域之影響，這就為陳繼儒聲名日隆奠定了文化上的基礎。而交遊圈中的官員多活躍在晚明政治活動的中心，如王錫爵為首輔參與「立儲」；顧憲成為東林之領袖，陳子龍、夏允彝為幾社之領袖，與政治人物的頻繁交往產生的巨大影響則使陳繼儒成為官員士人提高個人身份與影響的一張名片。某种角度去看，明人的「道德嚴格主

〔註27〕高居翰著、鄧偉權審、楊宗賢等譯《畫家生涯：傳統中國畫家的生活與工作》，三聯書店 2012 年，第 141 頁。
〔註28〕王振忠《明清徽商與淮揚社會變遷》，三聯書店 1996 年。
〔註29〕張靜秋《陳繼儒的文化性格及其成因》，《南通師院學報》2005 年第 1 期。

義」與明士風流，後者也的確也充當了前者的調劑與補償。〔註 30〕陳繼儒
在佘山的隱居生活，正是這種道德嚴格主義的典範。「華亭陳仲醇先生，不
應進士舉，以有道聞海內。」〔註 31〕

第二節　晚明時代思潮與陳繼儒的生活趣味

晚明時代「是一個動蕩的時代，是一個斑駁陸離的時代。照耀這一時代
的，不是一輪赫然當空的太陽，而是許多光彩分披的彩霞。你盡可能說它
『雜』，卻決不能說它『庸』，盡可說它『囂張』，卻決不能說它『死板』，盡
可以說它是『亂世之音』，卻決不能說它是『衰世之音』。」〔註 32〕

江南的士人的日常生活也同樣是豐富多彩的，飲酒品茗，揮金挾妓，參
禪禮佛，賞骨董、好時玩，建園林，已成為晚明江南士人日常生活的重要組
成部分，對此前賢多有精彩的論述。〔註 33〕陳繼儒的日常生活內容充實豐富，
書齋內外的種種富有審美意趣的休閒活動構成了其雅逸多姿的休閒生活形
態。鑒古、遊歷山水等相匯，纂集成晚明士人璀璨的生活文化底色。

一、陳繼儒之「神遊」

明代尤其是晚明，旅遊風氣堪稱盛極一時。〔註 34〕與前代相比，晚明文
人不但只是一般的好遊，更進而耽於山水，好遊成癖，甚而成癡。山水之癖
是以山水景物為「自娛娛人」之極的表現，面對山光水色，表現出如醉如癡
的極端狀態。這是前所未有後所罕見的現象。〔註 35〕在這種思想的指引下，

〔註 30〕趙園《廢園與蕪城：祁彪佳與他的予園及其他》，《中國文化》第二十八期。
〔註 31〕錢謙益《牧齋外集》卷十《陳徵君仲醇六十序》，上海古籍出版社 2003 年。
〔註 32〕嵇文甫《晚明思想史論序》，《民國叢書》第二編第 7 冊，上海書店出版社 1990
　　　 年，第 1 頁。
〔註 33〕比較有代表性的論述有陳江《明代中後期的江南社會與社會生活》第三章第
　　　 三節《多元錯綜的生活情趣》，上海社會科學出版社 2006 年，第 163～189 頁；
　　　 陳寶良《明代社會生活史》第一章第四節《士紳心態及其生活》，中國社會科
　　　 學出版社 2004 年，第 82～100 頁。
〔註 34〕巫仁恕認為晚明旅遊風氣的盛行與交通條件與環境的改善、商品經濟的發展與
　　　 士大夫經濟生活的變遷、陽明學思潮的影響有很大的關係，詳參巫仁恕《晚明
　　　 的旅遊風氣與士大夫心態——以江南為討論中心》，載熊月之、熊秉真編《明清
　　　 以來江南社會與文化論集》，上海社會科學院出版社 2004 年，第 226、227 頁。
〔註 35〕周振鶴《從明人文集看晚明旅遊風氣及其與地理學的關係》，《復旦大學學報》

陳繼儒更加嚮往自然清新的生活，認為山水足以涵養氣度與胸襟，於是縱情山水間成為其日常生活的重要內容。「人生樂，莫樂於名士樂，莫樂於佳山水，三者，上帝之清福也。」〔註36〕

坐館授徒之暇，遊山玩水，成為陳繼儒日常生活的重要內容。陳繼儒強調在遊玩過程中要安閒舒適與優游自在，而這些也需要一些外在的條件。比如交通工具而言，他認為南方乘舟比北方騎馬來的順當安逸，較符合文人的雅趣。「余嘗笑北遊乘騎，南遊乘舟。騎不能負兩客，而舟可容數十人；騎不能載書，而舟可舉筆、床、茶、竈；騎不能穩坐甘臥，而舟可隨風東西，與雲朝暮，此於遊者最適於品題，翰墨最甚遍。」〔註37〕年譜中也就常會發現陳繼儒「乘不繫之舟」去旅遊了，〔註38〕交遊活動也多在舟中。〔註39〕徽州商人汪汝謙在西湖建造了兩艘畫舫，深得陳繼儒、董其昌為代表的文人墨客之歡心，並分別為之題為「不繫園」、「隨喜庵」，重新詮釋了湖舫與園林的關係，為文士才女的雅集提供了新的場所。〔註40〕

晚明有些士大夫極力想發展一套特別的旅遊理論，這就是他們所謂的「游道」。如果從消費角度來看，與其說是將旅遊行為倫理化，不如說是一種消費品位的塑造，以顯示自己的與眾不同。晚明士大夫常以游道為名，批評當時的旅遊風氣，認為高雅的游道已經沉淪了。

陳繼儒還對晚明出現的一些旅遊現象嗤之以鼻，大加批判「裝遊」和「舌遊」，「昔遊有二品，而今加三焉。賈之裝遊也，客之舌遊也，而又有操其邊幅之技，左挈賈，而右挈客，陽吹其舌於風騷，而陰實其裝於稛橐，施於今而游道辱矣。」〔註41〕同時批評王公大人那種前促後擁的旅行方式，「余聞之名山洞府，造物不付之冠劍車騎貴人，而私之隱君子。此語似有致而實否？否。夫王公大人之遊，或侍宸輿，或領使節，屯軍駐驛，問俗褒帷，小有未

　　　　2005 年第 1 期。
〔註36〕《全集》卷二《劉沈合集序》。
〔註37〕《全集》卷十一《穆仲裕江南遊稿序》。
〔註38〕詳參萬曆二十七年、三十一年譜。
〔註39〕婁堅《學古緒言》卷二《錢密緯寒玉齋詩序》：「昨歲餘遊京口，於友人陳仲醇舟中與密緯相識，因得覽其文，意深而續密，非敏且勤，能也」，《文淵閣四庫全書》集部 1295 冊，第 15 頁。
〔註40〕曹淑娟：《園舟與舟園——汪汝謙湖舫身份的轉換與局限》，《清華學報》新第三六卷第一期（2006 年 6 月）
〔註41〕《全集》卷五《紀遊稿序》。

濟。則兵丁曹伍，腰鎌負鍤而前導之，能使目與足兩無憾而後止。若蓬翟逸民，不過三尺筇與一輛屐耳。歷覽幾何而辱之曰遊，則不得不退尋紙上之陳跡而指數之曰：是某水、是某丘。若置其身於空青鈍碧之間，以稍自寬云耳。則臥遊編者冠劍車騎貴人可無，而隱君子不可不有也。且山遊之難。我知之矣。」〔註42〕

　　湛若水認為遊有三等，即行遊、神遊與天遊，遊山游水為下等，神遊為上等，以道學的天遊為上上。〔註43〕由於身體欠佳，瘧疾時有發作，〔註44〕「北不渡揚子，南不渡錢塘」成為陳繼儒遊玩活動的一個大致範圍。〔註45〕雖然他對徐弘祖能遍遊天下非常羨慕，但其本人也並不為此而羞愧。他所謂的遊，更多的是建立在其自我想像的基礎上的，因為精神的出遊，而身心得到暫時的出脫。「吾鄉介公栖仰山，徵余志敘，未果；諾新安潘鬐邀予遊黃山，老不出疆，逡巡至今。此二因緣，常往來夢寐間。」〔註46〕這種「神遊」也只有陳繼儒才能想得出來。〔註47〕於是陳繼儒在《全集》中留下了大量「神遊」的作品，並為此津津樂道，可謂其一大特色。〔註48〕

二、參禪禮佛

　　晚明佛教復興，「萬曆而後，禪風寢盛，士夫無不談禪，僧亦無不欲與士夫結納」。〔註49〕士人信佛，不但數量激增，而且對佛學的興趣也更加深入。眾多士人以心學為中介，由儒入佛，由禪入淨。參禪、禮佛、飯僧，在明代士大夫看來，一概都是清雅之事，所以日常生活內容離不開這些，已成為當時士大夫雅致生活的基本內容。同時明代社會形成了一種視與僧道相交行為的認可，將與僧道交往的士人看作不與世同的清潔高雅之士，士人積習所染，競相仿傚，使得與僧道交往成為一種時尚。明人陳弘緒指出「今之仕宦罷歸者，或陶情於聲色，或肆意於山水，或學仙談禪，或求田問舍，總之為排遣

〔註42〕《全集》卷五《臥遊清福編序》。
〔註43〕湛若水《湛甘泉先生文集》卷十七《送謝子振卿遊南嶽序》，《四庫存目叢書》集部 56 冊。
〔註44〕陳繼儒一生與瘧疾相伴，詳參萬曆二年、萬曆八年、二十五年譜。
〔註45〕《全集》卷十一《廣陵遊草序》。
〔註46〕《全集》卷七《仰山詩敘》。
〔註47〕陳繼儒多有夢遊之文章，可參見天啟七年譜。
〔註48〕天啟七年譜中有「夢中遊蜀中諸山」。
〔註49〕陳垣《明季滇黔佛教考》，河北教育出版社 2000 年，第 129 頁。

不平。」陳繼儒也不例外。陳繼儒與高僧的交往也非常的密切。三十歲時，就有天台山的僧人給陳繼儒寄來藤杖，〔註50〕明末四大高僧中有三位憨山、蓮池、紫柏都與陳繼儒有密切的往來，當時的名僧如雪浪、秋潭、匡雲、扈芷等，亦與之過從較密。

晚明僧人與文人的交往已蔚然成風。士人的文化社交活動多喜歡於寺院中舉行，很少是因為寺院的宗教信仰功能，倒是由於寺院的優雅別致與超塵脫俗，正好是晚明江南士人所渴望的東西。他們相聚在一起的時候大致不外靜坐、清談、吟詩、讀書、誦經、垂釣、飲酒、弈棋、遊玩等等。除此之外，寺院還是士人們短期居留、聚會與讀書講學的好去處。陳繼儒常常嚴格遵守居士的戒律，「消夏寺中。」〔註51〕

陳繼儒對佛門的布施行為，除了捐助財力之外，更重要的在於，他們為寺院、僧人寫過大量的募緣文，〔註52〕以他的地位、名聲和社會影響力以及廣泛的人際關係，為寺院的重建和發展做出了貢獻。

第三節　陳繼儒的史學思想與實踐

明中葉以後，陸王心學盛行，影響了長期以來程朱在理學上的崇高地位。陳繼儒的思想淵源，與陸王心學較為貼近，尤其是陸王對本心的追求，有著一貫的堅持與肯定，「此心學亦正學也。」〔註53〕陳繼儒雖然也強調本心是必須自發、自起、自動，畢生追求精神上的超脫自由，但是他所認同的心卻無法離開環境的影響而單獨存在，因此除了自我的修為，也關心周遭一切所發生的事情，更希望能度化眾生。「全信自心自佛，不於心外別求，是為真度。」〔註54〕陳繼儒曾經因為得到一幅《善惡報應圖》，授予夢蓮，並在序文中說明了「夫禍福之報，至於千變萬化，而要之不在天、不在人，而在爾我之一心。古人不云乎，一念不起，鬼神莫知，不繇乎誰？此善惡之源也」〔註55〕，這段話中說明自我的一念足為善惡之源的論點，凸顯出其欲駕馭本心的企圖。

〔註50〕詳參萬曆十五年譜。
〔註51〕詳參萬曆四十一年譜。
〔註52〕《全集》卷四十九即為陳繼儒所作之疏，數量極多。
〔註53〕《全集》卷六《李述之全集序》。
〔註54〕《全集》卷五十《跋鄧文潔錄華嚴經語》。
〔註55〕《全集》卷十二《善惡報應圖說序》。

陳繼儒的思想歷程，其本人有過較爲精鍊的總結，「余宇宙之贅人也。方其翩翩爲諸生也，近儒；及其毀冠紳，遊戲於佛奴道民之間，近二氏；醉臥酒鑪，高吟騷壇，近放遇人倫禮樂之士，捫舌屏氣，斤斤有度，近莊；好談天文禽遁及陰陽兵家言，近迂浪跡山根樹林之傍，與野獼瘦猿騰躍上下而不能止。近野故余遊於世也。世不知其何如人，余亦不自知其何如人。其五行之所不能束，三教之所能敢收者邪。蓋宇宙之贅人而已。」〔註56〕

一、陳繼儒的史學思想

中國史學在明中葉發生了變化，相繼出現了三股與保守、空疏史學相背離的史學思潮。隨著社會危機的壓迫日深，經世致用幾乎成了晚明士人的普遍話語，那些從事史學撰述的士人，已不再僅僅追求「立言」以求不朽的終極意義，而是更多的轉向「欲爲當世借前箸之」。〔註57〕

陳繼儒首先認爲，讀史、寫史、用史是培養人才的一個重要途徑。「天地間有一大帳簿。古史，舊帳簿也；今史，新帳簿也。……史者，天地間一大帳簿也。」讀史是如果史書不熟，其他一切讀書都是沒有意義的。「余嘗語子弟，無論《綱目》、二十一史，即一部《通鑒》，乃萬卷書之關津，若未曾過得此關，則他書必無別路可入。或讀之而不能解，解之而不能竟，竟之而不能徹首徹尾者，皆史不熟也。」史官通過歷練，則可以成爲國家之棟梁。「庶因記錄之間，亦得練習政事，他日任用，不致杜撰魯莽。是於循職之外，實寓養才之意。」〔註58〕，這是從人才培養的角度強調了史書的重要性。陳繼儒非常強調歷史的經驗教訓對當世的實際作用。陳繼儒說「弟近撰《讀書鏡》，頗以古人方，醫今人病。」〔註59〕認爲歷史最大的功用在於記載事件的眞實面貌，而眞理常常是隱藏在事實中，就如經典亦需要依賴歷史詳細的記錄，「經以載理，史以載事，理非事不明，經非史不著，即孔子《孝經》、《春秋》相表裏之遺意也。」〔註60〕

陳繼儒曾經過協助王時敏編纂王錫爵的文稿，與王士騏、許恭在《〈弇州山人續稿〉附》11卷的基礎上編纂了《弇州讀書後》，因此非常重視史料對於

〔註56〕《全集》卷十二《藝苑贅言序》。
〔註57〕葛兆光《明代中後期三股史學思潮》,《史學史研究》1985年1期。
〔註58〕《全集》卷二十四《古今大帳簿》
〔註59〕《全集》卷十二《答應天沈學博》。
〔註60〕《全集》卷十二《考史序》。

歷史研究的作用，〔註61〕對於史料的作用很有心得。「唐鄭惟忠嘗云『自古文人多史才少』。余謂『史非乏才也，史之難，難於料耳。』史才無料，如良賈不操金，大匠不儲材。雖卓鄭、公輸立窘矣。」這裡的「料」是指持之有據、言之有物的實際事件。所以他認爲文人才子的創作，可以用虛無憑空的想像，但是記史之筆必須要有所因，「大抵文人之才在善用虛，史官之才在善用實。虛者得自創，而實者不得不因。」〔註62〕陳繼儒還認爲晚明是一個史料豐富的時代，因爲發生過太多的歷史事件，但是當時的讀書人，並沒有善於利用他們所擁有的歷史材料，替時代作些紀錄與見證，這是非常令人遺憾的事情。認爲歷史是歷史上的大帳簿，日常行事可以借諸歷史得失的經驗。正如其在給顧憲成所言，「哀毀後，無以自遣，借史度日……少年輩讀書，當以事証理，則路路生眞聰明，步步得實受用。史者，天下第一大帳簿也。此帳簿者，皆六經注腳，幸諸郎君留意焉。」〔註63〕

　　對於利用各種史料所注意的問題，陳繼儒也提出了自己獨特的觀點，例如撰寫列傳的時候「以墓誌行狀收則全譽，或以野史採則多訾。或以實錄書則譽誹半。如萬安、焦芳、張綵之類，其罪惡灼然於耳目者，宜留原文以爲世戒。此不必諱也。如楊公廷和、顧公鼎臣、王宮阿之類，子孫不能收受，名臣不能堪，此爲賢者諱也，」〔註64〕對於各種史料的優劣分析的淋漓盡致。對於史書的體裁，陳繼儒說到，「何以通天通地通人？口：史是也。何以立德立言立功？吾亦日：史是也。史法中有編年也，以《春秋》爲宗，《左傳》爲翼，又其後以司馬溫公《資治通鑑》爲宗，朱文公《綱目》爲翼，揭歲月日時以起事，撮列傳志表以繫年。借事以寓評，借評以寓諫，此羣書之關津也。」〔註65〕

二、陳繼儒的史學實踐

　　明代建文朝史實和景泰朝史實是明代最爲敏感的兩段歷史，建文歷史因爲涉及叔姪之間的皇位篡奪而讓人噤口不敢言，景泰朝也因牽扯到帝位的爭奪而使人諱言，如何編排建文、景泰朝史事是關係到史書傳信與否的大事。

〔註61〕詳參萬曆四十一年譜。
〔註62〕《全集》卷四《弇州史料序》。
〔註63〕《全集》卷五十四《復顧涇陽》
〔註64〕《全集》卷五十四《復崔抑庵鹽臺》。
〔註65〕《全集》卷四《全史詳要序》。

隨著政治上的鬆動，對建文忠臣褒揚、保揚的政治態度成爲現實，這種政治氛圍得變化反映到修史上就是關於靖難、殉國的史籍大量湧現。〔註 66〕陳繼儒敏銳的史學嗅覺抓住了這一歷史契機，編寫了《建文史待》，走到這一史學潮流的前沿。〔註 67〕其次，從明代中期開始直至晚明的博古思潮，在史學領域的表現就是史學古籍重刊、舊史重編。〔註 68〕雖然現存多有署名陳繼儒評點本的古籍，但是筆者以爲這封面上的陳眉公刪定多爲僞造。陳繼儒對史學古籍重刊的思想，多反映在其指導蔣之翹《刪補〈晉書〉》上，此事之經過可參閱附錄之《年譜》。〔註 69〕再次，陳繼儒撰寫了大量的歷史小說，以抒情言志，如《李公子自傳》等。

〔註 66〕 牛建強《明代中後期建文朝史籍纂修攷述》，《史學史研究》1996 年第 2 期。
〔註 67〕 關於《建文史待》詳參萬曆二十四年譜。
〔註 68〕 錢茂偉《論明中葉史學的轉型》，《復旦大學學報》2001 年第 6 期。
〔註 69〕 此事詳參崇禎十年譜。

第三章　陳繼儒對晚明江南社會風氣之影響——以「談虎」和「隱逸」爲中心

在悠閒生活之外，陳繼儒還通過自己的行動，編纂書籍，引導了晚明江南社會的新風尚。現以《逸民史》和《虎薈》的編纂爲討論中心，探討陳繼儒於晚明江南社會的談虎之風和隱逸之風盛行中之作用。

第一節　晚明江南士人的談虎之風——以陳繼儒《虎薈》爲討論中心

一、歷史上虎故事的編纂

（一）《太平廣記》與《太平御覽》

就目前筆者所經眼的文獻來看，在中國古代「虎故事」至少有過北宋初年和晚明兩個時期、四次大規模的結集活動。〔註1〕

北宋初年，李昉等人相繼編寫了大型類書《太平廣記》和《太平御覽》，其中《太平廣記》卷四百二十六至卷四百三十三（以下簡稱「虎八卷」）、《太平御覽》，卷八百九一、八九二（以下簡稱「虎二卷」）都是關於虎故事的結集活動。

〔註1〕　高明《王穉登〈虎苑〉研究》，《圖書館雜誌》2005 年第 5 期。

　　「虎八卷」共收錄虎故事 80 條，約二萬字。「虎二卷」共收錄虎故事 97 條，不足五千字，全部標明出處。雖然「虎二卷」與「虎八卷」的編纂者和成書時間大體一致，但是二書的收錄內容卻大相徑庭。經筆者比照，二書只有五條內容大體一致，並且敘述也多有出入。

　　例如「虎二卷」第 83 條作「(《異苑》) 又曰：彭城劉黃雄，以太元中為京左，被使還都，路經竹里，停於邐，宿此。邐多虎，劉極自防衛，繫馬與戶前，手刀布與地上，中宵（原為宵中）士庶同睡，虎乘間跳入，獨取劉而去」；〔註2〕「虎八卷」卷一第 13 條記為「彭城劉廣雅，以太元元年，為京府佐，被使還，路經竹里亭，多虎。劉防衛甚嚴，牛馬繫於前，手戟布與地，中宵，與士庶同睡，虎乘間跳入，獨取劉而去。」〔註3〕對照《異苑》原書〔註4〕，可以發現「虎二卷」中「劉黃雄」實為「劉廣雅」之誤，其抄錄也多含混不清；第 84 條將「滎陽鄭襲」抄為了「樊陽鄭襲」。由此類文字看，《御覽》成書較《廣記》粗糙。但是「虎二卷」的材料多從先秦典籍和正史、筆記中收錄，內容、題材比較豐富，時間跨度較廣。

（二）王穉登《虎苑》

　　晚明嘉靖年間，著名的山人王穉登編纂了《虎苑》一書。《虎苑》為陳繼儒編輯《虎薈》直接利用之書，一直沒有引起人們的足夠重視。黃大宏、張天莉在《明陳繼儒〈虎薈〉研究》（以下簡稱《研究》）一文中認為「兩文（指《虎薈》前陳繼儒序及黃廷鳳後跋）均提及王友所贈《虎苑》一書，所惜記述太略，且無旁證可查該書作者與來龍去脈，該書或係王氏所撰，只作傳閱，並未刊行，故已無考。從卷 75 條看，《虎薈》應收入若干，已無法一一確指，可能也是該書失傳的原因之一」，認為《虎苑》已經亡佚。〔註5〕

　　其實不然，《虎苑》實未失傳。筆者發現，《虎苑》目前至少存有兩個版本：一為《續修四庫全書》（子部 1119 冊）和《四庫禁燬書叢刊》（集部 175 冊）所收《王百穀集》中明萬曆年間常州吳氏所刻《虎苑》；二為《說郛續》四十二卷所收的《虎苑》（此版本無後跋）。此外，《廣百川學海》癸集、《述古叢鈔》第一集、《翠琅玕館叢書》第一輯等叢書，也收錄了《虎苑》〔註6〕

〔註2〕 李昉等編《太平御覽》，中華書局 1960 年，第 3691 頁。
〔註3〕 李昉等編《太平廣記》，中華書局 1961 年，第 3469 頁。
〔註4〕 劉敬叔《異苑》卷八，《文淵閣四庫全書》1042 冊，第 543、544 頁。
〔註5〕 黃大宏、張天莉《明陳繼儒〈虎薈〉研究》，《文獻》1999 年第 3 期。
〔註6〕 上海圖書館編《中國叢書綜錄》，上海古籍出版社 1962 年，第 795 頁。

本書現據《續修四庫全書》影印本對《虎苑》的作者、體例等問題略加介紹。

《虎苑》分上下兩卷，凡十四篇，不足一萬字。其上卷分爲德政、孝感、貞符、占候、戴義、殄暴、威猛、靈怪等八篇；下卷分爲豢擾、搏射、神攝、人化、旁喻、雜誌等六篇。前有王穉登自序，後有吳近道重刻題跋。現將《虎苑》前序、後跋抄錄如下〔註7〕：

> 嘉靖癸丑，王子甥生於吳郡陸氏。陸氏墓在花山竹塢，塢深多亂泉怪石，虎渡太湖，來踞塢中，食人不去。又數月，聞擒虎過陸丈門外，人皆擁門觀，王子稍出後，虎已去。從觀者問，虎文甚奇，王子歎恨不見虎。他日遊山間，尋擒虎處，又觀虎磨牙檜，檜皮如削，心異之。山人競來談虎，王子憶古書及人間所聞虎事，往往酬答之。客好事者，命牘箋記，又趣王子梓。王子謂：德政美循良也，孝感勵天親也，貞符奏瑞也，占候驗術也，戴義崇報德也，殄暴明帝罰也，威猛示雄武也，靈怪戢妖凶也，豢擾存貽害之旨，搏射捶傷勇之戒，記神攝以表仙釋之從，記人化以抑獸行之隱，記旁喻以微風譬之規，記雜誌以廣見聞之博。編成，贊繫其下。客謂太簡，王子曰：不然。譬諸飲食，梁肉取飽，若夫山豆海俎，指多染即厭矣。於是請客命篇，客曰《虎苑》云。太原王穉登序。

> 王先生作《虎苑》垂三十年，流傳既久，索者愈眾，而元本乃楷材，不勝速朽之歎。齋居之暇，鳩集梨棗，授工重刻，於是客有見徵，無不立應，其如人人色變何。萬曆甲申中秋日，晉陵吳近道題。

從前序可知，《虎苑》輯者實爲王穉登，最早輯於嘉靖癸丑年（1553 年），據吳近道後跋「王先生作《虎苑》垂三十年」推算，《虎苑》最晚輯於嘉靖甲寅年（1554 年）。王序中還說明了《虎苑》成書原因、過程、分類標準及書名的由來。由吳近道重刻題跋可知，《虎苑》一書在蘇松地區流傳甚廣。

根據《虎苑》王穉登自序「憶古書及人間所聞虎事」可知，《虎苑》的材料有兩個來源：一是「古書」；一個是民間社會的傳說。爲了方便檢索，現按照《研究》一文「卷數——條序」的標記方法，對《虎苑》十四篇進行標記（如「德政篇」15 條記爲 1～15，下同）。經過標記，各篇分別爲 10、5、7、9、3、4、10、15、4、15、7、7、10、39 條，總計 145 條。此 145 條資料中，目前能確定出處的有 61 條。根據文字線索、原書標記並與「虎兩卷」、「虎八

〔註7〕　王穉登《虎苑》，《續修四庫全書》子部 1119 冊，第 341 頁、357 頁。

卷」相對照，《虎苑》徵引的「古書」如下：《易經》、《詩經》、《禮記》、《孟子》、《韓子》、《管子》、《列子》、《尸子》、《左傳》、《漢書》、《後漢書》、謝承《後漢書》、《春秋考異郵》、《龍魚河圖》、《風俗通》、《方言》、《殷世系表》、《列士傳》、《英雄志》、《爾雅》、《漢律》、《竹林七賢論》、《魏名臣奏》、《陳留耆舊傳》、《孝子傳》、《安成記》、《抱朴子》、《春秋運斗》、《魏略》、《傳物志》、《淮南萬事術》、《幽命錄》、《續搜神記》、《說文》、《傳奇》、《吳志》、《穆天子傳》、《西京雜記》、《神仙傳》、《酉陽雜俎》、《述異記》，凡四十二種。《虎苑》中有 53 條內容與「虎二卷」一致，因此王穉登很可能直接利用了「虎二卷」。唐以後的材料如 8～15、10～14 諸條，則明顯是作者當時「所聞虎事」，其餘俟考。

　　《虎苑》體例上最大的優點在於確定了收錄標準，把搜集到的虎故事進行了合理的分類，例如「孝感篇」收錄了五條各個時期的孝子故事，「戴義篇」則是收錄了三條老虎感恩圖報的故事；每一篇的最後還有王穉登的「贊」，即對此類「虎故事」的評價。如「德政篇」所收均為歷代賢君循吏的事蹟，王氏贊曰：「奕奕循吏，仁孚異類。負子挾群，涉波以去。穆矣弘農，猗歟九江。二君為政，竹簡生香。」〔註 8〕對所記漢代宋均為九江令等事極為稱讚。《虎苑》體例上的缺點也比較明顯，如只有十條標明了出處，而「虎八卷」、「虎二卷」則是全部標明了出處。又對照原書，發現《虎苑》抄錄舛誤較多，例如 13-5 條所錄《禮記‧檀弓下》「苛政猛於虎」之事，原書為「孔子過泰山」，此處卻做「孔子適楚」，這大概是王穉登只「憶古書」而沒有全部核對原書的緣故。同時，王穉登也有將原書的一條內容在《虎苑》中拆分成多條的情況，例如《虎苑》4-3、4-6、8-2、11-1 諸條，同出於唐段成式《酉陽雜俎》卷十六「鄭思遠」條。就編纂體例而言，王穉登所編《虎苑》仍是目前體例最為完備、收錄標準最為合理的一部「虎故事」集。

二、陳繼儒輯《虎薈》的文獻分析

（一）《虎薈》的成書過程

　　《虎薈》共六卷，不足五萬字，共收錄 370 條虎故事。萬曆丁酉年（1597年）六月後，王穉登攜《虎苑》訪陳繼儒於寶顏堂，陳繼儒將《虎苑》增而廣之，歷時一年，至萬曆戊戌年（1598 年）六月編成《虎薈》一書。前有陳

〔註 8〕 王穉登《虎苑》，《續修四庫全書》子部 1119 冊，第 341 頁。

繼儒自序，後有黃廷鳳重刻題跋。現摘錄陳氏自序如下〔註9〕：

> 余丁酉六月二十三日，始困瘧疾，戊戌六月二十二日而瘧良已。蓋
> 首尾屈指凡一朞焉。先是百谷王丈訪於寶顏堂，授之以《虎薈》，可
> 以鬭瘧，讀之而魔鬼如故，然其書說徵不及百事。余乃搜諸逸籍及
> 山林湖海故聞，薈撮成卷，題曰：虎薈。⋯⋯虎不足談，而其人故
> 多識，喜怪者所不廢也，乃書而命典簽者藏之。

《虎薈》的資料來源除了直接利用了《虎苑》之外，還有兩個方面，一是秦
漢至明代的史傳、志怪、傳奇和野史筆記小說等各類著作；二是民間傳說，
即序稱「逸籍」和「山林湖海舊聞」。

（二）《虎薈》與《虎苑》之關係

據筆者統計，《虎薈》中有79條內容、字數與《虎苑》完全一致；有22
條內容一致但敘述略有出入，占《虎苑》篇幅的80%，有44條內容爲《虎薈》
所未收錄。筆者認爲，陳繼儒輯《虎薈》時，沒有全部收錄《虎苑》的內容，
並不能證明他沒有直接利用《虎苑》。《虎薈》黃廷鳳後跋稱：「仲醇道兄昨歲
值虐病，君子客有貽之《虎苑》，止數十則，曰佩之可當玉辟邪也，仲醇益廣
之爲數百則」，陳繼儒自序也稱：「然其書（《虎苑》）所徵不及百事，余乃搜
諸逸籍及山林湖海之故聞，薈撮成卷，題曰《虎薈》」。〔註10〕而書中最明顯
的證據是，《虎苑》10-15條「陸丈外舅先隴在花山竹塢中，⋯⋯遂金身石屋
虔奉焉」，《虎薈》5-75條同樣收入，並在前加入「王百穀云」，其餘文字完全
一致，這些都證明了陳繼儒編輯《虎薈》時直接抄錄了《虎苑》的內容。

陳氏編《虎薈》，如完全照抄在當時蘇松地區「流傳既久」的《虎苑》，
既不符合陳繼儒的一貫作風，也不利於《虎薈》的流傳。同樣的道理，《研究》
一文認爲「《虎薈》與『虎八卷』並無直接收錄關係，後者所錄雖有74則見
於前者，但有6則失收，這與《虎薈》逢虎必收的情況明顯不合」〔註11〕的
觀點，顯然失於細考。

（三）《明陳繼儒〈虎薈〉研究》補遺

《研究》認爲「《虎薈》對『虎八卷』相同內容的數條內容做了重新安排，
與原出古籍一致，也是說明取自原書」；又認爲「《虎薈》對材料的使用仍有

〔註9〕陳繼儒《虎薈》，《四庫存目叢書》子部82冊，第422頁。

〔註10〕陳繼儒《虎薈》黃廷鳳跋，《四庫存目叢書》子部82冊，第499頁。

〔註11〕黃大宏、張天莉《明陳繼儒〈虎薈〉研究》，《文獻》1999年第3期。

優於『虎八卷』的地方，如卷一 22、23 條，『虎八卷』合爲『封邵』一條」，「虎八卷『鄭思遠』條，在《虎薈》也分作卷五第 18、19 條」。〔註12〕

其實不然，前文所述「鄭思遠」條在王穉登《虎苑》中已經分成四條，包括《虎薈》中卷五第 18、19 條；「封邵」一條，《虎苑》中也只有卷 1-23 條內容，這些並不是陳繼儒的發明，因此也不能作爲完全取自原書的證據。總之，就現有的文獻來看，不足於證明《虎薈》與「虎八卷」無收錄關係，而從二書「74 條內容完全一致」來看，陳繼儒同時直接利用「虎八卷」的可能性極大。需要說明的是，此處的「完全一致」不同於《虎薈》的 79 條與《虎苑》完全一致，《虎薈》的 74 條內容與《廣記》「虎八卷」或原書相比，抄錄過程中的脫、衍、倒、并、誤現象非常嚴重，如《虎薈》1-4 條就把「李大可」抄成了「李可大」，又如《虎薈》還把《虎苑》中分開的 5-1、5-2 條合成了 4-58 條，內容不倫不類，四庫館臣評其「拉雜無倫」其實並不過分，因爲這也符合陳氏編書的一貫作風。

還需要說明的是，《研究》中指出《虎薈》的三種情況〔註13〕：一、重出，如：2-16 和 5-17、1-22 和 3-43（42）、3-7（6）和 5-17、5-50 和 6-56（54）、3-40（39）和 2-24 條；二、異文，如：2-47 和 3-32（31）、2-3 和 4-47 條；三、節錄他條，如：5-22 和 4-37 條。

出現這種情況，乃因陳氏編輯《虎薈》時，同時採用了多種「逸籍」中關於同一故事的記載，而沒有加以校勘考證的結果。最明顯的例子就是所舉「異文」中 2-3 與 4-47 條，其實《虎薈》2-3 條與《虎苑》8-5 條完全一致，4-47 條與「虎八卷」5-2 條或《傳奇》原文一致，這證明《虎薈》中同一故事的資料有多個來源，並非陳氏「稍改語序並略」所造成，而是同時抄錄了兩個不同版本的「馬拯」故事而未加校勘、考證。

三、陳繼儒與「談虎」——晚明江南士人日常生活的一個剪影

晚明江南地區的經濟向多元化方向發展，市鎮蓬勃興起，經濟之繁榮、生活之富足已令全國矚目。江南地區的士人在日常交往過程中，「談虎」之風

〔註12〕黃大宏、張天莉《明陳繼儒〈虎薈〉研究》，《文獻》1999 年第 3 期。

〔註13〕原文對《虎薈》條目的統計稍有出入，第三卷實爲 53 條，共計 370 條，故以下皆按筆者重新校對編號，括弧內爲原編號。又《研究》認爲《虎薈》全文約六萬字，實不足五萬字。

漸盛，「談虎」已經成爲晚明江南地區士人日常生活、娛樂消遣的一個重要組成部分，是當時士人交遊和親友相聚時的一種時髦的話題。

《說文解字》卷五上曰：「虎，山獸之君。從虍，虎足象人足，象形。凡虎之屬皆從虎。」〔註14〕在中國古代的社會生活中，老虎不僅是異常兇猛的百獸之王，鎮山之主，會食人畜。而且又是中國古代圖騰崇拜物，四聖獸之一，人們既用其威猛精進來表示陽剛與力量，又用其兇暴來驅鬼攘災，避邪避凶，降服鬼物，往往具有神靈之特徵。因此老虎不僅具有它的動物屬性，而且還超越其動物屬性而具有社會、文化、制度的屬性。例如作爲權威的象徵，從殷周時代，虎的威猛就廣泛運用於軍旅之中，《尚書·牧誓》稱武王有「虎賁三千」；歷代都有以龍虎將軍銜賜職武官，比如漢朝有「虎賁中郎將」；國家所用兵符、使節出使所持之節稱爲「虎符」、「虎節」。不僅如此，連東漢儒家講學談經的地方也稱爲白虎觀。在中國古代的民俗中，白虎又被道教神化，成爲了各廟宇的門神。神荼和鬱壘兄弟二人就是專門抓鬼飼虎的。中國古代二十四孝道故事中有楊香扼虎救父的故事，虎典、虎諺更是不勝枚舉。可以說，老虎與中國古代的社會生活是緊密相關的。

所謂「談虎」，就是指晚明士人在日常生活中談論、講述任何與老虎有關的故事，既有以虎爲主要角色的動物故事，更多的則是以人與虎的種種關係爲主要內容的虎故事。這些虎故事往往與所謂「靈異」聯繫在一起，帶有一種神秘性和不可確定性。這裡所處理的材料，包括對「談」這一行爲的記述與所談之「虎」故事。需要說明的一點是，在這裡並不考察這些作爲談論話題的虎故事的眞實性和可靠性，只是從「談虎」這一文化現象去探究晚明江南士人的日常生活與社會風氣。

（一）晚明江南地區的「虎患」

晚明江南地區，老虎與人們的日常生活是緊密相關的。明代江南地區「虎患」多見於方志、里乘、野史的記載中。閔宗殿曾利用明清兩代的方志對「虎患」出現的情況進行統計，得出明代東南地區出現虎患有205次，其中江蘇、浙江、安徽、江西共發生153次，分別有27、43、31、54個縣出現過，造成百人以上傷亡的虎患有31次。〔註15〕由此可見這個歷史時期的老虎出沒非常的頻繁，人類與老虎的接觸也相對較多。但是需要注意的是，方志中記載如

〔註14〕許慎撰、徐鉉校訂《說文解字》卷五上，中華書局1963年，第103頁。
〔註15〕閔宗殿《明清時期東南地區的虎患及相關問題》，《古今農業》2003年第1期。

此之多的虎患，不一定就是確確實實發生了虎患。雖然肯定有眞老虎的出現，但也有披著虎皮嚇人的假老虎。明末嘉定縣沙崗橋附近「遍地皆虎跡」，嚇得行人早晚都不敢走路。後來才發現，有個和尙蒙虎皮足履，履爲虎趾爪，「蓋賊禿爲此邀奪過客。」〔註 16〕更重要的一點是，在方志中和虎患記載同時增加的是人們「孝義」驅虎的故事。幾乎可以說，地方志上只要有虎患記載，就必然有類似「孝義」驅虎的故事。一方面，人們對老虎的種類區分還相當模糊，一些不是老虎的動物給人類造成的傷害也可能會被記載爲「虎患」；另一方面，按傳統的倫理和政治道德看來，「虎患」非「虎」患，而是人間秩序和道德敗壞所導致的自然界的感應，以道德教化來解釋「虎患」，往往是以犧牲歷史眞相爲代價的。〔註 17〕如此看來，這些來自方志的統計數字的可靠性有待商榷，並非「信史」。這些方志中的「虎患」雖不能眞實的反映歷史的本來面貌，但是這種模糊的記載，恰恰卻表明了晚明江南社會中老虎與人們的日常生活的聯繫，比以往任何一個時期都更加緊密，人們更多的來談論虎故事、記載虎故事。

　　「虎患」的增多在文學領域的表現就是晚明士人的文集中、通俗類小說中多有記載以老虎爲主角的虎故事。〔註 18〕但是如前所述，「虎患」的記載並不一定就代表了士人見到了老虎。「談虎之非經虎」，於是更多未嘗親見老虎的士人，其「談虎」的故事來源不外乎秦漢至明代的史傳、志怪、傳奇和野史筆記小說等各類著作中記載的虎故事和民間傳說中的虎故事，作爲虎故事的集大成者，陳繼儒編纂《虎薈》則是晚明士人談虎必不可少的通俗讀物。

　　晚明江南出版印刷業的繁榮爲《虎薈》這種娛樂消遣性的的出版物的發行提供了物質和技術上的基礎。晚明圖書市場的商業化程度已經很高，圖書出版有普及趨勢，以牟利爲目的、面向廣大中下層社會民眾的商業化出版印刷業日益發展，這種出版印刷業主要面向廣大中下層社會民眾，印刷物五花八門，無所不有。〔註 19〕大大小小的出版機構不計其數，吳近道看到《虎苑》需求量大，就有財力和技術上的支持隨時可以付梓重刊。《虎薈》這種來自民

〔註 16〕《外岡志》，轉引自村愚《明清江南虎蹤》，《中國史研究》1987 年第 1 期。

〔註 17〕黃志繁《「山歌之君」、虎患與道德教化——側重於明清南方地區》，《中國社會歷史評論》第七卷，天津古籍出版社 2006 年，第 143～160 頁。

〔註 18〕祝允明《懷星堂集》卷二〇《義虎傳》，《文淵閣四庫全書》集部 1260 冊，第651～652 頁；馮夢龍《醒世恒言》卷五《大樹坡義虎送親》，人民文學出版社1995 年，第 102～107 頁。

〔註 19〕李伯重《明清江南的出版印刷業》，《中國經濟史研究》2001 年第 3 期。

間廣爲傳佈、淺顯易懂、生動活潑的虎故事集，以歷史神話、歷史傳奇、時事故事爲基本內容，相異於史學家筆下體例謹嚴、考覈詳實、文字表達規範的審愼的正規化歷史著述，更容易受到這一新讀者群的喜愛。同時也是我們今天瞭解晚明江南士人「談虎」活動的一個主要資料來源。

（二）「談虎」與晚明士人的日常生活

晚明士人日常居家生活和社會交往中，「談虎」已成爲必備之話題。從王穉登編撰《虎苑》的動機就可以看到，「山人競來談虎，王子憶古書及人間所聞虎事，往往酬答之，」〔註20〕一「競」字足見當時山人談虎之踴躍。飲酒、夜宿、舟次、送別這些日常生活的場景都少不了聊聊虎故事來打發時間，交流情感，這樣的詩句更是常見於晚明士人文集中。〔註21〕喜歡談虎的士人也是非常多的，嚴怡就是一個喜歡談虎的狂熱之人，「深夜與客細談虎」，「可堪無客與談虎」，「今朝當與誰，軒中共談虎」，「掀然對客間談虎」，「衰年尚自喜談虎」，〔註22〕看這個樣子一年之中無時無刻不談虎，談虎成了其日常生活的一個不可分割的重要組成部分，其談虎時之興奮，無虎可談時之鬱悶，躍然紙上。董其昌則更爲敬業，「今歲夏五，余病委篤，汝疹汝禱，目睫不屬，我猶談虎。」〔註23〕

談虎之風的的流行也使得「善談虎」成爲晚明士人一種引以爲自豪的本領。董其昌曾說「余尤以談虎服公」。〔註24〕作爲虎故事集的編纂者，陳繼儒是談虎的高人，令人崇拜稱道。當時的士人對陳繼儒的談虎的水平都大加讚賞。非常有意思的是，有人還記錄下了陳繼儒談虎時的場景，蒼雪大師有詩

〔註20〕王穉登《虎苑》序，《續修四庫全書》子部 1119 冊，第 341 頁。

〔註21〕貢修齡《斗酒堂集》卷七《九月初五張世臣孝廉以南園桂菊見招座中郁元積佐以惠泉錫酒》「莫妨行樂事，談虎白鷗前」，《四庫禁燬書叢刊》集部 80 冊，第 438 頁；祝世祿《環碧齋詩集》卷一《夜過羊棧嶺聞談虎者》「歸人窺虎跡，鈴析戒前途」《四庫存目叢書》集部 94 冊，第 175 頁；謝肇淛《小草齋集》卷二十六《渡江》「客夢自驚談虎，歸心不爲思鱸」，《續修四庫全書》集部 1366 冊，第 188 頁；顧夢遊《顧與治詩》卷六《送黃帥先赴史相公幕》「未去先因談虎快，從來不爲食魚多」，《四庫禁燬書叢刊》集部 51 冊，第 372 頁。

〔註22〕嚴怡《嚴石溪詩稿》卷一《石佛寺夜泊與同舟諸君子談虎》、卷二《苦雨》、卷二《晨興》、卷六《歲暮》、《我吟》，《四庫禁燬書叢刊》集部 101 冊，第 29 頁、51 頁、53 頁、162 頁、164 頁。

〔註23〕董其昌《容臺集》文集卷九《祭原道五任文》，《四庫禁燬書叢刊》集部 32 冊，第 419 頁。

〔註24〕同上卷九《參知顯公劉公誄》，第 405 頁。

這樣稱讚陳繼儒「東佘久寒白石盟，談虎曾使四座驚。一自淹留蔣山寺，幾回遠夢安期生。樵斧爛作燒丹土，挑燈焰入機杼聲。桃源莫謂深避世，人間無處非無名。」〔註 25〕黃廷鳳也稱「仲醇以風德談虎，無含意不吐者，取遊戲三味耳。」〔註 26〕陳繼儒談虎技驚四座，給自己帶來了無窮的名聲。這種名利上的成功反過來又刺激陳繼儒把虎故事整理出版，以滿足更多士人的好奇心，增而廣之，傳而遠之。因為口頭傳播的虎故事的數量總是有限的，只有讀過了包含大量虎故事信息的虎故事集的士人才能在交遊、娛樂中侃侃而談，才能吸引眾人的目光，提高自己在士人中的地位和聲望。

　　許多經典的虎故事總是被人津津樂道的，例如孫承宗就聽人講起過《虎苑》中所收李廣射石虎之故事。〔註 27〕但是時間久了，講的次數多了，老生常談，無甚新意，也會羞於啟口。難怪著名文人袁宗道會在一次好友聚會上提出這樣的遊戲規則，「余出一令，每人說一鬼一虎，須一二年間新事，不得引古書中所載，不能者罰巨觥。一客談虎，旋撰說不成章，滿座皆絕倒。」〔註 28〕就算為了以後少被罰酒，這些士人也得多找人聊一聊新鮮的虎故事，找幾本虎故事集來補補課了。於是人們爭相閱讀有關虎的「奇聞逸事」的故事集，把看到的、聽到的有趣的、奇怪的虎故事又講給自己的親朋好友。這也就不難理解《虎苑》在蘇松地區「流傳既久，索者愈眾」，〔註 29〕也就會有很多人「勇坐夜燈談《虎薈》」。〔註 30〕

（三）《虎薈》與晚明江南社會的「尚奇」之風

　　以陳繼儒為代表的晚明士人如此熱衷談虎，虎故事亦成為晚明士人獵奇的一個重要話題，這與老虎作為百獸之王兇猛的動物屬性和充滿靈異的社會屬性緊密相關的。王穉登就在一年時間內兩次聽到老虎出沒的消息，雖然沒有親眼見到，但卻「歎恨不見虎」，為了滿足自己的好奇心，又跑到山中去觀

〔註 25〕釋讀徹《蒼雪大師南來堂詩集》卷三《陳眉公》，《續修四庫全書》集部 1393 冊，第 535 頁。

〔註 26〕陳繼儒《虎薈》黃廷鳳跋，《四庫全書存目叢書》子部 82 冊，第 499 頁。

〔註 27〕孫承宗《高陽集》卷七《座中有談虎者》「漢家飛將軍，射石如射虎。今比虎與石，誰能復飲羽」，《續修四庫全書》集部 1370 冊，第 120 頁。

〔註 28〕袁宗道《白蘇齋類集》卷十四《小西天一》，《四庫禁燬書叢刊》集部 48 冊，第 628 頁。

〔註 29〕王穉登《虎苑》吳近道跋，《續修四庫全書》子部 1119 冊，第 357 頁。

〔註 30〕祝祺《樸巢詩集》卷五《余友黃君助遁深山者數十年，今冬入市過訪，遺我佳畫，並話林泉之樂，因酬以詩》，《四庫禁燬書叢刊》集部 145 冊，第 487 頁。

看「擒虎處」。〔註31〕更有人爲了尋求刺激，竟然養起了老虎。陳仁錫遊國清寺，就看到有僧人「狎虎如狸，識其居，數其齒，辨其色。」〔註32〕由此可見，晚明士人對瞭解老虎本身充滿了極大的興趣。

晚明士人的談虎之風也與當時的社會風氣有很大的關係。晚明江南地區的物質文化生活極大豐富，社會巨變促成了一個蓬勃多元的文化環境，士人更加崇尚自由的思想，追求個性的自我張揚，鼓勵探索內心眞實的自我，於是晚明社會中，求奇探異之好奇之風盛行，「世俗之性，好奇怪之語，說虛妄之文」，「實事不能動心，而華虛驚耳動心也」。〔註33〕人們更多的談論奇人怪事，田汝成談到晚明杭州風俗時說「道聽途說，無復裁量。如某所有異物，某家有怪事，某人有醜行，一人倡之，百人和之。身質其疑，皎若目覩。譬之風焉，起無頭而過無影，不可蹤跡，」〔註34〕可謂犀利。來自不同社會背景的人們懷著不同的目的，用不同的語言，從多種角度來談論和使用「奇」，「奇」於是成爲人們關注的重點和議論的中心，這就造成了一種社會語境，處於這種語境中的人們，好奇也獵奇，駭世驚俗的標新立異之舉受到鼓勵和激揚。〔註35〕這種尚奇之風反映在文學領域就是晚明不僅常見如《拍案驚奇》、《古今奇觀》等「奇」爲標題來招讀者的通俗小說，而且出現了一大批充滿著種種奇聞逸事的通俗娛樂書籍。胡應麟在談到晚明社會中小說如此流行時曾說：「怪力亂神，俗流喜道，而亦博物所珍也；玄虛廣莫，好事偏攻，而亦洽聞所昵也。談虎者矜誇以示尉，而雕龍者閒掇之以爲奇，辨鼠者證據以成名，而捫虱者類資之以送日。至於大雅君子，心知其妄而口競傳之，且斥其非而暮引用之。猶之淫聲麗色，惡之而弗能弗好也。」〔註36〕這也同時爲談虎之風的盛行作了一個很好的注腳，由此可以看到小說中這類稀奇古怪的話題恰恰符合了晚明士人對「奇」的追求，滿足了他們標榜自己與眾不同、

〔註31〕王穉登《虎苑》序，《續修四庫全書》子部1119冊，第341頁。

〔註32〕陳仁錫《無夢園初集》江集一《遊國清寺記》，《四庫禁燬書叢刊》集部60冊，第214頁。

〔註33〕王充《論衡・對作篇》，《諸子集成》第七冊，中華書局1954年，第280頁。

〔註34〕田汝成《西湖遊覽志餘》卷二十五，《文淵閣四庫全書》史部585冊，第612頁。

〔註35〕白謙愼著、孫靜如等譯《傅山的世界：17世紀中國書法的嬗變》，三聯書店2006年，第25頁。

〔註36〕胡應麟《少室山房筆叢》卷十三《九流緒論下》，《文淵閣四庫全書》子部886冊，第304～305頁。

追求時髦的心理。以至於「夫好者彌多，傳者彌眾，傳者日眾」，「談虎」、「雕龍」、「辨鼠」成爲晚明士人進行自我炫耀、標榜自己超凡脫俗的資本。

　　雖然在「虎八卷」記載的虎故事中，即將原先六朝志怪小說中加入大量人化的因素，使人們讀之不單純地產生恐懼，而漸生親切之感。〔註 37〕但是從《虎薈》所收虎故事可以看到，當時士人所談論的虎故事最大的賣點就是「奇」、「異」、「靈」，非常能吸引人眼球。

　　《虎薈》中的多條內容中就往往帶有一個「奇」字。其中關於老虎本身的傳說故事更是使老虎身上籠罩了一層深厚的神秘色彩，而晚明士人整體的知識結構和對自然的認知程度還是相當有限的〔註 38〕，再加上老虎本身具有兇猛的特徵，這些神奇的虎故事在當時還是具有很高的可信度的，即使一些描述完全不符合事實，但卻帶給讀者極大的驚恐和刺激。茲舉一則：

　　　　《虎薈》第二卷 26 條「遼興宗獵於秋，山過三虎，縱犬獲之。犬而
　　　　能獲虎三，是亦奇矣」。一犬能擒三虎，無論是在明代還是今天都可
　　　　以算是「奇聞」了。

史傳、志怪、傳奇和野史筆記小說中所記載的古代的虎故事由於和晚明讀者之間隔著久遠的年代，已不再是晚明日常生活經驗的一部分，因此容易產生「奇」的效果，以致於讀到這些虎故事「無不立應」。這些古代故事不僅有有情有義的老虎與人交善；也有通人性的仙虎；更有人化虎、虎化人奇聞；還有虎的形象廣泛出現在各類方術中，成爲昭示吉凶禍福的象徵。茲舉二則：

　　　　《虎薈》卷五第 56 條「晉太元元年，江夏郡安陸縣師道宣，年二十
　　　　有二，少來了了，得時病癒後，忽發狂，變爲虎，食人不可復數。
　　　　有女子樹上採桑，虎取食之，竟乃藏其釵釧，著山石間。後還作人，
　　　　皆之取之。經年還家爲人，遂出仕，官爲殿中令史，夜共人語，忽
　　　　道天地變怪之事。道宣自云『吾常得病，發狂，遂化作虎』，人啖言
　　　　其姓名，同坐人或有食其父子兄弟者，於是號哭捉送付官，遂餓死
　　　　建康獄。」

　　　　《虎薈》卷四第 6 條「永康二年正月，虎兕入城，民心動搖，莫能

〔註37〕劉淑萍《〈太平廣記〉裏的虎》，《中國典籍與文化》2002 年第 5 期。

〔註38〕例如黃志繁在《「山獸之君」、虎患與道德教化——側重於明清南方地區》指
　　　　出明清時期的人們對虎的分類還沒有可能到達「科學」的層面，而多是從外
　　　　表上來進行辨認和分類。所以，毫不奇怪，只要是出現動物外形上類似老虎，
　　　　人們就通常會認爲是「虎」。

禁止。時王戎知相位，惠帝責之曰『卿任輔弼之重，何致此物騷我
生靈？今降敕招真人剿治。』安大路真人，於戎甥舅也，謂戎曰『某
有術可禁』。戎奏帝，依混元法攝召。虎兒自空飛至，帝愕然。真人
咒水噀之，化爲蠅蟆布氣，吞之，一城安靜。」

而晚明民間傳說中的虎故事都是非常注重傳奇性的。魯迅曾經說過：「傳說
之所道，或爲神性之人，或爲古英雄，其奇才異能神勇爲凡人所不及，而由
於天授，或有天相者，簡狄吞燕卵而生商，劉媼得交龍而孕季，皆其例也。」
〔註39〕而且這些八卦新聞多與當時的官宦名人聯繫在一起，更有當時朝中所
謂之秘聞，而且無不纏繞著神秘主義的色彩，這些同樣谷易吸引眼球。而這
些「山林湖海舊聞」在傳播過程中的講述者往往選擇那些最具可聽性的故事
情節，並且盡量把故事講得大起大落、一波三折，製造各種各樣的懸念，特
別關注故事的「奇」，加重故事的「奇」就成爲必然的了，以引起聽者的接
受待。《虎薈》中的虎故事可以天馬行空，無拘無束，可以不顧忌符合何
種體要，只要能達到「奇」的效果就大功告成了。茲舉二則：

《虎薈》卷六第 11 條：「慈谿張禺成化間爲鉛山令，虎食寡婦子，
訟於張。張令去五日來。乃齋戒爲文，祭城隍神，約五日內必驅虎
伏辜。不然，廟當毀。後五日，天未明，夢神告虎來，張攜矢升堂，
二虎伏庭中不動。張曰『爾食吾民，罪當死』。二虎有不傷人者，一
虎出，一伏如故。張善射，引滿，三中其首，命卒亂鞭殺之。召婦
人，歸其虎。禺，字仲明，御史大夫楷之子，所至有政聲。」

《虎薈》卷六第 25 條「趙仲南丞相居溧陽私邸，作圈養四虎。圈近
火藥庫，藥焙遺火，眾炮攸發，地震屋頃，四虎悉斃。人以爲駭。」

晚明中國和外國之間的空間距離也使得極度誇張的異國虎故事給晚明士人帶
來新奇感、自豪感和精神上的愉悅，更容易產生「奇」的效果。這些稀奇古
怪的虎故事在士人談虎之後帶來的恐懼與好奇不言而喻。茲舉二則：

《虎薈》卷一第 18 條「波斯國其人矮小，極黑，以金花布纏身，無
城郭。王以虎皮蒙勢，出則乘軟兜或乘象。」

《虎薈》卷五第 69 條「國朝劉馬太監從西番得一黑驢進上，能一日
千里，又善鬥虎。上取虎城牝虎與鬥，一蹄而斃，又鬥壯虎，三蹄

〔註39〕魯迅《中國小說史略》第二篇《神話與傳說》，《魯迅全集》第九卷，人民文
　　　學出版社 1973 年，第 159 頁。

而斃。又取鬥獅，獅折其脊，劉大慟，蓋龍種也。」

以我們今天的判斷標準和知識水平來看，《虎薈》所收錄的這些晚明士人所談論的虎故事的內容可以說有些流於淺薄、輕浮、無聊、怪誕、乃至愚蠢，完全經不起邏輯的推敲，這也就不難理解四庫館臣會對《虎薈》有這樣的評價「凡所引用，多拉雜無倫。若《周禮》司尊彝，祼用虎彝蜼彝。《漢書》履虎尾絢履之類，與談虎無涉，亦皆漫為牽綴。眞所謂無關體要者也。」〔註40〕但是如果從晚明江南地區的社會風氣和人們的知識水平來分析，以當時的道德觀念、思維方式與行為規範去理解晚明江南士人的談虎之風，從而發現在四庫館臣和今人看來許多荒謬的現象，得以顯示其在當時環境中的合理性。《虎薈》的結集出版恰恰是晚明江南士人談虎之風的一個縮影，這些千奇百怪的虎故事反映出蓬蓬勃勃的一面，在幾百年前對晚明士人的耳目和心智產生巨大的衝擊。

晚明江南的士人就在這些虎故事中傳播過程中吟詩品茗，悠然自得，沒有人去關心這些故事的眞僞與邏輯，沒有人關心他們是否符合四庫館臣眼裏的「體要」，因為晚明江南地區的社會風氣和士人日常生活社交的追求並不在於此。試想《虎薈》眞的合乎體要，能不能流傳至今還是個問題。他們需要的就是這種談虎之後「市上已言爾，山中定有君。夔藩技故在，探穴事無聞。但肯賢豪避，寧論齒角群。昨宵闌豕失，變色始紛紛」〔註41〕的感覺，滿足感官和精神上的需求，通過談論這些虎故事的話題來陳述一種優雅品味的士人生活，為精彩的社會生活添上一抹亮彩。

第二節　晚明江南士人的「隱逸之風」——以陳繼儒《逸民史》為討論中心

一、歷代正史中的《隱逸傳》

人物傳記是中國史籍記載史事的重要形式，在中國有長久的歷史。紀傳體史書中的人物，包含了社會的各個層面，舉凡將相、功臣、外戚、文人、婦女、宦者、方技等等，史有備載。這些名留青史的人物，豐富了歷史的記

〔註40〕永瑢等《四庫全書總目》卷一一六，中華書局 1965 年，第 1105 頁。
〔註41〕劉城《嶧桐詩集》卷七《談虎》，《四庫禁燬書叢刊》集部 121 冊，第 617 頁。

錄，也爲我們研究過去史實提供相當豐富的線索。傳統史書中人物傳記體裁，大體上可分爲單傳、合傳、附傳、類傳等類型，梁啓超認爲，「合傳這種體裁，最爲良好。因爲它是把歷史性質相同的人物或者互有關係的人物聚在一起，加以說明，比較單獨敍述一人，更能表示歷史眞相。」尤其是足以代表社會一部份現象的普通人物的傳記，「他們在歷史上關係的重要，不亞於偉大的人物。這種合傳，是專寫某個團體或階級的情狀。其所注意之點，不在於個人的事業而在社會的趨勢。需要立傳與否，因時代而不同」，特別值得注意。〔註42〕

　　然將《隱逸傳》置入體例完備的紀傳體史書，則自南朝宋范曄的《後漢書》始，隱士從此被集體地、刻意地安排在史冊的特定場域示人。自此以來，這種傳記，變成傳統，《晉書》中變成《隱逸傳》，《齊書》中變成《高逸傳》，《梁書》中變成《處士傳》，《魏書》中變成《逸士傳》，《南史》以後都叫《隱逸傳》，以表彰遁世之者德行。

　　《後漢書》除有《循吏》、《儒林》、《文苑》等傳以外，其並以道德爲區分之準則，將男性編入《獨行》與《逸民》兩傳，有德之女性置入《列女傳》。正史中隱逸類傳的出現比《孝友傳》（有的或稱孝義、孝行、孝感傳）、《忠義傳》（或節義、誠節、死節傳）還早，《孝義傳》至五世紀的南朝梁纂修《宋書》時才首創，繼《後漢書》立《獨行傳》，《宋書》立《孝義傳》記載別具孝行、忠義、友信之男性類型，北齊魏收的《魏書》則設立了《節義傳》，並成爲後世《忠義傳》的先驅。

　　列傳設置之先後順序，有其義理，宋濂修《元史》時曾歸納歷代史傳類目的排序之意義，他說：「史傳之目，冠以后妃，尊也；次以宗室諸王，親也；次以一代諸臣，善惡之總也；次以叛逆，成敗之歸也；次以四夷，王化之及也。」〔註43〕表示就他而言，傳記的排列是有尊卑、親疏、善惡、成敗、華夷之分的。

　　《後漢書・隱逸傳》被安排在本書八十篇列傳之第七十四，居《宦者》、

〔註42〕梁啟超《中國歷史研究法補編》，上海古籍出版社1998年，第204、206頁。在此，梁氏口中的合傳實爲本書所討論之類傳在史學史上的作用。梁啟超視類傳爲合傳的類型之一，以爲「許多人平列，無主無從」，例如《儒林列傳》。但當下較爲統一的觀點是爲凸顯「以類相從」的特性，我們應將類傳與合傳分別視之。因此在此引用梁文並不代表同意《隱逸》爲合傳的觀點。
〔註43〕宋濂《纂修〈元史〉凡例》，《元史》，中華書局1976年，第4675頁。

《方術》等傳之後，僅先於外族的《東夷》、《南蠻》、《西羌》、《西域》、《南匈奴》諸傳，這樣的序列，可能蘊含了史家對於人物史事中心次序的概念。此後紀傳體史書多繼范書之排序，一般都置於史籍的較末端。

《晉書》將《隱逸》放入《藝術》、《列女》、《四夷》前，《儒林》、《文苑》、《外戚》後。

《魏書》將《逸士》放入《藝術》、《列女》、《恩倖》之前，《儒林》、《文苑》、《孝感》、《節義》、《良吏》、《酷吏》後。

《隋書》將《隱逸》放入《藝術》、《外戚》、《列女》前，《循吏》、《酷吏》、《儒林》、《文學》後。

《新唐書》將《隱逸》放入《循吏》、《儒學》、《文藝》、《列女》前，《忠義》、《卓行》、《孝友》後。

《宋史》將《隱逸》放入《列女》、《外戚》、《方技》前，《文苑》、《忠義》、《孝義》後。

《元史》將《隱逸》放入《列女》、《釋老》、《方技》、《宦者》、《姦臣》、《叛臣》、《逆臣》與《外夷》前，《儒學》、《良吏》、《忠義》、《孝友》。

總的來說，《隱逸》列傳在類傳中的地位中等，總是處於《儒林》、《文學》之後，《列女》、《外戚》之前，既不屬於社會之主流思想，但也卻能佔據類傳之一席位，值得關注。

二、歷代隱逸類傳的編寫

魏晉南北朝時期流行編撰《高士傳》的風氣。查《隋書·經籍志》、《舊唐書·經籍志》和《新唐書·藝文志》，著錄的魏晉南北朝時期編寫的《高士傳》就有十餘種之多。它們是：嵇康《聖賢高士傳》、皇甫謐《高士傳》和《逸士傳》、張顯《逸民傳》、虞盤佐《高士傳》、孫綽《至人高士傳贊》、阮孝緒《真隱傳》、無名氏《高隱傳》、周弘讓《續高士傳》、袁宏《名士傳》、習鑿齒《逸人高士傳》、戴逵《竹林七賢論》、孟仲暉《七賢傳》、袁淑《真隱傳》等等。其中部分史傳在各處著錄時，它們所包含的卷數有很大出入，大概是後人重新編次或託其名增其文所致。在上述十餘種史傳中，嵇康《聖賢高士傳》〔註44〕和皇甫謐《高士傳》名氣最大，而只有後者流傳至今有個三卷的

〔註44〕關於嵇康《聖賢高士傳》的傳播，可參閱熊明《生命理念的投射：嵇康與〈聖賢高士傳贊〉》，《古籍整理研究學刊》2004 年 6 期。

傳本〔註45〕。《藝文類聚》卷三十六至三十七《隱逸》沒有收皇甫謐《高士傳》，而引嵇康《聖賢高士傳》十八條之多。《太平御覽》卷五百一至五百十「隱逸」目也是引皇甫謐《高士傳》較多。可能嵇康《聖賢高士傳》盛名在先，而皇甫謐《高士傳》的名氣則後來居上的緣故吧。

　　根據黃虞稷《千頃堂書目》卷十可以看到明代爲隱士作傳的有黃省曾《高士傳頌》二十卷，皇甫涍《續高士傳》十卷，皇甫濂《逸民傳》二卷，〔註46〕薛應旂《隱逸傳》二卷，又《高士傳》四卷，黃姬水《貧士傳》二卷。

　　其中署名皇甫涍撰、劉鳳補遺《逸民傳》收錄在《四庫全書存目叢書》史部 95 冊〔註47〕採用的涵芬樓影印明萬曆刻《夷門廣牘》本。據《四庫全書總目》卷六十一《逸民傳》提要可知，此書實爲皇甫濂之二卷《逸民傳》。〔註48〕

　　關於本書的編者，皇甫氏爲明朝長洲之望族，「父錄，弘治九年進士，任重慶知府。生四子，沖、涍、汸、濂。沖、汸同登嘉靖七年鄉薦，明年，汸第進士。又三年，涍第進士。又十三年，濂亦第進士。」〔註49〕皇甫濂，字子約，一字道隆，長洲人，嘉靖甲辰進士，除工部主事，謫河南布政司理問，遷興化同知。〔註50〕

　　此版本無序無跋，全書分爲兩卷，晉、宋一卷；齊、梁、魏、隋、唐、五代、宋一卷，根據目錄統計共收錄 100 人，檢正文，缺庾易、明僧紹二人傳，末又附明周履靖傳，不知何故。其正文內容亦多以歷代正史爲框架而增減，並沒有任何新意。難怪四庫館臣評價說「其去取義例，不甚可解。如《鄧郁》傳，純述白日沖舉之事，則葛洪《神仙傳》以下何可勝收。其他表表在

〔註45〕收錄於《文淵閣四庫全書》448 冊，全文共 3 卷，關於皇甫謐《高士傳》的傳播，可參閱朱子儀《〈高士傳〉與中國隱逸文化》，《中國文化研究》1996 年夏之卷。

〔註46〕黃虞稷《千頃堂書目》卷十，上海古籍出版社 1990 年，第 285 頁。

〔註47〕皇甫涍撰、劉鳳補遺《逸民傳》，《四庫全書存目叢書》史部 95 冊。

〔註48〕《四庫全書總目》卷六十一《逸民傳》稱「舊本題明少元山人皇甫涍撰。考《明史・藝文志》載皇甫濂《逸民傳》二卷，《江南通志》亦同，則舊本傳寫誤也。」

〔註49〕張廷玉等《明史》卷二八七，中華書局 1974 年，第 7373 頁。按，「又十三年」應爲「又十二年」。據《明史》上下文意，皇甫濂爲嘉靖二十四年進士。然而，《獻徵錄》卷五十一《皇甫水部君濂墓誌銘（皇甫汸）》：「甲辰試南宮第二，賜進士。」甲辰即爲嘉靖二十三年。又查《明清進士題名碑錄索引》第 803 頁，「皇甫濂，嘉靖二十三年二甲第四十七名」，因此《明史》誤。

〔註50〕永瑢等《四庫全書總目》卷六十一，中華書局 1965 年，第 554 頁。

耳目者，乃或不載，殆偶然寄意，不求詳備。如皇甫謐《高士傳》例歟，即其託始於晉，亦似續謐書也。」〔註51〕

二、陳繼儒《逸民史》文獻分析

（一）陳繼儒《逸民史》的成書過程

《逸民史》共二十二卷，分爲約 22 萬字，刻於新安吳氏。〔註52〕從陳繼儒所撰《元史隱逸補序》和王衡所作序可略窺《逸民史》的成書過程。現摘錄如下：

> 陳仲醇氏史逸民，逸民之意，則魯語始之，逸之與隱有別乎，曰：『有』。自古巢許之事，若存若亡，三代盛時，閭胥之教行而四民之職舉，其有孝義、俠烈者，欲隱而不見不能也。孝義、俠烈必待隱而後見者，衰世之事也。……輒相顧擲筆而歎曰：『青山多雲，知我心者爲數年，而仲醇隱於干將山又十五年，而余以史局乞歸養，稱吏隱則既尾且歷矣。』雖然逸民之爲逸也，我知之矣。余與仲醇同乎異乎？請以俟後之傳逸民者。萬曆癸卯六月望日，太原王衡撰。

> 昔陳郡袁淑集古來無名高士以爲眞隱傳，而皇甫謐不廢名，然所撰僅七十二人。人個一傳，傳個數行而止矣。余念其風軫可懷，而文采差秘，悉取二十三史之長篇，獵孝義、文學、方技之有隱德者，裒爲陳氏《逸民史》，既成二十卷。卷中惟《元史·隱逸傳》寥寥若而人。幸而不泯者，賴有郡牒墓版與稗官諸家言在，余以是蒐討傳志，不忍筆削，其文悉爲網羅，曰《元史隱逸補》。萬曆戊戌五月初八日陳繼儒撰。〔註53〕

由此可以看到，《逸民史》的成書分爲兩個階段，先是編撰了二十卷《逸民史》，後來看到《元氏·隱逸傳》的缺憾〔註54〕，於是又增補兩卷。陳繼儒最早與萬曆二十六年（1598 年）編纂《逸民史》，最晚於萬曆三十一年（1603 年）刊刻。

〔註51〕皇甫濬撰、劉鳳補遺《逸民傳》，《四庫全書存目叢書》史部 95 冊，第 88 頁。
〔註52〕《全集》卷二《邵康節先生擊壤集敍》：「往余纂《逸民史》，吳太學養謙刻於新安。」
〔註53〕陳繼儒《元史隱逸補序》，《四庫全書存目叢書》史部 115 冊，第 601～603 頁。
〔註54〕《全集》卷十一《倚劍亭草敍》有「余纂《逸民史》二十卷」之語，故應先有二十卷本《逸民史》。

（二）《逸民史》的資料分析

從陳繼儒自序的資料來源看，陳繼儒應該採用了《高士傳》的內容，但詬病其內容短小，於是增而廣之。〔註55〕但其主要的資料還是來自前二十三史，雖然《史記》、《漢書》並沒有《隱逸傳》，但是陳繼儒按照自己的序言中所說的，只要有所謂「隱德」者，皆可收入，於是出現了《隱逸史》所收人物遠遠多於正史逸民類傳中所收人物的數量，因此《逸民史》資料來源除了來自正史的《隱逸傳》之外，亦來自《方技》、《藝術》等傳。

以《隋書》卷七十七《隱逸傳》和《逸民史》卷十三爲例，具體分析一下《逸民史》與正史志關係。

1. 《隋書》卷七十七《隱逸傳》「小序」不載，其餘內容包括「史臣曰」附於抄錄《隋書》卷七十七《隱逸傳》。
2. 「史臣曰」之後，《逸民史》多附錄兩人，徐孝肅、楊伯醜。今檢《隋書》卷七十二《徐孝肅傳》，卷七十八《楊伯醜傳》，便可發現兩人的傳記則完全抄錄上述兩傳。

經過比勘，陳繼儒在抄寫正史逸民類傳的時候並且無脫、衍、倒、并、誤現象，可以說就是照抄。

朝　　　代	正史《隱逸傳》（《逸民傳》）所載逸民數量	《逸民史》所載逸民數量
周		18 人
前漢		18 人
後漢	卷八十三《逸民》17 人	34 人
三國		44 人
晉	卷九十四《隱逸》38 人	60 人
南宋	卷九十三《隱逸》19 人	23 人
南齊	卷五十四《高逸》12 人	14 人
梁	卷五十一《處士》12 人	19 人
北魏、北齊、後周	卷九十《逸士》4 人	10 人
隋	卷七十七《隱逸》4 人	6 人

〔註55〕《全集》卷四《遯世編序》也說到「余嘗以劉中壘《高士傳》短簡寂寥，因廣爲《逸民史》二十卷，然未敢品題也。」

唐	《新唐書》卷一百九十六《隱逸》25 人	32 人
五代		9 人
南唐	卷七十五、七十六《隱逸》44 人	
宋	卷四百五十七～四百五十八《隱逸》42 人	55 人
金	卷一百二十七《隱逸》12 人	16 人
遼		
元	卷一百九十九《隱逸》9 人	11 人
收錄總數	257 人	371 人

註：本表中附傳不計入統計數字。

　　從《逸民史》的資料來源和體例來看，其算不上一部真正的史學著作，除了資料的彙編之外，幾乎沒有陳繼儒史學思想的任何發明，也沒有對選擇的材料作任何的裁減就匯撮成書。因此，不管從史學史和文學史上，《逸民史》都難算上一部有影響的著述。難怪四庫館臣對其發出了「然是書所載，如張良兩龔之類，皆策名登朝，未嘗隱處者。若吾丘衍、王冕之類，皆淹蹇不遇，並非高逸者，亦濫入之，未免擇之不精焉。」

　　如果硬要按照「隱逸」的標準來看，陳繼儒這種選擇是有些寬泛，但是陳繼儒序言已經說的非常清楚了，有「隱德」者即可錄入，這種思想是與晚明江南地區流行的「隱逸」思想之內涵所一致的。同時，陳繼儒不是完全將正史所載逸民收入書中，同時收入方技、藝術等傳中的人物，也容易給人以新鮮感，這個也許應該有商業目的的考量。筆者認為，這是陳繼儒的文化性格和晚明的出版風氣所決定的。作為晚明的文化名人，陳繼儒喜歡鈔撮前人之書而自成己書，但他不是單純的抄襲，而是在編書的過程中兼帶加工創造。對於陳繼儒的這種作風，四庫館臣有精闢的評價：「蓋明人好剿襲前人之書而割裂之，以掩其面目。萬曆以後，往往皆然，繼儒尤其著者也。」「今觀是書，……往往雜掇諸目，妄更名目。如《史記》、《漢書》諸傳之序，以及《史通》……其篇目本無『論』名，乃悉強增一『論』字，已自無稽。杜佑《通典》……不過徵引典故之後，附以案語；荀悅、袁宏前後《漢紀》……不過記載史實之下，附以評斷，亦加以論名，並各為造作題目，尤為杜撰。」〔註56〕

〔註56〕永瑢等《四庫全書總目》，中華書局 1965 年，第 1762、1127、1762 頁。

　　《逸民史》在晚明江南社會還是流傳較廣的，〔註57〕就像任何事物都不是憑空出現的，陳繼儒之所以要編纂《逸民史》意義應該不完全在於其內容本身，而在於編纂這一行爲。隱逸理想和隱逸觀念的形成雖然不是由個別的一兩部書完成的，而是一個時代一大群人的共同創造，這一大群人的內心激蕩著自己所處階層的普遍願望。但是陳繼儒編纂這一大部頭《逸民史》的問世，卻使自己的隱逸觀點的傾向性定了形，從而具有深刻的文化意義。陳繼儒通過編纂《逸民史》，對晚明江南社會的中的傳統「隱逸」思想進行了再詮釋，表達了自己對於「隱逸」的看法和理想。此後崇禎年間受命編纂《松江府志》，在「人物傳記」中收入隱逸 37 人，占「人物傳記」總數的 9%，遠高於《正德松江府志》的 5%和《康熙松江府志》的 4%。〔註58〕李贄著《藏書》、高兆著《續高士傳》的意義也蓋於此吧。

三、「隱逸」——晚明江南士人的的精神取向

（一）晚明政治之混亂

　　從嘉靖大禮儀以來〔註59〕，晚明的中央政治即處於混亂不堪之中。明神宗皇三十三年不上朝。整個萬曆年間，從張居正新政、到徹底清算張居正，從「妖書案」、爭國本到梃擊、紅丸、移宮三案的鬧劇。從明末開始的東林與齊楚諸黨的黨爭，直至熹宗時代的閹黨亂政，無不對士人的政治熱情造成了極大的打擊。嘉靖以後，「南倭北虜」對明廷的威脅達到了更爲嚴重的地步，「萬曆三大征」，遼東與陝西等地的大規模的軍事活動相聯繫的後果就是軍費膨脹，國家財政空虛。士人滿腔熱情卻無處可亦施展報國之策，而政治鬥爭之激烈使得人人自危，不得不考慮如何保全自己的生活選擇。「要以知足爲吉祥，以保護晚節末路爲善事。」〔註60〕於是出隱未嘗不是一個理想的選擇。

〔註57〕湯賓尹《睡庵稿》詩集卷八《李玄亮歸雲間致問眉公以試代書》稱「《香案牘》前尋吏帖，《珍球船》裏護斌宮。問君新著《逸民史》，千萬毋忘漢孔融」，《四庫禁燬書叢刊》集部 63 冊，第 479 頁；張萱《疑耀》卷六《夷齊考》：「近有陳繼儒者，宏博士也，撰《逸民史》行於世，」《文淵閣四庫全書》子部 856 冊，第 280 頁。足見《逸民史》在晚明士人中流傳情況。

〔註58〕馮玉榮《明末清初松江士人與地方社會》第五章《士人與地方史的書寫：以〈松江府志〉爲例》，復旦大學歷史系 2005 年博士論文。

〔註59〕關於嘉靖初期的禮儀之爭的具體情況，可參閱孟森《明清史講義》第二編第四章《議禮》，中華書局 1981 年，第 199～214 頁。

〔註60〕《全集》卷十七《壽大郡丞義元冒老先生七秩序》。

陳繼儒說得明白，就是晚明政治的黑暗激發了知識分子的逆反心理和隱逸的傾向，寧可做「天聾地啞」，顛狂放浪狀，寄情山水之外，甚至縱情聲色之中，而不欲投身政治漩渦。大凡人之才智聰明必有所寄託。「往丁卯，前璫網告密，余謂董思翁云：『吾與公此時不願為文昌，但願為天聾地啞。庶幾免於今之世矣』鄭超宗聞而笑曰：『閉門謝客，以文自娛，庸何傷？』」〔註61〕隱於山水，稱為晚明江南士人的一個解脫途徑。

（二）科舉競爭的激烈和晚明江南士人的社會分化

隨著經濟社會的不斷發展，進入晚明社會，明朝的機構與人員不斷超編。國家機構與官員數量的有限性，決定了預備文官隊伍總量的有限性。明代科舉名額——包括貢生、舉人和進士並未與人口相應而增加，士人獲得功名的機會越來越小。〔註62〕其中從明初到嘉靖以後，鄉試舉人錄取率從 6% 降到 4%一下。〔註63〕人文薈萃的江南地區錄取率更是大大低於全國。這樣就使得中舉人、進士，對於絕大多數江南讀書人來說，是一個可望而不可及的夢想。而讀書人倘不能取得功名，僅為人所不齒，且生計也無著落。

江南縣級官學的生員名額，在自明代中期開始並未增加，相對於廣大的未獲得功名的讀書人來說，獲得了功名的讀書人只不過是冰山浮出海面的部分而已。因此對於大多數讀書人來說，前景是相當黯淡的。此外，在科舉因競爭加劇而變得越來越困難時，所需的學習期限也變得越來越漫長。「十年寒窗」只是起碼的要求，但對於中下層社會家庭來說，在經濟上已難以負擔。面對這個殘酷的現實，大多數讀書人（特別是家境貧寒的讀書人）不得不採取現實的態度，把讀書當作謀生所需的一種手段，不奢望能夠金榜題名。不僅如此，由於明神宗的怠政，造成當時的缺官現象非常嚴重，官吏的流動性幾乎停滯，政府機構幾乎癱瘓。〔註64〕

明代科舉制度，尤其是考官遴選制度的局限性，為權力干預科場開啓了方便之門。諸如「關節」、「人情」之類的權力干預、尋租與賄買在晚明科場

〔註61〕《全集》卷二《文娛錄序》。

〔註62〕余英時《中國近世宗教倫理與商人精神》，安徽教育出版社 2001 年，第 117 頁。

〔註63〕巫仁恕《明代平民服飾的流行風尚與士大夫的反應》，《新史學》第 10 卷 3 期，三民書局 1999 年 3 月。

〔註64〕當時缺官的具體情況可參閱湯綱、南炳文《明史》卷十五《明朝後期的政治（上）》，上海人民出版社 2003 年，第 657～661 頁。

中可謂是蔚然成風。沈德符曾對明代現任大臣子弟中舉入仕的情況做過描述：其文中所載之六十餘人均爲朝中現任大臣的子婿、弟侄，自永樂至隆慶，幾乎歷朝皆有，正統之後尤甚〔註 65〕。可見，權貴對科舉考試的干預在當時已屬常事。於是越來越多的士人被排斥在科舉大門之外。傳統的「非隱即仕」的觀點成了士人的首選。

　　隆慶四年（1570），陳繼儒年十三歲，即已習舉子業。而且學業頗優，受到徐階等人之注意與稱讚。陳繼儒本人對於科舉亦甚爲熱心，冒寒而徒步遠赴學宮，即可見一斑。萬曆十年（1582）陳繼儒二十五歲，奔赴鄉試，但卻一試不第，舉業之途首遭挫折。萬曆十二年（1584）以遺才觀場，盛名之下，難受催折，科舉之心大爲淡漠，從而爲絕意科舉埋下了伏筆。「李鄴侯勳名已就，度無與談者，則託之好談神仙，而蘇眉山之才高，則好談鬼，是二公者，意在玩世，故其言可以得已而不已。若制舉義，雖英雄白首，困頓於藏鈎射覆之中，而必欲援之以涉世，則其言又不得已而不已者也。吾友范長倩、袁古卿、雷元亮，意氣飛揚，落落不能甘雕蟲業，而時一俛首爲之，皆鼎足藝苑，各秉地靈。」〔註 66〕

（三）晚明江南「隱士」的新內涵

　　如果從傳說的巢父、許由算起，中國的隱逸傳統應與中華民族文明史幾乎同源，隱士給人一種古典的靜謐，超塵脫俗，遺世獨立，面朝冷壁，滿目蒼翠。古代士人出隱的原因多種多樣，「或隱居以求其志，或迴避以全其道，或靜己以鎮其躁，或去危以圖其安，或垢俗以動其概，或疵物以激其清。然觀其甘心畎畝之中，憔悴江海之上，豈必親魚鳥、樂林草哉！」〔註 67〕《論語‧季氏》云：「隱居以求其志。」這「志」，就是一張試紙，能鑒定出隱士的成色。澗底束荊薪，歸來煮白石，隱士即使遭遇飢寒困厄，也要保持精神上的獨立和自由。隱士不僅僅是完成行動上的歸隱，更要實現靈魂的無拘無束和精神的清潔無塵。隱逸不是個人的理想行爲，而是一種具有普遍性的文化現象，是中國士大夫階層的一種人生道路。前述歷朝歷代修撰的正史很多都要專設隱逸類傳，以表彰遁世者的德行，從中也体現了中國隱逸文化傳統

〔註65〕沈德符《萬曆野獲編》卷十五《現任大臣子弟登第》，中華書局 1959 年，第397 頁。

〔註66〕《全集》卷八《雕蟲草敘》。

〔註67〕范曄《後漢書》卷八十三《逸民列傳》，中華書局 1974 年，第 3721 頁。

的淵源流長。從歷史上看，隱逸的思想和行為是一個不斷變化的過程，而不是固定不變的。〔註68〕

晚明江南社會中，有些生活在農村社會的人認為少入城可以守住農村樸素式生活方式，入城則不可避免的要深深浸潤在城市的商業化生活中。他們認為當時社會風俗大變，城市中的奢靡之風甚熾，易於使人陷溺，所以有人遂以是否常入城市作為志行清濁之分界。是否入城市，便常被視為一個人志行之純與濁的重大分野了。〔註69〕陳繼儒正是在這種思想的指引下，在五十歲之後遷家東佘〔註70〕，雖然避居山林，但他只是居住在城外，並沒有與外界社會完全隔離。慕名拜訪之人絡繹不絕，撰寫壽序、墓誌銘成為其與外界聯繫的重要紐帶。〔註71〕晚明江南的士人看來，稱為「隱士」，標準不能以是否完全隱居與外界隔離為標準的，歷史上傳記文學家常用『杜門謝客』這個成語來描寫隱士在此也並不能成立。對有官籍或曾有官籍的人來說，隱居是和出仕相對應的暫時狀態，往往意味著兩次任職的間隔。只有對那些沒有通過科舉考試，永遠無法在政府任職的下層文人，隱居才是一種長期狀態。不論暫時還是長期，隱居的原因都被解釋為林泉之志，這是當時流行的修辭，實際上每個人的隱居都有具體原因。〔註72〕

陳繼儒對《世說》的喜好，也說明了他對魏晉時期隱士的仰慕。〔註73〕

〔註68〕 張德建認為從明初以不合作姿態出現的以道自高，到洪武以後「太平逸民」式的抱道以隱，到吳中地區追求精神圓融的「市隱」思想的流行，再到弘、正之際形成的以講求治生之道和儒家倫理思想為核心的隱逸思想，晚明在王學影響下提出了「道隱」思想，而在現實中，「通隱」成為人們追求的隱逸方式，詳見張德建《明代隱逸思想的變遷》，《中國文化研究》2007年秋之卷。

〔註69〕 王汎森《清初士人的悔罪心態與消極行為——不入城、不赴講會、不結社》，載《晚明清初思想十論》，復旦大學出版社2004年，第207頁。

〔註70〕 詳參萬曆三十五年譜。

〔註71〕 陳繼儒多次流露出對訪客過多之不悅情緒，《全集》卷七《扈芷偶菴草敘》：「而余畏客甚聞剝啄聲，如避催租人。」《全集》卷九《顧嘿孫聞遊草序》：「余釣弋時，忽逢生客，如避催租客」，而且對客人也並非全部接見，《徐霞客遊記》之《浙遊日記》記載到「（崇禎九年丙子九月）二十四日，五鼓行。因急趨眉公頑仙廬。眉公遠見望客至，先趨避，詢知余，復出，挽手入林，飲至深夜。」由此可見陳繼儒應酬之繁複。

〔註72〕 萬木春《味水軒裏的閒居者：萬曆末年嘉興的書畫世界》，中國美術學院出版社2008年，第12頁。

〔註73〕 《全集》卷三《清言序》：「余束髮好讀《世說》，最喜其微言冷語，妙絕古今。越數年而悔。向之讀者膚耳。蓋《世說》之奇，奇在敘事，有左氏之嚴整，而雋有檀弓之簡峭。」

此時的歸隱，已不單停留在傳統儒家「達則兼善天下，窮則獨善其身」、「天下有道則見，無道則隱」的層面，它已超出道家放情山水、遊戲自快，佛家避離紅塵、物我虛空的境界，它是建立在對君臣關係、儒佛關係、士農工商關係、義利關係等理念全新認識之上的人生選擇。張德建認爲陳繼儒這種「混雜了各種思想資源的產物，以一種優雅的方式展開的流行的隱逸思想是『通隱』」也是有道理的。〔註74〕

逸民的最重要特徵是看重道義，所謂「隱德」，尊崇人格，品節行爲的超逸。其次是隱居，與當世統治不合作。孔子表彰過「逸民：伯夷、叔齊、虞仲」，不降其志，不辱其身。司馬遷《史記》列傳首列伯夷叔齊，不管世道如何變化，不管潮流如何向前，自己肯定的價值不變。志與身的價值，高於其他價值，即文化心靈的意義，高於政治的意義。因此晚明江南隱士之標準與前代甚至明朝前期都有很大的不同。

首先當然要居住在城鎮之外，如果能在峰泖間有個別業，當然再好不過了。但是住在郊外並不代表與世隔絕，「吾隱市，人跡之市；隱山，人跡之山，乃轉爲四方明嶽之遊。」〔註75〕需要與外界保持密切的聯繫，通過各種途徑能夠洞悉天下之人事，發表自己的見解，胸懷出世之心。「人抵處天下者，身在事內，識在世外，火以外觀則明，局以外觀則清。」〔註76〕

其次，要有自己的政治觀點和政治傾向。即必須具有「隱德」，就是能能分清是非曲直，在晚明的歷史條件下來說，就是堅決的反對閹黨亂政和黨爭。陳繼儒通過爲遭受閹黨迫害的官員作序，非常直接和激烈的表達了對魏忠賢和客氏的憤怒。〔註77〕於是拜訪陳繼儒的士人都以得到陳繼儒的高論爲榮。〔註78〕

再次，還有具有一技之長。陳繼儒選擇「逸民」的標準也提到這個問題，就是說「方技」等人都可以選入，就是必須具有自己的特點，不是僅僅會飲酒品茗即可。人們紛紛尋找能夠充分寄託個人情意的隱逸方式，於是就出現了晚明隱士的知識系統之雜，什麼都懂一點，什麼都會一點，但是卻不是樣

〔註74〕張德建《明代隱逸思想的變遷》，《中國文化研究》2007年秋之卷。
〔註75〕《全集》卷七《芙蓉莊詩敘》。
〔註76〕陳繼儒《元史隱逸補序》，《四庫全書存目叢書》史部115冊，第601頁。
〔註77〕詳參崇禎元年譜。
〔註78〕葉夢珠《閱世編》卷十《紀聞》：「蓋當時士大夫謁徵君者，必強令贈言，不得則不歡，眉公一再讓，則緩煩不暇計當否。」

樣精通。陳繼儒除了吟詩、作文，琴棋書畫更是樣樣都行，這種知識結構卻使他成爲大名鼎鼎的隱士做好了鋪墊。程嘉燧稱他爲「山中宰相神仙錄，海上園公綺季心」，〔註79〕也是多有褒獎了。陳平原認爲陳繼儒雖然哲學上不如李贄，文學上不如袁宏道，才氣不如徐渭，繪畫不如董其昌，但是他把晚明文人的眾多特點凝聚起來，把「晚明文人的對於精緻生活的追求人格化」，「他的生活姿態代表了晚明文人心目中理想的生活境界。」〔註80〕就這樣簡簡單單，陳繼儒優游山水間，引導了晚明隱士的新風尚。

晚明時期，啓蒙思潮的興起，人們的個性意識開始蘇醒並強化。釋放才智與激情，追求適意的生活方式日益引人注目。身爲隱士，本應隱逸山林，傲世獨立，不入塵市，但在晚明，他們的隱居方式也發生了變化。惻門走出山林，走向市隱，融入到社會文化生活的各個層面中來。

〔註79〕程嘉燧《松園浪淘集》卷十八《陳眉公七十贈詩》，《四庫禁燬書叢刊》集部 163 冊，第 147 頁。
〔註80〕陳平原《文人的生計與幽韻——陳繼儒的爲人與爲文》，《文史知識》2002 年第 1、2 期。

第四章 「長嘯不忘軍國事，高懷猶帶縉紳憂」——論陳繼儒的政治熱情

　　傳統儒學對於士人的理想人格典范進行了設計，一方面要求士人「士志於道」，作為士人要加強道德的自我完善，努力養成和達到聖賢的氣象，並且竭力維護傳統的基本價值體系；另一方面，又要求以積極入世的精神參與到政治結構中去，掌握政治權力，努力發揮自己的社會政治作用，這種謀求「道統」與「政統」的統一的方法，也就是所謂的「內聖外王之道」。「窮則獨善其身，達則兼善天下」，傳統儒家的知識分子不管是處江湖之遠還是居廟堂之高，均心繫社會，着眼於個人地位的浮沉和對民眾的世俗關懷。晚明江南地區的里甲組織的社區管理功能日趨萎縮，鄉村社會秩序發生了動搖和分解，地方士人精英在各類地方公共事務中也發揮重要的作用。大量傳記資料顯示，在晚明江南地區，學校、社倉、橋梁、祠堂之類的公益機構中都活躍着大量地方士人的身影。

第一節　陳繼儒的參政意識

　　晚明政局之動蕩，歷代所罕見。陳繼儒作為一介布衣，卻有着自己鮮明的政治立場，在晚明士人群體中為自己樹立了良好的口碑。「近來以布衣奔走一世者，為陳眉公。」〔註1〕幾社士人周茂源曾歎道：「吾鄉陳徵君眉公（繼

―――――――――

〔註1〕 盧世《尊水園集略》卷十二《與程正夫》，《續修四庫全書》集部 1392 冊，第

儒）一布衣而名德傾遠裔，動至尊，可謂盛矣」。〔註2〕

（一）地方士人關心國政之途徑

　　立儲、黨爭此類內政，遼東、山東之邊政，朝鮮、日本之外交，這些政治事件陳繼儒是通過何種途徑了解的，是其發表政見的先決條件。明清社會中，信息的流通，已經交織出一張相當繁富、密實的傳播網。〔註3〕

　　首先，能夠自由閱讀邸報成為了獲得這些時政的一個重要來源。邸報是明代社會新聞傳播的主要工具和主要方式。邸報刊登的內容大致有以下幾個方面：皇帝活動、皇室動態、皇帝詔諭、皇恩浩蕩、罷黜官員、章奏與參劾、經濟報導、軍事報導、教育報導、社會動亂、社會動亂、外交往來、災異現象、社會新聞、評論。〔註4〕在明代邸報上，刊登數量最多，佔用篇幅最長的，乃是官員們發表政治見解的章奏和參劾同僚的疏本。邸報在明代社會已經成為人們、尤其是縉紳人士的必不可少的精神食糧；它是社會上一種常見的讀物，成為人們日常生活中的必需品之一。〔註5〕

　　通過朝報和邸報，京官和各地官員便知道了朝廷政事和動態，知道了皇帝對某些事情的態度、想法和意見，知道了發生過哪些事情，以及哪些事情已經解決，哪些事情正在處理之中。邸報之類的傳播系統是朝廷與天下的一個中介，它是一個天下人共同參觀的一個場所。由於邸報有傳播天下大事的功能，所以他成為知識分子掌握天下事務的憑藉。

　　晚明江南士人都有閱讀邸報的習慣，他們通過邸報來關心朝政。邸報本來是政府的行政文書，但它經過傳抄之後，也就變成了一種傳播信息。馮夢禎在《快雪堂日記》中就頻繁地記載了閱讀邸報的生活。例如萬曆十五年七月底至八月初，就連着三次提到閱讀邸報。〔註6〕李日華在鄉閒居期間，就靠

　　　570 頁。
〔註2〕　周茂源《鶴靜堂集》卷十六《陳徵君詩選序》，《四庫存目叢書》集部第 219 冊。
〔註3〕　王鴻泰《社會的想像與想像的社會──明清的信息傳播與「公眾社會」》，載陳平原、王德威、商偉主編《晚明與晚清：歷史傳承與文化創新》，湖北教育出版社 2002 年。
〔註4〕　尹韻公《中國明代新聞傳播史》，重慶出版社 1990 年，第 38～70 頁。
〔註5〕　同上，第 23 頁。
〔註6〕　馮夢禎《快雪堂集》卷六十四「（萬曆丁亥）七月二十七日，閱邸報。山東巡撫李戴奏：『兗州府六月初九辰時，天光雲合一，興如斗形，帶火光，東自南至西北，聲如雷。』……七月三十日，閱邸報，七月七日，刑部員外郎李懋檢《論言官疏》甚佳，僅得降級，幸甚。……八月初六，昨閱邸報，戶部右侍郎孫丕揚言：『陝西飢荒，人有食石者，進食石二升，殊無優旨。』傷哉。」

朋友的書信和邸報獲得政治消息。李日華就是通過邸報獲得了「梃擊案」的消息。而且在邸報中，李日華摘錄了三次對自己的薦舉。〔註7〕在邸報的傳抄過程中，它的讀者群也逐漸普及，明代邸報的傳遞方式，除了那種官府之間的從上而下的層層傳遞和那種官員轉抄於同僚與親朋好友之間的平行傳遞的方式之外，還有一種方式，就是互相借閱和互相寄看。「昨自京口渡江，即從六合行，十二日已抵郭外，寓報國寺。……方得邸報，適有人東還，附上，亦私心之喜也。」〔註8〕歸有光是朝廷官員，他們是能看到邸報的，但他們的不曾做官的朋友未必能夠看得到，爲滿足朋友們的新聞信息需求，他們便將看過的邸報轉寄給朋友們傳閱。

陳繼儒身邊多有公卿，陳繼儒這樣一個終身未仕的知識分子自然也成爲了邸報的讀者。「自尊公之大拜也。僕不謁門，不通牘，非特遠熱，亦以全交。每見邸報，流寇訌於內地，奴插訌於邊疆，兵餉久單，智力俱困。賴尊公忠誠廉潔，敢任敢言，天下事尚可救也。」〔註9〕如果長時間看不到邸報，陳繼儒則是非常的鬱悶。〔註10〕

閱讀邸報，並對邸報內容進行分析、討論是一般知識分子的閱報習慣，在這種習慣之下，晚明江南的士人經由具體的「天下」事務的觀察、解讀，來建立他們與「朝廷」的聯繫，從而可以發表自己的政治主張。

其次，通過與友人的書信和與當事人的交談來瞭解天下大事。

明代社會交往的機會增多，信息傳播的活動繁劇，人們的新聞心態強烈的渴求新情況、新問題、新消息的刺激。愛打聽新聞、愛傳播消息，或許這也是明代社會人們的一種風尚吧。如前所述，陳繼儒之師友、門生爲官者極多，有些還處於政治漩渦的中心，因此他與各級官員保持著密切的書信往來，從中得到第一手的材料。〔註11〕「得二月廿八手書，甚慰甚慰。寇是撫局，

〔註7〕 李日華《味水軒日記》萬曆四十三年六月六日條、萬曆四十年四月五日條、萬曆四十二年八月十日條、萬曆四十四年六月十七日條，轉引自萬木春《味水軒裏的閒居者：萬曆末年嘉興的書畫世界》，中國美術學院出版社2008年，第34頁。
〔註8〕 歸有光《震川先生集》別集卷八《與周澱山四首》，《文淵閣四庫全書》1289冊，第558頁。
〔註9〕 《全集》卷五十六《答錢去非》。
〔註10〕 《全集》卷五十七《答王銘輅》：「自來國家全副財力悉用於遼東，士大夫全副精神又悉用於門户。今虜困雲中，塘報隔絕。」
〔註11〕 《全集》卷四十六《祭朱平涵相國》：「當公柄政，貽書山中，出處雖異，縣晦原同。」

奴是守局。」〔註12〕每當得到友人關於朝政的書信，陳繼儒激動的心情溢於言表。「久旱得雨，久別得書，五月朔第一好破題也。」〔註13〕

晚明政治鬥爭之激烈，歷代歷朝所罕見，內閣首輔如走馬燈換來換去，尚書、侍郎更是。再加上天啟年間閹黨亂政，除去正常丁憂、致仕的官員之外，受到政治打擊而返鄉的官員也不在少數，再加上第一章所述江南地區人文蔚興，做官的多，自然在政治鬥爭中失敗的官員也多。唐文獻曾經給陳繼儒講過明神宗幾十年不上朝之經歷，栩栩如生，「往吾友唐元徵謂余云：皇上深居法宮，數歲不朝。參鑾上諸君子，裘馬休休，美食甘臥。惟吾輩講臣聞雞盥櫛，亟趨建章門供奉東朝。每遇雪虐風，饕凍齒嗑，擊暑雨驟漲，馬蹄泥水淖中。病不敢賜沐，勞不敢乞假。軼掌憔悴，視封疆外吏，勞且百焉。」〔註14〕不知陳繼儒聽了做何感受，也許會慶幸自己隱居山林悠悠自得吧。

最後，通過為官員的奏疏作序的機會瞭解，這種情況有一定的滯後性。晚明戰亂不斷，內有農民起義、滿洲反明、外有倭寇、荷夷侵犯海疆，還有日本、朝鮮之紛爭，晚明政府兵戈不息，陳繼儒通過閱讀得到的奏疏，得出對國家大事的判讀。「某屏跡空山，每讀經略書牘，字字批點，行行尋繹，如秀才讀舉業相似。」「前讀尊疏尊牘，袞袞數千言，此正論，此確論，此快論，此又至平至易之論。」〔註15〕董其昌在天啟年間奉命下江南搜集史料，收集萬曆朝的奏疏邸報等，編成《神廟留中奏疏匯要》四十卷，作為其好友，陳繼儒自然也從中收穫頗多。畢自嚴就將自己天津巡撫任上的奏疏寄給陳繼儒請他作序。〔註16〕

（二）地方士人關心國政之內容——以對「仁祖反正」之政策為中心

士人在閱讀邸報的過程中，感受到朝廷乃至天下國家的具體存在，這就造成了知識分子對朝廷認同感和參與感。他們經由邸報的閱讀、書信的往來、見聞的傳播而引發出來的對朝廷的真切感情，大多數通過與官員的信件交往、序言寫作中表達出來。

〔註12〕《全集》卷五十八《答王念生》。
〔註13〕《全集》卷五十七《與馮茂遠》。
〔註14〕《全集》卷九《楊少詹寧澹齋詩集序》。
〔註15〕《全集》卷五十五《答熊經略》、《答王東里》。
〔註16〕《全集》卷五十六《答畢白陽》：「往台臺垂念山澤故人，遠寄奏議水俸，即欲修謝，以展感激之誠。」

　　他在給項應祥的信中直述萬曆時的國勢有兩大弊：東南苦賦，西北苦兵，社稷之大憂在於「國事之似定而實搖，言路之似通而實塞，」〔註 17〕實爲一針見血之論。天啓時遼事不斷，明軍屢敗，四處募兵，陳繼儒提出以遼護遼建議，以期有益於國事。在《答聶巡漕》中曰：「近見浙兵五千亦不過浙江百姓身，安家有費，道路有費，若移此費加之遼東之土著，痛癢相關，呼吸相應，用親手護頭目與借他手以護頭目，孰便孰不便乎」〔註 18〕提出了自己的處置策略，「今孔、耿分割島中，若挑之兩虎相鬥，是反間上策」，崇禎六年作《齊心帖》，聲討孔有德南犯。〔註 19〕

　　天啓三年（1623 年）三月，朝鮮宣祖國王的王后昭敬王大妃在國人的支持下，宣佈廢掉光海君李琿，立其姪綾陽君李倧爲國王，史稱「仁祖反正」。時值後金在遼東地區對明王朝步步進逼的非常時期，朝鮮作爲與明朝聯繫最爲緊密的宗藩國，發生了篡立事件，自然引起了明朝上至內閣、六部及言官、下至邊關將領的強烈反應。

　　當時關於此事是「屢見奏章」，許多官員都提出了自己的意見，但是有些奏疏的主張並不切合實際，御史田維嘉主張「聲罪致討」，直接出兵干涉仁祖篡立；禮科都給事中成明樞也主張「必討其罪」，但是需要再派人仔細查問；有些則過於簡單，沒有提出實際的處理方法，關臣潘雲翼、南臺臣王允成只是希望讓毛文龍去「責以大義」；御史遊士任則認爲此事「只以通奴不通奴爲主」，然後再做定奪。〔註 20〕浙江道御史彭鯤化也同樣認爲朝鮮內變「彼先自亂，安能助我，況無君之人，豈肯倡義效順」，缺少了朝鮮的糧餉供應，毛文龍必定難以在皮島長久支撐，自然也就無法牽制後金的進攻。首先考慮到的也仍然是明朝的自身利益，李倧是否篡位已經無關緊要。〔註 21〕

　　「仁祖反正」之時正爲天津巡撫、兼領督餉侍郎事的畢自嚴，迅速對朝鮮發生的篡立事件作出了自己的判斷，於天啓三年六、七月間上《朝鮮情形疏》〔註 22〕，對「仁祖反正」提出了自己的處置意見。他認爲仁祖篡立雖違反了君臣大倫，但從明朝當時的內外局勢和維護明王朝的根本利益出發，不

〔註 17〕《全集》卷五十七《與項東鷲邑侯》。
〔註 18〕《全集》卷五十四《答聶巡漕》。
〔註 19〕《全集》卷六十《齊心帖》。
〔註 20〕《明熹宗實錄》卷三七，第 1916 頁。
〔註 21〕《明熹宗實錄》卷三四，第 1750 頁。
〔註 22〕畢自嚴《石隱園藏稿》卷五，《文淵閣四庫全書》集部 1293 冊，第 516 至 519頁。

宜出兵干涉，同時不宜立即冊封，要以我爲主，靜觀其變。

作爲隱居山林的普通士人，陳繼儒也在給官員的信中提出了自己的處置意見。「毛文龍，悍帥也，則詗其報捷，勘其冒功，以縱核彈壓之。朝鮮□□（二字被剪去，應爲李倧），篡王也，臣易君，姪廢伯，則聲罪致討以正其大綱，復使之興兵助戰以責其大義。而朝鮮帖帖然，莫敢蠢動矣。」〔註23〕在明朝的對外關係中，中國取重於朝鮮。朝鮮位於南倭北虜之間，與中國成犄角之勢，對中國的安全有重要的戰略意義。朝鮮也以中國優先，兩國基於共同的利益，其核心就是維護王朝權力與國家安寧。朝鮮對明朝行事大之禮，認爲朝鮮對於明朝有應盡的義務，明朝則把朝鮮作爲自己最爲親近的宗藩國，採取「字小」之策，明朝也爲了朝鮮的安全出兵相助，維護朝鮮的利益不受侵犯。〔註24〕

陳繼儒對遼東的邊事一直是非常關心的，「某讀書頗習遼事，」〔註25〕，並且編輯書籍，以備采擇。〔註26〕有了這些邊事的積累，再加上邸報的閱讀，於是陳繼儒認爲「仁祖反正」只不過是朝鮮這個附屬國的內政，仁祖反正不過是毛文龍所操縱，毛文龍乃事情的關鍵所在。「今毛將軍廢李暉而立李倧，而朝鮮爲之用，觀其本末，自根生枝，定非浪戰。」〔註27〕

此年十二月十三日，內閣、六部、九卿、科道、御史廷議冊封李倧事，「致得朝議歸一」。〔註28〕十七日，明熹宗頒旨「准封朝鮮國王。先與敕諭，著登萊巡撫官差官同陪臣賚賜，其冊使候事寧，查照舊例行，」〔註29〕命李倧暫署國事。天啓五年二月，明朝才正式下詔「遣使冊封朝鮮國王李倧，頒賜誥命冕服，」並告諭毛文龍，「遣內監司禮監管文書內官監太監王敏政、忠勇營副提督御馬監太監胡良輔賚捧詔諭、冕服，冊封李倧爲朝鮮國王，道經皮島。」〔註30〕天啓五年六月，王敏政、胡良輔到達朝鮮，正式冊封李

〔註23〕《全集》卷二十二《大司馬節寰袁公家廟記》

〔註24〕孫衛國《論事大主義與朝鮮王朝對明關係》，《南開大學學報》2002年第4期。

〔註25〕《全集》卷二十六《建州》。

〔註26〕茅元儀《石民四十集》卷十一《籌邊備考序》：「眉公昨年寄書來，欲蒐輯遼事爲一成書，備廟堂之稽覽。余心竊助之。今年得其《籌邊備考》，何其簡而核也。」《四庫禁燬書叢刊》集部109冊，第97頁。

〔註27〕《尺牘》卷三《與朱平涵相公》，《四庫禁燬書叢刊》集部66冊，第486頁。

〔註28〕《李朝仁祖實錄》卷五，仁祖二年三月己巳，第597頁。

〔註29〕《明熹宗實錄》卷四二，天啓三年十二月癸巳，第2187頁。

〔註30〕《明熹宗實錄》卷五六，天啓五年二月丙午，第2590、2591頁。

倧爲朝鮮國王，妻韓氏爲朝鮮王妃。「（仁祖三年六月）己卯，上率百官郊迎頒詔訖。」〔註31〕

歷史事實證明，毛文龍的態度在很大程度上決定了明王朝的處置策略。在朝鮮政變過程中，毛文龍雖未直接插手，但新任國王「審聞亂之初，（毛文龍）有意相救，師雖不行，虎豹在山之勢，有賴於彼邦大矣，」〔註32〕則借其聲威，亦可知也。所以仁祖即位之初，第一件事就是接見了毛文龍派來的問安使南以恭和守備應時泰，以及差官時可達，〔註33〕並任命李尙君爲毛文龍的接伴使〔註34〕，從這可以看出毛文龍對朝鮮政局的影響。朝鮮官員表示要與毛文龍協力同仇，期滅後金。在這段時間內，朝鮮爲毛文龍提供了大量的糧餉，李倧還同意了毛文龍在朝鮮境內屯田的要求。於是毛文龍轉奏議政府左議政朴弘者的揭報稱「嗣王琿忘恩被德，罔畏天威，督府東來，義聲動人，策應不誠」，稱李倧即位是「人望所歸，王大妃克順人情」〔註35〕。難怪禮部尙書林堯俞言：「其謂琿實悖德，倧討叛臣以赤心奉朝廷者，惟文龍一人耳。」〔註36〕陳繼儒作爲一介布衣能有如此眞知灼見，難能可貴。「晚年有志用世，喜談兵，輒籌邊錄」不爲妄語。〔註37〕

（三）關心國政之結果

繼儒身處當中，一方面以山人隱逸自居，隱士意念不曾忘歇，對政治亦有失望感受，多次有避世逃名之感；另一方面，因對政治、社會言路、士風有極深畏懼感，使其能冷靜、深刻的去觀察當時狀況。〔註38〕通過書信給官員提供個人政治活動的建議，陳繼儒的友人有什麼政治上的問題需要定奪，也會寄書陳繼儒，陳繼儒會通過回信表達自己的政治主張，從而產生自己的影響。崇禎元年，曾經在萬曆年間在松江府做過推官的畢自嚴被召拜戶部尙書，此時明朝廷「外則遼藩連兵，封疆已蹙，而軍餉日增；內則東林閹黨，

〔註31〕《李朝仁祖實錄》卷九，仁祖三年六月己卯，第 11 頁。
〔註32〕《李朝仁祖實錄》卷五，二年甲子三月條，第 597 頁。
〔註33〕《李朝仁祖實錄》卷一元年癸亥三月條，第 508、512 頁，四月條，第 527 頁。
〔註34〕《李朝仁祖實錄》卷二元年癸亥五月條，第 533 頁。
〔註35〕《明熹宗實錄》卷三三，第 1740 頁。
〔註36〕張廷玉《明史》卷三百二十，中華書局 1974 年，第 8302 頁。
〔註37〕張岱《石匱書》卷二百二《文苑列傳下》，《續修四庫全書》史部 320 冊，第 149 頁。
〔註38〕涂伯辰：《清閒與戒懼——從陳繼儒見晚明人心態》，載《全球化明史研究之新視野論文集（二）》，東吳大學 2008 年。

水火紛呶，闃然置社稷而爭門戶。」〔註39〕畢自嚴寄書陳繼儒咨詢此事，陳繼儒回信對此表示悲觀之情，而畢自嚴收到繼儒信後便多次上書堅決請辭。〔註40〕

在和平時期，通過邸報等傳來北京的消息，大約有一個月的時間就可以到達江南。〔註41〕陳繼儒通過各種方式在交遊圈中發表自己的政治主張，慢慢的引起了中央官員的注意，從天啓三年吳甡開始，便不斷有朝臣薦舉陳繼儒。〔註42〕這樣，陳繼儒就凭一介布衣「上聞天子」。於是陳繼儒作爲林下名士成爲官員士人競相結識的對象，能識陳眉公，成爲晚明士人擡高自己身份與品位的一個重要標誌。

第二節　陳繼儒與晚明松江地方社會

岸本美緒認爲明代後期都市的發展，使得地方社會流動性加大，以往比較單純的居住在以區爲單位，以糧長爲權威的封閉的生活世界被打破，因而產生新的人際關係。士人熱衷於樹立自己在地方上的聲望，承擔起地方事務。地方社會的多樣性，爲士人參與地方事務提供了可施展的空間。〔註43〕作爲一個飽讀詩書的知識分子，陳繼儒有強烈的憂患意識，憑藉着自己的巨大名聲，陳繼儒通過自己的行動來影響松江地區的文化、宗族、慈善公益和地方行政事務，並對國家的大政方針提出自己的見解，在晚明的松江社會產生了積極的影響。

一、對松江地方事務之關心

（一）經　濟

對於蘇松重賦的討論，明中葉的大學士丘濬在《大學衍義補》中發揮韓愈關於「賦出天下而江南居十九」的論斷，進一步指出「以今觀之，浙東西

〔註39〕永瑢《四庫全書總目提要》卷一七二，中華書局 1965 年，第 1514 頁。

〔註40〕詳參崇禎元年譜。

〔註41〕岸本美緒著、底艷譯《崇禎十七年的江南社會與關於北京的信息》，《清史研究》1999 年第 2 期。

〔註42〕詳參萬曆三十五年譜、天啓三年譜、崇禎三年、崇禎四年、崇禎五年、崇禎十年譜。

〔註43〕岸本美緒《明清交替と江南社會——17 世紀と中國秩序問題》，東京大學出版社 1999 年，第 2〜9 頁。

又劇江南十九」,「蘇、松、常、嘉、湖五郡,又居兩浙十九」。〔註 44〕稍後的大學士顧鼎臣由於出生於蘇州府的崑山縣,對此有切身的體驗,一再強調「蘇、松、常、鎮、杭、嘉、湖七府,供輸甲天下」,乃「東南財賦重地」。〔註 45〕萬曆《大明一統志》記錄了全國二百六十多個府州的賦稅數字,其中蘇松常嘉湖杭六府都是名列前茅的。

起初,由於明初定鼎南京,與江南地近,故五府歲輸白糧尚不見有何疲累;遷都北京後,則需北運,不但路途遙遠,還受層層盤剝,民不堪負。北運由此成了江南人民的重負,陳繼儒希望明政府能停止白糧的北運而改徵金花銀,〔註 46〕同時對惠、桂二王的祿米也提出了自己的建議。認為一千石的祿米不僅要耗米五百石,還要耗費水腳車腳共三千兩,「從吳涉楚,跋涉艱難」,「從下流而逆溯上流,越長江洞庭之險,又豈捨賤米而運貴米,多交納往來之煩」,實在勞民傷財,不如直接就近派湖廣田畝,「以楚中千石即解楚中二王」,還可以「將千石改折,並同腳價銀並解」。〔註 47〕

(二)文 化

陳繼儒本人工詩善畫,文學造詣極高,尺牘、小品文在明末清初即為流行,同時陳繼儒也好毫不猶豫的支持松江地區的文化發展。他鼓勵晚輩從事史學研究,蔣之翹的《刪補晉書》就是在拜訪陳繼儒時,在陳繼儒的啟發下進行的〔註 48〕。其弟子吳震元撰《宋相眼冊》成,不僅自己助刻二卷,而且還邀請好友董其昌、鄭鄤、姚希孟等題名捐刻。〔註 49〕崇禎十一年,陳子龍、徐孚遠等人編輯四百餘萬字的《經世文編》,陳繼儒對此鼎力相助,為之鑑定,為《經世文編》的編寫增色不少。〔註 50〕

辭鄉飲酒禮鄉飲酒禮做為明代基層教化的一個平臺,統治者賦予了其尊

〔註 44〕丘濬著,藍田玉、王家忠校點《大學衍義補》卷二十四《經制之義下》,中州古籍出版社,1995 年,第 368 頁。

〔註 45〕顧鼎臣《顧文康公集》卷一《陳愚見劃積弊以裨新政疏》,《四庫存目叢書》集部 55 冊,第 265 頁。

〔註 46〕《全集》卷五十九《北運白糧議》。

〔註 47〕《全集》卷五十九《白糧換船議》。

〔註 48〕蔣之翹《刪補晉書·釋例》,《四庫存目叢書》史部 31 冊,第 558、559 頁。

〔註 49〕陸時化《吳越所見書畫錄》卷四,《續修四庫全書》子部 1068 冊,第 204、205 頁。

〔註 50〕原刻本《皇明經世文編》的封面上印有「方禹脩陳眉公兩先生鑑定」,詳參馮玉榮《〈明經世文編〉編纂群體及其經世思想之研究》第一章《〈明經世文編〉編纂群體研究》,華中師範大學 2002 年碩士論文。

老尚賢、普及法律、宣傳聖諭、揚善抑惡的功能。但是到了明後期，鄉飲酒禮已漸漸偏離當初設計的原意，已經成爲地方上各種勢力彼此競爭，比較和轉換社會資本的領域，甚至成爲官府勒索老人的工具。〔註 51〕陳繼儒爲了改變這種不好的風氣，連續兩次謝絕了松江知府和青浦縣令的邀請，爲士人做出了表率。〔註 52〕

二、陳繼儒的救荒理論與實踐──以「賑濟條議」和「煮粥條議」爲中心〔註 53〕

災害救濟是關係到社會穩定的重大問題，明初政府對此十分重視，建立了一套以政府系統爲主幹的救荒體系。最主要的就是動用預備倉、社倉、義倉救濟災民外，其法有三：曰借貸，貸於災民，俟秋成還倉；曰平糶，在荒年穀價高時以平價售穀；曰賑濟，發糧災民，不必償還。〔註 54〕到了晚明，松江地區的水旱災害頻繁，「故鄉旱潦如循環」，〔註 55〕「大災如嘉靖某某、萬曆戊子、庚申及天啓甲子之水旱。」〔註 56〕由於萬曆時期朝政混亂，中央政府對於地方官員的報災往往不加措意。再加上自「萬曆三大征」後，政府的財政已經接近了崩潰的邊緣，這使官方組織的賑災活動很難及時有效的進行。陳繼儒憑藉其私人之關係，在正常的賑濟程序之外，直接上書中央和地方官員，爲松江的安定做出了自己的貢獻。〔註 57〕

與此同時，隨著里甲制度的崩解，建立在此基礎上的民間救濟體系也日益失去功效。在明代前期的江南地區還存在著地主在災荒時向自己的佃戶借貸「生命米」的情況，隨著里甲組織的解體和貧富關係，這一救濟渠道也日益壅塞不通。「米踴則富者閉廩，只待价貴，貧者望門，無從借貸，田主不肯出資本以急救佃戶，佃戶亦不肯出死力，以車救田水。」〔註 58〕嘉靖以後，

〔註 51〕 邱仲麟《敬老適所以賤老──明代鄉飲酒禮德變遷及其與地方社會的互動》，《中央研究院歷史語言研究所集刊》第七十六本第二分冊，2005 年。
〔註 52〕 詳參萬曆四十五年、崇禎八年譜。
〔註 53〕 關於《煮粥條議》及其思想可參閱萬曆三十六年譜。
〔註 54〕 何朝暉《明代縣政研究》，北京大學出版社 2006 年，第 243 頁。
〔註 55〕 《小品》卷二十三《與唐抑所太史》。
〔註 56〕 《全集》卷十《雲間志略序》。
〔註 57〕 萬曆十六年大飢，直接上書王錫爵，詳參此年譜。《全集》卷五十四《與蕭象林》、《與許霞城》、《與何老師》、《復申玄渚》、《與朱平涵》都是與各級官員討論如何賑濟救荒的事情。
〔註 58〕 《小品》卷二十三《上徐中丞救荒書》。

「田主賑濟佃戶」成為救荒思想和主張的內容，並在社會上主要是江南地區產生了十分廣泛的影響。〔註59〕在救荒論中以次為論者以及身體力行者，陳繼儒就是一個典型，其主要的思想體現在其《賑荒條議》中。〔註60〕陳繼儒認為「田主與租戶，痛癢相關」，彼此有著相同的利益，一損俱損，易於激發田主的責任意識，而救荒的目的，也是為了使生產延續下去，「救荒之意，為田設也。」同時，田主的救濟「既報其平日駢手駢足之勞，又救其目前逃亡餓殍之苦。」陳繼儒認為田主救濟佃戶在技術操作上有許多優於官府的地方。「賑濟之事，官府既不能遍及鄉村，又不能確定災賞之重輕與飢戶之真偽，……凡田之果荒與否，家之果貧與否，不待踏勘而彼此灼然，莫可掩飾者。」陳繼儒提出了賑濟佃戶的具體方案，「若田主各自接救佃戶，種田一畝者，付米二升，種田十畝者，付米二斗……平時借作工本米，凶年借作性命米。工本米至冬月補償，性命米至丰月補償，各立券為準，不還者告官追究。此官府不賑之中，而民間暗寓賑濟之法。」他認為如果按照這個方案，華亭縣就可節省官米三萬九千石，且可收到「直捷」、「均勻」的效果。

三、地方志的編寫

地方志的纂修，尤其是府縣志的編纂，主要是在官方的贊助下，由地方士人承擔，在書寫地方史的同時，融入了士人所希望構建的地方社會秩序的想法。陳繼儒熱衷於松江地方的公益事務。崇禎二年，松江知府方岳貢主持編纂《松江府志》，陳繼儒以布衣身份主撰，並且親自編寫了所有的小序。陳繼儒的經世理念以經濟問題的提出，最具系統性和完整性。在崇禎《松江府志》的編纂過程中，有意識地將他個人的經世理念、經營地方的想法，加入於方志的編纂中。〔註61〕例如談到於崇禎五年編成《松江府志》，共計四十八門百餘萬字，卷前列圖三十二頁。正文四十八門。此志內容詳實，注意反應民間疾苦，方岳貢在序中稱「志以述吾過也」，為官修志書所罕見。所輯的二十副地圖，殊屬珍遺，田賦目詳細記載了軍興不息上官催徵的情況，力陳國家催徵無度侵擾百姓之弊。役法目遍舉繁多的徭役，兵防目多為抗倭事，陳繼儒也稱「其中役法荒政，郡伯謂東南民力民命所關，不惜饒舌盡言

〔註59〕森正夫《十六至十八世紀的荒政和地主佃戶關係》，《日本學者研究中國史論文集》第六卷，中華書局1993年，第46、47頁。
〔註60〕《全集》卷五十九《賑荒條議》、《煮粥條議》，本節討論內容均引自此文。
〔註61〕《全集》卷十三《府志小序》。

之。」〔註62〕

　　同時，《修志始末記》中，提出修志有數難與數不難，強調志書應廣泛利用文獻資料，修志者要各有所長，「或工於考古，或敏於濡削，或嚴於訂訛，或密於收納，」〔註63〕如此合力爲之，便能使志書行世久遠。編府志領銜之人是依照其在地方社會的影響，並不是僅僅依靠功名來評判其地位。陳繼儒以布衣身份居鄉，領銜編寫地方志表明，崇禎府志修纂時，地方社會有着較強的自主性，能推舉地方社會有威望有聲譽的人爲本邑編志。對地方社會有着深刻的洞察，對於風俗的描寫，着重於地方社會的變化。如何改良風俗，《正德府志》寄希望於「在位之君」，而《崇禎松江府志》則「請自士大夫始」，地方風俗的引領者已不再是官員，而是地方士大夫。可見到了晚明，士人自主性比較強，有較大的書寫空間，對地方事務多加以評論，表現出評議的傾向。〔註64〕

　　通過上面三節的討論，可以看到陳繼儒作爲一名「棄巾」生員，沒有任何的功名，卻同樣在晚明松江地方社會中積極發揮自己的作用。他憑藉自己青年和中年時代積累下的人際關係，與在職的蘇松籍貫的中央官員和蘇松地區地方官員都保持著密切的聯繫，

　　首先，他是在職的蘇松籍貫的中央官員瞭解家鄉的最爲直接、最爲客觀的途徑；他又是蘇松地方官員密切與中央政府的聯繫，將自己「良吏」、「明公」之美譽上聞於內閣、六部官員的最有效途徑。

　　其次，陳繼儒積極參與到維護松江地方安定的活動中去，並且獻言獻策，關心國家之大政方針，通過爲官的松江士人的特殊的影響力，從而建立起了自己「名士」的美譽。

　　商傳認爲「倘若定要劃出一個社會中層的話，他應該是除去在職官員之外的具有生員以上身份的士紳，以及地方上較有影響力的富戶和商人，或者還應包括致仕的下層官吏和被廢黜爲民的官吏。他們當然也應該屬於社會的主導群體。」〔註65〕陳繼儒理應歸入這一群體。由此看來，認爲晚明江南地區許多士人最終放棄了可舉求功名之路，士人群體的政治職責大爲弱化的觀

〔註62〕《全集》卷二十三《修志始末記》
〔註63〕同上。
〔註64〕馮玉榮《明末清初松江士人與地方社會》第五章《士人與地方史的書寫：以〈松江府志〉爲例》，復旦大學歷史系2005年博士論文。
〔註65〕商傳《明代的社會主導群體》，《東嶽論叢》2005年1期。

點還是值得商榷的。〔註66〕王時敏長子王挺曾經寫過這樣一首詩，「一抹青山夾水流，微煙隔樹帶深秋。植松截竹追公樂，觀物澄懷訪臥遊。長嘯不忘軍國事，高懷猶帶縉紳憂。夜闌客散歸前浦，落月無聲興自幽。」〔註67〕「長嘯不忘軍國事，高懷猶帶縉紳憂」正可謂陳繼儒之政治熱情的眞實寫照。

〔註66〕徐林《明代中晚期江南士人社會交往研究》，上海古籍出版社 2006 年，第 164
　　　　頁。
〔註67〕王挺《佘山訪陳眉公先生山齋留飲》，《王煙客先生集·減蓭公詩存》，蘇州振
　　　　新書社 1916 年。

結語　陳繼儒之評價

第一節　明人眼中的陳繼儒——晚明陳繼儒的成名過程

一、天啟以前的聲望

　　根據陳繼儒其子陳夢蓮所編的年譜，陳繼儒在隆慶四年（1570），陳繼儒年十三歲，即已習舉子業。而且學業頗優，受到徐階等人之注意與稱讚。陳繼儒本人對於科舉亦甚為熱心，冒寒而徒步遠赴學宮，即可見一斑。〔註1〕其餘所謂「天資英敏，才情橫發」〔註2〕這類溢美之詞也是後代撰寫年譜最普通的用語，不足為據。此時的陳繼儒跟董其昌、方應選、唐文獻一樣，只是一個普通的科舉考試的準備者。

　　陳繼儒最先引起社會的注意，當屬萬曆十四年（1586）二十九歲的時候，自稱「裂青巾」、「擲青巾」，放棄生員身份。「一郡之人皆驚。」〔註3〕棄巾，通俗而言就是放棄生員的資格和身份，甘願成為布衣。在明代，大部分生員在科舉仕進無望的情況下，多採用「衣巾」終身的保守做法，儘管已經放棄仕進之路，但亦可終身享受生員身份的待遇，斷然棄巾的生員卻並不多見。〔註4〕棄巾在明代史籍中有各種說法，既有「告退衣巾」之類比較平淡的說

〔註1〕　詳參隆慶四年譜。
〔註2〕　詳參萬曆元年譜。
〔註3〕　詳參萬曆十四年譜。
〔註4〕　生員在明代除了享受社會地位以外，還有實際的經濟利益，一旦成為生員，不但享受廩糧、膏火，而且免除徭役。陳繼儒裂巾的舉動自然在當時的松江

法，也有「焚巾」、「裂冠」這種比較激進的說法。〔註5〕其《告衣巾呈》云：

> 例請衣巾，以安愚分事：竊惟住世出世，喧寂各別，祿養志養，潛
> 見則同。老親年望七旬，能甘晚節；而某齒將三十，已厭塵氛。生
> 序如流，功名何物？揣摩一世，真拈對鏡之空花；收拾半生，肯作
> 出山之小草。乃稟命於父母，敢告言於師尊，長笑離群，永拋蝸角，
> 讀書談道，願附古人。復命歸根，請從今日。形骸既在，天地猶寬。
> 偕我良朋，言邁初服。所慮雄心壯志，或有未墮之時，故於廣眾大
> 庭，預絕進取之路。伏乞轉申。〔註6〕

焚棄儒服代表著決心放棄對國家功名的追求、逃脫世俗規範去過自由自在的
生活。不過陳繼儒的焚儒服帶有文人自我標榜的性質，〔註7〕但從此開始引起
松江士人之矚目。自古為事成名都要借助他人的提攜，名士成名也離不開他
人的提攜。陳繼儒年輕的時候受到當時文壇和政壇重量級人物王世貞、陸樹
聲的褒揚，為其廣結名士打下了基礎。比如同時代的朱樸雖然文采橫溢，但
是沒人推捧，聲名就難以彰顯。「（朱樸）以不為王世貞等所獎譽，故名不堪
著。」〔註8〕在任何一級科舉考試中——不論是府試、鄉試還是會試——考中
的考生，他們便互相視為同年。與其他形式的友誼關係一樣，這種關係也有
擴散效應，同年之子與其父的同年就有了一種特殊關係，通過了科考的考生
的近支親屬不但能分享他的榮耀，也能與他的同年結交。科舉中試的考生把
自己看作是錄取他的考官的「門生」，稱考官為「座主」。與朋友關係、同學
關係一樣，座主與門生的關係也可以下延和外延。某一考官的門生，即使不
是同一屆錄取的，也有共同的關係，有時還能互相關照。這種社會交流網路，
對個人在求學和科舉方面有很大的幫助。

此後二十年的時間，陳繼儒從應童子試以及坐館授徒開始，結交之好友、
學生多高中進士，官位顯赫者，多在此時。〔註9〕比如陳繼儒最好的朋友董其

社會引起巨大的反響。詳參陳寶良《明代儒學生員與地方社會》第九章《生
員的經濟地位》，中國社會科學出版社 2005 年，第 413～423 頁。

〔註5〕 陳國棟《哭廟與焚儒服——明末清初生員層的社會行動作》，《新史學》第 3
卷 1 期，三民書局 1992 年 3 月。

〔註6〕 王應奎《柳南續筆》卷三，中華書局 1983 年，第 183 頁

〔註7〕 王汎森《清初士人的悔罪心態與消極行為——不入城、不赴講會、不結社》，
載《晚明清初思想十論》，復旦大學出版社 2004 年，第 197 頁。

〔註8〕 永瑢等《四庫全書總目》卷一百七十二，中華書局 1965 年，第 776 頁。

〔註9〕 除王錫爵、王衡父子，王世貞、王士騏父子，松江府以外的好友多結交於此時，

昌，不僅官至禮部侍郎，太子的老師，而且還是松江畫派的代表人物，獨領晚明畫壇幾十年，創立「南宗北宗」的理論，活躍在他身邊的朋友、同年、門生有袁宗道、莫是龍等等，都是晚明文壇和政壇響當當的人物。錢士升的座師吳道南，從錢士升口中得知繼儒，致仕返鄉也要繞道來見識一下。〔註10〕與政壇顯者的交往使陳繼儒的名聲逐漸開始傳播開來。「仲醇爲人，重然諾，饒智略，精心深衷，妙得老子陰符之學。婁東四公子雅重仲醇，兩家子弟如雲，爭與仲醇爲友，唯恐不得當也。玄宰久居詞館，書畫妙天下，推仲醇不去口。海內以董公所推也，咸歸仲醇。」〔註11〕更重要的是，由於晚明皇帝怠政、閹黨干政等原因，加上對待農民起義是撫是剿首鼠兩端，讓外是否必先安內而舉棋不定，於是朝中大臣如走馬燈般黜陟調換，再加上或以黨爭、或以丁憂、或以稱病等原因，各級官員紛紛離職還鄉閒居，李日華自從萬曆二十一年丁憂回籍，在秀水度過了 21 年的休閒時光。王錫爵更是在萬曆年間三進三退，長期在太倉生活。董其昌亦是幾進幾退，不屑官位而流連於江南的湖光山色 20 年。〔註12〕顧憲成自從萬曆二十二年廷推閣臣忤旨削籍歸，與弟顧允成倡修東林書院，偕高攀龍等講學其中，往往諷議朝政，朝野應合，東林之名由是大著。王錫爵、董其昌等人良好的個人修養和其作爲陳繼儒好友的地位身份，使陳繼儒在士人心中的地位逐步上昇。

與此同時，陳繼儒不僅積極投身松江地方事務，與松江的地方官員保持了良好的關係。而且做事圓滑，處理問題得體，「晚世以圓融爲學問，以遊移遷就爲事功。」〔註13〕查陳繼儒年譜可見，松江府知府、同知，華亭、青浦縣令等各級官員考滿升職或丁憂返鄉，陳繼儒作爲士人代表照例總會撰寫或者代人撰寫贈言、贈詩，甚至贈送禮物，爲其父母作壽序、墓誌銘。比如萬曆二十年華亭縣令項應祥離任，陳繼儒不僅僅像其他士人那樣一樣作文稱

　　　如萬曆十七年館於楊繼禮家識楊汝成；萬曆二十三年館於包檉芳家識錢士晉、
　　　士升、繼登，沈道元，此後四人皆中進士，可詳參萬曆十七年、二十三年譜。
〔註10〕詳參萬曆四十五年譜。
〔註11〕錢謙益《列朝詩集小傳》，《明代人物傳記叢刊》第 11 冊，臺北明文書局 1991
　　　年，第 677 頁。
〔註12〕董其昌《容臺文集》卷五《引年乞休疏》：「臣年三十五歲中，己丑進士，改
　　　翰林院編修。又六年，升湖廣副使，奉旨以編修養病。又六年起，湖廣提學
　　　副使，在任一年六個月。歲科俱偏外官，無告病之例，致其仕歸。科臣拾遺，
　　　吏部侍郎楊時喬奉旨留用。又三年，起補福建副使，在任四十五日。」
〔註13〕《全集》卷九《趙文毅集敘》。

頌，娓娓動人，而且還送上禮物，既拍了馬屁，還給自己和官員都留下了「清高」的名聲。〔註 14〕難怪地方官員在陞遷後仍然與陳繼儒念念不忘，保持密切的聯繫，這也算一個原因吧。比如萬曆年間的華亭知縣熊劍化，在陳繼儒卒後為其作《陳徵君行略》，足見陳繼儒與地方官員之關係。畢自嚴、曹文衡等人離開松江赴他地、或者京城任職，仍與陳繼儒保持密切的聯繫，或薦舉之，或請教其為官之道。

二、天啓、崇禎時期在江南士人中之影響

隨着陳繼儒的名聲日隆，在後生小輩眼中已經開始逐步的神化。「崇禎初，禮部尚書董其昌、徵君陳繼儒為一代風流之冠。」〔註 15〕「王百穀瘦不露骨，陳眉公雅而有致」，〔註 16〕士人以與陳繼儒交往為榮，〔註 17〕以得到陳繼儒所作壽序、墓誌銘為喜。〔註 18〕從年譜可以看到，從天啓年間開始，陳繼儒所作壽序、墓誌銘的數量是逐年增多。於是陳繼儒的日常生活便以文債度日，苦不堪言。〔註 19〕這些人既有陳繼儒老交情的後代，也有更多的是傾慕繼儒之風雅而來。黃宗羲進京訟冤，遇繼儒於杭州，陳繼儒如此大的排場給年輕的黃宗羲留下了深刻的印象，多年以後回憶起來還是滿懷崇敬之情。〔註 20〕天啓七年，陳繼儒七十大壽，「是冬，遠近介觴者，紈綺映帶，

〔註14〕 《全集》卷五十七《與項東鶯》：「明公行矣。方擬操觚艋，後諸父老送之郊外，勢養府吳山，勢與心違，欲一奏詩歌次於三疊之後，恐微類山人遊客，敬遣家弟具宋人《馬遠水》一軸、蘭花布兩端以辱行李。水者，頌明公三年如水也；布雖纂縞，山龍華袞，豈忘布衣之交哉？」

〔註15〕 徐枋《居易堂集》卷十二《楊無補傳》，《續修四庫全書》集部 1404 冊，第 238 頁。

〔註16〕 倪濤《六藝之一錄》卷二百八十六《明周之士書家評》，《文淵閣四庫全書》836 冊，第 230 頁。

〔註17〕 湯賓尹《睡庵稿》詩集卷八《李玄亮歸雲間致問眉公以試代書》：「年年心境夢眉公，身在膽場未敢通。一自姓名歸落籍，支分山水劃江東。」《四庫禁燬書叢刊》集部 63 冊，第 479 頁。

〔註18〕 《全集》卷三十三《敕封大方伯漳浦王公墓誌銘》：「太公喜陳子文，故叔子特奉遺命，請文其墓中之石。不敢強附聖賢而以尋常布衣事其親如此」；《全集》卷三十三《德隱先生墓誌銘》：「先子喜讀眉道人《長者言》，著屏扉壁牖間誌墓，故先子意也。」

〔註19〕 《全集》卷五十五《與錢御冷》：「近來文字浮，人品浮，自朝至暮，自元旦至臘月三十日，但以浮字應酬，嚼蠟無味。」足見繼儒應酬之繁複。

〔註20〕 黃宗羲《思舊錄‧陳繼儒》：「歲戊辰，余入京訟冤，遇之於西湖。畫船三

竹肉韻生，此亦鳳皇山未有之事也。」〔註21〕來祝壽有跡可查的就有陳仁錫、徐爾鉉、程嘉燧、婁堅、汪汝謙等，繼儒之聲名可謂遠矣。有人把陳繼儒與王思任、曹學佺、譚元春比作四君子。〔註22〕李培也稱「余素寡合，交不遍海寓，求其名不愧實，文能副行者，古虞則有葛公旦，雲間則有陳仲醇，吳門則有王百穀，此三先生，名高品高，矯矯風塵之表，足堪鼎立。」〔註23〕毛元淳自稱「素性讀陳眉公書，則躍然喜；讀李卓吾書，則咈然不悅。」〔註24〕

三、天啓、崇禎時代的薦舉

直到萬曆三十五年（1607年），陳繼儒五十歲，遇到了楊廷筠，楊廷筠上書薦舉陳繼儒，使陳繼儒的名聲來了一次飛躍。通過《年譜》亦可以發現，五十歲之前陳繼儒所作壽序、墓誌銘的數量亦遠遠少於此後。並在此年得到了章憲文贈送的土地，開始建造生壙，隱居佘山。〔註25〕

此後，天啓三年五月，御史吳甡荐舉陳繼儒；崇禎三年四月，光祿寺卿何喬遠薦舉陳繼儒；崇禎四年四月，工部侍郎沈演薦舉陳繼儒等；給事中吳永順荐舉陳繼儒；崇禎五年四月，吏部尚書閔洪學薦舉陳繼儒；崇禎六年，薊遼總督曹文衡上言《防護之策》，薦舉陳繼儒；崇禎十年，黃道周兩薦陳繼儒；崇禎十一年，江西巡撫解學龍薦舉陳繼儒。

支，一頓糲被，一見賓客，一載門生故友，見之者雲集。陶不退珽謂先生曰：『先生來此近十日，山光水影，當領略徧矣。』先生笑曰：『迎送不休，數日來只得看一條跳板。』余時寓太平里小巷，先生答拜，乘一小轎，門生徒步隨其後，天寒涕出，藍田叔瑛即以袍袖拭之，余出《頌冤疏》，先生從座上隨筆改定。」《黃宗羲全集》第一冊，浙江古籍出版社2005年，第343頁。

〔註21〕詳參天啓七年譜。
〔註22〕曾異《紡授堂文集》卷五《與黃東崖先生書》「憶去歲客江右署中，潘昭度先生述南州李太史云：『吾大索海內，但得四君子之言爲吾親壽，於願足矣。其人，一華亭陳眉公，一山陰王季重，一吾閩曹能使，一竟陵譚友夏。』」《四庫禁燬書叢刊》集部163冊，第576頁。曾異，字弗人，福建侯官人，崇禎十二年舉人，拜繼儒好友潘曾紘爲師。
〔註23〕李培《水西全集》卷八《樵史序》，《四庫全書未收書輯刊》6輯24冊，第187頁。
〔註24〕永瑢等《四庫全書總目》卷一百二十五《尋樂編》，中華書局1965年，第1082頁。
〔註25〕詳參萬曆三十五年譜。

這些權臣最欣賞陳繼儒的就是其氣節和人品，「陳繼儒，學歸淵海，士仰門山，博物洽聞，不以梯榮當世，藻身浴德，惟期印契心靈，著有用之文章，家垂國史，值無暇之操履，地衣天經，據其行，似以石隱爲高蹈，究其溫，以胞與爲眞修。笑傲煙霞，足示羽儀於一世，含經咀史，堪備顧問於九重斯寶。」〔註26〕黃道周的三罪、四恥、七不如更是將陳繼儒推上了政治的前臺。〔註27〕當然不可忽視的是，這些薦舉繼儒人中，楊廷筠、沈演、吳牲、閔洪學爲江南士人，楊廷筠、曹文衡做過江南地區的官員，何喬遠、黃道周爲與其交往密切的福建士人，與陳繼儒都有或多或少的私交。

而陳繼儒獲得這樣的評價，與其鮮明的政治傾向不無關係。對於晚明的靖難、黨爭、閹黨亂政，陳繼儒都鮮明的表達了自己的觀點，並且牢牢把握了時代的主體脈搏。如前所述，萬曆年間建文朝史實鬆動，陳繼儒不僅編纂了《建文史待》，對靖難殉國的方孝孺大加褒揚，而楊廷筠巡按蘇松，並在松江捐俸建立求忠書院，陳繼儒條對詳明，並且親自撰寫《求忠書院記》，給楊廷筠留下了極好的印象。〔註28〕

陳繼儒提倡孝悌，表揚忠烈。對於閹黨亂政，陳繼儒在各個場合都鮮明表達了自己對於魏忠賢一伙的痛恨之情，張愼言天啓年間遭到閹黨的迫害，崇禎元年召還故官，陳繼儒就寫了一首詩，用詞刻薄、犀利，痛痛快快的揭露了魏忠賢一夥的惡行，「崔倪作鷹狗，解紲復掣韝。老魅者客氏，居中密運籌。貂玉封上公，起第列鳴駒。大地請建詞，上天爲之羞。」〔註29〕對於這些遭受閹黨迫害的官員，陳繼儒也都便顯出了極大的同情。崇禎改元，大批被閹黨罷斥的官員官復原職，陳繼儒的喜悅之情在給他們所作的序言中顯露無疑。〔註30〕

對於黨爭，陳繼儒更是認爲「清談誤國」。「自來國家全副財力悉用於遼東，士大夫全副精神又悉用於門戶。」〔註31〕陳繼儒婉拒顧憲成邀請東林講學，多年後陳繼儒路過東林舊址曾寫道「城頭歸羽夕陽時，不是深秋也自悲。川上水流君子澤，窗前草護黨人碑。魚龍混雜元難辨，玉石俱焚只爲誰。獨

〔註26〕董其昌《神廟留中奏疏彙要》之吏部卷四，《續修四庫全書》史部470冊，第122頁。

〔註27〕張廷玉《明史》卷二五五，中華書局1974年，第6595頁。

〔註28〕詳參萬曆三十七年譜。

〔註29〕《全集》卷二十七《蒐姑張侍御忤璫遣戍，特旨召還，賦以贈之》。

〔註30〕詳參崇禎元年譜。

〔註31〕《全集》卷五十七《答王銘韞》。

有講堂三四柳，殷勤枝葉向東垂」，〔註32〕一句「魚龍混雜元難辯，玉石俱焚
只爲誰」表達了陳繼儒對東林士人的看法。

　　對於晚明的市民反對礦稅使民變運動，陳繼儒也是完全抱有支持的態
度，同情這些庶民身份的民變領導人。萬曆二十九年蘇州人民在葛成領導下，
擊殺稅監孫隆，陳繼儒對葛成的行動大加讚賞，並爲他撰寫碑文。當時晚明
江南士人如鄭鄤、宋懋澄都以一睹葛成眞容爲快。葛成也多次到陳繼儒家做
客。〔註33〕對正値官員與礦監稅使的鬥爭更是旗幟鮮明。〔註34〕這種態度無
疑使陳繼儒在晚明士人心目中的地位逐漸上昇。

　　這些政治觀點與主張，都爲陳繼儒博得了清流的美譽。雖說很多官員的
薦舉存在完成任務的成分，有的官員曾經在松江地區爲官，算是陳繼儒的老
交情，但是這種上疏薦舉的形式卻在普通士人心目中的影響力和震撼力是巨
大的，「上聞天子」是多少士人夢寐以求的榮譽。

　　晚明，陸雲龍選輯《翠娛閣評選諸名家小品》（又名《皇明十六家小品》）
收錄陳繼儒序、賦、記、讚等文四十餘篇；鍾惺選《翠娛閣評選皇明八大家
文集》有《陳眉公文集》二卷；王欽明編《及雋》四十卷收有《讀書鏡》十
卷，《見聞錄》八卷，《珍珠船》四卷，《太平清話》四卷，《筆記》二卷，《書
蕉》二卷，《狂夫之言》二卷，《續狂夫之言》二卷，《讀書十六觀》一卷，《妮
古錄》四卷；夏雲鼎編《明八家詩選》收有《晚香堂集》七卷；馬睿卿編《名
家尺牘選》收有《陳仲醇尺牘》一卷，亦可見陳繼儒對晚明文風的影響。

第二節　清人眼中的陳繼儒：以《明史・隱逸傳》和
　　　　《四庫全書總目》爲討論中心

　　明崇禎十二年（1639）陳繼儒卒於頑仙廬，隨即明清易代，世人對陳繼

〔註32〕《全集》卷三一《過東林有感》。

〔註33〕鄭鄤《崒陽草堂文集》卷九《題葛成冊頁》：「余望聞吳民擊稅瑞事，葛成爲倡
　　　己，復挺身就獄，以故無所波累，心高其義，後聞道且死爲神，江湖間甚著靈
　　　爽。今年介陳眉公徵君書來，則成固未死也。促見之，令說擊稅事。」《四庫禁
　　　燬書叢刊》集部126冊，第409頁。宋懋澄《九籥續集》卷三《葛道人傳》：「當
　　　吳民擊黃建節時，懋澄適覲母南還，聞道人倡議，壯其事，賦《葛成謠》四章。
　　　後十七年，於友人陳仲醇家遇道人，讀當事功令。仲醇謂余：『子喜稗官家言，
　　　毋失此奇事。』余廁仲醇之末，得睹異人，因作《葛道人傳》。」

〔註34〕《全集》卷十《秦稅紀序》。

儒的評價在乾隆朝前後也發生了巨大的變化，現以《明史·隱逸傳》和《四庫全書總目》爲中心來進行討論。

一、《明史·隱逸傳》中的陳眉公〔註35〕

《明史》卷二九八《陳繼儒傳》如下：

> 陳繼儒，字仲醇，松江華亭人。幼穎異，能文章，同郡徐階特器重之。長爲諸生，與董其昌齊名。太倉王錫爵招與子衡讀書支硎山。王世貞亦雅重繼儒，三吳名下士爭欲得爲師友。繼儒通明高邁，年甫二十九，取儒衣冠焚棄之。隱居崑山之陽，搆廟祀二陸，草堂數椽，焚香晏坐，意豁如也。時錫山顧憲成講學東林，招之，謝弗往。親亡，葬神山麓，遂築室東佘山，杜門著述，有終焉之志。工詩善文，短翰小詞，皆極風致，兼能繪事。又博文強識，經史諸子、術伎稗官與二氏家言，靡不較覈。或刺取瑣言僻事，詮次成書，遠近競相購寫。徵請詩文者無虛日。性喜獎掖士類，屨常滿戶外，片言酬應，莫不當意去。暇則與黃冠老衲窮峰泖之勝，吟嘯忘返，足跡罕入城市。其昌爲築來仲樓招之至。黃道周疏稱「志尚高雅，博學多通，不如繼儒」，其推重如此。侍郎沈演及御史、給事中諸朝貴，先後論薦，謂繼儒道高齒茂，宜如聘吳與弼故事。屨奉詔徵用，皆以疾辭。卒年八十二，自爲遺令，纖悉畢具。〔註36〕

《明史》卷二九八《隱逸傳》共收錄隱士12人，不可謂多，傳前小序已對此做出了說明，「夫聖賢以用世爲心，而逸民以肥遯爲節，豈性分實然，亦各行其志而已。明太祖興禮儒士，聘文學，搜求巖穴，側席幽人，後置不爲君用之罰，然韜迹自遠者亦不乏人。迨中葉承平，聲教淪浹，巍科顯爵，頓天網以羅英俊，民之秀者無不觀國光而賓王廷矣。其抱瓌材，蘊積學，槁形泉石，絕意當世者，靡得而稱焉。由是觀之，世道升降之端，係所遭逢，豈非其時爲之哉。凡徵聘所及，文學行誼可稱者，已散見諸傳。茲取貞節超邁者數人，作《隱逸傳》。」〔註37〕可見入傳的標準是非常高的，不光是隱士，還是得受

〔註35〕李斌將《明史·隱逸傳》的編寫看作是明人的評價，有待商榷。詳見李斌《明清人眼中的陳眉公》，《中山大學學報》2003年1期。

〔註36〕張廷玉《明史》卷二九八，中華書局1974年，第7631、7632頁。

〔註37〕同上，第7623頁。

到徵召者，陳繼儒能入《隱逸傳》，本身就已經說明了陳繼儒屬於「貞節超邁者」。

　　而成書於《明史》修纂前的諸如張岱《石匱書》對陳繼儒的學問、人品也作出了較高的評價。張岱稱陳繼儒「定省之暇，肆志讀書。百家子史之外，自天官、地理、星卜、技藝、俾官、小說之類，……世稱博洽」〔註38〕陳貞慧《山陽錄》、鄒漪《啓禎野乘》則對陳繼儒的生活情趣表現出了極大的推崇，「先生生太平盛世，亨上壽，巖棲谷汲者五十餘午，妻梅子鶴，日居頑仙廬，摸沈淋漓煙雲，供養四方，載酒問奇，累累不絕，幾欲鐵其限。」〔註39〕「每當春秋佳月，月夕花朝，非操舸龍潭，即卜築曠野。一時名姝騷客，輻輳而至，或匿蒹葭蘋藻間，長歌短笛，鷗鷺驚翔，累日經旬，興盡方止。」〔註40〕對於陳繼儒對與松江地方事務的關心也有詳細的描述「公固貧而推解，每及於道路，松民以匱收破家，公白當事，易以里長，所全幾千戶，歲大饑，公移書政府，得寬逋租之半。東南民困少更生。〔註41〕可以說，明末清初史書中對陳繼儒完全都是正面的評價。

（一）嚴繩孫、萬斯同、王鴻緒與《明史・隱逸傳》的成書

　　作爲清初修撰的《明史》，不僅與《隱逸傳》的作者的價值取向有很大關係，而且還反映了當時的文化氛圍和價值取向。

　　嚴繩孫，字蓀友，江蘇無錫人，明刑部尙書嚴一鵬孫。康熙十八年（1679）詔試內外諸臣薦舉博學鴻儒一百四十三人，取中彭孫遹等二十人爲一等，李來泰等三十人爲纂修官，命纂修《明史》，而嚴繩孫位列二等最後一名，授翰林檢討。〔註42〕嚴繩孫、朱彝尊、潘耒三人皆爲布衣身份入翰林參修《明史》。從此嚴繩孫以明末遺民的身份投入到《明史》纂修中去。「在史館，分撰《明史・隱逸傳》，所作序文，容與蘊藉，多自道其志行。」〔註43〕秦松齡亦稱「在

〔註38〕　張岱《石匱書》卷二百二《文苑列傳下》，《續修四庫全書》史部 320 冊，第
　　　　　149 頁
〔註39〕　陳貞慧《山陽錄》之《陳徵君眉公先生繼儒》，《明代人物傳記叢刊》第 127
　　　　　冊，臺北明文書局 1991 年，第 623 頁。作者將陳繼儒與張公瑋、文震孟、黃
　　　　　道周、華允誠並稱五先生。
〔註40〕　鄒漪《啓禎野乘》一集卷十四《陳徵君傳》，《四庫禁燬書叢刊》史部 40 冊，
　　　　　第 626 頁。
〔註41〕　同上。
〔註42〕　《清聖祖實錄》卷八一，康熙十八年五月庚戌條，第 1034 頁。
〔註43〕　《清史列傳》卷七十《文苑傳一》，中華書局 1987 年，第 5727 頁。

史館，分撰《明史》列傳，於隱逸尤致意焉。」〔註44〕康熙二十三年（1684），嚴繩孫、朱彝尊、潘耒三人皆因以布衣入翰林而遭嫉妒，朱、潘二人降級、奪職，嚴繩孫告假歸里。〔註45〕孟森對此有精妙的評價「制科人才，當時所忌者惟三布衣，以其與科目常流獨異。三布衣入館數年，於康熙二十三年一年中，（朱）竹垞鐫級；（潘）稼堂奪職；皆由掌院學士牛紐具劾。（嚴）藕漁乞歸，亦在是年」〔註46〕

萬斯同，字季野，毫石園，鄞縣人，康熙十八年接受徐元文的聘請，以布衣身份參修《明史》，在纂修工作中，無總裁之名而有總裁之識，制定凡例，擬定傳目，修改史稿，〔註47〕至康熙二十九年（1690）《明史稿》初步編成。

王鴻緒，初名度心，字季友，號儼齋，又號橫雲山人，松江華亭人，康熙十二年進士，授翰林院編修，明史館開館後不久就被任命為修纂官，《明史》最後於雍正十三年（1735）正式定稿。雖然嚴繩孫擬稿經過王鴻緒等的刪定而成《明史·隱逸傳》，王鴻緒、張廷玉等人對原稿的修改程度現在仍不得而知，但是最終定稿的《隱逸傳》中陳繼儒還是最終入選，並且評價還是非常高的。

顏繩孫、萬斯同的明遺民身份，萬斯同的老師黃宗羲對陳繼儒又執弟子之禮，王鴻緒作為陳繼儒的同鄉，因此從《明史·隱逸傳》編纂的編者來看，把陳繼儒列入《隱逸傳》而進行褒揚也就容易理解了。

（二）清初的文化政策和文化傾向

清初征召博學鴻儒特科，本是清統治者為了籠絡漢族士人、穩固統治的有力舉措，而讓這些博學鴻儒纂修《明史》確為妙招。一方面，鴻儒們進入史館，位和職都很恰當；另一方面，開局修史是撫慰士人心靈、緩和民族情

〔註44〕 嚴繩孫《秋水集》卷首秦松齡《嚴中允傳》，《四庫禁燬書叢刊》集部 133 冊，第 522 頁。

〔註45〕 朱彝尊《曝書亭集》卷七十六《承德郎日講官起居注右春坊右中允兼翰林院編修嚴君墓誌銘》：「（康熙）二十二年春，予又入值南書房……逾年，牛紐彈事而潘君耒坐浮躁，降調矣。……（嚴）君（繩孫）……敕授承德郎，時二十三年秋七月也。冬，典順天武闈鄉試，事竣，君乃告假，天子許焉，」《文淵閣四庫全書》集部 1318 冊，第 498、499 頁。

〔註46〕 孟森《己未詞科錄外錄》，《明清史論著集刊》，中華書局 1959 年，第 494 頁

〔註47〕 黃愛平《〈明史〉纂修與清初史學——兼論萬斯同、王鴻緒在〈明史〉纂修中的作用》，《清史研究》1994 年 2 期；朱端強《萬斯同與〈明史〉纂修編年》，中華書局 2004 年。

緒的最佳藥方之一。受到遺民情緒的感染，鴻儒們將修史作爲經世致用的一個途徑，帶著強烈的責任感，不辱史官之使命。清廷的權宜之計，收到了意想不到的效果。鴻儒史官在史學思想上，具有以往封建史家所固有的綱常倫理道德規範，講究編史的「道法」，看重「春秋大義」，這使他們有公正平實的史觀；在思想感情上，他們和遺民史家走得很近，具有一定的史學經世的意識，對於可能影射明清易代的諸多問題具有敢於揭示歷史眞實的良知。從史家觀點立場、思想感情上來說，鴻儒史臣是清初遺民史家與正統《明史》纂修官之間的過渡，《明史》初稿也就具有了獨特的價値。

　　清初的文化政策也相對寬鬆，改朝換代已經刺激了明遺民重新看待、評價他們以往所寄存、認同的文化。以顧炎武爲例，他在亡國之後，即以遺民自居，除直接參與反清行動外，更對晚明學風深切反省，而其痛批晚明士風，在相當程度上乃可歸諸爲對晚明生活與文化的檢討，蓋其所指斥之諸多浮薄士習、學風。就是在這種遺民深刻反思明文化的大背景下，陳繼儒仍得到如此高的評價，也反映了清初的文化政策是對陳繼儒持肯定態度的。

二、《四庫全書總目》中的陳眉公

　　《四庫全書總目》著錄署名陳繼儒的著作二十一種，全入存目，陳繼儒本人和著作得到的卻是一無是處的評價，更把導致晚明文風、世風敗壞的矛頭指向了他。

（一）關於陳繼儒本人的著述

　　除了在評價《讀書鏡》的時候「此言蓋爲萬曆間爭國本而發，於明季臺省之弊，可云切中。不以繼儒而廢其言」〔註48〕，對陳繼儒的著述有了一點肯定的味道之外，其餘的著述就被貶的一無是處。

　　首先是由於對於明末小品文整體的評價就不高，多指纖佻，所以陳繼儒的小品文不可能獨善其身。評價《書畫史》「此編雜錄書畫家瑣碎之事，間及名跡。所載闕略不備，無裨考證。如載岐陽石鼓、王祥臥冰處，劉蛻文冢之類，亦多傷於氾濫。末附以《書畫金湯》四則，一「善趣」、一「惡魔」、一「莊嚴」、一「落劫」，各舉十數事以爲品隲，猶不脫小品陋習，蓋一時風尙使然也。」《巖棲幽事》「所載皆山居瑣事，如接花易木以及於焚香點茶之類，

〔註48〕永瑢等《四庫全書總目》卷九十，中華書局1965年，第776頁，以下不注明出處者，接引自此書。

詞意佻纖，不出明季山人之習。。」

其次，評價陳繼儒著述議論淺陋，難登大雅之堂。評價《妮古錄》「議論殊爲淺陋。」評價《安得長者言》：「讀之了了。蓋亦語錄之類……宜其與布帛菽粟之旨去之益遠矣。」

最後，批評陳繼儒著述裁減不當，拉雜無倫，這種情況最爲多見。《虎薈》就是其中的典型「凡所引用，多拉雜無倫。若《周禮》司尊彝，裸用虎彝蟲蜼彝。《漢書》履虎尾絢履之類，與談虎無涉，亦皆漫爲牽綴。眞所謂無關體要者也。」評價《偃曝談餘》「取其平日與客談者鈔撮成書，無他考證。所紀歷代年號一則，遺漏尤多。」評價《見聞錄》「此書排次明代朝士事實，間及典章制度，如蔣瑤之悟武宗，李充嗣之御宸濠，其事皆史所未詳。然敘次叢雜，先後無緒，仍不出其生平著述，潦草成編之習也。」，進而以陳繼儒爲榜樣，指出了晚明著述的一大特點就是「蓋明人好勦襲前人之書而割裂之，以掩其面目，萬曆以後，往往皆然也。」「更杜撰篇目，不用原書標題。改《管晏列傳》爲《管仲傳》，改《屈原賈生列傳》爲《屈原傳》，改《滑稽列傳》爲《淳于髡》傳，尤多所竄亂。」

但是也有亂扣帽子的情況，評價《眉公十集》時說「刊板亦粗惡無比，蓋繼儒名盛時，坊賈於《祕笈》中摘出翻刻，又妄加批點也。」明明說的坊賈，斷然與陳繼儒無關。

（二）關於晚明的文風與世風

首先，把陳繼儒當做山人的代表大加批判，「隆萬以後，運趨末造，風氣日偷。道學侈稱卓老，務講禪宗，山人競述眉公，矯言幽尙，或清談誕放，學晉宋而不成。或綺語浮華，沿齊梁而加甚。著書既易，人競操觚，小品日增，卮言迭煽，求其卓然蟬蛻於流俗者，十不二三。」〔註49〕「蓋亦趙宦光陳繼儒之流明季所謂山人者也」，「至於陳繼儒之淺陋，李贄之狂謬，復爲之反覆辯論，更徒增詞費矣」「標目編類，亦多涉纖仄，不出明季小品積習，遂爲陳繼儒、李漁等濫觴。」

其次，認爲陳繼儒是明末淺薄文風的代表，更爲嚴重的將「明之末年，國政壞而士風亦壞，掉弄聰明，決裂防檢，遂至於如此屠隆、陳繼儒諸人，不得不任其咎也」，這樣一頂大帽子扣在了陳繼儒頭上。

〔註49〕永瑢等《四庫全書總目》卷九十《史評類存目二》，中華書局 1965 年，第 1124 頁，以下引自此書者不再注明出處。

（三）關於《寶顏堂祕笈》

關於《寶顏堂祕笈》的評價雖然扣在了陳繼儒的頭上，但是評價道是充分說明了其刊刻的特點。

首先是脫衍倒並誤現象嚴重，「陳繼儒嘗刻入《祕笈》佚脫訛舛，殆不可讀」；「字句訛脫特甚」，「更失校讐。」

其次就是隨便刪減原著，搞成了四不像。「陳繼儒《祕笈》所刻，僅十二卷，凡其精覈之處，多遭刪削。」「陳繼儒《祕笈》所刻，體例混淆，原書與續輯不甚可辨，聞有論斷，亦不知爲誰語。」「陳繼儒嘗刻入《祕笈》中，刊削不完，僅存一卷。」「陳繼儒亦嘗刻之《彙祕笈》中，改題曰《蟾仙解老》，非其本目。」

最後就是不加比勘，收入了僞書。「可謂拙於作僞。陳繼儒收之《彙祕笈》中，亦失考甚矣。」「知爲後人以篇頁寥寥，不盈卷軸，竄入他文以足之，陳繼儒《祕笈》所載，大抵此類也」

但是本書的第一章已經討論，《寶顏堂祕笈》實爲沈德先、沈德孚兄弟託名陳繼儒所刻，與陳繼儒無涉，所以這類的批評當然無論如何也不能扣在陳繼儒的頭上，否則這也太不公平了。既然《寶顏堂祕笈》不是陳繼儒所爲，那第二類關於晚明士風與文風的批評能有多少站的住腳也很難說。第一部分對陳繼儒的著述的評價還是有一定道理的。

（四）四庫館臣晚明文風觀的成因

其實學術思想和文風的出現不是一個偶然的現象，而是與當時社會的政治、經濟、文化有著密切的關係。明朝滅亡的教訓，促使學者反思和批判明代的空疏、浮躁學風，民間流行的小品文、淺顯史書漸漸爲學術界所鄙視，逐漸形成的考據學呈現爲具體、深入、嚴密、扎實的治學風格。雖然晚明的文風固有其浮躁、淺薄的一面，但也有其輕靈、通俗，更貼近市民生活的優點，站在清代中期社會背景下得的四庫館臣對陳繼儒的著述如此評價也是難免的。就相當下站在我們的時代背景下評價清代的學問一樣，總會有這樣那樣的缺點。〔註50〕

〔註50〕例如喬治忠就認爲「拿清代考據學家的尺度來衡量明代的學風，明代的學術思想自然是有時過於疏略；可是拿明代學術思想的放達和記載朝野逸事的豐富來比較衡量，清代考據學的末流羌無故實，不關痛癢的繁瑣考證，那不更顯得索然寡味嗎？」詳見《明代史學的普及性潮流》，《中國社會歷史評論》

　　如第三章所述，陳繼儒編纂的《虎薈》和《逸民史》如果變成了扎實的考據學或者傳統正規的史學著述，能不能賣得出去、流傳到今天還是個問題。「存在即是合理的」也不應該是句空話。所以蒙文通認爲，「明代學者所見古文獻遠較清人爲多，他們常常把這些佚文輯爲一秩，刊刻流通。但由於他們在方法上不嚴謹，常有雜湊竄改之事，故清人常以僞作視之，而不屑一顧，實際上這些東西常常都是有根據的。」〔註51〕

　　乾隆朝作爲一個學風轉型的時期，嚴謹求實成爲主流，晚明那種浪漫而隨意的文風、學風與士風正好成爲它所攻擊的最直接便捷的對象。由於過多署名陳繼儒的刊刻質量和學術品位都有問題的著述入《總目》，再加上陳繼儒在晚明聲名鼎盛，多次受到朝臣的薦舉，於是自然而然四庫館臣把陳繼儒看成晚明文風與晚明習氣的代表性人物之一，陳繼儒自然集中地受到各種抨擊和非難。〔註52〕試想陳繼儒如果沒有這麼多書坊託名僞刻之著作選入《四庫全書總目》中的話，四庫館臣肯定會找一個李繼儒、王繼儒出來作爲一個批判晚明文風與士風的靶子。歷史對於陳繼儒的不公也許就在於此吧。

第三節　結　語

　　陳繼儒作爲晚明江南地區的一介布衣，沒有任何家世背景，身後也沒有子孫有顯赫的仕途，卻最終上聞天子，獲天下之大名，其原因乃是多方面，不僅僅是其個人的學風、文風所形成的，還與晚明江南地區的政治、經濟、文化有多種之聯繫，其也在中扮演了一個重要之角色，成爲一種文化之象徵。

　　從陳繼儒本人之性格來看，陳繼儒性情隨和，處事圓滑，洞察天下之是非，不入社，不遠遊，不糾纏於政治漩渦之中。陳繼儒的生活情趣和生活方式在「談虎」、「隱逸」、「神遊」、「參禪」等方面引導了晚明江南地區的新風尚。

　　在社會流動加速、商品經濟活躍的社會裏，一個人的成功與否很大程度上取決於他所擁有的社會關係網絡的大小和疏密，社會關係也就給外被人看重。在明代，人們普遍重視社會關係及其網絡的營建。〔註53〕通過考察陳繼

　　　　第 4 卷，商務印書館 2002 年。
〔註51〕蒙文通《蒙文通學記》，三聯書店 1993 年，第 9 頁。
〔註52〕李斌《明清人眼中的陳眉公》，《中山大學學報》2003 年 1 期。
〔註53〕張勃《明代歲時民俗文獻研究》，商務印書館 2011 年，第 74 頁。

儒的交友圈可以發現，其聲名之鵲起，卻是借助於士人的文化圈、官員圈，而又通過與隱士、僧侶的交往而強化其作為道德典範的形象，而又通過與商人的交往獲得經濟利益，解決後顧之憂，而且在商人組織的文化活動中扮演了重要角色。

　　晚明江南地區人文薈萃，陳繼儒五十歲前的生活經歷使其與其中之佼佼者形成了師友、摯友、門生之關係，從而使其上聞天子，檢舉紛紛，名聲日隆，而使後輩小子多趨名而至。地方官員喜結名士以提高自己的聲望，陳繼儒與在職中央官員之密切關係，並通過個人之實踐，成為蘇松地區官員瞭解家鄉情況的真實信息的傳遞者；同時亦成為地方官員和晚生後輩追捧之對象，並成為他們聞於上官之一捷徑。

　　陳繼儒對政治也報有極大的熱情，雖然在這方面有些言行不一。陳繼儒通過各種方式對晚明政壇上的焦點話題發表自己的政治主張，同時積極參與地方社會的公益活動，有著強烈的社會關懷意識，給地方官員留下了良好的印象，同時給普通士人樹立了榜樣。陳繼儒與官員的交往不是單方面的「獻言」，而是一種互動關係，地方官員也需要聯絡與陳繼儒這些士人的關係，從而更好的維護地方穩定和促進地方文化發展。朝中大臣的薦舉雖使陳繼儒名聲遠播，但其主要仍是在江南士人文化圈中享有較高的聲譽，這種聲譽不等同於學識、學術和官階地位上的威望，更多代表的是一種生活的態度，一種清高的政治氣節。

　　晚明出版印刷業之發達，對陳繼儒聲譽乃是一把雙刃劍。江南地區出版印刷業的繁榮使陳繼儒的著述得以廣泛流傳，博得大名。亦有負面之影響，不肖書商將其文章自行編纂出集，進而將他人著述挖改翻刻，署其大名，以獲取利潤，而《寶顏堂祕笈》之出版更將這種情況推向極致，導致清人對陳繼儒評價極低，建立在此基礎上的《四庫全書總目》對陳繼儒之評價以及對晚明文風、士風之影響是難以成立的。明清易代之後，受《四庫全書總目》與《寶顏堂祕笈》之影響，成為清人對陳繼儒的歷史建構代替了晚明江南社會中的真實的陳繼儒。

　　陳繼儒的生活實踐告訴了我們，晚明地方士人政治功能並沒因為其文化功能的加強而弱化，除了正常的科舉入仕之外，他們仍具有巨大的政治熱情和政治責任，在地方社會具有很大的影響力。一方面在公共場合是維護地方秩序、凝聚地方力量、形成地方輿論不可或缺的力量，另一方面在私人領

域，他們毫無顧忌的涉入釋道兩教，喜言「玄談」，過著精緻悠閒的的生活。晚明士人的政治功能與文化功能有一種同時加強的趨勢。

附錄　陳繼儒年譜

凡　例

1. 本譜以舊曆紀年。每年之下，以時間先後，逐條列出譜文。每年月份難以確定者逐條列於後。對於無法確考年代的史實，一般不予採用。

2. 本譜主要以排比史料，考辨史實，來記錄譜主的行跡，所用史料主要來自譜主及其所處時代人的著述，亦注意採錄晚出的史料。

3. 譜中所記譜主親友生卒，除注明出處者，皆引自吳榮光《歷代名人年譜》、姜亮夫《歷代人物年里碑傳綜表》)。譜中人物考中進士的年份，依據朱保炯、謝沛霖《明清進士題名碑錄索引》。

4. 譜主一生著述頗豐，並編輯、考釋、校訂大量史料，現存世有《陳眉公先生全集》、《陳眉公集》、《晚香堂集》、《晚香堂小品》、《白石樵眞稿》、《眉公十種藏書》等，各集中如有內容互見者，本譜皆以上海圖書館所藏明崇禎年間吳震元刻《陳眉公先生全集》爲據。譜中《陳眉公先生全集》簡稱《全集》，《眉公詩鈔》簡稱《詩鈔》，《陳眉公尺牘》簡稱《尺牘》，《白石樵眞稿》簡稱《眞稿》，《晚香堂小品》簡稱《小品》，《眉公府君年譜》簡稱《舊譜》。

5. 譜主之親屬、友人今天已鮮爲人知，故譜中酌情采入其親屬、友人之行實。

6. 《明史》、《明實錄》等基本史料、《石渠寶笈》、《墨源彙觀》等書畫集皆不在譜中注明編者，詳見全文後徵引文獻目錄。譜主所著、所編、所輯、所校、所評所有文獻亦不再單獨注明。

7. 筆者書畫常識有限，今人所編《中國美術年表》、《宋元明清書畫家年表》、《歷代流傳書畫作品編年表》等所收錄陳繼儒書畫作品眞僞難以考訂，故不予採用。

8. 陳繼儒所作壽序、墓誌銘除已明確時間之條目，其餘所錄時間，壽序爲最晚所撰之時間，墓誌銘爲最早所撰之時間。

9. 除關於譜主及其主要交遊、或關於松江地區重要史實酌情收錄外，其餘史實一般不予收錄。

嘉靖三十七年戊午　一歲

十一月甲子初七日庚辰丙戌時生。大父濂石公時年三十有九。（《舊譜》）

《全集》卷十二《冒義存笥草序》：「余與如皋義元冒公皆以仲冬七日生，余差長五歲。」

是年繼儒知識年歲可考者：

董其昌四歲。

張大復五歲。

屠隆十七歲。

王穉登二十四歲。

陸樹聲四十九歲。

王錫爵二十五歲。

王世貞三十三歲。

顧憲成九歲。

夏樹芳八歲。

雪浪十四歲。

憨山德清十三歲。

嘉靖三十八年己未　二歲

文徵明卒。（據《文衡山年譜》）

嘉靖三十九年庚申　三歲

妻衛氏生。

《舊譜》：「八月初十日，先姚衛孺人生，宣城伯裔也。」

袁宗道生。（據袁中道《珂雪齋集》卷十六《石浦先生傳》）

嘉靖四十年一辛酉　四歲

知字學。（《舊譜》）

嘉靖四十一年壬戌　五歲

弟緝儒生。

《舊譜》：「大父膝上授書，輒成誦。是年二月十三日，先叔緝儒生，字叔眞，府庠生。」

王衡生。（據王時敏編《王文肅公年譜》）

嘉靖四十二年癸亥　六歲

入學。

《舊譜》：「甫命名，字仲醇。入小學，就傅錢公。曾大父怡松公絕憐愛之，往返必肩負以行，府君即不好兒矣，師亟稱曰：「此汗血駒也，當非凡品。」

嘉靖四十三年甲子　七歲

睹祖父掃地，心有感悟。

《眞稿》卷二十一《書掃地》：「余七八歲時，嘗見先祖怡松公年已逾耋，灑掃門外小弄中，一日嘗數巡，鄰有負薪遺寸芥於地上，輒動色詈呵其後，負薪者往往避地徑以去。識者指先祖曰：『此翁後必昌。』予雖老而無聞，然所至必焚香掃地而坐。怡松公之家風，猶未敢泯也。」

嘉靖四十四年乙丑　八歲

程嘉燧生。（據《程嘉燧年表》）

李日華生。（據李日華《恬致堂集》附譚貞默《行狀》）

嘉靖四十五年丙寅　九歲

授學於周雲汀。

《舊譜》：「（嘉靖四十五年丙寅）就傅周雲汀。周，長州人，鰈寓慧燈庵之南。足躄，為里塾師，頗好吟詠，雜蒔花竹籬豆，夏月露坐，孤吟其下，府君晚必往侍，相與煮茗問難，竊意詩詞，私號曰：半石山人。三十年後得周少谷贈雲汀一畫，裝潢成軸，懸之中堂，設祭而酹之。」

《真稿》卷二十一《書周師》：「吾師周雲汀先生，吳閶人也。父為明涯公，嘗客於文榮袁相公所，代撰書詞。性骯髒，不善事貴人。拂衣歸，寓居華亭，與中江莫公、南湄李公、南洲高公為詩友。公死，吾師教授里兒，得糈供母。三十外始娶，四十外而終。余少時負笈就句讀，取於眾中奇余，時指以詫客。師善詩工書，僦居委巷中。窗前二三弓地，結豆棚覆之，乘涼其下。足跋口敢，好歌詩，詩聲往往達籬落外。余童子時，即知有《蘭亭褉帖》，古文及七子詩，師教之也。余戊寅補諸生，始得從家塾設席祭之。惜師與明涯公遺稿，皆散佚不傳，至今已為恨事。余嘗念葉夢得載其師達州人樂君，頗與吾師同。故拈記以示兒曹，始知我好古之所自也。」

隆慶元年丁卯　十歲

習經典。

《舊譜》：「《毛詩》、《書》義皆通達。」

隆慶二年戊辰　十一歲

長兄紹儒讀書五里堂。

《舊譜》：「負笈。先伯翼龍公讀書於五里堂之丙舍，先伯本姓趙，大父艱子。受友紹氏託，遂螟蛉焉，取名紹儒，不忘本也。補華亭增生，府君執友於之愛，終身不渝。歿葬祖塋之側。」

隆慶三年己巳　十二歲

隆慶四年庚午　十三歲

讀《後漢書》，習舉子藝，為先生喜。

《陳眉公集》卷七《論膾小序》：「予童子十三時，讀《東漢書》，見范蔚宗『論』、『讚』，手錄一通，丹鉛其旁，至無所容筆塹處已。稍稍，與曹耦學為史論，以呈先生。先生輒津津喜，為摩頂久之。」

按：《舊譜》：「（隆慶五年辛未）旁及五經子史，慕《戰國策》不得，誤從總

戎家借之，後手摘一冊以藏。」時間略有先後，暫繫於此。范曄，字蔚宗，《後漢書》又名爲《東漢書》。

隆慶五年辛未　十四歲

知陸應陽，能誦其詩句，稍長，與其定交。

《全集》卷十六《壽陸伯生先生六十序》：「憶余十三四，髮未覆額，已知有伯生陸先生。先生方負經術有聲。吾師周翁數指以示余，曰：『此人詩文翰墨寇江東，不愧其父某某，嘉靖中高隱後進，稱爲三浦山人也。』小子識之，彼時得先生片號隻字，喜見眉睫，輒能覆誦先生詩句。稍長，使敢進而與先生定交。先生以小友呼之。」

陸應陽，字伯生，上海青浦人，著有《廣輿記》二十四卷、《樵史》四卷，詳見《嘉慶松江府志》卷五十五《古今人傳七》。

隆慶六年壬申　十五歲

讀書勤勉，外祖嘉之。

《舊譜》：「外祖遺竹衛公世居與先壠相望，晨出暮歸，必聞讀書聲不輟，心嘉之，即遣先舅同事。」

萬曆元年癸酉　十六歲

授學於何三畏。

何三畏《雲間志略》卷六《郡丞旦心方公傳》：「屬余門生陳繼儒爲之記」

《舊譜》：「翼龍辭大父曰：『大弟今日非我所能御也。其天資英敏，才情橫發，吾且當拜下風，敢冒師耶？幸擇名師，無負重委。』故遣入城北，面繩武何先生。」

何三畏，字士抑，號繩武，松江華亭人，萬曆十年舉人，詳見《全集》卷三十五《司理繩武何公暨配季孺人合葬墓誌銘》、《崇禎松江府志》卷四十《賢達五》。

萬曆二年甲戌　十七歲

十月，病寒。

《舊譜》：「府君十七歲。博綜六籍百家，晚必挑燈手一編，雖號蠹竭不就寢。十月病寒，病瘥幾不起，有神醫王企雲診之，驚詫曰：『此兒豈可漫視，不獨

吾松一寶，乃天下之至寶也。每喜食新，爲濕熱所烝，我治立廖。』傾歸，以多米、肥鴨、人參見貽，大父疑其誤，遣訊之曰：『我爲天下惜此寶，豈於而父索謝耶？』」

鍾惺生。（據陳廣宏《鍾惺年譜》）

此年，陸樹聲致仕歸松江。

萬曆三年乙亥　十八歲

李流芳生。（據錢謙益《牧齋初學集》卷五十四《李長蘅墓誌銘》）

萬曆四年丙子　十九歲

王思任生。（據《王季重先生自敘年譜》）

萬曆五年丁丑　二十歲

《舊譜》：「行冠禮。」

萬曆六年戊寅　二十一歲

是年，與何三畏等就童子試，同獲博士弟子，後與士勝皆罷舉業。途過鎮江，拜北宋陳東祠。

《全集》卷三十五《司理繩武何公暨配季孺人墓誌銘》：「往予與士抑，皆髫髻就試童子科。」

《全集》卷十七《賀士勝何公暨配趙孺人六十皆壽序》：「吾友何士勝，少而束髮，同硯席，已復同試荆溪，舟膠水雪中，則相與扶攜，重妍而行，皆獲隸博士弟子員。余以嫩章句謝去青衿，而士勝亦尋罷公車不復上。」

《眞稿》卷二十一《書周師》：「余戊寅補諸生。」

《眞稿》卷二十一《書責李邦彥》：「戊寅，途出丹徒，雨中拜少陽陳公祠。」

《舊譜》：「（萬曆六年丙寅）就童子試。華亭邑侯楊公奇賞之，取冠曹耦。徐文貞公與大父交，聞之，亟欲延見。時府君以青衣小帽往，文貞偵知閽者，立索蟒衣出迎。因講時習之學，歎服不置，先達之不輕後學如此。是多嚴寒，文宗駐節宜興，冰堅不得前，府君自毘陵徒步而赴，又奉江陵新令，大縣不過二十人，名在第七。」徐階，字子升，號少湖，又號存齋，嘉靖二年進士，官至禮部尚書，詳見《明史》卷二一三。

萬曆七年己卯　二十二歲

迎娶衛氏。母朱氏喪。館於范允臨家。

《舊譜》：「（萬曆七年己卯）先妣於歸。而當嫡大母之病，考妣日夕藥裹間，衣不解，目不睫。初，未知有新婚也，未幾謝世。執喪一如考亭禮，卜葬五里塘之祖塋。是年，館於范長白家，凡得稡，悉進大父母，以贍菽水。」

范允臨，字至之，一字長倩、長白，號石公，松江華亭人，居吳縣，萬曆二十三年進士，授兵部主事，官至福建參議，工書，善山水，與董其昌齊名，著有《輸寥館集》八卷，詳見朱彝尊《明詩綜》卷六十三。

萬曆八年庚辰　二十三歲

秋，抱病三月。

《小品》卷十四《贈御醫何承雲敘》：「士嘗言不爲相，則爲將，乃醫則二者多兼之。相壽國，醫壽人。心相等也。……余嘗心慕乎承云何公之醫也，公克以醫世其家，家有藏書，咸禁方奇經，多秘弗傳。公受而讀之，裁以己意，核以古法，術益精良，而公之名目益顯。於是起爲景土御醫，聲馳吳楚間！未幾南歸，而鄉之扶疾而賴公以起者，戶滿屨矣。四方請學者，車塞道矣。公不問貧富遠邇，求即輒應，授即輒中。故上自縉坤先生，以及細民之家，每見公，必拱手加敬，稱仁人云。庚辰秋，余抱病三月，幾與鬼鄰。而復值母艱，內有哀痛迫腸，外有虛熱攻體，時命大謬。謂當已耳。適余恍惚中若有以公告者。當是時，余未識公也。及公至，按而視之，洞燭如白日，投藥試餌，應手而愈。故自今循頂至踵，得與有生之藥者，夫孰非公所此也。然則公非直與將相等也，有特相不及公者三。將與相位尊驕倨，每倚富貴而羞貧賤，至疾苦不相聞；而公以藥石惠及匹夫匹婦。其不及公者，一也。虛縻爵祿，執空文以罔主上，無所稱塞；而公視人若視其身，治病若治其家，德不望報，報不厚責。其不及公者，二也。將相不賢，或巧櫻善類，陰螫豪傑，以快私意；而公於賢士大夫，保恤調護，畢其技能，有扶植上人之心焉。其不及公者，三也。是三者，公得以施於一鄉，而不能施於天下。異日不肖者倘有進，則請法其意而廣之，公借其術以醫不肖之身，不肖借其術以醫天下之心，庶幾有以謝公也夫。」

初識吳之鯨。（詳見萬曆乙未年譜）

館王翼明家，與董其昌等交。

《舊譜》：「府君二十三歲。館於王昇之翼明家。一時同社如唐文恪、董宮保、方學憲、何士端，每試必互相冠軍。」王翼明，字昇之，華亭人，著有《禮

記補注》二十三卷。

董其昌，字玄宰，號思白，松江華亭人，萬曆十七年進士，官至南京禮部尚書，善書畫，爲仲醇一生摯友，著有《容臺文集》九卷《詩集》四卷《別集》四卷，輯有《神廟留中奏疏彙要》四十卷，詳見《明史》卷二八八、《全集》卷三十六《太子太保禮部尚書思白董公暨元配誥封一品夫人董氏合葬行狀》。

萬曆九年辛巳　二十四歲

李日華結髮遊松，從繼儒授《毛詩》，庚辰至壬午，從繼儒學。

李日華《味水軒日記》卷四「（萬曆壬子三月）二十三日，招唐子躬、周鑒之不至。鑒之，余華亭故人周草窗孫也。草窗今七十而老矣。少嗜酒，挾自雄，喜花石幽玩。余結髮遊松，從陳眉公授《毛詩》。草窗，眉公之友，故與狎習。今相隔三十一年矣，而草窗飲啖不衰，可念也。」又，李日華《恬致堂集》卷三十二《答年家俞企延茂才》：「十六至十八，益廣讀《十七史詳節》、荊川左右編、老、莊、荀、韓諸子，以爲大快。且將盡廢諸應舉學，而自放爲山人詞客以老。已走雲間，師陳眉公先生，先生時攻制義，賞余奇趣，而不聽其罷舉也。」

按：萬曆壬子年逆推三十一年，當爲此年前後。又，据譚貞默《明中議大夫太僕寺少卿李九疑先生行狀》，李日華生於嘉靖四十四年，十六至十八當爲此時。李日華，字君實，號竹嫩，又號九疑，嘉興人，萬曆二十年進士，善書畫，以自然爲旨，善鑑定文物，官至太僕寺少卿，著有《李太僕恬致堂集》四十卷、《味水軒日記》八卷、《六研齋筆記》十二卷等，詳見《明史》卷二八八、譚貞默《明中議大夫太僕寺少卿李九疑先生行狀》。

作《壽碧漢金公六袠序》。（《陳眉公集》卷八）

館於姚。

《舊譜》：「館於姚。與元龍同現硯席，率先叔以從。」

萬曆十年壬午　二十五歲

八月，赴南京鄉試。二十三日，長子夢蓮生。

《舊譜》：「館於姚。八月赴棘闈於南都，廿三日，夢蓮生」。

十一月十三日，屠隆抵婁東，訪王世懋，繼儒在座。

屠隆《白榆集》文集卷五《發青谿記》：「萬曆十年壬午，余以青谿長上計。十一月十二日，暮發青谿。時雨沉沉不止，父老子弟、縉紳縫掖挐舟相送，

傾城而出，踉蹌如雲。長年高索故直，十倍恒時，商旅至壅不得行。余心媿
甚。令何德於民，其以勤此父老子弟、縉紳縫掖爲也。時道者王佘峰來送，
佘峰名成孚，故諸生，五十棄青衿學道，脇不貼席者五年。光景殊勝，蓋結
丹矣。與余爲方丈交，余爲卜一庵佘山之麓，得一意靜養，庶幾其道大成。
然其爲人，修眉碧眼，望而知其非凡品也。十三日，舟抵婁東，謁恬憺觀，
告辭曇陽大師，訪太原公元馭、瑯邪公元美觀中。時太原以其尊人大故，歸
伏苫次，瑯邪則以伯子士騏得俊南都第一人，還里，暫往視之，此兩觀主皆
不在，獨一祝史司扃鑰，天風颯來，旛幢微動。口在殿角，鑪煙裊裊，散滿
庭中。先是，師化後，嘗神歸者再，獨太原瑯邪得接光採，他人莫有聞者，
後始稍稍知之。至是入拜師龕，業塞以壁加堊焉。靈響闃然，四顧徬徨，依
依不能去。遂過隔水禪堂訪無心有，故師所度弟子也。與之言，清疏有致，
不減支公。頃之，往弔太原公，太原公與弟督學君，天性至孝，毀瘠過哀，
蓋哭其尊人，一夕而髭鬐爲白。余相見勞苦，語以滅性之戒甚切，兩君頷之。
太原公曰：『學道無所得，不幸大故，哀傷難遣，未免爲情識所縛，心實媿之。』
余曰：『大忠大孝，道之根本。發乎至性，疇曰不可？亦節之而已。』是夕去，
宿敬美憺園。憺園者，敬美華官歸築棲隱處也。堂頗宏敞，室邃迤周遭，使
人入，幾迷焉。余曰：『爲園如此，即干憺字，得無小戾乎？』敬美笑曰：『吾
爲園若此而心不著，何害憺？』余曰：『善黃金爲屋，白玉爲堂，聖人居之則
聖，不著也；凡人居之則凡，著故也。憺，固在心，寧在園戾。』是夕，彭
欽之汝讓、曹子念昌先、徐孟孺益孫、澤夫元普、郁孟野承彬、陳仲醇繼孺，
家諸孫和叔、本中皆在。」

屠隆，字長卿，一字緯眞，號赤水，鄞縣人，萬曆五年進士，曾任吏部主事、
青浦縣令，後辭官回鄉。著有《由拳集》二十三卷、《白榆集》二八卷、《栖
眞館集》三十一卷，詳見《雲間志略》卷四《青浦令赤水屠侯傳》、《明史》
卷二八八。

王世懋，字靜美，號麟州，別號墻東生，世貞弟，嘉靖三十八年進士，官至
南京太常寺少卿，著有《王奉常詩集》十五卷《目錄》三卷、《文》五十四卷
《目錄》二卷，詳見王世貞《弇州史料後集》卷二十六《瑯琊先德贊三子附》、
《弇州山人四部續稿》卷一百四十《亡弟中順大夫太常寺少卿敬美行狀》。

是年，始與王衡交。

王衡《緱山先生集》卷二十《祭徐長孺》：「衡生平多怜寡合，年二十而交兄，
又一年交仲醇，始知天下有朋友。」

按：據《王文肅公年譜》王衡生於嘉靖壬戌年，二十一歲當爲此年。王衡，
字辰玉，號緱山，錫爵子，與眉公友善四十餘年，著有《緱山先生集》二十

七卷，詳見《全集》卷四十六《祭王辰玉太史》、唐時升《三易集》卷十七《太史緱山王公墓誌銘》。

錢謙益生。（據葛萬里《錢謙益年譜》）

萬曆十一年癸未　二十六歲

館於婁江王錫爵家，受教琅琊太原四先生當在此一二年間。

《全集》卷六《王太史辰玉集序》：「往余與辰玉並研席，時弇州公與文肅公皆居南城靖廬，兩家子弟更相社。文成奏兩公，兩公又轉委之曰：『且以畀兩學使者。』蓋麟洲先生歸自秦，和石先生先生歸自雒，一時四王震海內。然皆操制舉義相券責。而辰玉與余獨好古文詩歌。文肅公聞之，弗訶詰也。辰玉每讀書，自首逮尾，矻矻丹鉛，雖數百卷中苟細箋注，不輕放一字。余曰：『孔明略觀大意，淵明不求甚解，而子胡苦為？』辰玉笑曰：『卿用卿法，我用我法，雖然，讀書與立身相似，要須有本末，非可苟而已也。』」

錢謙益《列朝詩集小傳》丁集下《陳徵士繼儒》：「婁東四王公雅重仲醇，兩家弟子如雲，爭與仲醇為友，唯恐不得當也。」

《舊譜》：「（萬曆十一年癸未）館於婁江王文肅家，与辰玉太史讀書支硎山，多倡和，得受知於琅琊太原四先生。」

按：據《明神宗實錄》卷八一「（萬曆六年十一月）辛未，南京科道官王良心等交章論列應天府府尹王世貞。部覆：世貞才識年力，眾所共惜，但京尹重任，既經論列，難以議留，仍令回籍聽用。上然之。」又王世貞《弇州山人四部續稿》卷一百四十《亡弟中順大夫太常寺少卿敬美行狀》：「甲申春，不穀亦辭南京刑部侍郎召，就醫藥，而弟復起家提調福建學政。……於是弟意始決，亦歲杪之任」；據《王文肅公年譜》：「（萬曆十年）十月九日丁大公愛荊公艱」，「（萬曆十一年）度禮家居」，又王錫爵《王文肅公文集》卷九《光州知州雲浦陳公墓誌銘》「萬曆辛巳冬，余弟家馭致河南督學歸」，故繼儒得於萬曆十一年、十二年間同受教於王錫爵、王鼎爵、王世貞、王世懋四先生，故繫於此。

萬曆十二年甲申　二十七歲

始與陳稺登交。

《陳眉公集》卷十六《書陳稺登交情始末》：「甲申，稺登走華亭訪余，余方與辰玉讀書婁水，而稺登亦欲謁文於弇州、太原二王家。至是始相遇甚得，別去。」

館於婺。

《舊譜》:「館於婺。科錄見遺,後以遺才官場,遂視功名如嚼蠟矣。」

萬曆十三年乙酉 二十八歲

春,與王衡讀書支硎山,受學於王錫爵。

王衡《緱山先生集》卷一:「乙酉春,余與仲醇讀書支硎山,日凡三出,隨日所得即誦于口,效天如和尚體詩,在歌偈之間,不必盡解無論工也。其一:曉山煙重暮山開,石馬三朝半綠苔。掃得墓門清似水,梅花昨夜又飛來。其二:十畝山田任客租,松毛滿澗半荒蕪。偶然昨夜風和雨,綠到僧家香積廚。」

《全集》卷四十七《祭王荊石師相》:「憶當乙酉,公批余文,疑有仙骨,恨羽毛之尚薄。時與辰玉,同應南舉,同罷公車。辰玉有志於再戰,而余則決意乎蓬蓽。」又,卷五十七《答孫木山》:「儒乙酉讀書太原,雅蒙文肅公國士之目。……癸巳計典,山澤人不解其詳細。頃讀誌狀及奏議,使知清簡公去國沈勁。」

王錫爵,字元馭,號荊石,太倉人,子衡,嘉靖四十一年榜眼,官至禮部尚書文淵閣大學士,著有《王文肅公全集》五十五卷,詳見《罪惟錄》卷十中《王錫爵﹑子衡》、《明史》卷三一一。

孫如洵,字世篤,號木山,鑛之仲子,鑛任,餘姚人,萬曆四十一年進士,授刑部主事,出守池州,官至濟寧參政,著有《瑞蓮堂集》四卷,詳見施邦曜《山東參政兵河道木山孫公行狀》。

九月,與董其昌、王衡等應應天鄉試,皆落第,後與王衡遊杭州。

《全集》卷六《王太史辰玉集序》:「乙酉,與余應應天京兆試,罷歸。遊武林,寓僧舍,山空明月,虎嗥戶外。兩人唱險韻,遞為長歌,歌成而酒寒者罰,往往斷句如風雨狎至,鵲兔交馳,落筆掣去,不復便能記憶。以後如此類者甚眾。」

王衡《緱山先生集》卷一《登五雲山》詩前有遊西湖諸山詩云:「余與仲醇以九月遊武林,高至五雲,幽至水樂,無不探者。每夜飲酒至醉,則與仲醇互唱韻作詩,舒匹紙寫窠大字,唱絕而句不成者罰。又遣一童子舉酒杯,酒冷而篇不就者罰。法無短長,興盡而止,興無多寡,紙盡而止。故詩皆曹操,不足當裏遙也。」當指此事。《登五雲山》:「西湖之陰山簇簇,登高望遠五雲獨。江濤排雲千尺強,繚繞來及山之足。山危無杖攀鳥巢,風臨大樹如短蒙。

松頭多煙亦多雨，半嶺灑黑空生毛。須臾日出若乍曉，會稽山陰殊可了。市
梢青入平沙長，歇涼亭外行人少。行人花帽衣蓬蓬，擔羊買酒攜兒童。上堂
再拜復再舞，願山無虎田無蟲。祝者盡道神來止，竹上挑燈紅累累。我亦攝
衣前致詞，願我遊山日歡喜。」

董其昌《畫禪室隨筆》卷四：「（乙酉）其年秋，自金陵下第歸。」

閏九月，王世貞招繼儒飲於弇園，座客眾多，繼儒對王世貞推崇備至。

《小品》卷二十四《重陽縹緲樓》：「往乙酉閏九月，招余飲弇園縹緲樓。酒
間，座客又以東坡推先生者。先生曰：『吾嘗敘《東坡外紀》，謂公之文雖
不能為我式，而時為我用。』意嘗不肯下之。余時微醉矣，笑曰：『先生有
不及東坡一事。』先生曰：『何事。』余曰：『東坡先生不喜作墓誌銘，而
先生所撰誌，不下四五百篇，較似輸老蘇一著。』先生大笑。已而偶論及
光吾、高帝。先生云：『還是高帝闊大。余曰：『高帝亦有不及光武一事。
高帝得天下後，即與故人子陵嚴先生同臥，較似輸光武一著。』公更大笑。
進三四觥，扶腋下樓。憶此時光景，頗覺清狂，如此前輩，了不可得。」

王世貞，字元美，號鳳洲，亦號弇州山人，太倉人，嘉靖二十六年進士，主
張「文必秦漢」，「詩必盛唐」，為「後七子」之一，著有《弇州山人四部稿》
一百七十四卷、《續稿》二百零七卷、《嘉靖以來首輔傳》八卷等，詳見《全
集》卷三十三《王元美先生墓誌銘》、王錫爵《王文肅公文集》卷六《太子少
保刑部尚書鳳洲王公神道碑》。

十一月，與徐益孫探視宋邦乂。

王世貞《弇州四部續稿》卷一百零八《光祿寺監事京庵宋君墓誌銘》：「余
宦遊燕中，故華亭宋公為名御史，旋各以病廢，不相識。而余病已，稍復
出，然里居之日為多，而公之子光祿君稱名士，里中絕不相聞。然與余故
人徐太學孟孺善，太學數為言君孝友忠信，重然諾，不斬施予。余殊心器
之。既而復謂君嘔血死矣。其死，實病而能自強，泚筆先後，為偈若干言，
往往出意表最後，君之子啟明以狀來請誌銘，稱其病劇時，親故對之而泣，
君笑歎曰：『我自歸我耳，爾曹留則留，何礙』。或曰：『得無有不了乎？』
君復大笑曰：『今日吾了日也』，遂書偈曰：千身萬刼此靈根，今日靈根何
處去。無來無去真靈根，徹得靈根自常住。』既而孟孺偕其友陳仲醇來訪，
君抗手謂曰：『吾與二足下生死交，乃者大事迫矣，何以教我？』孟孺曰：
『惟有西方耳。』君頷之，已而復曰：『病一刻不可忍，奈何？』仲醇曰：
『一刻安在？』君乃憮然曰：『吾十年亦猶是耳。』更兩日，手定凶具遺囑
寄啟明，誨之為君子而已，不及他私語。已復書偈曰：人人不識西方路，

我道西方是我家。橫出信心須頃刻，不須路上半杯茶。時所養子啟祚侍，顧而曰：『吾行甚樂，特不能待汝母汝弟耳。』索熟水三漱之起坐亡，幾何翛然而逝。蓋啟明之言與孟孺合。……遂徙居金陵。金陵多佳山水，君甚樂之，然不好遊大人，久之歸里上冢，會得疾，即前所稱從容書偈，萬曆乙酉十一月事也，距其生嘉靖丙申，春秋僅五十有二。」

按：宋邦乂，字民倩，號京庵，華亭人，啟明，其子也，詳見上揭文。

徐益孫，字孟孺，號與階，華亭人，中應天庚午鄉試，與彭汝讓齊名，詳見《雲間志略》卷廿二《徐太學孟孺公傳》、《嘉慶松江府志》卷五十五《古今人傳七》。

黃道周生。（據《漳浦黃先生年譜》）

萬曆十四年丙戌　二十九歲

春，與徐益孫遊小崑山，得鄉老陳某之室，名之「乞花場」，王世貞為之記。

王世貞《弇州四部續稿》卷六十二《小崑山讀書處記》：「崑山為吳屬邑，中有山巋然，以是得號，故老云此馬鞍山也，去華亭之西南十八里，乃真為崑山。今以崑山之為邑，故辱之曰『小崑山』。是故婁侯陸遜之、孫機雲所讀書處也。然其大實不能當馬鞍之半，而又以地偏而水迂，不為使輶遊槳之所便習。今年丙戌春，友生徐孟孺、陳仲醇遊焉。其阯蝕民居，逶迤而上，至半嶺，而有佳木美箭之屬，其勝始露。更上數十武為石塔，而郡之所誇九峰三泖者，悉歸焉。二子樂之，挾塔僧而下，與偕東過，一庄墅楚楚。僧曰：『是鄉老陳姓之室也，業且售之，無為主者。』問其直，止可三十金。二子適有某甲饋，欲返其橐而不可。曰：『士衡不云乎：髣髴穀水陽，婉孌崑山陰，即此地也。夫誦其詩，不知其人可乎？請售其地而祠之。』置丙舍，以歲時廟讀？書其中。太原王辰玉聞而欣然為助，其不給乃稍稍更飭之。其居前俯清流，左右壘黃石為短垣；其陽獨闕樹，槿藩之曰『槿垣』；中有堂三楹，頗整，靚斑竹千竿，擁之蒼翠；襲几席曰『湘玉堂』；側室蕉數本輔之，以長夏弄碧可念，曰『蕉室』；中奉二陸主，又曰『二陸香火處』，有石刻曇陽子古篆《心經》，梓龐居士集庋焉。祠之後左偏石岩高可數十丈，空濶瑰奇，石楠十餘樹覆之，石皆作紫紺色，曰『赭石』。壑竹後小池蜿蜒至屋角而盡，蘋藻空明，儵魚出沒，曰『蝌斗灣』。出槿藩門則所謂清流者，其淺可以菱菱，熟則紅如夕霞，曰『紅菱渡』。渡之東板橋橫焉，左右多垂楊，曰『楊柳橋』。稍折而東堰水一區方，廣三畝，馴鶴浴之，沒不能脛，曰『洗鶴溪』。斑竹之餘勢，上延山椒，芟其繁者，得地而亭，曰『花麓亭』。湘玉堂之陽與祠之左為廣場，

且六畝。二子念欲雜蒔諸花卉實之，而橐裝恥矣。乃自草疏請諸戚執曰：『爲我塗澤此石者花，爲我暎帶此水者花，爲我挽客趾者花，爲我娛二陸先生之靈者花，即捐花而惠之，百不爲多，一不爲少，稱意而已。俟花成，當目之曰『乞花塲』。』塲之右方有井，洌而甘，亦前目之曰『澆花井』。而屬山人爲記。夫以二子之所偶遊而得眞崑山，以崑山而得二陸之遺蹤於千載之後，起哀魄腐骨而聲，施之火，絕之血，一嘘而熒，然復覩香火，茲非文士厚幸哉！雖然，以二陸才不能保首陽之操，而失身於讐國；又不能沈幾辨勢，而失身於伉王，晉陽之甲，士衡戎首，卒不勝而以讒死。士龍狡狡，差稱循吏，然於大節，竟胡當也。二子勉乎哉！即藝文一技耳，能使千載之後若新，而況不但爲藝文者，又當何如也。於是呼筆紀之，而致花十種於塲。」

王衡《緱山先生集》卷一《乞花塲詩爲徐孟孺、陳仲醇作》：「兩郎租山山背盧，野鶴有巢花有廬。石芽砷崒鋪庭除，勾連湖水通花渠。春來紅白娟娟笑，山頭明月來相照。乍可新香釀酒醪，剩將狼籍供才調。風風雨雨無不宜，高高下下惟所施。濕雲滿天土膏滑，乞花幸及黃梅時。非但與山添景色，兼爲古人留勝蹟。花神自合來周旋，生長不賴花奴力。」此卷亦有《乞花塲雜詩》詠「二陸祠」、「斑竹堂」、「楊柳橋」、「蝌蚪灣」、「赭石磯」、「紅菱渡」、「澆花井」、「洗鶴涇」、「蕉室」等景觀。

王世貞《弇州四部續稿》卷一百六十《書所作乞花塲記後》：「徐孟孺與陳仲醇偕築讀書處於小崑山，乞名花實之，目之曰『乞花塲』，而屬余記。自余之記成而頗有豔之者，會孟孺葬母於天馬山，治丙舍，依止之，遂舉以歸仲醇，而別築室於鍾賈山，去小崑山五里，而邇其室甚陋，而地尤勝，曰『服除吾將以爲鹿門，率妻子居之。』仲醇意不能恝然於孟孺也，扁其館曰『徐來』；孟孺亦不能恝然於乞花塲也，屬陸茂才萬里書，余記曰：『吾且時寓目焉。怳然若吾身之坐起斯塲也。昔韓退之還名畫於獨孤生而記其事，今畫不知所向而記，烺然猶在人世間，何況廬舍卉木之跡，轉眼而付之田更樵牧之手，求之暮煙秋雨而不可得，當不若求之於此記也。』孟孺能薦余言否？」

《全集》卷五十《書花塲壁》：「小崑山花塲一丸土，自余與長孺夷其草莽，爲平原祠，而名始出。平原得諸名花，及瑯琊王司馬記，而又成一番熱鬧公案。長孺盧墓天馬，貌弈骨瘁，啼泣之聲，出於荒楸。徐去，而塲頭花事，悉以委我。第老親戀城社父老，余與夫日事酒脯以從。又不能懸瓢着笠，終歲花廠之間。間止宿三兩日，或半月而已。然花枝竹箓，草蓐土室，幾幾無恙。特平原兄不得數見徐、陳兩郎，差覺蕭騷寂寥耳。待長孺服除終，當挾之共課花鳥，關穀負暄，爲松間瞌睡漢也。」

按：《舊譜》稱「（萬曆十五年丁亥）買乞花壙於小崑山。班竹千竿，草堂數

椽，乞四方名花以祀二陸。府君有『一時兄弟眞豪士，千古蘋蘩但老僧』之句。王元美先生撰記，名賢題詠甚多，載郡志」，時間拖後一年，今以世貞所記爲是。

是年，放棄生員身份，隱入白石山。後與王衡書信往來。

《全集》卷十六《壽王閑仲六十敍》：「丙戌即入白石山，齁齁作瞌睡鈍漢。」卷四十七《祭王荆石師相》：「丙戌，辰玉別余入都，予裂青衿而招之云：『盍歸乎來。相與逍遙，從楊許於碧落。』公聞而笑：『是子也，不鳴不舞，無乃類羊公之鶴。』」卷五十四《復周懷魯撫臺》：「某自丙戌年即裂青衿，里居教授。」卷五十七《答孫木山》：「丙戌，擲青衫耕隴上矣。」王士騄，字閑仲，號雲和，世懋子，萬曆二十二年舉人，著有《攝月樓詩草》二卷。周孔教，字明行，號懷魯，南昌人，萬曆八年進士，官至應天巡撫、右僉副督御史總理河道，著有《周中丞疏稿》十六卷，詳見陳鼎《東林列傳》卷二十一《周孔教傳》、《明史》卷三三四。

《全集》卷六《王人史辰玉集序》：「丙戌，余擲青衫，辰玉從京邸寓書云：『非久相從，爲楊許碧落之遊矣。』余答云：『楊許且置輞川王裴，吾兩人故有成言，子勉之矣。』」

《舊譜》「（萬曆十四年丙戌）謝去青襟。郡侯喻公及諸薦紳再四勸勉，不能奪。即文宗亦咄嗟爲異事，具呈有云：仕世出世，喧靜各別，祿養色養，潛見則同。老父年望七旬，能甘晚節。而某齒將三十，已厭晨梦，揣摩一世，眞如對鏡之空花，收拾半生，肯作出山之小草，既稟命於父母，敢言告於師尊，常笑雞群，永拋蝸角，讀書談道，願附古人。」喻均，字邦相，號楓谷，新建人，隆慶二年進士，萬曆十五年至十七年任松江知府，官至天津兵備副使，著有《江右名賢編》二卷，詳見王世貞《弇州山人四部續稿》卷七十六《喻太公傳》、《雲間志略》卷四《郡侯楓谷喻公傳》。

王應奎《柳南續筆》卷三《陳眉公告衣巾》：「例請衣巾，以安愚分事：竊惟住世出世，喧寂各別，祿養志養，潛見則同。老親年望七旬，能甘晚節；而某齒將三十，已厭塵氛。生序如流，功名何物？揣摩一世，眞拈對鏡之空花；收拾半生，肯作出山之小草。乃稟命於父母，敢告言於師尊，長笑雞群，永拋蝸角，讀書談道，願附古人。復命歸根，請從今日。形骸既在，天地猶寬。偕我良朋，言邁初服。所慮雄心壯志，或有未墮之時，故於廣眾大庭，預絕進取之路。伏乞轉申。」

徐弘祖生。（據錢謙益《牧齋初學集》卷七十一《徐霞客傳》）

萬曆十五年丁亥　三十歲

八月十二日，董其昌為作《山居圖軸》。

> 繆日藻《寓意錄》卷四《山居圖軸》：「郗超每聞高士有隱居之興，便為捐百萬貲辦買山具，予於仲醇，以此贈之。董其昌題，時丁亥八月二十二日。」
> 後再題云：「余嘗畫一丘一壑可置身其間者。往歲平湖作數十小帙，題之曰：『意中家』，時撿之，欲棄去一景俱不可，乃知方內名勝，其不能盡釋，又不能盡得，自非分作千百身，竟為造物所限耳。仲醇方有五嶽之志，亦不妨余此小景，境界無別也。其昌再題。」

天台僧寄杖與繼儒，有詩為記。

> 《全集》卷三十《謝天台僧寄杖》：「落落枯籐杖，支予獨上臺。借他時點綴，不是老相催。打果驚黃鳥，疏泉破碧苔。莫叫龍化去，辛苦自天台。」
> 按：《真稿》卷二十二《書杖》：「余三十時，天台生有寄余杖者，即萬年寺藤也。余啟以詩云：『落落枯籐杖，支予獨上臺。借他時點綴，不是老相催。打果驚黃鳥，疏泉破碧苔。莫叫龍化去，辛苦自天台。』已，年逾知命，躋山攀嶺，若得一杖，如憑健兒。然絕無佳者，或寄邛竹，或徑山竹，皆韌而不瘦。練川婁子柔郵書來索，寄一以去。」故繫於此。

作《修上海縣志序》。

> 《全集》卷十二《修上海縣志序》：「蓋嘉靖甲申迄今萬曆六十有餘載矣。至顏侯來蒞自土，乃禮聘王屋張君及邑諸文學相與纂輯而潤色之，得如干卷，志成，函以視余，請序其首。……今丁亥木水雨針，薦飢相虐。」
> 按：萬曆《上海縣志》，明顏洪範修，今存萬曆十六年刻本，上圖有藏。顏洪範，字中起，號嶧皋，上虞人，萬曆十一年進士，官至刑部郎中，詳見《雲間志略》卷五《上海令嶧皋顏侯傳》、《崇禎松江府志》卷三十三《宦績三》。

蒼雪大師生。（據《蒼雪大師行年考略》）

汪砢玉生。（據朱彝尊《明詩綜》卷七十）

萬曆十六年戊子　三十一歲

仲秋，董其昌鄉試及第，後訪於頑仙盧，贈所作《山居圖》。

> 《書畫鑑影》卷八《董文敏山居圖卷》：「渭北春天樹，江東日暮雲。戊子仲秋，寄眉公《山居圖》。董玄宰。」「董北苑《瀟湘圖》、米元暉《瀟湘白雲圖》，皆余所藏，因衷之以為一家，有北苑之古去其結，有元暉之幻去其佻，是在能者，非余所及也。糜公品之，以為何如？戊子秋，題於東佘之頑仙盧，玄宰。」

設館於沈時來荒圃，後為何園之觀濠堂（《全集》卷二十三《觀濠堂記》），有詩
為記。李日華等自嘉禾來訪。

《太平清話》卷四：「余昔戊子，隱居沈大夫園，四周雜種花，是小桃源；時
雨初晴，負笠握鋤，散土膏如灌園狀，是小於陵；教諸生是小河汾；橋斷水
西不聞世喧，是小考槃；短舟倘佯池中，一爐一琴，可濯可釣，是小五湖。
挾此數者，視青天，呼白鳥，有談名利則揮手謝之，不知其他是小神仙。」

《小品》卷二《沈園與諸生讀書作》：「沈郎城邊有荒圃，九分池塘一分土。年
來催盡百花枝，惟有垂楊秀楚楚。吾從春風掃屋坐，茗碗薰鑪與茶磨。但將
池水作藩籬，橋斷那容俗兒過。十二時中何所為，洗竹澆花是功課。諸生莫
向階前行，白鳥驚飛碧臺破。」

沈時來，字君大，號石樓，華亭人，萬曆二十三年進士，詳見《雲間志略》
卷廿三《沈侍御石樓公傳》

《舊譜》：「（萬曆十六年戊子）歲大飢。設館沈氏荒圃，即今何園之觀濠堂也。
有寒生不及饔飧，敕老蒼頭賣糜以佐讀，如李九疑、陳白石自嘉禾來。」陳
邦俊，字良卿，號白石，秀水人，增補徐常吉《諧史》作《廣諧史》十卷，
詳見李日華《恬致堂集》卷十二《陳良卿廣諧史序》。

松江大饑，寄書唐文獻，為父陳濂石明年七十徵壽文。

《小品》卷二十三《與唐抑所太史》：「故鄉旱潦如循環。然弟有天幸，得脫於
玄武、朱雀之腹。異哉！陳郎可謂入水不濡，入火不焦矣。但往歲禾頭短於
鳧頭，今年田壤斥如龜文。東郭牛頃不復如曩時。以足下且有東方之飢，而
僕安得索侏儒之飽也。息耕荒園，隱居教授，自是小河汾，第以此身宅於貞
人烈女之地，未免按轡徐行，不能恣縱耳。老父明年七十矣。欲檄兄之文為
壽。弟涼德無他長，願我翁之婆娑鄉社，晚年所甘，捨肉而藿，是人所難。
今人浮慕足下之清華，而笑吾黨之隱操，請兄一言掃之。足下文告獲選，弟
不空心及第乎？」

按：據《舊譜》「陳濂石嘉靖三十七年戊午三十九歲，」故此年為六十九歲。
唐文獻，字元徵，號抑所，松江華亭人，萬曆十四年狀元，官至禮部右侍郎，
著有《唐文恪公集》十六卷，卒諡文恪，詳見《明史》卷二一六、《全集》卷
三十五《禮部尚書抑所唐公同顧宜人合葬墓誌銘》、董其昌《容臺文集》卷九
《抑所唐公行狀》。

方應選來訪，有詩為贈。

方應選《方眾甫集》卷十二《與陳仲醇》：「從別足下，忽忽寒燠矣。人生寒
燠幾許，弟六月之朔得抵汝上郡治，填委苦不可言。石火電光中，攘攘勞勞，

博此雞肋，可歎可笑。足下猛然跳出，洵是大勇。近來作何狀？其負郭著書乎？抑芒鞋笑踏也。足下何所不可？僕羨之，試一問耳。尊大人強健，上壽七十，人代所希，既不能從兄弟行一捧霞觴，又不能遠賦白雲，只指嵩高為祝耳。」

《小品》卷四《送方眾甫北上》：「司馬乘春向北下，陰符在匣寶刀橫。莫因雨雪愁行路，聞說關門欲解兵。芳草未銷殘火近，黃河直壓餉帆聲。到時知爾風煙淨，好為題書慰耦耕。」

按：《舊譜》稱「嘉靖三十七年仲醇大父三十九歲」，上壽七十當為萬曆己丑年，又「從別足下，忽忽寒燠」，故方應選於是年訪繼儒。《四庫全書總目》卷一百七十九《方眾甫集》：「明方應選撰。應選，字眾甫，別號明齋，華亭人，萬曆癸未進士，官至盧龍兵備副使。應選初牧汝州，刻有《汝上詩文》二集，其子又增併《遺稿》，刻為此本。其詩古體頗清麗，文筆亦尚健舉，而漸染習尚，未盡脫當時風氣。」守汝州時，修《萬曆汝州志》四卷，亦見《雲間志略》卷廿二《方學憲明齋公傳》。

萬曆十七年己丑　三十二歲

與徐益孫會於顧墓，順訪陳穉登，流連日月而返。

《陳眉公集》卷十六《書陳穉登交情始末》：「己丑，余與徐長孺會葬於顧墓，因訪穉登，穉登出子弟見余，流連日月，鍵門不得歸，迫余賦詩，又囑余撰祠堂記，因導入祠中，掃除靚潔，肅如官府。」

《尺牘》卷二《復李公開藻》：「追憶己丑冬，與徐孟孺會葬涇陽父母，因謁臺下於漕墅。今涇陽墓草已黃，而孟孺之墓拱矣。彈指二十六年。」

按：長、孟在此古意相同，又據上揭文，長孺、孟孺應為徐益孫之字號的不同稱呼，故長谷川泰生《東坡禪喜集の成立について》（《禪學研究》第76號，1998年）文中稱徐長孺，字益孫，誤也。

李開藻，字叔鉉，號鵬岳先生，開芳從弟，永春人，萬曆十一年進士，官至戶部主事，詳見《光緒江陰縣志》卷十七。

作《羅令君應召北行序》。

《陳眉公集》卷六《羅令君應召北行序》：「羅公令青溪六年，北上計還，邑太宰按牒奏公最於朝。旋奉璽書，敦趣召公。父老子弟相與選留郊關。」

按：《嘉慶松江府志》卷三十八《職官表》「羅朝國，萬曆十一年至十七年任青浦知縣，」故此序當作於此年。羅朝國，字維楨，號柱宇，新建人，萬曆

十一年進士，官至南京工部右侍郎，詳見《崇禎松江府志》卷三十三《宦績三》、《雲間志略》卷四《青浦令杜宇羅公傳》。

方應選抵汝州任上，寄書繼儒。（詳見萬曆戊子年譜）

顧憲成來訪，囑繼儒為其父母作傳。

《全集》卷十五《壽涇陽顧公六十序》：「余嘗憶己丑歲，先生儼然相訪，以兩尊人不朽見屬。既明年，復邀同舟至秀州，談甚快，嗣後書問遞至，邀入東林，而余以疾辭。」

顧憲成，字叔時，號涇陽，江蘇無錫人，萬曆八年進士，授戶部主事，二十二年削籍歸，與高攀龍、錢一本、薛敷教、史孟麟、於孔兼等講學東林書院。講習之餘，往往諷議朝政，裁量人物，朝士慕其風者，多遙相應和，著有《涇皋藏稿》二十二卷，詳見《明史》卷二三一、《明儒學案》卷五十八《端文顧涇陽先生憲成》。

戊子大水，至是歲大災，上書王錫爵。

《全集》卷五十四《上王荊石相公》：「近來天變異常，淫雨累月，白五月端午前，以及六月既望，西鄉大浸稽天矣。詢知父老，言水潦之苦有甚於旱。而今歲之水，有甚於嘉靖四十年辛酉之時，何者？蘇松偏處東南，地勢卑下，號為澤國。旱尚可醫，水則難療。姑無論田事，即如旱魃之年，屋廬不至塌毀，圩岸不必增脩。雜作經營，可以易米而食。薙草伐木，可以代薪而炊。今則通市如何，出門即雨，鄰里不相往來。水火幾至斷絕，披簑戴笠，備添衣食奔走之勞。忍濕受飢，漸釀疾病死亡之禍。此水之害，所以甚於旱也。辛酉以前，催科尚緩，風速尚儉，民戶尚食，水勢尚殺。今則朝廷之會計，無年不增。閭閻之侈靡，無處不盛。百姓之財力，無日不消。風雨之惡聲，無刻不聞。此今日之水有加於嘉靖四十年之時也。且此雨在七八月間，則稻穀漸實，可以繫舟楫而拾殘禾。此雨災三四月間，則秧苗未蒔，可以留工本而濟餘喘。今不先不後，適值其時，即使天色漸晴，而苗根已腐矣。即欲播穀復種，而時氣又非矣。所恃者花荳，花荳化為朽枝矣。所恃者瓜茉，瓜茉沒於草莽矣。獨有提岸一事，男女老幼，以其日夜合併之力，或可恃為僥倖數日之謀。而淫雨不休，泥土易敗，築於此，潰於彼矣。成於尺，敗於丈矣。……為今之計，聖君賢相，以蠲租為第二義，而以賑貸為第一策，則嗷嗷枵腹之徒，哀哀露處之眾，或可少恃以無恐，而勉強支吾以俟朝廷破格之恩例耳。老先生手握調燮之權，耳熟桑梓之變，必至臥不貼席，食不知味，豈有天下為一家，而不以蘇松為同室者哉。今兩臺具疏請題，其恩賜在聖明，而其調停委曲，則在閣下。若少緩時日，聖誕長對在邇，地方災異疏不得上。如待聖誕開屆而後發旨，則會計已定，民心愈急，恐非百萬生靈，所以千里而號

與父母者也。某讀書泖濱，目擊斯苦，故無忘忌諱，爲先生陳之，幸亟圖所，以上挽天變，而下救民窮，幸甚幸甚。」

按：《萬曆青浦縣志》卷八收有《西鄉大水上王荊石相公書》，上揭書卷六《災祥》「萬曆十六年秋，大水傷稼。」又《全集》卷十《雲間志略序》：「大災如嘉靖某某、萬曆戊子、庚申及天啓甲子之水旱。」卷十三《崇禎松江府志·水利小序》：「萬曆戊子大水，上特命憲副許公來江南。」卷二十一《宮保丁司空四賑亭碑記》：「青浦地勢窪下，與公泖居相接壤，其食公之德尤甚。往萬曆戊子大水，庚申大旱，甲辰、甲子又大水。」又《青浦縣志》修於萬曆二十五年，故此《書》當作於此時。

《全集》卷三十九《太史緱山王公傳》：「戊子己丑大水旱，戶曹持舊例，堅不能大有所蠲賑。公曰：『吳民飢且死，死迫且亂矣。寧忍以桑梓避嫌，聽其例請乎？』文肅公謀之申文定公，公得破格霶恩，所全活無算。」

《舊譜》：「（萬曆十七年己丑）顧光祿正心捐十萬以助役，府君贊襄籌畫居多，光祿慨然樂從行，府君意也」，如此事確鑿，當爲此年。檢《全集》未見繼儒提及助顧正心捐粟兩万以賑，懷疑助賑事爲夢蓮美化其父所杜撰。萬曆己丑顧正心捐贈事詳見姚希孟《公槐集》卷三《吳災纂述》。顧正心，字仲修，號清宇，以諸生入太學，萬曆十七年出粟二万石行賑，授光祿寺署丞，詳見《雲間志略》卷廿三《顧光祿清宇公傳》。

館於楊繼禮家。

《舊譜》：「（萬曆十七年己丑）以楊宮諭下第歸，貧不克延師，有感而願訓其子，長汝麟，次汝豸，次汝成，皆門下士也。十月，先姚秉家政。」

楊繼禮，字彥履，號石閭，萬曆二十年進士，著有《皇明后紀妃嬪傳》，詳見《全集》卷三十九《宮諭彥履楊公傳》、《雲間志略》卷廿二《楊宮諭石閭公傳》。

董其昌中此年進士。（《全集》卷三十六《太子太保禮部尚書思白董公暨元配誥封一品夫人董氏合葬行狀》、《明史》卷二八八）

萬曆十八年庚寅　三十三歲

顧憲成邀同舟至秀州。（詳見萬曆己丑年譜）

作《國是》。

《全集》卷二十六《國是》：「自乙酉迄今，蓋相持不下五載也。」按：乙酉之後五年當爲此年。

王世貞卒，代趙用賢作墓誌銘。

《全集》卷三十三《王元美先生墓誌銘代》：「公生於嘉靖丙戌月日，卒於萬曆庚申月日，葬於某年月日。……繼儒晚遊門墻，文獻足徵，敢繫之銘。……。元美遺命，請汪司馬伯玉，伯玉卒，請之趙司成定宇。司成病，假他手，余爲之作，此亦其子咸伯所屬也。是薰咸伯藏於家，而今梓送者，乃趙司成文。」趙用賢，字汝師，號定宇，常熟人，隆慶五年進士，官至南京禮部右侍郎，詳見朱彝尊《明詩綜》卷五十二、《明史》卷二百二十九。

九月，馮夢禎遊檇李，目疾，得包世傑傳繼儒之藥方。

馮夢禎《快雪堂集》卷五十：「（庚寅）九月初四日，晴。早行，下午至檇李北門，復源上人別去。附達觀老人書、於中甫書，宿舟中。初七，晴。出門已前即病目。戴升之索包襲明所傳陳仲醇一方見授：當歸一錢，防風一錢，黃蓮一錢，朴硝一錢，明礬五分，銅青五分，杏仁十六粒去皮尖，鬱李仁四十九粒去皮尖。已上藥用絹包投入湯中，煎數滾，置地上稍出火氣，連洗四五次，立愈。試之，自初五晚至初七早，可視書卷、見燈火矣。」

包世傑，初名文熠，字襲明，號心弦，秀水人，萬曆十年進士，知泗州極有惠政，亦兼興佛事，造橋利濟萬人，詳見《檇李詩繫》卷十五《包知州世傑》。

馮夢禎，字開之，號具區，又號眞實居士，秀水人，萬曆五年進士，會試第一，授編修，官至南京國子監祭酒，萬曆二十三年致仕，移居杭州，與紫柏、雪浪、憨山交，參刻《嘉興藏》，遊於僧俗之間，好收藏名人字畫，以藏有王羲之《快雪時晴帖》著名，故取書齋名「快雪堂」，著有《快雪堂集》六十四卷，詳見錢謙益《牧齋初學集》卷五十一《南京國子監祭酒馮公墓誌銘》。

避暑徐階之水西園，爲王翼明書作序。

《小品》卷十三《王昇之制義序》：「往昇之下榻余者一年，兩人每從眉睫間語，退而閉閣如壁觀僧，終不交一言。余略無介於昇之，彌加歡重。昇之亦久而安，如是別者又九年。兩家前後趾錯，或竟歲罕通一牘。類引避者。老氏有云：『至治之世，其民雞犬相聞，不相往來』。蓋似之矣。乃余數數爲玄宰開吳，今天下不可得而親，不可得而疏者，昇之其人。兩君每歡余爲知言。庚寅，余方避暑水西園，聞門上剝啄聲，則昇之函所爲制舉義，屬余序之。」

作《許公治青浦河工告成記》。（《小品》卷十九）

作《壽侍御秦公七十序》。（《真稿》卷六）

項元汴卒。（據吳榮光《年譜》）

萬曆十九年辛卯　三十四歲

七月，同徐益孫觀王晉卿《煙江疊嶂圖卷》、褚遂良《蘭亭卷》。

> 《式古堂書畫彙考》卷四十二《王晉卿〈煙江疊嶂圖卷〉》：「辛卯七月，徐益孫、陳繼儒鑒記。」

> 高士奇《江村銷夏錄》卷三《唐褚河南〈蘭亭卷〉》：「萬曆辛卯，於爾雅樓同陳仲醇觀。東海徐益孫識。」

六、七月間，董其昌告歸松江，繼儒攜《月半帖》、《觀音變相圖》、《華嚴經》、《尊宿語錄》訪之。

> 《畫禪室隨筆》卷三：「餘頃馳車彭城，不勝足音之懷，又有火雲之苦，廻馭穀水塔上，養痾三月，而仲醇挾所藏木癭鑪、玉右軍《月半帖》真蹟、吳道子《觀音變相圖》、宋板《華嚴經》、《尊宿語錄》示余，丈室中惟置一床相對而坐，了不蓄筆硯，既雨窗靜聞，吳門孫叔達以畫事屬餘紀遊，為寫迂翁筆意，即長安游子，能有此適否？」孫枝，字叔達，號華林，吳縣人，善畫花卉、樹石，詳見姜紹書《無聲詩史》卷三。

> 按：上揭書卷一《題潁上禊帖後》：「潁上縣有井，夜放白光，如虹亙天。縣令異之，乃令人探井中，得一石，六銅罍。其石所刻《黃庭經》、《蘭亭敍》，皆宋拓也。余得此本，以較各帖所刻，皆在其下。當是米南宮所摹入石者，其筆法頗似耳。辛卯四月，舟泊徐州黃河岸書。」又《容臺別集》卷五《禪德偈頌》「此余辛卯以庶常告歸，泊舟黃河。」故繼儒訪其昌當為此年六七月間。

作《賀郡司寇毛公三載奏績序》（《陳眉公集》卷七）

> 按：毛一鷺，字序卿，號孺初，浙江遂安人，萬曆三十二年進士，官至南京兵部左侍郎，詳見《雲間志略》卷六《郡司理孺初毛公傳》。

作《送君侯詹濬源入覲序》。（《陳眉公集》卷七）

> 按：據《嘉慶松江府志》卷三十六《職官表》「詹思虞萬曆十九年去職」，故此序作於此年。詹思虞，字如甫，號濬源，常山人，萬曆八年進士，十七年由刑部郎中出任松江知府，官至山東按察使，詳見《崇禎松江府志》卷三十三《宦績三》。

為陳所蘊文集作序。（《全集》卷六《陳滬海竹素堂全集敍》）

> 按：《竹素堂藏稿》前王弘誨《竹素堂稿敍》作於萬曆辛卯仲春，故繼儒當作於此年前後，暫繫於此。《四庫全書總目》卷一百七十九《竹素堂藏稿》：「明陳所蘊撰。所蘊，字子有，上海人，萬曆己丑進士，官至南京太僕寺少卿。

是集凡雜文十一卷，詩三卷。前有王弘誨、陳文燭序，俱稱其官爲陳比部，蓋在郎署時所輯也。詩文摹擬太甚，未能杼軸予懷。詹景鳳《明辨類函》嘗稱所蘊文法汪伯玉，幾爲敵國，詩健而潔，近體亦似于鱗。則其宗法槪可見矣。」今上圖藏《竹素堂藏稿》前未見陳序。

次子夢松生，徐元普贈田五十畝。

《舊譜》：「(萬曆十九年辛卯) 自謝諸生後，澤夫徐公時相慰勞曰：『吾子早遂初服，輕視青紫，志誠高矣。奈食貧其如堂上甘毳乎？』慨贈田五十畝爲館餼。是年，遂同事澤夫於文貞公之水西園。十月十二日，男夢松生。」

徐元普，字澤夫，號五修，階孫，璠子，太學生，以父蔭官爲南安府同知，娶潘恩孫女，刻有《劉眞注黃庭內景玉經序》，著有《吹篪稿》，今未見，詳見《雲間志略》卷廿三《徐太學澤夫傳》。

萬曆二十年壬辰　三十五歲

九月，与董其昌過嘉禾，昇褚遂良摹《蘭庭序》等。

《妮古錄》卷三：「壬辰九月，同董玄宰過嘉禾，所見有褚摹《蘭庭》、徐季海《少林詩》、顏魯公《祭濠州伯父文稿》、趙文敏《道德經》小楷，皆眞墨蹟也。是日，余又借得王逸季虞永興《汝南公主誌》適到，玄宰手摹之。」

董其昌《書畫史》：「壬辰九月，過嘉禾，所見有褚摹《蘭庭》、徐季海《少林詩》、顏魯公《祭濠州伯父文稿》、趙文敏《道德經》小楷，皆眞墨蹟也。是口，仲醇又借得王逸季虞永興《汝南公主誌》適到，余手摹之。」

二月前，徐益孫卒，三月，與王衡哭之干將山，作文祭之。（《真稿》卷八《祭徐孟孺》）

王衡《緱山先生集》卷二十《祭徐長孺》：「維萬曆壬辰二月七日，徐長孺兄訃聞京師，其友弟王衡哭不及位。越明日，遂治裝束歸，又越月，而始獲以炙雞絮酒酹長孺於干將山而哭之。……今兄死矣。然常如在目眉間，其隔世也，猶隔面也。昨與仲醇深談宿昔，始不覺淚交於頤，爲詞哭兄。」

華亭知縣項應祥離任，遣弟送《馬遠水》一軸、藍花布兩端，有詩為記。

《全集》卷五十七《與項東鰲》：「明公行矣。方擬操舴艋，後諸父老送之郊外，適養痾吳山，勢與心違，欲一奏詩歌次於折柳三疊之後，恐微類山人遊客，敬遣家弟具宋人《馬遠水》一軸、蘭花布兩端以辱行李。水者，頌明公三年如水也；布雖綦縞，山龍華袞，豈忘布衣之交哉？秋雲縹緲，望望瞻依。」

《詩鈔》卷二《送項東鰲華亭奉召北行》：「潘岳宰河陽，但栽一縣花。葛洪乞勾漏，但煉千年砂。何如侯下車，教我以桑痲。桑痲雨綠田膴膴，犢兒書眠雉媒舞。簾卷香清靜撫琴，鶴鳴吏隱松陰午。里巷疊絃歌，江亭偃旗鼓。璽書不可留，揚帆渡前浦。楓葉蒲桑林，芙蓉映秋塢。父老拜雙旌，陳舜亦良苦。君不見西北征兵似蝟毛，東南催賦如猛虎。安得三年杜母與召父，項明府。」此詩亦見《小品》卷二。

《小品》卷四《送項東鰲入觀》：「昔年梟鳥影翩翩，仙令華亭度紫煙。縣底依然桃李色，囊中幾賦筆花篇。朝天重拍一雙鶴，指日還調十五絃。共說張華今入洛，劍光高逼斗牛寒。」又《三柳重陰，賀項華亭課最北上》：「月明花影滿河陽，奏最會開達建章。十道徵書隨鳳下，五雲飛鳥化鳧翔。珠簾不捲絲桐靜，寶匣猶藏諫草香。遙想縣門垂柳色，他年應擬似甘棠。」

按：《嘉慶松江府志》卷三十八《職官表》「項應祥萬曆十八年任華亭知縣，二十年離任」，故繫於此。項應祥，字維楨，一字玄池，號東鰲，遂昌人，萬曆八年進士，官至應天巡撫，著有《問夜草》七卷、《醯雞齋稿》七卷，詳見《雲間志略》卷五《華亭令東鰲項公傳》、《崇禎松江府志》卷三十三《宦績三》。

徐元普卒，託孤繼儒，繼儒作《祭徐澤夫》（《陳眉公集》卷十六）。

《舊譜》：「（萬曆二十年壬辰）與澤夫成莫逆交。澤夫善病，秋遊岱，以孤見託，府君課督其長公於室如親子弟。而於室一生執通家禮甚恭，後且與次子代高締絲蘿焉。」

是年，王時敏生。（據《王時敏年表》）。

萬曆二十一年癸巳　三十六歲

春初，雪浪法師講經於小崑山五十餘日，作《題小崑山賦詩卷後》。

《全集》卷十二《谷響錄序》：「小崑山為二陸讀書處，已更為中峰五百人道場。晚復落落，半穴孤兔，至濂上人剪榛洗石，具敞人天之觀。因奏請雪浪和尚演暢《法華》。陸宮保先生八十五矣。蘭襖之跡，久削山境。至是扶筇藏閣，親與和尚激揚酬答，塵尾所及，如雷如霆。緇庶讚觀，得未曾有。昔蘇文忠、黃文節從佛印、晦堂，以箭鋒針芥之契，結方外交。今先生留此一段佳話於小崑山，便是坡老、涪翁重翻舊案。濂上人乃以前後宰官、居士，及和尚零星法語，皆從蕉葉上識之。甫撤經期，遂與諸弟子共梓，題曰：『谷響』。夫雪浪和尚，據丈八講座，說法五十餘日，直坦胸懷，盡

意拋撒，如泖口懸波、峰頭藤花相似，而猶以筆尖些子，露盡廉纖，不特塊石點頭，頓令崑山片玉無色。雖然，谷鳴響應，本自無聲，若作響會，雪浪講經，翻成饒舌，若又作無聲會，則何不掩耳斥聰？卻又從雪浪法華會下，爰身躬手，執經聽法，何也。既未能跳此兩窟外，則亦未能出此《谷響錄》中，不妨拈取。」

按：陸宮保即陸樹聲，據《全集》卷三十八《陸文定公傳》「陸樹聲萬曆乙巳九十七無疾而薨」，逆推之，八十五歲當爲此年。陸樹聲，字與吉，號平泉，華亭人，嘉靖二十年進士，官至禮部尚書，著有《陸文定公集》二十六卷，詳見《明史》卷二百十六、《雲間志略》卷十三《陸文定平泉公傳》。

《陳眉公集》卷十一《題小崑山賦詩卷後》：「小崑山上，癸巳春初。雪浪老僧演《法華》，聲如獅吼，雲間居士聽眞義，群若奮行。甫撤講壇，旋搜名刹，偶向水村江郭，放不繫之舟，還從沙岸草橋，吹無孔之笛，筆床茶竈，具體而微。桂槳蒲帆，順流而下，遠公蓮社。雖禁酒，未敢攢眉。稽叔竹林，且賡歌因之。放膽時後，端陽一日，人皆蒜苑千秋，採鬥筆花，豔流貝葉。機鋒活出，猶馳竟渡之龍，續命絲殘，誰馭調心之馬。莫論魏王五石，休誇船子三橈。從此共坐圍園，看風把舵又何妨？踉蹌歸去，帶月敲門，各賦律詩，共拈大字如右。」

洪恩，字三懷，號雪浪，金陵黃氏，住寶華雪浪山，說法三十年，不設高座，法席之盛，東南無山其右者，著有《楞嚴經解》、《雪浪集》等，詳見《新續高僧傳四集》卷七、《焦山志》卷一〇等。

二月，作《賀張裕齋榮轉常熟令序》。（《陳眉公集》卷七）

爲包檉芳作壽序。（《小品》卷十五《壽包瑞溪先生六十敘》）

館於徐。

《舊譜》：「館於徐。」按：迎慶，字溢我，號長室，元普長子，萬曆十一年三月補父蔭中書舍人，詳見徐自立、徐與蕃纂修《華亭徐氏族譜》（清乾隆四十七年重修本）。

繼儒遊天台，訪王叔杲於永嘉，流連月餘而返。（詳見萬曆甲午年譜）

是年，倪元璐生。（《明倪文正公年譜》）

萬曆二十二年甲午　三十七歲

三月，訪孟直夫城南郊居，讀浮雲山道士《仙史》三十二卷，與孟直夫刪減此書，成《香案牘》一卷。

《香案牘》前陳繼儒自序：「甲午三月，郡文學就試荊溪。余出城南，讀書孟直夫郊居。不五日而客有跡者，挈罌相餉，余與客班坐樹下，視樹影所至，輒起遷席。風日淡宕，則枕席紅花田，以隱囊博山酒檜佐之。有古陶斗，柄如鸚鵡啄、腹如瓠、丹砂銹蝕，厚如指甲者數片，班班桃花色，而斟酒有異香，蓋三代物也。出以酌客，客為引滿矣。已忽聞林端反舌聲，時改夏矣，而聲小澀。余戲指之曰：『何異？文通才盡。』又笑曰：『豈老氏多言數窮。』客亦大笑醉去。余與直夫退而相對，起居無恒。時憩磯頭橋畔，布衲寬博，落落不知何如人。村中父老小兒習餘無他，則翦薔薇花，縛蔬筍饋予。予愧謝不能當。已復佘山，人摘茶寄余，試以惠泉泔碧沁齒。蕉衣竹粉，婆娑北牕，為枕書而臥。臥起抽一編讀之，則浮雲山道士《仙史》在焉。出道藏醞字函卷三十有二，所載古今真人列仙四百四十有七，顧其言不雅馴，余與直夫汰而洗之，存其奇逸可喜者，精為一卷，以資塵尾，其名《香案牘》者何居？曰：仙牘。玉宸吏司之，如項羽所謂『書不過記名姓而已。』清懶居士陳繼儒誌。」孟直夫姓氏俟考。此序亦見《全集》卷五。

五月初六日，從北庵聽講《楞嚴》一參。

《妮古錄》卷四：「甲午五月初六日，從北庵聽講《楞嚴》一參，是日見檀香瓜，中佛又中峰，禪師畫像像憨漢子也。」上文亦見《太平清話》卷四。

繼儒遊南京，得唐寅《夢草圖》。七月二十八日，三子生，名之夢草。

《舊譜》：「（萬曆二十二年甲午）館於徐。擬《鹽場十策》，有籍以獵科第者甚眾。七月十八，男夢草生。蓮產，大父夢僧畫蓮花於地，云：『俟汝孫』覺而命名，松產，朱大母夢曾大父怡松公報子來授，轉授先妣，後以命名。草產，獨無夢，府君在白下得唐六如《夢草圖》一卷，歸以命名。詳王文肅卷跋中，何事之奇，而偶合如此。」

按：王錫爵跋見《妮古錄》卷二：「余有唐伯虎《夢草圖》一卷，全法范寬，太原王公跋云：陳仲醇奉其尊公先生之命，名長子曰：『夢蓮』，次曰『夢松』，皆實夢也。獨第三子生時未有夢，而偶得是卷。仲醇躍然曰：『此詎非夢乎？』今余子為謝家兄弟續『池塘春草』之句，不辱此圖已於晬之辰，為援圖命之，而囑予題卷後，以待摩頂。王錫爵書。」上文亦見《太平清話》卷二。

秋，遊南京，訪雪浪於保恩寺中，贈漢印為五十壽。

《妮古錄》卷四：「甲午秋，白下得漢印陰文『長樂』二字，懸之扇頭。訪雪浪山三懷講師保恩寺中，懷公云：『長樂』，我淨佛之德也。其以贈我，是年

渠又五十。余解以爲壽。」

十月，於王錫爵家見獸皮。

《筆記》卷一：「電中寧山有虎能飛，狀如蝙蝠，蒙岫有蛇，見人自斷。余甲午十月，王太原公出一獸皮，大不能二尺，如紫貂色，左右皆有肉翼，翼上有毛，疑即飛虎耳。」

冬，大寒，宋啟明來訪，是年輯成《辟寒部》四卷。

《辟寒部》後宋啟明跋：「甲午冬，凜冽慘慄，陳了仲醇時見過，相對擁鹿裘偃曝南榮下。童子輒進松醪，仲醇輒於覆杯，時拈辟寒一兩事，歸而錄之《祕笈》中，□成帙矣。時有三年，多居其一，……戊戌上元，宋啟明書。」

宋啟明，字天雲，邦乂子，華亭人，官至翰林院待詔，詳見《嘉慶松江府志》卷五十五《古今人傳七》。《明史》卷九七《藝文志二》及《千頃堂書目》卷九皆著錄「宋啟明《吏部志》四十卷」，今書未見。

陸樹聲寄書繼儒。

《筆記》卷一：「陸平泉先生八十六歲時，手書邀余同眺白龍潭，閣行不支杖，上下樓笈如健少年，謂余：『夜欲睡，必走千步，始寢，日以爲常。』」

按：據《全集》卷三十八《陸文定公傳》「陸樹聲萬曆乙巳九十七無疾而薨」，逆推之，八十六歲當爲此年。

何白過訪。

《尺牘》卷四《答何無咎先生》：「往甲午過訪，娓娓皆吉德長者之言。詩文固蒂深根，又具有力大人之相。」

何白，字無咎，號丹丘，晚號鶴西老漁，永嘉人，終身布衣，工畫山水竹石，詳見《全集》卷十一《何無咎汲古堂集序》。

題《水陸佛像》。（《全集》卷五十二）

爲王叔杲作壽序。

《眞稿》卷六《壽大參暘谷王公八十序》：「往癸巳，余有天台遊，因訪公於永嘉。公下榻客余者一月餘，出則窮披諸勝，入則臥名園，飽聲樂，往往漏至四十刻，仍相與高談抵掌不少倦。公如太白長庚，獨殿眾星之末，而余亦如孤竹之當長松，請得白首侍公，爲煙霄物外人，即百年可期也。計甲午，公春秋八十矣。余過公薦千秋觴，且復問津於天台桃花，以一言爲祝。」

王叔杲，字陽德，號暘谷，又號玉介園、日陽山人、暘谷居士，浙江永嘉人，

嘉靖四十一年進士，任蘇、松、常、鎮四郡兵備副使，編有《江南水利考》，後辭官歸里，著有《玉介園稿》二十卷，詳見李維楨《大泌山房集》卷八十《王公墓誌銘》、《嘉慶松江府志》卷四十二《名宦三》。

秋，周履靖旅松江，會繼儒，諸友出示先前在鴛湖唱和之作，令履靖和之，有多首和繼儒韻之作，冬成《鴛湖唱和稿》。

周履靖《鴛湖唱和稿》：「甲午之秋放棹，華亭訪友餐鱸，因逢仲醇試觀世聲，籬菊開遍三徑，欣閱人目，主人乃置酒花畔，笑歌促膝，酣後語及疇昔鴛湖泛舟唱和之興，出示漫稿，索余追和，持歸倚韻庚之惜。陽春白雪，胡能仿佛，第罄一時漫典耳。倘以詩語，則吾豈敢。萬曆甲午十月朔旦。嘉禾梅墟山人周履靖識。」

周履靖《鴛湖唱和稿》之《和陳仲醇雨中過煙雨樓題辭》：「涼雨助波聲，寒煙靄溪樹。瀝酒複登樓，興劇忘歸去。」《陳仲醇原韻》：「煙雨織湖光，半露垂楊樹。卻笑來遊人，翻從雨中去。」又《和陳仲醇遊鴛湖四首》其一：「扁舟似葉，放入清流。荷擎水面，鴛宿沙頭。」《陳仲醇原韻》：「孤艇一尺，躍於中流。酒在船尾，花在船頭」。其二《和韻》：「歌聲混笛，吸酒如泉。狂客無羈，醉倒耶田。」《原韻》：「城齒齬齬，影臨流泉。醉騎白馬，相逐於田。」其三《和韻》：「步入江亭，恍似蘭亭。騷人聯句，坐對山僧。」《原韻》：「旅旅酒亭，落落水亭。紅衣者客，白衣者僧。」其四《和韻》：「狂呼綠酒，奇句逞雄。倘佯世外，得追古風。」《原韻》：「奇雲蕩胸，我懷英雄。濯足湖上，蕭然以風。」又《寄陳仲醇》：「偶乘彩鷁蕩湖心，得覿陳蕃壁上吟。吟到意窮玄妙處，令人買棹幾登臨。」又《索仲醇鴛湖唱和稿序二絕》其一：「鴛湖場合細吟哦，字字篇篇漢魏多。我亦效顰賡祖韻，終成巖穴野人歌。」其二：「唱和詩成付剞劂，欲求珠玉弁端輝。序知俠客鴛湖夜，勝賞良宵世亦稀。」

《陳眉公集》卷七《泛泖吟序》：「梅墟先生嗜奇好古，有道之士也。……乃先生獨於甲午秋，翩然航一葦來雲間，湘籙錦囊，所襲金石古文字，不可勝紀。予肅入寶顏堂，雄談滿座，佐以詩歌。」

周履靖，字逸之，號梅墟，別號梅顛道人，浙江嘉興人，多刊書籍以行，著有《茹草編》、《梅顛稿選》二十卷等，輯有《夷門廣牘》一百二十六卷。詳見《四庫全書總目》卷六十《梅墟先生別錄》、《雍正浙江通志》卷一百七十六《人物六文苑二》。

是年，鄭鄤生。（據《天山自訂年譜》）

萬曆二十三年乙未　三十八歲

正月十四日，探梅僧院。

《巖棲幽事》：「與家仲乙未正月十四日舟過鍾賈山，大雪，探梅僧院。僧出酒相餉，因論前事。」

正月，繼儒以《香案牘》貽王衡，王衡讀後為之作跋。

《香案牘》王衡跋「乙未春正月，余正愁窘中，仲醇以一編貽余，曰：『《香案牘》載神仙事，奇矣，而人不數事，事不數語，又皆奇之奇者。』仲醇選勝恬淡園，而猶有灪心乎？嗚呼！人當繁憂總集，心股沸熱。蕙若寐，搖若曳，魂氣徘徊未返之間，粗發難調，細諦不入，非以世外倘佯之語滌之，誰有能爽然解者？人心有目，目又有捷，透局啟鑰，必從喜根。今人好新是病，病即是藥，譬如望梅，實能止渴，渴即止矣。小復無梅，非實非虛，是方便法。仲醇所以刪多就簡，不著事跡，不詮明理者，殆謂說夢說幻之教，以恍惚杳渺為佳，不以粉塊鏤空為勝，寧始人味食得食，無使人遇食失食。仲醇不亦云乎？多言數窮。六合以外，方寸以內，蓋有才之所不能盡者，則牘如是足矣。」

三月十一日，得法書《通釋翰林要訣》抄本於武塘市肆。

《妮古錄》卷二：「乙未三月十一日，得法書《通釋》、《翰林要訣》抄本於武塘市肆，因念梅道人載身撮土，市腥相咂，反不若此書，襲余芸惠，中為洗麈，以慶其遭。」此事亦見《太平清話》卷三。

六月初四日，過項德新處，觀書帖書卷。

《妮古錄》卷三：「乙未六月初四日，過項又新，觀魯國公顏真卿《行書》；定襄王郭公帖；顧定之《修篁圖》；趙善長《山居讀〈易〉圖》；王叔明《詠石圖》；徐幼文《林泉高逸圖》；香光居士王叔明《丹山瀛海圖》；趙文敏《觀瀑圖》；趙子昂書《張文潛送秦少宰序》；錢雪川《青山白雲圖》及《歸去來圖》；王羲之草書二帖；馬和之《〈毛詩〉鶉鵲篇》、《黃太史墨妙》，馬和之《破斧篇》；趙子昂行書《歸去來辭》。同賞者郁師古、王子逸、馮鑑之、項希憲也，約秋潭僧，病不至。」上文亦見《太平清話》卷二。

《珊瑚網》卷四十七《項又新家藏》：「《眉公筆記》，乙未六月初四日觀，時為萬曆二十三年，所見僅此。趙千里四大幅，泥金小款千里二字；馬和之畫《〈毛詩〉鶉鵲》等篇，又畫《破斧章》一卷；錢雪川《青山白雲圖》，又《歸去來圖》；趙文敏《觀瀑圖》；顧定之《修篁圖》；王叔明《詠石圖》、《丹山瀛海圖》；趙善長《山居讀〈易〉圖》；徐幼文《林泉高逸圖》。」兩書內容多有出入，

暫繫於此。

項德新，字復初，號又新，元汴三子，多有佳作存世，詳見《光緒嘉興府志》卷五十三《秀水列傳》。

七月十二日，見項德弘所藏蘇東坡《禱雨帖》等。

《妮古錄》卷四：「乙未七月十二日，見蘇東坡《禱雨帖》，阿育王《宸奎閣碑文》，蔡瑞明《郎中帖》，東坡《潤筆帖》，黃山谷《維清道人帖》，米南宮《寶先生帖》，又米南宮臨《蘭亭》，皆真跡，項玄度所藏。」

項德弘（宏），字玄度，又字裕甫，別號泰來，元汴五子，與董其昌、陳繼儒、李日華友善，詳見詳見《光緒嘉興府志》卷五十三《秀水列傳》、《嘉禾項氏宗譜》（上圖藏清鈔本）。

八月十五日，陳穉登訪繼儒於嘉興，次日而別。

《陳眉公集》卷十六《書陳穉登交情始末》：「一日雨中薄暮，跡余於秀州之南園，余門生皆以得見穉登爲快。穉登方從北雍州下第歸，俯仰黯然，既而燃燭進酒，忽黯然謂余曰：『我北遊無所遇，顧喜見李如松大將軍，』……穉登時已大醉，復命浴，科頭坐余榻間，滾滾論文史，旁策國事，反覆及夜半，皆可喜至。明日邀余送之二十里外，雨蓬之下，探詩草奏余，一讀一笑，鬚眉奮張，臨別復邀余贈一歌，乃釋此。乙未八月十六日也。」

八月二十五日，於項德弘家見見瓷器數件。

《妮古錄》卷一：「余於項玄度家見官窯人面杯、哥窯一枝餅、哥窯八角把杯，又哥窯乳爐，又白玉蓮花臙脂盒，又白玉魚盒，又倭廂、倭几，又宋紅剔桂花香盒，又水銀青綠鼎，銅青綠提梁卣，蓋底皆又有欵，又金翅壺，又商金鵬尊，有四螭上下蟠結，而青綠比它器尤翠，皆奇物也。是日爲乙未八月二十有五日。」上文亦見《太平清話》卷一。

秋，與馮鑑之等訪秋潭。

《石渠寶笈》卷二十一《明人便面》：「凡十八幅……十五幅，行楷書，凡四則，第一則，七言律詩一首，欵云：煙雨樓作爲世文丈書繼儒；第二則欵云：王民書爲世文先生；第三則欵云：乙未仲秋，書爲世文丈高金聲，俱五言古詩；第四則，七言律詩一首，欵云：秋夜，陳仲醇、馮鑑之、曹平子、潘嘯民、周續之過宿，同用孟襄陽八月湖水平韻，書似世文先生正之。乙未九月三日釋智舷。」

十月初四日，於吳伯度家見白乳白玉觶。

《妮古錄》卷二：「乙未十月初四日，於吳伯度家見白乳白玉觶，觶蓋有環貫

於把手上，凡十三連環，吳人陸子所製。」吳伯度，嘉興人，詳見李日華《恬致堂集》卷三十三《祭吳伯度文》。

冬至日，寫成《太平清話》四卷。

陳繼儒《太平清話序》：「人生江南，是極樂國。而余又以男子身際清朝，丁寧年老親許，以二十有九，解青衿爲逍遙布衣。余因此得未見之書，眠漸高之日。優哉遊哉！聊以卒歲。門生故人，過余酒罍間，搜一二故聞以應之，削忌諱，置臧否，皆古今文獻翰墨玄賞之事而已。兒子竊聞手錄，投古盎埋海棠岡下，積久編成數卷，題曰《太平清話》。萬曆乙未冬至日，華亭陳繼儒記。」

按：此書內容多與《妮古錄》互見，陳序作於此年，但卷二記有萬曆二十四年事，在作序之後，故《太平清話》最早刊於萬曆二十四年。

於秀州見王肯堂刻《守溪筆記》，爲之跋。

王文進《文祿堂訪書記》卷三《守溪筆記一卷》：「明王鏊著。明王肯堂鈔本。黑格。板心下刊『鬱岡齋藏書』五字。卷末云：『此卷凡硃墨筆研檢標者、補者，皆陸公粲手跡，尤可重也，談野史如此。華亭陳繼儒題於秀州包園。乙未九月。』」

館於包檉芳家，與錢士升、錢士晉、錢繼登等交。

錢士升《賜餘堂集·年譜》：「（萬曆二十三年乙未）公年二十一，偕弟讀書於郡南湖包氏園中。與陳仲醇繼儒輩，以文章道義相切劘。舉業之暇，反覆辨難，至夜分不休。公晚年每舉以示子弟，謂得利澤之益。陳仲醇作《仲所公行狀》有『往歲乙未，余讀書檇李包氏園中，因得與抑之遊，又善康侯。』而《陸太君七十壽序》云『往與抑之兄弟讀書檇李南湖包園，湖去城遠，不復聞城頭撾鼓，率候雞鳴，膏盡爲節，甚或過之，文成奏予，予繆爲塗乙，間談經史以及掌故、稗官家言，彼此反覆送難，無諱無猜，似猶古道存焉。』」

《全集》卷十八《壽武塘錢母陸太君七十序》：「往抑之與諸兄讀書檇李南湖包園，湖去城不遠，不復聞城頭撾鼓，率候雞鳴，及膏盡爲節，甚或過之。文成奏予，予繆爲塗乙，間談經史以及掌故稗官家言。彼此反覆送難，無諱無猜，似猶古道存焉者。」

《全集》卷四十《武塘環洲錢公傳》：「余偕御冷錢公讀書包儀甫兄弟家。爾時始識龍門、昭自，皆文中龍也。其後御冷與龍門同成丙辰進士。」

錢士升，字抑之，號御冷，晚號塞菴，嘉善人。萬曆四十四年殿試第一，授修撰。天啓初，以養母乞歸。崇禎中官至禮部尚書兼東閣大學士，著有《賜

餘堂集》十卷，詳見《明史》卷二五一。錢繼登，字爾先，號龍門，晚號簣山老人，士升從叔，萬曆四十四年進士，授刑部主事，官至饒州知府，著有《經世環應編》八卷，詳見沈季友《檇李詩繫》卷十八《錢僉部繼登》。錢士晉，字康侯，號昭自，士升弟，萬曆四十一年進士，崇禎中官至雲南巡撫，後卒於官，詳見《全集》卷四十七《祭錢昭自中丞》、錢謙益《牧齋初學集》卷六十五《錢公神道碑》。

《舊譜》「（萬曆二十三年乙未）嘉禾包學憲瑞溪公延迪鴻逵、鶴齡二孫，同事者如御冷錢公、懷槎沈公、玄海項公、昭自錢公、沈白生昆仲，後先皆巍科上，衮極一時之盛，比府君衡文無諱者，微得切磋之助，時付祕笈於梨棗。」

包檉芳，字子柳，號瑞溪，嘉興人，嘉靖三十五年進士，官至禮部郎中，詳見《全集》卷三十五《瑞溪包公暨配曹氏合葬墓誌銘》、馮夢禎《快雪堂集》卷十八《包瑞溪先生暨配曹宜人行狀》。

為吳之鯨母作傳。

《小品》卷十八《貞懿吳母傳》：「吳伯霖治經，稱社祭酒，別十餘年。而余遇之索笑軒。班坐堤上，日暮風起，白楊蕭蕭。伯霖不語而意自慷慨。余心知其非經生也。……今年乙未，余經所見為壽吳母詩若歌者眾。問之，皆曰『伯霖有母，母之六十也。』子女洗酌甚懽，而母忽嗚嗚咽者三。亟命懸中州公像，具觴豆，先薦而後嘗之。賓客聞且見者以為知体，獨伯霖心動不敢言。未幾，慶者舍而咽者途矣。……陳子曰：吾聞諸人，驅車至越，而不識伯霖，不名遊也。遊伯霖而不拜其母，不名伯霖客也。余交伯霖十五年矣。母六十不果觴。今及葬，而始以伯霖之請，許之傳。夫傳弗可已也，則諡弗可已也。於是合而傳之曰『貞懿吳母云』。」吳之鯨，字伯霖，又字伯裔，號德公，仁和人，萬曆三十七年舉人，與馮夢禎、黃汝亨友好，同吳大山並稱「江皋二俊」，著有《武林梵志》十二卷。

萬曆二十四年丙申　三十九歲

二月，生母朱氏喪，王衡為作《祭陳仲醇母文》。（王衡《緱山先生集》卷二十）

《舊譜》：「（萬曆二十四年丙申）二月，罹生大母朱孺人之痛，哀毀骨立，幾至滅性。大母嫌於嫡，故括据含殮，必無憾，而後即安。」

五月十五日，見于闐國僧人。

《見聞錄》卷六：「余嘗見于闐國僧，披紅禪，衣袒臂，閉關持準，提及六字，大明神咒。三年出關，不効又復三年，嘗於就李包羽明氏談口施食，案前銅

鑊鬵百沸湯，正極沸時，此僧於火上五指擎鑊底。了不知熱，以竹葉洒之，
其冷如雨。余親見之，乃萬曆丙申五月十五夜也。」

冬日，自嘉興包家返，後包樨芳卒。（詳見下年譜）

作《丙申閏月築小崑臺》。

《小品》卷六《丙申閏月築小臺》：「忍飢買得山陰地，赤足來疏雨後泉。何日
歸與蓮社裏，故鄉重結白頭緣。」

見宋人畫冊凡百幅。

《太平清話》卷二：「丙申上元，見楚中劉錦衣宋任畫冊，自蕭照、馬和之、
趙千里而下，凡百幅，是日眞如遊山陰道中。」

作《秀水縣志序》。（《全集》卷十）

作《小崑山舟中讀書圖》，秋，董其昌為此圖題詩。

董其昌《容臺詩集》卷一《丙申閏秋，舟行池州江中，題陳徵君仲醇〈小崑
山舟中讀書圖〉》：「凄煙衰草平原暮，二士千秋哪得窩。閒愁不到釣魚磯，習
心未遣亡羊路。葦花平岸變霜容，總是窗前書帶叢。何時棹向朱涇去，船子
元無半字蹤。」

董其昌《容臺別集》卷一《隨筆》：「憶余丙申持節長沙，有《題畫寄友人陳
徵君仲醇詩》云：隨雁過衡嶽，衝鷗下洞庭。何如不出戶，手把離騷經。」

按：繼儒此圖最晚作於此年，暫繫於此。

是年，董其昌為繼儒講湖北赤壁之盛景，贈《赤壁圖》。為繼儒題畫。

《妮古錄》卷一：「董玄宰持節楚藩歸，謂余云：『曾晚泊風臺，即周郎赤壁，
在嘉魚縣南七十里，雨過，輒有箭簇於沙渚間出，里人拾簇視，予請以試之，
火能傷人，是當時毒藥所造耳。子瞻賦《赤壁》在黃州，非古赤壁也。』因
圖一冊見贈。」

按：董其昌《畫禪室隨筆》卷一《書大江東詞題尾》：「余以丙申秋，奉使長
沙，浮江歸，道出齊安，時余門下徐暘華爲黃岡令，請余大書東坡此辭曰：『且
勒之赤壁』。余乘利風，解纜後作《小赤壁詩》，爲吾松赤壁解嘲。既而余兩
被朝命，皆在黃、武間，覽古懷賢，知當日坡公舊題詩處也，因書此詞識之。」
董其昌「持節楚藩歸」見繼儒最早於此年秋，故繫於此。

董其昌《畫禪室隨筆》卷二《題畫贈陳眉公》：「予之遊長沙也，往返五千里，
雖江山英發，蕩滌塵土，而落日空林，長風駭浪，感行路之艱，犯垂堂之戒
者數矣。古有風不出、雨不出，三十年不蓄雨具者，彼何人哉？先是，予之
遊檇李也，爲圖《崑山讀書小景》，尋爲人奪去。及是重仿巨然筆意，以誌予

慕。余亦且倒衣從之，不作波民老也。」

遊玄陽洞，覺與此山有緣，作詩記之。

《全集》卷二十九《丙申遊玄陽洞，後夢遊者三，石床如雲，苔花空碧，袖衣褂於洞前。似與此山有夙緣也。此洞爲本然禪師穿而得之，覺林屋未能與論優，但先後輩耳。俟異日重遊洞中，作長歌以紀其勝》：「松風羅月水泠然，宛轉新穿小洞天。一度曾遊三度夢，就中親着石床眠。」

作《壽大藩憲淳菴盛公六十序代》。（《陳眉公集》卷八）

纂《建文史待》。

《舊譜》：「（萬曆二十四年丙申）五月，赴館南湖，纂《建文史待》成。因屠侍御史叔芳題請，革除諸公，遜其署名，刻行於世。屬羅文崗寫小炤，而平泉陸文定公手題贊，曰：『沖兮其衷，粹兮其容，中逃名乎山澤，早求志於章縫，身同霧豹，學擅彫龍，其豪氣如陳元龍，德行如陳仲弓，君其圖之將無同。』又屬黃葉庵秋譚耆宿記其歲月。」

按：《全集》卷四《史翰林〈致身錄序〉》：「儒曩者撰有《建文史待》，曰『殉國編年』、曰『報國列傳』、曰『定論』，如請復廟號，請補《實錄》，請宥忠臣子孫還籍是也，曰『傳疑』，如金川門獻降，或云『帝赴火』，或云『出亡』，疑信參半是也。今得先朝史仲彬《致身錄》，而革除君臣生死之際了然矣。……，其姓氏爵里，具核在錄中。皆《革除志》、《吾學編》所不載也。」又馮夢禎《快雪堂集》卷五十九：「（萬曆壬寅九月二十一日）早入城晤陳仲醇，謝生騰蛟來會，仲醇出著述《元隱逸補》、《建文史待》二書。」徐𤋮《徐氏筆精》卷七《葉給事》：「按：《朝野彙編》，乃陳眉公所纂，名《史待》，屠侍御借爲己書，更名《彙編》。」今《建文史待》一書佚亡，暫存徐氏之說。

萬曆二十五年丁酉　四十歲

爲包檉芳作祭文、墓表。

《全集》卷四十六《祭包瑞溪學憲》：「嗚呼！吾公竟至此耶。悠悠人世，其足恃也。憶昨客多，別公言歸，徘徊中庭，霜月滿衣，問余來馭燈，以爲期十三之日，猶勤手書，何知訃音旋起，須臾何知永決，乃在河湄。」

按：《全集》卷三十七《包學憲墓表》：「有明嘉興包公，諱檉芳，字子柳，年二十三成進士，三十而出爲貴陽督學使，以忤權貴歸，六十有三而卒。」包檉芳嘉靖三十五年進士，四十年後卒，當爲丙申年多卒。上年，繼儒館於包家，多日別後檉芳卒，故祭文、墓表最早作於此年初。

春，授經秀州，訪殷仲春於西郊，識仲春父子，有詩為記。

《全集》卷四十六《祭殷方叔隱士》：「古者六十不越疆弔，我來哭公，厥為同調。憶昔丁酉，授經秀州，如蘭之交渺焉。寡儔側聞高賢曰：「殷方叔」。栖寄西郊，褐裘草屋，杖策訪之。讀《楮廣賦》，爛然天真，居然德素。既得其父，復得其子，父子挑燈，丹鉛經史，隱德升聞，多長者車。……忽別三年，公作逝者。嗚呼哀哉！伯承郁子號貧孟嘗，二三兄弟，畢集草堂。郁既蚤世，子逸繼之。」

《全集》卷二十九《春日訪殷東皋》：「櫻桃花開春可憐，何處行人不放船。卻羨白頭殷處士，鷓鴣聲外獨耕田。」此詩又名《春日訪殷方叔》，存《小品》卷六。

殷仲春，字方叔，秀水人，慕隋東皋子之為人，亦號東皋子，工醫術，博通六籍，有《樓老堂集》一卷、《醫藏目錄》一卷，詳見沈季友《檇李詩繫》卷十七《東皋子殷仲春》、《嘉禾徵獻錄》卷四十七《殷仲春子伊孫觀國》、朱彝尊《明詩宗》卷七十二、《四庫全書總目》卷一百八十《樓老堂集》。

三月十五日，與董其昌遊蘇州，訪韓世能，觀書法名繪。再題《陳麋公書扇》。

《妮古錄》卷三：「丁酉三月十五日，余與董玄宰在吳門，韓敬堂太史之子，快士也，攜示余顏書《自身告》、徐季海書《朱巨川告》，即海岳《書史》所載，與余平原、巨川真跡，皆是雙玉。又趙千里《三牛圖》、周文矩《文會圖》、李龍眠《白蓮社圖》，惟顧愷之作《右軍家園景》，直酒肆壁上人耳。」董其昌《容臺別集》卷四：「丁酉三月十五日，余與仲醇在吳門韓宗伯家。其子逢禧攜示余顏書《自身告》、徐季海書《朱巨川告》，即海岳《書史》所載，皆是雙玉。又趙千里《三生圖》、周文矩《文會圖》、李龍眠《白蓮社圖》，惟顧愷之作《右軍家園景》，直酒肆壁上物耳。」董其昌《畫禪室隨筆》卷二亦記此事，文字稍有出入。韓世能，字存良，號敬堂，長洲人，隆慶二年進士，選庶吉士，授編修，官至禮部左侍郎，嘗奉使冊封朝鮮及楚藩，喜收名跡，以鑒藏書畫名一時，著有《雲東詩草》十四卷，詳見《四庫全書總目》卷一百七十九《雲東拾草十四卷附錄一卷》、《明史》卷二一六。子逢禧，字朝延，亦精鑒鑒賞。

六月初八日，見高克恭大幅《雲山》。

《妮古錄》卷一：「丁酉六月初八日，見高克恭大幅《雲山》，上有姚廣孝、徐髯仙諸君子題，下有柯九思印用墨者，此幅淡著色，用筆全學董北苑。」

六月二十三日，始患瘧疾。期間王穉登來訪。王氏授以《虎苑》，繼儒廣搜逸籍舊聞，增而補之，一年後成《虎薈》六卷。為李宗文作《移情草序》。作五律於瘧極中。病中借得顧正心宋人畫冊。

《虎薈》前陳繼儒自序：「余自丁酉六月二十三日，始困瘧垂，戊戌之六月二十二日而瘧良已。蓋首尾屈指凡一朞焉。先是百谷王丈訪余於寶顏堂，授之以《虎苑》，可以闢瘧，讀之而魔鬼如故，然其書所徵不及百事，余乃搜諸逸籍及山林湖海之故聞，薈撮成卷，題曰：《虎薈》。昔反問穆牓其軒為說虎，余嘗笑此老何所專嗜，而獨聾聾好談不休。客曰：『虎不足談，而仙釋可以馴虎，循良可以驅虎，孝義可以格虎，猛悍可以殺虎，虎故不足談。』而其人故多識，喜怪者之所不廢也。乃書而命典識者藏之。陳繼儒撰。」

王穉登，字百穀，號玉遮山人，吳郡人，擅詞翰者三十餘年，萬曆中徵修國史，未上而史局罷，著有《吳郡丹青志》、《奕史》等，詳見《明史》卷二八八、李維楨《大泌山房集》卷八十八《王百穀先生墓誌銘》等。

《全集》卷三十《予瘧極中，夢至西川萬松草廬中，有名姬在焉。聽其瑟罷，題詩而出，真異境也。夢中詩一字不遺，更奇》：「蔚然松桂處，日直草堂開。竹裡彈清瑟，花閒晒繡鞋。風開幽蕙性，酒貼碧桃腮。甚矣吾衰也，寧辭一再來。」

《全集》卷十一《李宗文〈移情草〉序》：「今年奇熱，陳子臥瘧山中者累旬，如病雀坐巢，飢猿蹋壁。有京山李宗文過訪，拈其詩，倚枕讀之，一讀心開，再讀神爽，三讀兩魔遁矣。」

《妮古錄》卷三：「丁酉秋，病瘧，借得顧光祿宋人畫冊，有宋徽宗題《王右丞山居圖》，載宜和《畫譜》，『危樓日暮人千里，孤枕風秋雁一聲，宣和殿書』；有宋高宗題趙伯駒畫；宋高宗題馬和之畫、宋周儀畫；宣和御題趙千里倣大李將軍筆；宋高宗題李唐畫，『月圍初碾淪花蕋，啜罷呼兒課楚詞。風定小軒無落葉，春蟲相對吐秋絲』；宋馬和之畫陸幅；宋楊士賢畫對幅；南宋趙千里、宋夏珪畫對幅；宋馬遠畫、宋李唐畫對幅；宋徽宗畫對幅；宋毛益畫對幅；宋吳炳畫、宋李迪畫對幅；宋趙孟堅畫蘭花對幅；趙子昂山水四幅、瘦馬一幅、管夫人竹一幅。」

《舊譜》：「（萬曆二十五年丁酉）是年，乃瘧鬼為魔，呻吟杖策，大為欠事。」

十月，董其昌訪於崑山讀書臺，作《婉孌草堂圖》，冬至日，陳繼儒攜此圖回訪。

《墨源彙觀》卷三（名畫卷上）《婉孌草堂圖》：董其昌三題，一云：「丁酉十

月，余自江右返，訪仲醇於崑山讀書臺，寫此為別。」二云：「是歲長至日，仲醇攜過，意欲設色，適得李營邱青綠《煙巒蕭寺圖》及郭河陽《溪山秋霽卷》，互相咄咄，歡賞永日。」三云：「以觀李、郭畫，不復暇設色。」

陸樹聲寄書繼儒，為作《書禪本草》。

《眞稿》卷二十一《書禪本草》：「余拋擧業後，寒熱不入於胸中者久矣。宰物妬之，遂以瘧見撓。自夏徂冬，其寒也如凝水；每思趙州七斤半布，其熱也，如焦火。每思一口，吸盡江西水，於是移臥讀書臺。山僧野衲來問疾，而平泉先生八十有九，亦數數遣訓不休，以匡廬、慧日《禪本草》，湛堂師《炮製論》見示。夫此方非特可以霍然起余。凡有血氣者，恐不能出兩禪漢國醫手也。余故拈擧，為大眾同之。」後附《陸文定公柬》。

按：據《全集》卷三十八《陸文定公傳》「陸樹聲萬曆乙巳九十七無疾而薨」，逆推之，八十九歲當為此年。

張賓樵市藥嘉興，與繼儒、丘民貴父子相與飲酒作樂。冬，張賓樵自洞庭探視繼儒。

《眞稿》卷二十一《書張賓樵》：「洞庭山有賓樵張翁者，老儒也。嘗遊華亭，而性嗜茶，每訪余，挈竹爐，蒲扇及松殼、煤炭置筐中，少頃，便搖扇煮茶，飲坐客。丁酉，市藥嘉興東塔之寺門，門有梓樹，多濃陰，丘伯畏元禮家寺旁。余時讀書包氏，去東塔僅里許，數就翁談。伯畏父子各雜坐梓下，間出酒餚進余，而翁以茶繼之。及冬，余病瘧，翁從洞庭來視余，跣足大雪中，留宿不肯去，一別二十年。」

丘民貴，字伯畏，號仲鶴，嘉興人，曾官福建長汀知縣，詳見沈季友《橋李詩繫》卷廿三《丘長汀曾城公傳》。子履嘉，字原禮，號存峯，嘉興人，萬曆三十八年進士，官至湖廣參政，著有《西歸雜詠》，詳見沈季友《橋李詩繫》卷十七《丘參政履佳》。

是年，始築婉孌草堂於二陸遺址。

《巖棲幽事》前陳繼儒自跋：「吾家於陵及華山處士，世有隱德。余輩膠黏五濁，羈鎖一生，每憶少年青松白石之盟，何止浩歎。丁酉，始得築婉孌草堂於二陸遺址，故有『長者為營栽竹地，中年方愜往山心』之句，然山中亦不能如道家保煉吐納，以嗇餘年。惟佛藏六千卷，隨讀隨輟……惟喜與鄰翁院僧談接花藝果、種秫剔苓之法，其餘一味安穩本色而已。暇時集其語，為《巖棲幽事》，藏之土室。嘻！此非伊呂契稷之業也，世有所謂大人先生者，其勿哂諸」

《舊譜》：「（萬曆二十五年丁酉）築讀書臺於小崑山之陰，舊傳有神虎穴，依崗負壁，構堂五楹。榜曰：『婉孌草堂』，蓋取士衡『婉孌崑山陰』句也。董

宮保題柱云：『賢者而後樂。此眾人何莫遊斯。』題壁內則云：『人間紛紛臭如帑，何不登山讀我書。』信非虛語。壁曰：『藤蘿』。池曰：『墨池』。左通泉脈涓涓，品曰：『白駒花陰竹篠地』。不數武，逐為九峯名勝，隨同宮保請北藏以鎮茲山。閱經三載，經閣巍煥。峰泖映帶，遊屐相續，時有惑於堪輿者，欲毀經閣。府君請之當路，力為護持，實茲山之韋馱也。」

萬曆二十六年戊戌　四十一歲

春正三日，夜大雪，有客來訪。

《巖棲幽事》：「戊戌春正三日夜，大雪，余偶戲云：『雪者洗慾，戒之齷齪，瀝火坑之煩惱，填世路之坎坷，喚夜氣之清曉。』客曰：『此便可作雪贊』。」

上元日，宋啟明為《辟寒部》作跋。（詳見萬曆甲午年譜）

四月四日，唐文獻訪繼儒於讀書臺，一宿而別。

《全集》卷二十九《積雨初豁，峰泖晴妍，簫鼓振竹，送春船至，乃唐元徵太史也，訪餘讀書臺，一宿而別，得詩十首》其一《登閣望泖》：「斜陽約略水西頭，餘景還能上竹樓。天際靡無半窗綠，釣蓑歸處起雙鷗。」其二《尋白駒泉》：「僧廚杉影野茶香，曲徑透迤到草堂。笑倚山根看泉脈，薔薇紅白道衣黃。」其三《聽夜梵》：「鐘聲忽報竹林東，古殿寒煙佛火勝紅。晚課罷時僧影散，院門鶴叫落花風。」其四《酌婉孌草堂》：「攜壺遙度嶺頭來，驚起棲鳥下石臺。春雨燈花寒自語，深夜偏傍故人開。」其五《夜宿寰室》：「甕牖分明屬臥遊，一齊峰泖鏡中收。曉來霽色排天眼，千里雲濤見釣舟。」其六《初聞黃鸝》：「雨餘石壁綠初齊，細拂苔痕認舊題。讀罷支顧碧窗下，松花如雪打黃鸝。」其七《饌香積》：「抱花尋壘燕飛飛，春樹抽芽筍蕨肥。一飩平分僧缽飯，歸舟已候綠楊磯。」按：《詩鈔》卷四、《小品》卷六此詩前有「戊戌四月四日」之語，故繫於此。另有詩其八《僧乞書》：「素練烏絲百尺長，含毫飽漬墨花香。偷閒欲就山僧話，卻笑差科半日忙。」其九《元徵將遊佘山，以瓶花為別》：「欲別殷勤贈牡丹，瞻瓶春色全未闌。不知嘯人東佘去，刻竹題詩偏幾竿。」其十《元徵有入林之約，戲嘲訂之》：「碧山學士少山居，若比愚公尚不如。何日岩扉喜勝並，五千佛藏萬簽書。」

五月初八日，作《元史隱逸補序》。

陳繼儒《元史隱逸補序》：「昔陳郡袁淑集古來無名高士，以為真隱傳，而皇甫謐不廢名，然所撰僅七十二人，人各一傳，傳各數行而止矣。余念其風軌可懷，而文采差秘，悉取二十一史之長篇，旁獵孝義、文學、方技之有隱德者，裒為陳氏《逸民史》。既成，二十卷之中惟《元史·隱逸傳》寥寥若而人，

蓋作者之言曰：『古之君子負經世之術，度時不爲，故高蹈以全其志。』……
至於感憤用壯，忠義積獨，或仕宋而隱於元，或仕元而隱於明，此與殷頑民、
晉處士何遠？……余以是搜討傳志，不忍筆削其文，悉爲網羅，曰《元史隱
逸補》。萬曆戊戌五月初八日，陳繼儒撰。」

按：《元史隱逸補》收入繼儒《逸民史》卷二十一、二十二。

六月二十二日，經一年之苦，瘧疾全愈。（詳見萬曆丁酉年譜）

陳繼儒以《虎薈》示黃廷鳳，七夕日，黃爲之跋。

《虎薈》後黃廷鳳跋：「仲醇兄昨歲值瘧病，君子客有貽之《虎薈》，止數十
則，曰佩之可當玉辟邪也。仲醇益廣之爲數百則，……仲醇以鳳德談虎，
無含意不吐者，取遊戲三味耳。……且也仲醇臥數月，以簡冊爲刀圭，浸
成書淫。太公呵止之，不止，所著安石碎金百數，書成輒示余。……仲醇
於不佞炊汲在望，頭攢耳摩，異人異書，稔見之矣。而鈍不加進，何也？
書之以誌吾媿，戊戌七夕閱《虎薈》偶跋。是夕久旱，忽大風雨，梧竹驚
吼，赫儀頓解。豈爲我兩人之談《虎薈》耶！黃廷鳳益威甫。」又《蒼雪
大師南來堂詩集》卷三《陳眉公》：「東佘久寒白石盟，談虎曾使四座驚。
一白淹留蔣山寺，幾回遠夢安期生。樵斧爛作燒丹土，挑燈炤入機杼聲。
桃源莫謂深避世，人間無處非無名。」「四座驚」一語足見繼儒談虎之妙。

**五月，松江府推官畢白嚴升刑部主事，松江士人歌頌之，繼儒作《賀畢白
陽公祖榮滿序》、《送畢司理考滿榮擢詩冊序》。**（《陳眉公集》卷七）

《小品》卷四《送畢司理》：「翩翩仙鶴戀王程，不減河陽萬里情。向闕已瞻紅
日近，專司更喜白雲清。北風爽氣歸環佩，南斗文光擁斾旌。他日思君無限
意，陰陰芨樹五茸城。」

按：據《淄川畢少保公年譜》：「（萬曆二十六年戊戌）在松。民信之。夏，五
月，涿刑部主事。時號拙宦。松人挽公，人者眾也。紳巾藜庶，如失怙恃，
或至臥轍。松人送公，挽之不得，送於穀水之滸，未已至青溪，至金昌，至
昆陵，至閏州，眺望大父渡江以北，相泣而返。松人詠公，古歌謠辭以千百
記。松人鐫攀輿圖，自誌送時情景也。松人築祠繪像樹石，公至自雲間。」
故兩序最早作於此年。畢自嚴，字景曾，號白陽，山東淄川人，萬曆二十年
進士，歷任松江府推官、洮岷兵備等職，泰昌初召爲太僕卿，天啓元年任右
僉都御史巡撫天津，崇禎元年至六年任戶部尚書，著有《石隱園藏稿》八卷、
《度支奏議》一百一九卷等，詳見《明史》卷二五六。

寄《讀書鏡》、《讀書十六觀》與顧憲成。

《全集》卷五十四《復顧涇陽》：「《讀書鏡》原未成書，極多駁瘠，望門下條列裁示之，求於至當而後已，庶不負惓惓請教之初心也。江南有二顧先生，海內願負笈不可得，得終歲侍大賢之傍，何幸如之？弟老父七十有九矣，頗以地遠為嫌，以是遂妨雅念，但少年輩讀書，當令以事証理，則路路生真聰明，步步得實受用。史者，天地間第一大帳簿也，此帳簿皆是六經注腳，幸諸郎君留意焉。外《讀書十六觀》呈覽，並希是正之益。」

按：《舊譜》「嘉靖三十七年仲醇大父三十九歲」，七十九當為此年。

成《見聞錄》。

陳繼儒《見聞錄序》：「戊戌病瘧，終日無所事事，乃薈撮成卷，題曰：《見聞錄》。」

作《杜虛江誄詞》。（《全集》卷三十六）

葬生母朱氏。

《舊譜》：「（萬曆二十六年丙戌）朱大母生壙築於祖塋之末穴。府君向不自安，訪青烏家，反覆精討，得地天馬山，經紀新阡，凡左右寸椽，只土不惜厚值，更結丙舍。敗題覆礎，壘壘如蟻穴、燕巢，蓋欲與大父合窆焉。大父堅拒云：『汝不忘父母，我獨非人子而忍忘乎？況我築壙時汝未育也。而又奚忍棄之？』遂寢大母，獨葬壬山丙向之主穴。」

萬曆二十七年己亥　四十二歲

春，王叔承以陳稺登病告繼儒，未幾，陳稺登卒，年四十九。繼儒甚悲，辭謝高君酒禮。是年四月，繼儒父陳濂石八十壽。沈懋孝為繼儒父陳濂石作《陳處士壽序》。

《全集》卷五十五《答陳稺登子》：「僕授經檇李，如坐井中，絕不知尊公病狀。今且以訃至矣。痛哉痛哉！捧讀遺書，令人閔然不能為情，願地下未瞑目者，以有足下也。足下少有令名，居喪循禮，此繩家禦侮之本。尊公坦衷直腸，雄心俠骨，可以當知己而不可以當流俗。願足下每事以簡儉為法，一舉一動，遠師古人，近咨二顧先生，則尊公不亡矣。四月中，老父八十壽辰，勢未能易衣冠赴弔，聞訃之日，適有友人高君見招，即謝酒禮，以報孝子，其餘悠悠之懷，統惟躬布不一。」

《陳眉公集》卷十六《書陳稺登交情始末》：「無錫陳稺登之亡也。柏潭孫公、涇陽顧公狀而誌之，而唐元徵、董玄宰、王辰玉皆各為之傳。其子藝之又以稺登遺書決余，余更白練衣，為位而拜啓其書，淚浹於睫而不能讀也。嗚呼痛哉！初，稺登入南雍，新都許相國為祭酒，新建張相國為司業，一時所賞

識。傾天下知名之士，而獨愛重穉登與吾亡友徐長孺。長孺歸而謂余：南中有大儒及奇男子各一人，則武進徐儆絃、涇上陳穉登也。徐公名宿，願心降穉登，蓋其人豪似元龍，俠似孟公，推倒一世似同父。余退而私志之。……今春，崑崙以穉登病告余，余以爲病不必死，未幾哭穉登訃矣，又未幾，且哭王先生柩矣。張新建已解相印去，顧司馬與涇陽兄弟皆臥歸矣。李大將軍戰沒矣。曩與君南雍同遊者，如儆絃、長孺皆先亡，即許相國墓頭之草，黃且殞者，又不知凡幾歲矣。大抵人生如弈棋，遞生遞死，遞合遞離，此無足怪。然必局終而後國手乃見。今下子方酣，半道而撤，非獨弈者負恨，即旁觀亦爲之歎息不已。嗟乎！穉登豈特余一人區區知己之痛而已哉。幸而可以不朽吾穉登者，有諸君子之志、狀、表、傳在。余特記其交道之始末，以示吾兩家子孫，各有考焉。」

按：《舊譜》「嘉靖三十七年仲醇大父三十九歲」，行年八十當爲此年。

孫繼皐，字以德，號柏潭，無錫人，萬曆二年狀元，官至吏部左侍郎，後因忤旨致仕，晚年講學東林，著有《孫宗伯集》十卷，詳見葉向高《蒼霞續草》卷十《通議大夫吏部左侍郎兼翰林院侍讀學士贈禮部尚書柏潭孫公墓誌銘》。

崑崙，前有「其待王崑崙先生始終執世講子侄禮」之語，故此當指王崑崙。王叔承，初名光胤（《四庫全書總目》卷一百七十八《壯遊編》稱「初名光允」；朱彝尊五十五《明詩綜》「初名光徹」；王世貞《弇州山人四部續稿》卷七十四《崑崙山人傳》「名光胤」，從王說），以字行，後字承父，晚更字子幻，號崑崙山人，亦號夢虛道人，吳江人，性嗜酒，其詩極爲世貞兄弟所許，著有《壯遊編》三卷，詳見《明史》卷二八八。

沈懋孝《長水先生文鈔》沈司成先生集《陳處士壽序》：「華亭有隱德行之君子廉石陳翁者，家於小崑山之陽，行年八十矣。而視聽內熒，有以晏煬自守，神官泊如也。……已有子某學者稱仲醇先生，讀古人書，力行古道，棄去人間市榮之業，沉涵墳籍，獨有千載，勵節養志，壹以天眞奉翁。」

按：沈懋孝，字幼眞，號晴峰學者，世稱長水先生，浙江平湖人，隆慶二年進士，選庶吉士，授編修，後謫判兩淮，投牒不赴，退居淇林之上，授徒講學，著有《長水先生文鈔》二十四卷，詳見李維楨《大泌山房集》卷一百一十五《祭沈少司成》、申時行《賜閒堂集》卷二十二《封翰林院編修沈君墓表》、沈季友《檇李詩繫》卷十三《長水先生懋孝》。

八月中旬，訪馮夢禎。

馮夢禎《快雪堂集》卷五十六：「（己亥八月）十一，微雨。至金橋而起，成

《無題詩》一首。拙園晤宋仁卿。黃履謙來。履謙以閏月入京到監，七月中歸。晤姚善長侍御，託致聲，避客，飯於小舟。訪周彥雲，兒婿俱侍。抵暮歸拙園，陳仲醇已久待於敬業堂矣。得超宗字，已往當湖，約十四日晤於此。宋仁卿作主款待，坐至更深而別。」

十一月，與董其昌泛舟黃浦江，其昌作《山水卷》。

董其昌《畫禪室隨筆》卷三：「余與仲醇以建子之月，發春申之浦，去家百里，泛宅淹旬，隨風東西，與雲朝暮，集不請之友，乘不繫之舟，壺觴對飲，翰墨間作，吳苑醉眞娘之墓，荊蠻尋嬾瓚之蹤，固已胸呑具區，目瞠雲漢矣。夫老至則衰，倘來若寄既悟炊粱之夢，可慮秉燭之遊，居則一丘一壑，唯求羊是羣出，則千峰萬峰與汗漫爲侶，茲予兩人，敦此夙好耳。」

按：《湘管齋寓賞編》卷六《董思白山水卷》：「己亥子月，泛春申之浦，隨風東西，與雲朝暮，集不請之友，乘不繫之舟。惟吾仲醇，壺觴對飲，手著翰墨，因以胸呑具區，目瞠雲漢矣。既悟炊粱之晚，可慮秉燭之遊，爲作此卷，茲余兩人，敦此夙好耳。其昌題。」兩文所記同爲一事，故繫於此。

臘月，觀趙子昂《書頭陀寺碑卷》。

《大觀錄》卷八《書頭陀寺碑卷》：「讀《簡栖頭陀碑》未竟，便低迷思寢。松雪寫長卷出入山陰，無一懈筆，精緊虛和，如宣律師尺寸，皆法而仙人嘯樹之意。自在品吳興眞跡，當屬第一。陳繼儒題。」

按：前有萬曆己亥嘉平月望長洲張鳳翼識，後有己亥臘月十又九日王穉登題，故仲醇所題黨爲此年臘月十五日至十九日間。

為楊繼禮從弟繼美（字彥孫、號心宇）作墓誌銘。（《全集》卷三十三《太學心宇楊公墓誌銘》）

寄書陳穉登子。（《全集》卷五十五）

為陸伯達母作壽序。

《全集》卷十九《壽陸母顧孺人七十序》：「萬曆己亥，陸母顧孺人七十矣。」

館於王士騏家，長子夢蓮娶孟氏。

《舊譜》：「（萬曆二十七年己亥）吏部阿伯王公延訓子瑞庭、瑞谷於鳳洲之西宅。男夢蓮婚娶孟氏，禮部郎華里公女孫也。選論膾刻於書肆。」

王士騏，字阿伯，太倉人，世貞子，萬曆十七年進士，官至吏部員外郎，坐妖書逮獄削籍歸，著有《馭倭錄》九卷、《武侯全書》二十卷等，詳見朱彝尊《明詩綜》卷六十一。

萬曆二十八年庚子　四十三歲

始識趙叔度。

> 《全集》卷四十六《祭趙叔度》：「余憶庚子，授經瑯琊，兄亦避諳，寄跡外家，
> 一見驩然，兩心則遐。我實兄瑜，兄不我瑕。」趙叔度，常熟人，行跡俟考。

冬，輯《讀書鏡》十卷成，沈師昌、范應宮為之序。

> 《讀書鏡》前沈師昌《讀書鏡序》：「私嘗在淵，明讀書不求甚解，似若無心，……
> 余兄弟暨友人元，發雅有同好，故刻而公之。……庚子冬杪，沈師昌識。」
> 沈師昌，字仲貞，號長浮，世居嘉善，麟溪孝廉爆之孫，士立次子，爾侯弟，
> 為諸生不得志，遊北雍，卒於京邸，著有《餐勝齋集》（臺灣藏天啓刻本），
> 詳見沈季友《檇李詩繫》卷十七《北山主人沈師昌》。

> 范應宮《題陳眉公讀書鏡》：「莊生有言『道隱與小成，言隱於浮華』，今人雅
> 穆讀書，恒貴韜錦，……則仲貞自為前驅矣。余幸心無睫。庚子嘉平月顧佩
> 書於瀨石齋中。」范應宮（《讀書鏡》誤刻為「官」），字君和，號雪盧，更名
> 迓，字漫翁，應賓弟，嘉興人，詳見沈季友《檇李詩繫》卷十八《漫翁范應
> 宮》。

顧憲成書邀至東林，繼儒以疾辭。

> 《全集》卷十五《壽涇陽顧公六十序》：「嗣後書問遞至，邀入東林，而余以疾
> 辭。」

> 按：《明史》卷二九八稱「時錫山顧憲成講學東林，招之，謝弗往」當指此事。
> 《舊譜》稱「（萬曆二十八年庚子）顧公及諸名賢招入東林講社，府君謝不往。」
> 暫繫於此。《全集》卷三一《過東林有感》：「城隅歸羽夕陽時，不是深秋也自
> 悲。川上水流君子澤，窗前草護黨人碑。魚龍混雜元難辨，玉石俱焚只為誰。
> 獨有講堂三四柳，殷勤枝葉向東垂。」可略窺繼儒婉拒之意。

代作《松司理畢公去思生祠記》。（《真稿》卷四）

袁宗道卒。（袁中道《珂雪齋前集》卷十六）

萬曆二十九年辛丑　四十四歲

三月十六日，繼儒請之郡同知燕祖召，遷元末三大高士楊廉夫、陸宅之、
陳惟喜窆碑於天馬山之東麓，同宋懋觀、蓮儒、慧解等祭之。

> 《小品》卷二十《祭三高士文》：「辛丑歲三月十六日，檇李人宋旭支杖來自天
> 馬山東麓，同里人宋茂觀、陳繼儒，衲子蓮如、慧鮮，摘溪毛，沽村醪，並
> 陳所藏廉夫鐵冠，拜奠於三高士先生之墓，曰：嗚呼！眾墓壘壘，湮山塞谷，

先生之宮，尚衛樵牧，來奠一觴。春草空綠，異代知己，慰而幽獨。」

《舊譜》：「（萬曆二十九年辛丑）楊廉夫、陸宅之、陳惟善皆元末人，向稱三高士也。同葬於天馬之東麓，有穹碑存府學之崇德堂。府君請之郡司馬燕公遷立墓道至此，同宋旭、宋懋觀、蓮儒、慧解二詩訥摻文而祭之曰：眾墓纍纍，堙山墳谷，先生之宮，尚衛樵牧，來奠一觴，春草空綠，異代知己，慰爾幽獨。」燕祖召，字維翰，貴州平溪衛人，詳見《崇禎松江府志》卷三十三《宦績三》。宋旭，字初陽，號石門，晚號石門山人，後爲僧，法號祖玄，又號天池髮僧，「蘇門畫派」之先聲，善山水、人物，多有名作傳世，詳見沈季友《橋李詩繫》卷十四《石門山人宋旭》。

春，和董其昌唱律詩四首。

《書畫鑒影》卷八《董文敏陳眉公唱和詩卷》之《贈陳仲醇徵君東佘山居詩》其一：「歸然耆舊表江南，東佘雲泉恣所探。廣大代推風雅主，蕭閒時共佛僧龕。空庭籟起聞吹萬，月幌杯深對影三。辛苦山霨祛俗駕，肯容城市呀蘇耽。」其二：「名僧會裏事瞿曇，能結孤峰白石庵。河伯漫誇聞道百，狙公何意賦朝三。清華水木如濠上，宏獎風流自汝南。卻笑古人高士傳，不將同世一爲參。」其三：「無限離離厭杞楠，樹猶如此爾何堪。煙波狎主誰爭長，山澤雖癯戰已酣。絕域也知珍尺一，高軒奚事謬朝三。猶閒住久人知處，見說遊鯤欲徙南。」其四：「元味曾同草木參，廿年相對老江潭。竹林把臂今餘幾，蓮社披圖笑有三。贈我綺琴都不報，求君青李遠能函。故人差喜彭籛在，金鼎瓊文事可諳。董其昌。」又陳行書律詩四首，其一：「柳絲綠到赤橋南，遮斷蝸牛處士庵。名屈指問誰早乙，老捫腹上有王三。美無度處峨眉妒，夜未央時麈尾談。明日東山尋酒伴，杏花簾外鬥春酣。」其二：「桃花流水滿春潭，寂寂空山好卓庵。混沌易前窺用九，精魂石上坐成三。誰從莊叟知魚樂，漫學英雄捫蝨談。別後相思數行帖，寄來青李共黃柑。」其三：「朝煙暮靄最清酣，幽徑惟容靜者探。水木高高還下下，巖花兩兩復三三。不因舌在鳴鏗白，時覺神遊到蔚藍。癖性老耽書畫裏，金題玉躞飽仙罈。」其四：「有客何來義氣酣，憂時慷慨是奇男。眞才自古原無兩，名世誰今不朽三。但見談天如稷下，更聞捷徑似終南。浮雲幾日重開霽，老我梅花月一龕。山居和玄宰三字險韻。辛丑春月陳繼儒。」

重陽日，於婺江遇陶與齡。

《眞稿》卷十八《跋陶德望傳》：「往辛丑重九日，余遇君奭於婺江，因指目曰：『德望非學士，乃道人也。君奭非兄弟，乃道伴也。』」

陶與齡，字君奭，號石堂，望齡兄，會稽人，詳見陶望齡《歇庵集》卷十五《族譜傳略》。

同董其昌於秀州項德明齋中觀《楊少師〈韭花帖〉》。

> 《珊瑚網》卷二《楊少師〈韭花帖〉眞蹟》：「《楊少師〈韭花帖〉》，米元章一
> 見，得正書之變。余與董思翁見秀州項鑑臺齋中，今年辛丑，八十子毗攜過
> 山中，老眼摩挲，頓覺一番明淨。陳繼儒記。」

> 項德明，字晦夫，號鑑臺，元汴四子，詳見《全集》卷三十三《檇李太學鑑
> 臺項君墓誌銘》。

讀書弇園，跋元趙孟頫《水村圖》。

> 《石渠寶笈》卷十四《元趙孟頫水村圖》：「《松雪水村圖》，仿董巨正，與贈周
> 公謹《鵲華秋色卷》相類。余既築小崑山讀書臺，復結草堂於天馬山之陽，
> 菰蒲鳧鷖，映帶牕戶，宛然水村圖景也。家有文衡翁摹《松雪水村》一卷，
> 因出贈王閑仲，與此圖遂成延津之合，天馬山居便是眞跡，不必復留粉本矣。
> 出門三五步，有田可耕，有溪可漁，沿村八九家，入山不深，入林不密，此
> 吾天馬山居實際語也。試以此圖印之然否。萬曆辛丑，讀書弇州園，雨中題。
> 陳繼儒。」

王衡中辛丑進士，念祖母未葬，與父旋歸松江，繼儒迎之。

> 《全集》卷六《王太史辰玉集序》：「辛丑，擢上第，遂請終養。余笑迎曰：『王
> 郎信，非食言者。』辰玉歎曰：『吾歸非獨謝子，且以謝高、饒兩公。兩公，
> 唐子方也，家君疏薦之不報。今兩公尚屯田間，而余爲瀛洲散吏，安歟否歟。
> 請自是日月而往，與子鉤深致遠，縱讀天下之書，無爲問韲上矣。』噫嘻！
> 詎意辰玉之竟至斯也。」

> 按：《王文肅公年譜》：「（萬曆二十九年）衡赴禮部試，中試第二名，入對大
> 廷，賜進士榜眼及第。府君念母停柩在家，尚未入土，查《會典》有從夫恩
> 卹事例，上疏肯乞，其略云：『今內外官紛紛爲父母陳乞，槩蒙矜允。其在臣
> 男獨以有臣在前，不敢自行乞恩。』」

往秀州，為殷仲春父作壽序。（《眞稿》卷七《壽殷太公七十序》）

長孫增丁生，刻《逸民史》。

> 《舊譜》：「（萬曆二十九年辛丑）三月初七，長孫增丁生，後痘殤。刻《逸民
> 史》於新都吳氏。」

> 《全集》卷二《邵康節先生擊壤集敍》：「往余纂《逸民史》，吳人學養謙刻於
> 新安。今其子錫之覆刻《邵康節擊壤集》，問敍陳子」

蘇州人民反抗稅監欺壓橫行，殺織造太監孫隆隨員數人。

萬曆三十年壬寅　四十五歲

父濂石已先於元旦次日感寒，初四辰刻歿矣。王錫爵作《祭陳廉石文》(《王文肅公文集》卷十二)。

> 《舊譜》：「(萬曆三十年壬寅)元旦次日，大父濂石公盥櫛後，微覺畏寒，頃刻愈甚。府君曰：『年躋八十有四，此壽終也，不當以藥石攻。惟率子姓跪頌佛號，以經紀後事為亟。』初四辰刻，端坐醉翁椅而逝。府君哀號不欲生，斷暈啜粥，每上祀，涕泗沉沉下也。權厝中堂之左，日訪堪輿，再卜吉壤。」

> 《全集》卷五十八《答唐道徵》：「先君當謝世之頃，弟與家仲子姪跪奉佛號，先君端坐醉翁椅上，衣冠泊然而逝，畧無痛苦，畧無穢滓，蓋盛德之報也。但愛弟而知弟，知弟而又容弟，十五年以來，消遙人外者，皆異常之恩。豈由人父子而已哉？念及此五內攢刺，又以積陰積寒積痛積勞，劇病百日，几無生理。今幸而得生，尚未能就塋事權厝一室，看來盡古禮全賴精力，盡今禮全賴財力。今不今不古，竟城一荒，率苟簡之罪人而已。可憐哉。始覺有喪之果可哀也。傾奉醫戒，不免就館中收召魂魄，未能多為筆語，神理惝惝，惟兄諒之。」

春，跋董其昌《楓涇訪古圖》。

> 《墨源彙觀》卷四(名畫下卷)《宋元明名畫大觀高冊》第二十幅《明董其昌楓涇訪古圖》：「陳繼儒題云：此北苑兼帶右丞元宰開歲便弄筆墨，此壬寅第一功課也。」

九月十日，馮夢禎訪繼儒不得見。二十一日，見繼儒，繼儒出《元隱逸補》、《建文史待》二書。此月，繼儒謝孝至秀水。

> 馮夢禎《快雪堂集》卷五十九：「(萬曆壬寅九月初九)，晴，霧，西北風。早晤吳伯子、葉生其胤，歸途至秀水，相湖莊，水反無情，房南向，又折東舍，宜其有事也。出七里店，過大船，萃奴自武林來，速文責。過九日於水鄉，無處登高，一歎。訪包襲明，已往吳中迎米宗伯矣。晤鳴甫，留茶，是日設席，款其外祖，又知陳仲醇以謝孝至此。還拙園，弔薛望樓之喪，晤沈明卿，無何賤蹤跡至矣。夜，同明卿三弟唐卿、靜圓上人坐談月中。初十，晴，和。先訪陳仲醇，不面。……二十日，晴。早達婁東，入城看王房仲、陳仲醇。於仲醇館晤吳伯霖，王辰玉業已先往陽羨，不面。相公置酒家園相款，余獨上座，演家樂《金花女狀元傳奇》，深黃昏回舟，相公來報謁送程。諸景陽來拜，余往拜之舟中，談敘甚久，氣意清整，敬之。月。二十一日，早陰，開晴，風來自西北，甚大，未免候潮而行。徐元晦來，餉程儀。早入城晤陳仲醇，謝生騰蛟來會，仲醇出著述《元隱逸補》、《建文史待》二書，甚有益於世。又觀倪雲林畫一幅，佳甚。」

為許自昌《樗齋詩》作序。

> 《全集》卷七《許玄祐〈樗齋詩〉序》：「往余遊甫里，得許玄祐詩而敘之，去
> 壬寅至己未，屈指十八年。」

> 許自昌，字玄祐，號霖寰，又號去緣居士，長洲人，萬曆丁未舉人，著有《樗
> 齋漫錄》十二卷、《樗齋詩草》二卷，詳見董其昌《容臺文集》卷八《中書舍
> 人許玄祐墓誌銘》。

萬曆三十一年癸卯　四十六歲

六月十五日，《逸民史》成，王衡為之序。

> 《逸民史》前王衡《逸民史敘》：「陳仲醇氏史逸民，逸民之意，則魯語始之，
> 逸之與隱有別乎……輒相顧擲筆而歎曰：『青山多雲，知我心者爲數年，而仲
> 醇隱於干將山又十五年，而余以史局乞歸養，稱吏隱，則既尾且歷矣。』雖
> 然逸民之爲逸也，我知之矣。余與仲醇同乎？異乎？請以俟後之傳逸民者。
> 萬曆癸卯六月望日，太原王衡撰。」

秋，與王衡、董其昌飲於舟中，並遊畸墅。

> 王衡《緱山先生集》卷五《（癸卯）秋日，玄宰邀飲舟中，同仲醇遊畸墅》：「得
> 得山情近，深深客意便。高延九峰翠，半借竹樓煙。種樹書無恙，得花榻尚
> 懸。滄州吾欲共，未許白鷗專。」

十月三十日，同董其昌等觀《祭黃幾道文卷》。

> 《歷代法書選集》卷四《祭黃幾道文卷》：「董其昌觀於曹周翰舍中。癸卯十月
> 晦，同觀者陳仲醇、周仲曹季良兄弟。」此卷現藏上海博物館。

「妖書案」發，株連甚眾，達觀紫柏大師拷問致死，憨山德清戍嶺南。十
二月，于玉立以刑部雲南司郎中革職。

> 《明史》卷二一八：「（萬曆三十一年）妖書事起，一貫方銜正域與鯉，其黨康
> 丕揚、錢夢皋等遂捕僧達觀、醫生沈令譽等下獄，窮治之。」卷二二六：「達
> 觀拷死，令譽亦幾死，皆不承。」

> 《萬曆疏鈔》卷十六《起廢類》：「于玉立，南直隸人，刑部雲南司郎中，三十
> 一年十二月爲民。」

> 董其昌《畫禪室隨筆》卷四《禪說》：「癸卯冬，大獄波及觀師，搜其書。」
> 又《容臺詩集》卷四《畫扇贈別憨師戍嶺表》：「參得黃梅嶺上禪，魔宮虎穴
> 是諸天。贈君一片江南雪，洗盡炎荒瘴海煙。」

> 眞可，字達觀，號紫柏，吳江沈氏。妖書事起，死於獄中，有《紫柏尊者全集》

三十四卷，詳見《讀燈存稿》卷一二、《嘉慶松江府志》卷六十三《方外傳》。

德清，字澄印，號憨山，全椒蔡氏。妖書事起，流放雷州，重興曹溪南華，遇赦，入匡盧，結庵五乳峰下，遂成法雲寺，後再往曹溪，著有《楞伽筆記》、《楞嚴懸鏡》、《法華通議》等，詳見《新續高僧傳四集》卷八、《五燈全書》卷一二○等。

于玉立，字中甫，金壇人，萬曆十一年進士，除刑部主事，妖書事起，罷官歸，後與東林互通聲氣，詳見《明史》卷二三六。

王衡長子鳴虞卒，繼儒往弔之。

《全集》卷三十三《授中書舍人未任太原稧皋王長公墓誌銘》：「往文肅公欲為辰玉擇繼配……是生稧皋，君諱鳴虞，自號玄一子。……癸卯，入南雍就棘闈試……忽一月，得咯血之疾，十月竟不起。」

按：《奉常公年譜》「（萬曆三十一年）長兄鳴虞夭」，又王錫爵《王文肅公文草》卷十二《二七祭文》有「予因憶昔年長孫鳴虞之亡，仲醇嘗有春行秋令之譬」之語，故繫於此。

與王肯堂謀建秀州塘未果。

《舊譜》：「（萬曆三十一年癸卯）男蓮入華庠時，有孫道人狀樸口訥，一聲彌陀而外，莫知其他。凡道路橋樑，樂為拆新，募建秀野、秀南二橋。後發悲願，擬築秀州塘，謀諸府君。府君曰：『此塘為浙直通衢，必須聞之鹽使者，所轄兩地，且鹽務力可易辦。』遂同王太史宇泰轉聞左公，蒙即會同撫按，詳批華亭河工銀二千兩，道人具領五百金，內多勒費，十不得五，僅買石列於塘埠。其後千五百金不知飽於誰人婪腹。惜哉！刻《品外錄》於婁江。」

按：存世有萬曆三十一年刊本、天啓五年朱蔚然序刊本《古文品外錄》十二卷；萬曆喬山堂刻本《古文品外錄》二十四卷；明讀書坊刻本《古文品外錄》十卷。

萬曆三十二年甲辰　四十七歲

陳繼儒作詩弔達觀紫柏，寄書于玉立。

《全集》卷二十九《弔紫柏師二首》其一：「當年曾住碧山頭，未必公卿盡海鷗。莫怨網羅彌世外，鳳麟只合赤霄遊。」其二：「空山無伴木無枝，鳥雀啾啾虎豹饑。獨何長鑱衣短後，五更風雪葬要離。」

《全集》卷五十四《復于中甫》：「每見賜環之報，真為正人加額。傾得手書，知吾丈吐肝露膽，至此，感何可言。此老多此一揭，正與澹生相歉。若弟在坐，或得一見，決當勸而止之。此揭發時，弟之大兒就婚，小兒就試，略不

知一毫，影響悠悠之說，既云撰之自不肖，洩之自濟生，眞可大笑。妖書波及於吾丈，賴海內忠賢不平；密揭波及於弟，賴吾丈忠賢力辨，不然弟且不知死所矣。」

按：据《萬曆疏鈔》卷十六載「于玉立萬曆三十一年十二月革職」，故繼儒作詩、寄書最早爲此年初。

三月二十八日，與馮夢禎等遊。四月二十八日，夢禎收繼儒書。

馮夢禎《快雪堂集》卷六十一：「（甲辰三月）二十八，晴。早同仲醇至湖上，途中看胡元敬、卓茂先、吳之矩，於之矩坐上晤貞父。余先到舟中，仲醇先至，伯霖、貞父先後至，之矩久之乃至，方於最後至。登自臥樓，飯於舟中。湖心採蓴，自三步橋至二橋，返孤山，復至一橋，步堤上。之矩興發，流連不欲返，惜不持臥具而困於客，初更始歸。竹、連二小姬從，歌三曲。

秋，顧禮初訪，為申時行作壽序。

《全集》卷十五《壽元輔瑤翁申公七十序》：「《禮》，大夫七十致政，吳門申公少師，解相印凡十年餘。而甲辰秋，始稱七十。邦君諸侯登歌者，趾錯堂下。鉛山令顧禮初束幣及門，徵文於布衣陳子。陳子辭者三。禮初曰：『僕受知申公，復託太僕孝廉兄弟葭莩之末，誼不可無一言，且文富公不有布衣堯夫乎？請毋讓』不佞少受太原公聘，讀書婁江間，居恆太原語次公，輒嘆曰：「申公，天人也。……予謝不敏，姑授簡禮初，而佐公一觴。」

按：申時行，字汝默，號瑤泉，長洲人，嘉靖四十一年狀元，授修撰，官至內閣首輔，卒後詔贈太師，諡文定，編有《萬曆大明會典》二百二十八卷，著有《賜閒堂集》四十卷，詳見《明史》卷二一八。又《全集》卷十五《壽元輔申公八十序》稱「甲寅秋，吳門少師申公壽八十」，故《全集》卷十九《壽申母黃太夫人八十序》稱「往乙巳，相國申公稱七褧」應爲誤。

顧天敍，字禮初，號筍洲，崑山人，歷知鉛山、元城、嘉魚三縣，以子錫疇貴，後棄官不仕，屏居讀書，詳見《康熙江南通志》卷一百五十三《忠節一》。錫疇，字九疇，號瑞屏，萬曆四十七年進士，官至南京禮部侍郎，著有《綱鑒正史約》三十六卷，詳見《明史》卷二百十六。

八月十二日，訪張大復，言及嫁女之事，多有感慨。

張大復《聞雁齋筆談》卷一《眉公語》：「今日眉公見訪，會欲嫁女孟氏，言次及之。眉公歎曰：『大地一梨園也。伶人演戲，先離後合，人生不然。父母妻子乃至骨肉，齒髮剛合即離，眞可發一笑耳。』斯語甚警，輒錄之。眉公與余言，大都皆日用切實之務。然別後每覺意思脩遠，寢食有味，眞君子之言也。甲辰中秋前三日。」

張大復，字元長，崑山人，著有《崑山人物傳》十卷、《梅花草堂集》十四卷等，詳見錢謙益《牧齋初學集》卷五十四《張元長墓誌銘》。

臘月，觀《蔡忠惠公〈謝賜御詩表卷〉》。

《大觀錄》卷六《蔡忠惠公〈謝賜御詩表卷〉》：「端明上此詩爲仁宗皇祐四年。是年，遷起居舍人，知制誥兼判流內銓，此載文忠歐公撰公誌。今詩前署官正與誌合。公草書法二王，余得見數卷，若眞隸獨此獲見於趙叔度家。蓋韻極兼樂毅東方碑筆也。誌云：『公工於書畫則幾於無李論矣。』米元章一跋，極神雋，買王得羊，尤可快幸。大雪中展玩，便覽闡寒，犀減價十倍。甲辰臘月，叔度坐雪弇山園中，寄視此卷。呵凍題。陳繼儒。」

為俞思沖作《臥遊清福編序》。

《全集》卷五《臥遊清福編序》：「俞使君宰華亭之三年，政潔而民穌，絃歌之暇，手纂《臥遊清福編》，命陳子序之。余聞之，名山洞府。造物不付之冠釰車騎貴人，而私之隱君子，此語似有致而實否。夫王公大人之遊，或侍宸輿，或領使節，屯軍駐驛，問俗褰帷，小有未濟，則兵丁曹伍，腰鎌負鐘而前導之，能使目與足兩無憾而後止。若蓬翟逸民，不過三尺筇與一輛屐耳，歷覽幾何？而辱之曰：『遊』，則不得不退尋紙上之陳跡，而指數之曰：『是某水、是某丘』。若置其身於空青鈍碧之間，以稍自寬云耳。則《臥遊編》者，冠劍車騎貴人可無，而隱君子不可不有也。且山遊之難，我知之矣。……是編也，無問隱君子與冠劍車騎貴人。……但有清福者。然後出此以授之。」

按：《嘉慶松江府志》卷三十八《職官表》，「俞思沖萬曆二十九年任華亭知縣，三十二年離任」，故此序最早作於此年。俞思沖，字似宗，號瞻白，仁和人，萬曆二十三年進士，編有《西湖志類鈔》三卷，詳見《雲間志略》卷五《華亭令瞻白俞公傳》。

卜舜年識陳繼儒。

《嘉禾徵獻錄》卷四十六《卜舜年》：「卜舜年，字孟碩，本吳江人，寓居秀水。少孤有異質，年十八赴童子試。知縣顏欲（原文爲玉）章奇其文，拔置第一，遂補諸生。尋遊陳繼儒之門，繼儒嘗周其貧乏。」

按：據《崇禎嘉興縣志》卷十一《官師志》「顏欲章萬曆甲辰至戊申任嘉興知縣」，故卜舜年最早於此年遊繼儒門下，暫繫於此。顏欲章，字伯闇，號雲漢，江西安福人，萬曆二十九年進士，詳見上揭文。

是年遇張汝霖、張岱祖孫二人於武林，自此與張岱結為忘年交。

張岱《張子文秕》卷十《自爲墓誌銘》：「岱六歲時，大父若雨攜余至武林，遇眉公先生跨一角鹿，爲錢塘遊客，對大父曰『太白騎鯨，採石江邊撈夜月。』余應曰『眉公跨鹿，錢塘縣裏打秋風。』眉公大笑，起躍曰『那得靈雋如此！余小友也。』欲進余與千秋之業。」

按：「六」爲「八」之誤，據張岱手稿《琯朗乞巧錄》及鈔本《快園道古》皆提及此事，均作「八歲」，今據手稿改爲八歲。又據《自爲墓誌銘》可知張岱「生於萬曆乙酉八月二十五日」，八歲當爲此年。

張汝霖，字肅之，號雨若，山陰人，萬曆二十三年進士，詳見張岱《家傳·張汝霖傳》。岱，汝霖孫，字宗子，又字石公，號陶庵，別號蝶菴居士，著有《石匱書》二百二十一卷等，詳見其《自爲墓誌銘》。

作《壽龍江董公七十序》。（詳見萬曆甲寅年譜）

作《重修范文正公祠堂記》。

《小品》卷十九《重修范文正公祠堂記》：「萬曆甲辰，御史馬公奉命按吳中。興腎軌俗，率先風化。乃首謁范文正公先生於故祠。仰視榱棟，旁周門廡，咸摧圮不治，迺喟然憱歎。與郡守李侯謀所以新公祠者。於是陶甓度材，不半朞而告成。」

馮夢禎卒，秋，繼儒赴武林送葬，有詩爲記。（據錢謙益《牧齋初學集》卷五十一《南京國子監祭酒馮公墓誌銘》）

《全集》卷三十二《斷橋哭馮開之祭酒》：「素車轔轔斷橋路，路直如弦樹回互。歌聲哭聲秋水中，南北峰低庵黃霧。賓客四散親戚稀，絮酒無漿肉與瓠。短竹枯桑石偃門，生虎翻來守其墓，世情悠悠那得知，窺人冷眼白鷗鷺。」

按：《小品》卷二《會葬馮開之祭酒於西湖之上》：「素車磷磷斷橋路，路直如弦樹回互。歌聲哭聲秋水中，南北峰高庵黃霧。生徒四散賓客稀，絮酒無漿肉無瓠。短竹蕭蕭不掩門，活虎翻來奪其墓。世情悠悠那得知，窺人冷眼白鷺鷲。」可見《全集》與諸集之不同。

父陳濂石下葬。

《舊譜》「（萬曆三十二年甲辰）是秋，得吉壤於神山之西，取盧峰發脈也。前對天馬，後峙細林，以卯山酉向，立穴而造壙，極其精好，是設也。蓋以大父從庶愆於禮，合嫡困於時，故分葬焉。且念子姓繁毓，叔眞貧不贍另塋，必如是。子孫皆可附於兩山之昭穆，意甚盛也。」

萬曆三十三年乙巳　四十八歲

張汝霖贈角鹿於繼儒，大喜，自此繼儒乃有「麋公」之號。

> 張岱《陶庵夢憶》卷五《麋公》：「萬曆甲辰，有老醫馴一大角鹿，以鐵鉗其趾，設鞿韉其上，用籠頭銜勒，騎而走，角上掛葫蘆藥甖，隨所病出藥，服之輒愈。家大人見之喜，欲售其鹿。老人欣然，肯解以贈，大人以三十金售之。五月朔日，為大父壽，大父偉朔，跨之走數百步，輒立而喘，常命小傒籠之，從遊山澤。次年，至雲間，解贈陳眉公。眉公羸瘦，行可連二三里，大喜。後攜至西湖六橋、三竺間，竹冠羽衣，往來於長堤深柳之下。稱為『謫仙』。後眉公復號『麋公』者，以此。」

授經項鼎鉉家。

> 《舊譜》：「（萬曆三十三年乙巳）檇李項鳧虛以秘書省歸籍。耕經耨史，更欲搜竹簡韋編，山饞琢刻而縱讀之，賚贄授湌於九溪橋之別業。府君夢謁文昌，曰：『宣陳某上來，左膝少一骨可補之，命司祿神旋持一骨，二寸許，斜插而入。』夢覺，脈脈若有生動。後呂仙亦云：『曾憶補骨事否？』琴川耿侯新子由祠，建絃歌樓，延四方理學名公開講社，府君以疾辭。」耿橘，字藍陽，一字朱橋，又字庭懷，河北賢縣人，萬曆二十九年進士，三十二年任常熟知縣，恢復子游書院（故「子由祠」誤也），刻《虞山書院志》，官至監察御史，詳見黃宗羲《明儒學案》卷六十。

陸樹聲卒。（據《全集》卷三十八《陸文定公傳》）

唐文獻卒。（據《全集》卷三十五《禮部尚書抑所唐公同顧宜人合葬誌》）

楊繼禮卒。（據《國榷》卷八十）

萬曆三十四年丙午　四十九歲

春，書《郡博士懷槎沈公去思碑》。（《嘉慶松江府志》卷七十三《藝文志金石》）

秋，遊武林，黃汝亨邀繼儒評賞其古法書、名畫等。遇沈師昌於西湖。

> 《眞稿》卷七《壽見州黃次公八十序》：「往丙午秋，遇光祿中秘黃公於武林。光祿邀余，出示古法書、名畫及金石鼎彝，相與評賞。而中秘愛駿馬，調試西湖柳堤上，奔軼絕塵，一時兩兄弟皆岸偉，有錦衣玉食之氣。而平居斌斌德素，不輕為然諾。余識而心奇之。已徵子詩壽其尊人，得次公風格甚詳。乃知三君蓋有門行焉。至是，吳伯恭過請余曰：『黃次公又八十矣。余與公諸子累世姻婭，又結昆弟交，請子一言以佐百歲觴。』余喜曰：『余諾詩三載，不及奏，微君請，且當屬辭獻次公。』……伯恭請持余言，屬光祿中秘三君

子，率諸孫跽而進觴，次公能無爲余掀髯加酌否？」

黃汝亨，字貞父，號南屏，亦號寓庸居士，武林人，萬曆二十六年進士，仕至江西布政司參議，行草合蘇、米之長，著有《寓林集》（全集卷七《黃貞父寓林集序》）三十二卷，詳見張岱《石匱書》卷二百七下《屠隆虞淳熙黃汝亨列傳》。

《全集》卷十一《沈仲貞〈餐勝齋集〉敘》：「往沈仲貞邀余過北山草堂，出松雪翁梅道人書畫，竟日品題，絕不及舉子業，及古文詩歌意，若謂鈍飣煙火氣，非吾曹齒頰間物也。丙午，君詣試浙闈，余遇之西子湖。謳呼門外一小舠，覆以蔚藍輕幄，放之中流，與鷗上下，冷然如欲仙去。」

冬，坐沈思孝快雪堂，與殷仲春、姚士粦、王叔民等唱和。

《陳眉公集》卷七《快雪堂歲寒盟引》：「沈司馬純父先生，檢衛人綱，代興藝苑，文章節義，朝野震之。解邦歸田，性耽蕭簡，樂愷墳素，以攝心魂。居貞晚節，等護頭目，德矩彌峻。風日自娛，式閭者有行庭之疑，批帷者多望崖之歎。僅所綴接，則二三文人逸民而已。丙午窮冬，欵予密坐。寢馳兵衛，心清妙香。先生斟以醴酒，佐之永言，非執正警督之世，則死生褰譽之故。迴環感愴，主客泫然。既而一變成驩，三爵復又。先生維霰，月不留行，亦忘其柬之夜也。先生咲曰：『昔人論詩如玉盒，函蓋均勻。五言律詩如四十賢人，著一屠沽不得。此會庶幾近之，盍記姓氏，以矢勿諼。』尔時司馬倡韻，屬和則方叔殷子、叔祥姚子、子逸王子、孟璜項子，而陳子繼儒以浪士來自華亭。」

《全集》卷三十一《飲沈司馬純父齋中》：「節旄零落厭時名，白髮黃柑酒暫傾。下士不辭虛左見，何人堪入汝南評。臥龍歌罷悲風起，羅雀門深夜色清。相對一燈憐晚節，梅花隴月散高城。」又《和沈司馬純父》：「英雄垂老未藏名，甘載深心向客傾。樵牧誰收文苑傳，聖賢還付酒鄉評。老梅約束香中韻，凍月虛驕格外清。自倚水霜諳歷盡，不愁寒色動江城。」次詩又名《和沈司馬純父韻》，見《小品》卷四。

沈思孝，字純父，號繼山（《四庫全書總目》卷七十七《秦錄》稱「沈思孝，字繼山，誤也」），嘉興人，隆慶二年進士，官至都察院右都御史兼兵部侍郎，贈太子少保，著有《秦錄》一卷、《晉錄》一卷、《溪山堂草》四卷等，詳見《明史》卷二二九、陳鼎《東林列傳》卷十三、朱彝尊《明詩綜》卷五十六。

為王世懋元配章安人作壽序。

《全集》卷十八《壽王母章太安人七十序》：「萬曆丙午，瑯琊有兩壽母皆七十。其一爲閑仲、淵季母章安人。」

作《史叔考童殺齋集序》（《全集》卷六）

作《藏說小萃序》。（《全集》卷十）

萬曆三十五年丁未　五十歲

春，作《見峰張先生八十序》。

> 《全集》卷十七《壽見峰張先生八十序》：「太史君一，以辛丑廷擢第一人。是年，太子官婚禮成。上慈聖尊號，覃恩京朝官，太史得封見峰先生如其官。丁未，先生方八十，太史請於朝，假休沐歸上觴，而徵陳子一言為壽及春花時，始得操筆而祝先生。」

二月，訪泖橋澄鑒寺。（詳見萬曆丁未年譜）

三月，直隸巡按楊廷筠荐舉繼儒，後留章不發。

> 《明神宗實錄》卷四三一：「（萬曆三十五年三月）己卯，直隸巡按楊廷筠薦舉隱士陳繼儒。繼儒，華亭人，蚤謝青衿，為古之學，留心經濟而澹於榮利，不談性命，而漸於道德。自嘉靖以來學者無先之者。」楊廷筠，字仲堅，號淇園，浙江仁和人，萬曆二十年進士，三十三年巡按蘇松，三十五年督學南畿，詳見《全集》卷四十六《祭楊淇園侍御》、《崇禎松江府志》卷三十三《宦績三》。

> 《全集》卷四十六《祭楊淇園侍御》：「若儒之痛心，則有更進是者。儒本小人，未聞大道。公於巡方之日，特疏薦揚。願甘連坐，幸而留章不下，儒亦得迨餘生，不然，且將披髮南山之南，北山之北矣。自來天道忌盈，人情責備。忽以不急之事，加於至不才之鄙儒，眾目睽睽，胡可掩也；眾口呶呶，何可捍也。無功之獲謂之禍，無實之名謂之盜。公推轂過情，儒獨不慚欲死，懼欲死乎？數年以來，公與某蹤跡甚疏，而洞察本懷甚悉。嘗謂董思老云：『今而後，知眉公絕意進取，無所緣飾，白駒不可繫，黃鵠不可馴也。』至是公稱真知己，而儒亦不屑以感恩待公矣。」

> 按：董其昌《神廟留中奏疏彙要》之吏部卷四：「萬曆三十五年三月初五日（戊辰），直隸巡按楊廷筠一本為薦舉陳隱逸真才，以表潛修，以光聖化。事臣惟自古聖王每重巖穴之士，故羔雁紛馳於郡國，弓旌首貴於丘園，誠恐野有留良而明廷不獲俊乂之用也。國初，用人特重薦舉，明卿碩輔悉出此途，迨後民偽漸滋，始之以科目，廣求逸才之意，未嘗不兼。臣伏讀憲綱一款，凡山林隱逸、懷忠秉義之士，行府州縣，虛心採訪，薦舉至京，以備擢用。臣按蘇松，所至用心採訪，得一人焉。皇一臣之，看得隱士陳繼儒，學歸淵海，士仰門山，博物洽聞，不以梯榮當世，藻身浴德，惟期印契心靈，著有用之文章，家垂國史，值無暇之操履，地衣天經，據其行，似以石隱為高蹈，究其溫，以胞與為真修。笑傲煙霞，足示羽儀於一世，含經咀史，堪備顧問於九重斯寶。聖化漸亟，有此真儒傑出，留之林野，故可追曠代之逸民。錫

之玄纁，益可傳熙朝之盛治。此一臣所當，亟加辟召，以膺簡任者。」談遷《國榷》卷八十：「（萬曆三十五年三月戊寅）巡撫直隸御史楊廷筠薦華亭隱士陳繼儒之行。」時間略有先後，今從《實錄》。

又按：《舊譜》「（萬曆三十七年）湛園楊公總督南畿學政，歲科峻，一切有關風化，例當具疏上聞。……王諱道原得薦擢諤嘉尹，洪諱雲翼得薦擢於潛尹，而全直之劣等諸君並收。府君一轉念間，其造福於斯文不潛，府君未嘗掛齒頰，使一人知之。其為隱行類如此。雖然楊公聽善樂從，何敢忘也。府君亦蒙特殊薦舉，下部未覆詞，亦夢想所未到。子孫惟有感恩銘德而已。」故《舊譜》時間誤也。

七月，顧憲成寄書繼儒，互有書信往來。

《顧端文公年譜》下卷：「（萬曆三十五年丁未五十八歲）七月，語陳繼儒曰：『不意病中，又加此一服毒藥』。答書有云：『賢次兄高風介節，何年之不永。頗亦聞劉兵部元珍者，清譽略同，今無恙乎？』」

劉元珍，字伯先，號本孺，無錫人，東林八君子之一，萬曆二十三年進士，三十三年京察，元珍抗奏上疏，直指內閣首輔沈一貫，後削籍回鄉，講學東林，詳見《明史》卷二百三十一。

九月，為唐文獻作墓誌銘。（《全集》卷三十五《禮部尚書抑所唐公同顧宜人合葬誌》）

十月，應請，為鍾薇作壽序。為《甲秀園集》、《秦稅紀》作序。

《眞稿》卷六《壽鍾封公面溪先生八十序》：「丁未小春，為面溪鍾封公攬揆之辰，蓋八十矣。余獲與公遊，而又與繼甫最嫟。公以小友遇之，嘗陰識公生平。……繼甫，有道君子也，請以余言質公，公即拒客觴，能不為我一引滿加酌否。」

鍾薇，字汝思，號面溪，華亭人，以子宇淳貴，年八十餘而卒，著有《面溪集》、《雲間紀時野史》、《倭奴遺事》等，詳見《嘉慶松江府志》卷五十四《古今人傳六》。宇淳，字履道，號順齋，萬曆五年進士，詳見《雲間志略》卷十九《鍾給事順齋公傳》。

《眞稿》卷七《甲秀園集序》：「予嘗讀《鼃採館清課》而奇之曰：『世乃有同心如費君者』。及是丁未小春，君千里信始自通，且以《甲秀園集》乞序。陳子讀書，滾滾萬餘言，作而歎曰：『吾甚愧費君，余五十矣。自恨為蠹書魚，而不能食神仙一字，放浪林間如老猿病鶴，而不能飛搴五百里外。世有不朽如費君，僅託之彼此神交，安所謂天下友、天下士哉！』……是數者，皆文人才子之助也。君挾是數者，又輔之以斫輪之巧手，抗鼎之雄才，一顧生風，

八面受敵，日新日盛，未見其止。顧自謂此集一傳，夙願已畢，千生輪轉，不復向綺語中作活計。余笑曰：『大丈夫辭富貴逼人易，辭文章逼人難。君集度必傳，傳且身親見之。雞林象印，無翼而飛；檻鎩冢筆，方自此始。甲秀園能久臥君哉？山中清課，請專屬眉公何如？』費元祿，字無學，一字學卿，鉛山人，南太僕卿堯年之子，著有《甲秀園集》四十七卷、《晁採館清課》一卷，詳見陳田《明詩紀事》庚籤卷二十六。

《全集》卷十《秦稅紀敘》：「時丁未小春，夕漏下二鼓矣。」按：余懋衡，字持國，號少原，婺源人，萬曆二十年進士，官至南京吏部尚書，著有《關中集》四卷，詳見《明史》卷二百三十二。萬曆三十四年余懋衡巡按陝西劾稅監中官梁永事，詳見《萬里疏鈔》卷二十《閹宦類》之福建道監察御史陳宗文萬曆三十五年《稅璫暴虐非常蠱毒憲臣有據疏》。子鳴雷，字長公，余紹祉《晚聞堂集》卷十二《余母金孺人壽序》原注：「金孺人，冢宰懋衡長子鳴雷之配也。」

季冬，作《郡侯蔡公去思碑》。（《嘉慶松江府志》卷七十三《藝文志金石》）

十一月十二日，與董其昌等同遊青浦。

《古芬閣書畫記》卷七《明董文敏公王摩詰詩卷》：「摩詰《觀獵詩》，五、七言律皆奇絕。今日陳徵君眉公、林符卿同至青溪試墨，書之殊有壯氣。丁未十一月十有二日。董其昌。」

是年，移家東佘，鑿生壙，章憲文贈地四畝，冬，高齋成，《陶白章公傳》最早作於此年末。

《全集》卷五十四《與張肅之》：「弟五十時經營東佘，穿坎築壙，為容棺之壚，旁有餘山，雜布松竹。」卷五十五《與張曙海郡侯》：「儒知命之年，即已移家東佘。削跡郡城，如坐井底，以此未敢通名氣。榮戋之前，茲捧札既，比時將入榆陽，而垂情於并州遺老。古人意表高義，非夢寐所敢忘也。」卷五十六《答蔡羲微》：「蓋五十知命，便已負鍾穿坎，為容棺之壚。」《小品》卷二十三《與沈懷槎》：「弟五十矣。築壙九峯，世懷多絕。每當花香月白之時，策蹇刺舟，往來空青頑碧間，便可畢世矣。」

《全集》卷四十二《陶白章公傳》：「余五十穿生壙東佘，屬海虞生卜之，得謙之三爻三變而為坤，卜者曰：『柔順之卦也，吉。西南得朋子之坤隅，當得別壙。』未幾，公觀割山四畝贈余，是為高齋，實在生壙之坤位。余負鍾先驅，筆輅草莽，先生見而笑曰：『子儒者，而傚祖龍鞭石，謝長髯開境，子非眉公，乃愚公也。』已而笑曰：『增一許由鄰，自是意中事。』跡冬，高齋成，而先生逝矣。」

《舊譜》：「（萬曆三十五年丁未）得新壤於東佘。二月，開土築壽域，隨告成。四月，章工部公觀先生，割童山四畝相贈。遂構高齋，廣植松杉，屋右移古梅百株，皆名種。秋，大祲，鄰不聊生。府君刷土洗石，迂迴婉轉，搜路於岩阿曲澗中，筆資不繼，問諸質庫曰：『古人因荒興作，即此意也。』後若徐若董，園圃相續。向有施公祠，亦一時效靈。而郡邑之禮香祭賽，並士女之遊冶者，不之諸峯，而之東佘矣。」

章憲文，字公觀，號鹿苑，華亭人，萬曆十四年進士，官至工部主事，詳見《雲間志略》卷廿二《章虞部鹿苑公傳》、《嘉慶松江府志》卷五十四《古今人傳六》。

太學生周之軾自吳江來訪，為其母作《吳孺人墓表》。

《全集》卷三十七《吳孺人墓表》：「予友周太學之軾自吳江叩予山中，以其內吳孺人墓表請予。……孺人所事翁為誰？則太子太保恭肅公之孫、中憲大夫尋甸太守公之子、鄉進士玄津公也。姑為誰，則吳孺人也。生卒何歲？則嘉靖之癸亥，萬曆之丁未也。」

按：周之軾，周京長子。王世貞《弇州山人四部續稿》卷九十二《鄉進士玄津周公墓誌銘》：「君諱京，字世臣，玄津其別號也，……子二，之軾，太學生，娶吳；次之轍，側出，後君卒之半歲殤。」

寄書閔元衢、莊毓慶（《尺牘》卷一）

閔元衢，字康侯，號只園居士，烏程人，終生不第，著有《歐餘漫錄》十二卷，詳見《同治湖州府志》卷六十九《列傳六》。

莊毓慶，字赤雉，一字徵甫，號敏學，福建惠安人，萬曆二十九年進士，四十四年任松江知府，詳見《嘉慶惠安縣志》卷二十三《卓績》。

代作何三畏母祭文。（《陳眉公集》卷十五《太學何俟菴配馬孺人墓誌銘代》作《祭餓死張烈婦文》。（《全集》卷四十七）

觀《趙文敏畫謝幼輿丘壑圖》於万卷樓。

《珊瑚網》卷三十二《趙文敏畫謝幼輿丘壑圖趙千里著色橫卷》：「萬曆丁未，陳繼儒觀於項孟璜萬卷樓。」

萬曆三十六年戊申　五十一歲

八月二十三日，與董其昌在「寶鼎齋」觀趙孟頫自畫《小像》立軸。

《吳越所見書畫錄》卷二《元趙松雪小像立軸》：「萬曆戊申八月廿三日，與陳徵君仲醇同觀於寶鼎齋。董其昌記。」

按：此圖係大德二年一月七日趙孟頫繪，並題七言一首，現藏故宮博物院。

作《題姚叔祥家藏戶部帖詞》。

《全集》卷五十二《題姚叔祥家藏戶部帖詞》：「恭誦洪武給發戶帖，此四年刊印者。……二百三十七年，其孫叔祥出現此帖，尊王敬祖，具見於此。」

按：洪武四年為 1371 年，二百三十七年後當為此年。姚士粦，字叔祥，海鹽人，國子監生，有《蒙吉堂詩集》四卷，詳見沈季友《檇李詩繫》卷十六、朱彝尊《明詩綜》卷七十四。

蔡增譽寄書繼儒。

《尺牘》卷一《答蔡晴符學憲》：「明公在郡四載，不敢私通一牘，離郡不半年，連得賜書三函。」

按：據《嘉慶松江府志》卷三十六《職官表》蔡增譽萬曆三十二年至三十六年任松江知府，故離職後不半年寄書繼儒當為此時。蔡增譽，字宏耀，號晴符，晉江人，萬曆二十六年進士，詳見《雲間志略》卷六《郡侯晴符蔡公傳》、《崇禎松江府志》卷三十三《宦績三》。

寄書熊劍化。（詳見萬曆己酉年譜）

是歲，松江大饑，十室九空，作《煮粥條議》（《全集》卷五十九）。

《全集》卷十八《壽茅母丁安人五十序》：「往戊申，吳越大水，富者閉糴，飢者掠於市。」

《舊譜》：「（萬曆三十六年戊申）吾松十室九空，嗷嗷枵腹，將有揭竿而起者。府君急告當路請蠲，不得則請賑，請賑不得，莫若煮糜。於是華、青兩邑設粥局於鄉城，鄉紳、學博、孝秀皆董之。府君首倡天馬，捐資作竈，一切所需雜件並脩橋樑道路，顧募執事五十餘人。自辰至末，日給粥百餘鍋，水必清泉，米必瑩白。郡縣時臨看驗，有偵探設燕以俟者。府君曰：『此救荒也，豈飲食求媚耶？上官享之，必不下嚥』。郡侯張公、邑侯聶公以非時至，府君但進粥二甌、菜蔬四碟而已。識者聞之，皆歎以為知體。喜有四方之好義者，米豆之外，果餅鹽豉，種種樂助，比之他所，更覺饒裕。共計四十日。竟事，麥秋有望，農作將興，於是造冊送縣，每名給米二斗，四方沾恩者遠近十餘里。無破冒、無濫。觴，即僉大戶何某，僅稱，備員而已。所餘米炭，變價買腴田若干，以贍本面之役集有《煮粥條議》可案也。」

按：《學海類編》載《煮粥條議》稱：「萬曆三十七年歲饑，巡撫都御史周孔教檄知府張九德、華亭知縣聶紹昌、青浦知縣韓原善，分往鄉村作粥，以濟饑民，皆取給署丞顧正心濟荒米，使鄉士大夫好義者監視之。鄉市煮粥凡十八處。佘山一路，俞廷諤獨捐米三百石，於宣妙寺煮粥，就食者頗眾。余因

作此條議云。佘山道人陳繼儒識。」不知何故，存此待考。

陳子龍生。（據《陳子龍自訂年譜》）

萬曆三十七年己酉　五十二歲

正月十二日前，題《菜和尚冊》。

> 《味水軒日記》卷一：「（萬曆己酉正月）十二日，玉臺山有萬年冰者，乃深巖積凍之處，大暑不消者也。衲僧五六十人，節茅於此。有僧名如滿者，爲眾出山募米，爲就，誓不以粒米沾唇，朝暮止食菜葉，須到山與眾同飯，人因號爲『菜和尚』。至是，以一冊求題，爲作二段話。先題者，董太史思白、陳徵君仲醇。」

正月二十五日，與王衡最後一別，二十九日，王衡歿，二月十二日繼儒往弔之。王衡病中，囑繼儒敘其文集。

> 《全集》卷四十六《祭王辰玉太史》：「嗚呼！弟之與兄別也，乃在正月二十五日風雨之夕，誰知此夕竟永別耶。早知不五日而兄去，我何不少留須臾，一視兄含襚耶。」

> 王錫爵《王文肅公文草》卷十二《二七祭文》：「萬曆三十七年二月十三日，太原獨夫祭告於亡子編修之靈曰：『昨日汝之故友陳仲醇來弔，予因憶昔年長孫鳴虞之亡，仲醇嘗有春行秋令之譬，予心服之，而未知其言之味也。乃今則又見汝，汝爲予子席箕裘之餘，爲詞臣綴館閣之末，而被服寒素如書生，居處靜閒如處子。雲間奉使，卻車騎而徒行江上，尋醫隱姓名而謝客，且幾於春行多令矣。』」

> 按：《奉常公年譜》云「萬曆三十七年正月二十九日緱山公歿於家。」故繼儒語「不五日而兄去」。《全集》卷三十三《授中書舍人未任太原穉皋王長公墓誌銘》亦提及此事。

> 《全集》卷六《王太史辰玉集序》：「辰玉病久，執手顧余曰：『吾昔與子相期，一人後死，則請敘其文而傳之。今責在子矣。』余低回不能答。」

一月，南直隸督學楊廷筠、松江司推官毛一鷺因方孝孺立祠堂之事訪繼儒。次年冬至，祠成。

> 《全集》卷二十《求忠書院記》：「松府治之西有求忠書院者，何爲特祀遜志方先生而創也。……萬曆己酉，督學楊公廷筠訪其事於司理毛公一鷺。毛公訪之陳子繼儒，得實楊公捐俸三百金。馳檄立祠，復其姓、衣冠，其大宗之孫顯節，而祠尚有待也。太守張公九德適至，挺身而許曰：九德，先生之鄉人

也，德不而任，誰當任者？天以方先生六尺之孤，委之雲間。昔日方氏之存滅，在魏在余。今日方氏之存滅在我，有如聽以自續自絕。……於是謀之華亭令聶公紹昌，鷥吉鳩工，莊嚴廟貌，崇祀先生。而魏公澤、余公學夔、俞公允、任公勉、徐公善安配焉。構以重堂，僚以峻垣，翼以兩廡，門敞而墀滌，祭畢而田備，秋毫皆太守張公力也。祠成之日，太守以庚戌冬至，率僚屬迎主入祠，褐奠成禮，士民樂觀者萬餘人。及辛亥端午，命陳子繼儒為之記。陳子再拜稽首而謝公曰：異哉此舉！……是故陳子繼儒拜命額首而為之記。」

《舊譜》：「（萬曆三十七年己酉）淇園楊公總督南畿學政，歲科峻，一切有關風化，例當具疏上聞。時訊司理毛公，方正學子孫何在？擬建祠表彰，不知何地可祠。正學革除之後，子孫諱方冒，余雖居松，而人罕有知之者，一時安所置對，楊公即郵筒俯問。府君條答詳明，附請王、洪兩學博可列薦剡否，以其效勞於文正、忠宣二集也。又為劣等諸君可邀去後之恩否。楊公鑒無他，悉如請。祠曰：『求忠建於崔城書院之舊址，子孫給衣巾、奉香火，余氏得配饗焉。』府君與董宮保具有記。……二月，男蓮繼娶金氏，鴻臚素庵工公女也。」

按：《明神宗實錄》卷四五四：「（萬曆三十七年正月）甲申，南直隸提學副使楊筠庭（為楊廷筠之誤）為江西副使」可知楊廷筠在松捐金一事當在此月前後，故繫於此。

六月二十六日，与董其昌、吳廷再觀王羲之《行穰帖》。

《墨源彙觀》卷一（法書上）《行穰帖卷》：「萬曆甲辰冬十月廿三日，華亭董其昌跋於鴻戲堂。」後又一題云：「此卷在處，當有吉祥雲覆之，但肉眼不見耳。己酉六月廿有六日，再題。同觀者陳繼儒、吳廷。董其昌書。」吳廷，一作廷羽，字左千，號用卿，休寧人，畫佛像精雅，與丁雲鵬同稱絕詣，山水法李唐，刻有《餘清齋帖》流傳。《行穰帖》現藏普林斯頓大學美術館

與顧憲成書信往來，議王衡之文集。繼儒應陳穉登子陳藝之請，為作《壽涇陽顧公六十序》。

顧憲成《涇皐藏稿》卷五《與陳仲醇》：「昔蘧伯玉行年五十，而知四十九年之非。弟行年六十，而猶未能知五十九年之非也。罔生甚矣！丈儼然稱龍德以進之，是責瞽者以秋毫之視，責跛者以千里之趾也，能無懼乎？不惟自懼，兼為丈懼，丈何以策之？病骨支離，未能造謝，特此候起居，蕪刻請正，幸不吝發藥，或可補之桑榆，以始終德愛之萬分一也。懇懇！辰玉太史，皎皎異才，弟以千古期之，時效芹曝，竟爾不永，不獲觀其大成，可痛可恨。計丈此懷倍切耳。篋中遺文，似不可不為收拾也。如何如何。」

《全集》卷十五《壽涇陽顧公六十序》:「涇陽先生之學道也,不知老之將至,
垂六十,而先生通家子陳藝之徵文為壽。」

按:據《顧端文公年譜》,顧憲成是年六十歲,故繫於此。

十月,送董其昌補福建副使,後遊洞霄宮,探大滌洞。

《真稿》卷二十一《書責李邦彥》:「往己酉歲,遊洞霄宮,探大滌洞,最奇,
有醉道士迎余,凝塵落葉,縱橫庭坋,即所謂無塵殿者,亦垂剝矣。旁室廟
祀朱紫陽先生,而不及李忠定綱,亦是缺典。」

《全集》卷九《秋眺秋遊序》:「某歲十月,送董思翁閩行。送後,同顧玉驂遊
洞霄宮與人滌棲真洞,而上尋遊徑山,拜紫柏和上塔,欲完天目宿願,而雨
師拒客矣。」

按:董其昌《容臺文集》卷五《引年乞休疏》:「臣年二十五歲中,己丑進士,
改翰林院編修。又六年,升湖廣副使,奉旨以編修養病。又六年起,湖廣提
學副使,在任一年六個月。歲科俱偏外官,無告病之例,致其仕歸。科臣拾
遺,史部侍郎楊時喬奉旨留用。又三年,起補福建副使,在住四十五日。」
故董其昌當在己酉年十月赴福建。又,《舊譜》:「(萬曆三十四年丙午)秋,
《挈遊武林記》云:『梵公遊不出五百里』,今秋與余人入西湖,望錢塘,謁
雲溪老人,翻天竺,歸又入餘杭,至洞宵宮,探棲真、大滌二洞,自詫為生
个奇遊。既返棹,沿溪至向山大雄山壁岩,瀨不勝記,是處皆有綠竹、丹楓,
幽凹之區,可結淨室,恨無馮海粟、倪元鎮輩,又與中峯結幻往相等,因歎
息久之。然與粥飯僧端坐一室,數薪較米,暮鼓晨鐘,梵公所得已多,不致
青山笑人也。」今以繼儒所記為是,故繫於此。

寄書熊劍化。

《全集》卷五十四《與熊際華使君》:「臺下宰邑四年,……茲聞被招,皆攀車
繫馬,願留使君。」又「一年未得明公書,……某無端被譽,亦無端被讒,
今已洞白矣。年來以扁舟載書往來峰泖間,無論儻父,即家人罕得而跡,曾
占絕句云:『怕將名姓落人間,買得秋江蘆荻灣。幾度招尋尋不見,釣舟雖小
即深山。』此不肖近況,非以林澤自驕,蓋欲以此酬慰知己,小有安身立命
處耳。玄宰已請致,自今真為戲海鷗。」《全集》卷二十九《題秋江漁艇》前
兩句同,後兩句為「幾度招尋尋不得,釣船雖小即深山。」

按:《雍正松江府志》卷三十八《職官表》熊劍化「萬里三十二年至三十六年
任華亭知縣」,繼儒稱熊劍化離任後「一年未得明公書」,故此書當作於是年。
熊劍化,字神阿,號際華,豐城人,萬曆二十九年進士,繼儒卒,為其作《陳
徵君行略》(《全集》卷首《眉公府君年譜》附),詳見《雲間志略》卷六《華
亭令際華熊公傳》、《崇禎松江府志》卷三十三《宦績三》。

為藍瑛父芝厓先生六十題字。

> 《鳴野山房書畫記》卷四《書幅》：「此吾友陳仲醇題，壽藍田叔兄尊人芝厓先生六十之作也。偶在坐中，復索余書之。己酉四月，董其昌。」

為項德新母六十作壽序，諸十年後再為序。（詳見萬曆己未年譜）

作《壽鄭母沈宜人七十序》。（《陳眉公集》卷八）

作《送大中丞懷魯周公序》。（《真稿》卷二）

作《壽蕭坡莊太公七十序》。（《真稿》卷七）

作《勵齋方公祠堂記》。（《真稿》卷三）

吳偉業生。（據顧湄《吳梅村先生行狀》）

萬曆三十八年庚戌　五十三歲

三月，與董其昌遊塘棲。

> 張之鼎《棲里景物略》卷一《塘棲記事》：「庚戌修禊之候，玄宰董太史、眉公陳徵君兩先生舟艦戲水，仲昌偕余以《笠澤遊記》為贄，太史笑曰：『余鄉有吳子作洞庭遊，不信宿而返，以洞庭勝在夏侯灣，亦猶然入境，何論云它』。眉公則囑仲昌得王安道、李于鱗《太華記》匯成一編，更快甚。田太史言，覺同源為煩；由眉公言，當登嶽斯始。」張之鼎，字超微，號半庵，別號無元子、臥癡樓主人，餘杭塘棲鎮人，著有《棲里景物略》十二卷，又《補遺》一卷。

十月二十一日，居泖橋僧居，觀吳仲圭《墨竹卷》。

> 《穰梨館過眼續錄》卷三《吳仲圭〈墨竹卷〉》：「仲圭精於數學，與兄同師柳天驥，能前知。其墓在武塘邑中，題曰：梅花和尚之塔。元兵略吳浙，不許剃髮僧家，仲圭墓獨存。今一丘在禾黍籬落間耳。余題疏請之邑大夫，少驅樵牧，每過未嘗不泫然也。此卷竹譜，又從文洋州外別出一門戶，蒼蒼涼涼，如聞風雨冰雪聲。偶周子嘉撝示泖橋僧居。余焚香，同公美、子泰率群衲擁其旁，披轉一過曰：梅沙彌以竹說法竟。庚戌十月廿一日，陳繼儒得觀題。」

十二月二十日，郁嘉慶、董其昌來訪。後為寄書李日華，為嘉慶求《先嬾庵記》。

> 《珊瑚網》卷十七《陳眉公多餘記》：「余願為多餘處士，文通俗通，不復叩門，擁爐炙日，濁酒陳書，此目前輕安法，三十年不能得也。伯承以歲杪踏冰霜訪余草堂，信宿信宿，非特高義，實以五十婚嫁皆畢，二子皆秀才，閉門讀

書史，無煩檢課，伯承眞多餘處士也。是晚，同玄宰雜論，因言知天命，非有別法，但安命不扳緣耳，順亦非有別法，但機稱順逆如風，相似不分別耳。龍溪子謂八十不踰規，余以爲即百歲決不踰矩。平天下止言絜矩耳。庚戌十二月二十日陳繼儒記。」

李日華《味水軒日記》：「（萬曆三十八年庚戌）廿三日，郁嘉慶來，求《先嬾庵記》并圖，介繼儒先生書以請。」

《陳眉公集》卷十二《寄李九疑》：「伯承兄至，知尊居有回祿之變，殊爲驚愕。念君實廉吏，而尊人一生拮据，惟此數椽。今忽遭此，天道夢夢矣。雖然，元亮五柳尚存，謝庭玉樹蔚映，猶可娛晚景也。僕一秋高臥泖橋，未省動定，春間或得請晤。承伯云許作《先嬾庵記》，此亦藝林佳話，獻歲以此先驅，何如？」郁嘉慶，字伯承。郁逢慶兄。家有先懶庵。好古嗜奇，張氏所梓眉公秘笈，大半都其書。

冬至日，求忠書院成。（詳見萬曆己酉年譜）

繼儒寓澄鑒寺。作《重修泖橋澄鑒寺記》。（《全集》卷二十三）

《舊譜》：「（萬曆二十八年庚戌）澄鑒寺居泖上眾刹之中，如孤臣客卿，遊人罕到。府君自丁未二月泊舟夜訪，見老訥古樸淳謹，僧雛屛罥酒，延師授書，因思勝國時，楊鐵崖、趙松雪、曹雲西輩常往來泖上。今僅見春雲空水耳，歎息而去。是歲始留憩焉。愴山門傾圮，大殿廊廡，幾與鳥鼠爭席，乃首倡乞緣於諸同志，竭蹶補苴，手植榆柳，扁額題詠，爲之一新。寺僧亦焚脩好學，數年之間，非復曩時舊觀，巋然爲諸山之雄矣。僧不忘府君，金湯建祠，以志報府君。有《重修泖橋澄鑒寺記》。」

董其昌《容臺別集》卷一「澄鑒寺在中泖，唐船子和尚載月釣魚處也。近仲醇修葺之，余爲題其門曰：蒹葭蒼蒼，白露爲霜」，其幽勝可知矣。」

夏，寄書包鴻逵。

《全集》卷五十六《與包儀父》：「聞吾弟由浙入楚，度可錢塘江頭一送。今知取道京口，路遠天熱，不能握談，悵何可言？弟出禮義公族，又加以數年道義，不扶而直，不雕而鏤，無煩三祝矣。」

按：包鴻逵中萬曆三十八年進士，授湖南湘潭知縣，故繫於此。包鴻逵，字儀甫，號振瑞，檉芳孫，世傑子，詳見《全集》卷四十六《祭包儀甫門生》、《光緒湘潭縣志》卷五《包鴻逵列傳》。

為丘閎貴作壽序，有詩為記。

《眞稿》卷二《丘氏壽言序》：「余授經秀州，丘伯畏與余甚暱，伯畏所居，近東禪寺。余愛寺門梓樹，可以招涼。伯畏攜床卷簟相與箕据樹下。所謂斗酒

娛樂，奇文共賞，兩人皆有之，比時原禮多在侍，至樹蔭轉從，猶未別。余目元禮可以歸矣。……伯畏六十矣，而原禮成進士歸，適與壽會。原禮曰：『吾父廉，某又廉吏之子，無所佐百歲觴，則謁名公詩若文踞而奏之。』伯畏笑曰：『吾昔與眉公坐東而禪寺梓樹下，誠不意我遂稱六十老人，又不意兒有今日。君家言太侈，何敢當？盍請之故人眉公一言以壽我』。余謂元禮曰：『君行當拜令，清、慎、勤，是而家理縣譜，更有進此者，曰清不律人，慎不傷身，勤不露才，執斯三者，可以壽國、壽天下，又可以壽家。夫家疇有壽於伯畏者乎？捨此無所事祝矣』。元禮曰：『善。請弁之簡端，無敢負庭訓，且無敢負贈言諸君子。』」

《陳眉公集》卷三《壽丘伯畏六十》：「清時乞得五湖身，自詡煙霞嶺外臣。金卻四知無暮夜，酒逢千日有長春。鳴琴堂上絃如綺，舞袖尊前錦更新。玉琯陽和生氣轉，夜來還送石麒麟。」

按：丘履佳中萬曆三十八年進士，故其父六十當為此年。

王思任為青浦縣令，與繼儒多有往來。

《全集》卷二十九《玄宰為季重王使君作〈仙館圖〉，極得巨然筆意，半以吳興運之。今使君出宰清谿，暫作峰泖客，卿有玄宰煙雲供養，勝於玉宸香案多矣，故題一絕於圖上》：「北窗一榻我愛我，南華半卷人非人。仙曹官吏如蟣蝨，傲骨難甘作弄臣。」

《全集》卷四十六《祭王季重太公》：「初，王使君領青溪牧，延余後堂，不設絲竹，出見太公。」

《嘉慶松江府志》卷三十八《職官表》王思任萬曆三十八年任青浦縣令，故繫於此。王思任，字季重，號謔庵，又號遂東、稽山外史，山陰人，萬曆二十三年進士，魯王監國，官至禮部尚書，工詩善畫，著有《避園擬存》一卷、《遊喚》一卷等，詳見邵廷采《思復堂文集》卷二《明侍郎遂東王公傳》、《罪惟錄》列傳十八。

王錫爵卒（據《王文肅公年譜》），作《祭王荊石師相》。（《全集》卷四十七）

黃宗羲生。（據《黃宗羲年譜》）

作《來章堂記》。（《真稿》卷三）

作《修李塔匯鐘樓疏》。（《小品》卷二十一）

萬曆三十九年辛亥　五十四歲

仲春，許自昌來訪，欲買舟作釣徒，董其昌作《江渚垂綸圖》贈之。

《愛日吟廬書畫錄》卷二《明董其昌〈江渚垂綸圖〉》：「董玄宰題並寫《無心事軒冕江渚獨垂綸》：欲買扁舟學釣魚，釣竿頭上月清虛。歸來甫里祠堂下，種樹編籬錄異書。」又「許玄祐，家甫里，修天隨廢祠，極有古風義。生平嗜書，不妄交。辛亥仲春，訪玄宰及余於浦上，因欲買舟作釣徒，玄宰寫此贈之。陳繼儒記。」

許自昌《樗齋詩草》卷上《訪董玄宰太史》：「危樓百尺鎖輕蔭，楊柳蕭森已作林。入座盡消塵世想，高談惟見古人心。山當雨歇雲添供，城帶江隈草暗侵。總是五陵游俠客，相憐徒羨伯牙琴。」

四月，王思任得子，作詩賀之。

《詩鈔》卷二《王使君以辛亥四月首得震索於清谿官署太公以迎養至時年八十有二矣》：「留窗燕寐光瞳矓，咲聲沸傳新得雄。方頤員頂明雙瞳，家人捉衣報太公。太公起視額加手，老人八十添丁口。灸火吹笙湛玄酒，三祝長生拜南斗。自言騎馬初到衙，乎聞英物啼呱呱。有官何必烹丹砂，有縣何必栽名花。食牛之虎僅三日，破谷鳳凰毛五色。使君雖貧貧亦得，掌有驪珠田有壁。」

作《夜臺禪師傳》。

《味水軒日記》卷三「（萬曆辛亥四月）二日，廣陵僧覺印來求其師夜臺禪師像讚。夜臺，昔住五臺，日則宴坐，夜則經行繞臺，歷五峰皆遍，虎狼逢之不害，深雪沒體，凍僵復活，虜婦三娘子迎之，不肯去。去歲十月，隨人渡海，躍入海中，盤膝巨浪上，為雲霧擁之山去。董太史忠白已為作偈，陳眉公又為作傳，虛其左以須子讚云。」又《補續高僧傳》卷二十《夜臺禪師傳》：「時萬曆庚戌十月二十五日也。老道人歸言之，華亭陳眉公，作文記其事。」故此傳應作於庚戌十月後辛亥四月前，暫繫於此。夜臺，西蜀人，後至五臺服水齋，作務不輟，庚戌十月由通州入海過福山，二十五日舟覆而去，詳見《全集》卷四十一《夜臺禪師傳》、董其昌《容臺文集》卷七《夜臺禪師像贊》。

端午，奉松江知府張九德命作《求忠書院記》。（詳見萬曆己酉年譜）

八月，秋潭訪繼儒於天馬山墓田丙舍，明日二人相偕遊。

《全集》卷二十二《與秋潭師雲間遊山記》：「辛亥八月潮生日，訪余於天馬墓田丙舍。老雨甚風，不能攝屐。明發報晴，因納舟，由鍾賈入陸君策畸墅，榛莽埋沒腰膝，所謂榱角維新，而有黍離之歎。由南登秀林山，山為梁簡文幸遊處。……因遊佘山西麗，轉入徐叔文山齋，訪友谷老人，遂拉偕高齋，晚宿清朗閣。……濕雲忽起，催余西行，帶雨過鳳凰山，觀張東海墓，有過拜石堂殘桂，尚能殢人，醒宿酒也。……明可出還，夜春朝飽，此中又有慧解、蓮儒……三日之中，香茗不絕，皆上人力也。上人解脫而有戒行，異日

潭公至，當與偕遊。山谷空無人，得此師不至，法堂前草長一丈矣。儒又記。」

錢謙益《列朝詩集小傳》閏集三《秋潭舷公》：「字葦如，號秋潭，秀水金明寺僧，嘉興梅溪人，明構黃葉庵於西郊，自稱黃葉老人。修竹百竿，晨夕手自拂拭。客至，拾落葉煮茶，移時無寒暄語。吳越士大夫慕渴者接踵。其所修心契者，隱者吳少君、殷方叔、陳仲醇。」

吳孺子，字少君，號玄鐵，蘭溪人，性高僻，詳見《明史》卷三百九十六、沈季友《檇李詩繫》卷十四《破瓢道人吳孺子》。

十一月四日，訪李日華。

《味水軒日記》卷三「（萬曆辛亥十一月）四日，暖甚。眉公先生見過。」

臘月十八日，與范允臨、楊時偉飲。

范允臨《輸廖館集》卷一《辛亥臘月十九日，同陳眉公、楊去奢諸君子飲延陵吳丈新築，填得漁家傲一闋次眉公韻》：「誅茅小築清流曲，連青一片山遮屋，場圃平鋪雞鋪穀，新芻熟，紅楓漁火寒煙宿。十步迴廊花四簇，水橫梅影風敲竹，寫出剡溪藤一幅，生涯足，松花數畝荷花綠。」

《全集》卷三十二《宿吳延陵山莊（漁家傲）》：「虎丘南去溪流曲，牆頭露出黃茆屋。打掃新場堆舊穀，雞犬熟，估船常伴漁船宿。轉箇迴廊松簇簇，小橋淺瀨黏脩竹。好山好水看不足，絹一幅，雪花酒嫩梅花綠。」

楊時偉，字去奢，長洲人，著有《正韻箋》四卷、《諸葛忠武書》十卷等，詳見張世偉《自廣齋集》卷十五《楊文學》、《小品》卷十三《楊去奢制義序》。

冬，顧言攜顧憲成書來訪，為作《誥封顧母徐宜人墓誌銘》。

《全集》卷三十四《誥封顧母徐宜人墓誌銘》：「江陰尚實顧公以萬曆辛亥季冬，葬母於尤村之新阡，捧涇陽先生書為介，曰：『尚實去吾鄉不十里，頃者哭母，哀毀於踰節，其撰述母德合於閨史之所傳說，寧漏無濫，蓋言言實錄也。子其按而銘之。』余遜謝，公再拜，黯慘雨泣不能言。」

顧言，字尚實，號中瑜，江陰人，萬曆二十年進士，官至浙江按察司副使，詳見陳仁錫《無夢園初集》駐集二《大參中瑜顧公暨元配任宜人傳》。

應王時敏請，為申時行母作壽序。

《全集》卷十九《壽申母黃太夫人八十序》：「往乙巳相國申公稱七裒，及今辛亥，屈指告老去解相印之日，又十五年所矣。……今黃太夫人八十矣。」

作《題青微亭壁》。

《全集》卷五十一《題清微亭壁》：「余考室九峰中，欲种柑橘，為遊客沓至，

多爲撝剝。生人我相，極多霜雪，清刻不免爲木奴，衣薪着裘，懶道人不暇也。清微亭架修竹老松間，差堪碁位，故此道偏劣，僅勝孤山逋翁耳。賴先我藏拙者，有子瞻先生在。辛亥極旱，忽得甘雨，噫欠風雷，書此誌快。」

按：《舊譜》：「（萬曆四十年壬子）築青微亭於高齋之後，背負崇崗。腹買古墓之虬松四株。府君曰：『以代名人古畫，時懸草亭，但恨無飛瀑千尺，界之空青鈍碧間耳。』天馬細林，橫亘如黛，猶可供夕陽晚眺也」，時間晚於此年，今以繼儒所記爲是。

王時敏爲補輯《王文肅公年譜》求正於陳繼儒，《太史緱山王公傳》（《全集》卷三十九）、《王文肅公像讚》（《全集》卷四十八）最早作於此時。

《奉常公年譜》：「（萬曆三十九年）公居喪之日，更爲補輯，就正於陳徵君繼儒，以成先志。次第求文肅公、緱山公行狀、墓誌、神道碑傳於諸名公，質之申相國時行及陳徵君。」王時敏，初名讚虞，字遜之，號煙客、西廬，錫爵孫、衡子，崇禎初以蔭官太常寺卿，故被稱爲「王奉常」。擅山水，專師黃公望，筆墨含蓄，蒼潤松秀，渾厚清逸，開創了山水畫的「婁东派」，与土鉴、王翬、王原祁並稱四王，外加惲壽平、吳歷合稱「清六家」，詳見《清史稿》卷二九一。

代為松江知府張九德母作壽序。

《眞稿》卷七《壽張母洪太君序代》：「往明州張公山西曹拜松郡守，……己酉，公蒞松……頃者三載奏考，而母適至，又且與壽辰會。」

按：己酉三年當爲此年。張九德，字咸仲，號曙海，浙江慈谿人，萬曆二十九進士，詳見《雲間志略》卷六《郡侯曙海張公傳》。

作《徐太恭人八十序》、《南玄韓太公七十序》。（《陳眉公集》卷八）

韓應箕，字希皋，號南玄，御史應庚弟，灤縣人，詳見董其昌《容臺文集》卷六《韓太公傳》

作《方暘谷像贊》。

《全集》卷四十八《方暘谷像讚》：「大京兆暘谷方公，許相國狀之，汪司馬誌之，蕭太史碑之，王大司寇傳之，吾友董玄宰復爲小傳手書像後，而像未有讚也。其仲孫思睿奉一敬先生之命，排纂逸事，以授陳子。」

按：方良曙，字子賓，號暘谷，歙縣人，嘉靖三十二年進士，詳見王世貞《弇州山人四部續稿》卷六十八《應天尹方公傳》。方一敬，良曙季子，萬曆十五年順天鄉試第五名，據《嘉慶松江府志》卷三十九《職官表》，方一敬曾於萬曆三十九年至四十二年任青浦縣教諭，故推論此《讚》當作於此期間可能性

極大，暫繫於此。

作《方正學先生祠記》。(《嘉慶松江府志》卷七十三《藝文志金石》)

居泖橋澄鑒寺。

《舊譜》：「(萬曆三十九年辛亥) 夏秋至冬半，仍留泖橋寺，有《泖橋稿》。又有『九日食新眞有福，經年高臥類無情』之句。男夢松婚娶宋氏，憲副遜庵公孫女也。是年，含譽堂田社成。」

萬曆四十年壬子　五十五歲

五月，唐季陶訪，有詩為記。

《小品》卷四《壬子五月，唐季陶過訪，投以新詩，山中答謝，且定後約》：「衡門春雨燕差池，冠劍何來佩陸離。藝苑縱橫無礙辨，醉鄉唐突有情癡。一瓢詩就憑誰賞，百尺樓空得我遲。早晚還期同信宿，莫教先勒北山移。」

十月，董其昌作《鱸鄉秋蓴》贈繼儒。

《式古堂書畫叢考》卷三十四《歷代名畫高冊》：「(第十五幅)《明董文敏〈鱸鄉秋蓴圖〉》，壬子十月二十二日寫贈仲醇徵君。董玄宰。」

十一月二十日，訪李日華，索觀書畫，讚其子肇亨之作。

《味水軒日記》卷四「(萬曆壬子十一月) 二十。雨，陳眉公先生來索觀書畫，極喜王叔明《秋山草堂》一幅，以爲在《清弁圖》上。又觀亨兒畫冊，題語云：『會嘉遊戲畫海，似得無師自然之智。然自子久，叔明、懶瓚、幼文，種種具在筆端，畫學深詣如此，豈徒南宮之虎兒。當是大小李將軍復現耳。』」李肇亨，字會嘉，號珂雪，又號醉鷗。室號有鶴夢軒、寫山樓等，日華子，後爲僧，法名堂瑩，住超果寺。

為陳所蘊七十作壽序。

《全集》卷十五《壽滬海陳公七十敘》：「海上滬海陳先生，解中州學政歸，闔門養重者若而年。特召公觀察使，與堂邑繩齋許公同轄晉藩，識者額手曰：『此京師不通書之唐介，政府不奏記之劉元城也。主爵何自而知之，非久且擢卿寺，賜節鉞。』而公堅臥不欲前，笑謂勸駕老曰：『吾壬子七十矣。姑趣酒進我』。」又同卷《壽滬海陳公八十敘》：「往者滬海陳先生七十時，不佞嘗操文以佐觴，大約謂先生鄉行類陳太丘，不通書類唐介，不奏記政府類劉元城，先生笑而頷之。」

陳所蘊，字道行，又字子有，號南谷，上海人，萬曆十七年進士，官至南京太僕寺少卿，著有《竹素堂藏稿》，詳見李日華《恬致堂集》卷二十四《陳南

谷先生傳》。

作《壽敬新杜公七十敘》。

《全集》卷十七《壽敬新杜公七十敘》：「杜太公有伯子以給諫持節益藩，還視太公於里第。壬子當杖國之辰，出而介圭，入而介觴。鳴玉佩魚，鏗然委地，遠近聞而艷之。乃以祝祠屬陳子。」

杜宗魁，字振卿，號敬新，時勝子，縣庠生，詳見《雲間志略》卷二十《杜封君敬新公傳》。

春夏間，居山中，身體不適，有眼疾，寄書知府許維新，盛讚章憲文子孫及王時敏，此年木棉價格甚高。顧憲成、鍾薇卒。

《全集》卷五十四《復許繩齋郡侯》：「生元氣所得甚少，以元氣化飲食所傷甚多。年來入山，量腹節口，止博得一活勝人，但未能紙衣鐵杖，老不入城耳。玄宰翰墨日貴亦日閑，章公覯三子清審貞立，能文章，又攻詩，二孫並作秀才，清白不負人如此。唐長公子猶布衣，鍾封君遺書決親友，而後坦化，亦由胸中尚有老農風味也。去冬旱，今春夏木棉至四十五文錢得斤許，出家終月洗手堅作，如歲朝新婦，俗呼為少年荒。民間大袖尺八寸，腰間白練帶至三尺餘，甚有寫詩畫者。士民不揣良楛，試少卻昇神明投郡閣前，蜂屯蟻聚，數日乃已。山澤之腴，只合閉門面墻，不忍見此咄咄事。梁川、東林招講學，謝不仕，知者以為畏大人，不知者恐以為遊大人也。今涇陽廿三日遊岱矣。……明公病後，作書甚難，某病目報書又難，數千甲欲覓繪史又難，以此三難並在。」又「壬子五月，曾裁短札報謝，比時別見手書僅三四十字，頗惓惓道体為念。……王文肅公止一孫，字遜之，文藻不減辰玉，而馴謹有志行。遜之得師明公，公得良友，乃第一吉祥善事，筆念矢極，堪作扇頭書前。晉中寄購筆材，為此奉佐子墨。王尚璽多便人，幸時惠好音。」

按：據《顧端文公年譜》，顧憲成卒於是年，故此書所作當於此年五月前後。許維新，字周翰，號繩齋，堂邑人，萬曆十七年進士，二十六年至三十二年任松江知府，官至戶部侍郎，詳見《雲間志略》卷五《郡侯繩齋許公傳》、《崇禎松江府志》卷三十三《宦績三》。

王穉登卒。（據李維楨《大泌山房集》卷八十八《王伯穀先生墓誌銘》）

萬曆四十一年癸丑　五十六歲

春，看梅玄墓，回虎丘讀《諸子》。

《全集》卷十《姚百雉虎丘詩序》：「癸丑春王十日，看梅玄墓，回檝虎丘，讀

諸君子聯舟泛月之詠，使人眉舞肉飛，聲嘶氣奪。雋矣快矣，險矣奇矣。當其靜也，閑門古寺，甘冷淡於折腳鐺中。及其動也，艷舞清歌，逞豪華於點頭山下。天涯兄弟，偶墜有情之癡，藝苑風流，不讓無遮之會。昔人云：名士堵立，紅粧成輪，置筆投杯，殆欲仙去。其諸君子之謂乎？眉道人艷而傳之，題序如左。」

春，過洞庭之莫釐。四月至七月，結夏翠峰寺，應王時敏請，為刪定王文肅公藏稿，有文草、奏章、牘草三集。募翁氏，請藏經建閣以鎮茲山，山墅界石樑。其間郁嘉慶挈秋潭來訪，因同遊西洞庭，拜訪張賓樵。葛一龍亦來訪，有詩為記。吳鼎芳來訪，為作《詩序》。鄭忠材訪。為其母作墓表。作《題五會圖跋》。

《全集》卷八《三開士詩敘》：「癸丑，余結夏太湖翠峰寺，郁伯承挈秋潭師破浪來訪，因同遊西洞庭，出三開士詩，讀石公山下。」

《全集》卷三十《翠峰山居結夏》：「激湍飛作雨，獨樹偃為梁。雞犬有傲色，炊煙多異香。清陰終日綠，秋業幾時黃。擬住重陽後，還分橘柚霜。」

《舊譜》：「（萬曆四十一年癸丑）季春，過洞庭之莫釐，憩翠峰寺退居中，以雪竇師遺蹤，可作寓公。時從王尙璽遜之請，為刪定《文肅公藏稿》，有《文草》、《奏草》、《牘草》三集。如文肅公建儲羽翼之苦心，與條對六曹九大鎮之懇欸，炳如日星，而一生之相度、相才、相業盡於此矣。募翁氏請，藏經建閣，以鎮茲山。山墅界石梁，至今往來稱眉公橋云。」

《眞稿》卷二十一《書張賓樵》：「洞庭山有賓樵張翁者，老儒也。……癸丑歲，余遊西山，自林屋洞轉趨候包，有僧云：『欲見張賓樵否？』余驚曰：『是否老故人也？尙在乎？』喜不自禁，因同秋潭師、郁伯承入曲徑，得翁於荒場間。草屋垂僕，葭墻無煙，翁冉冉七十矣。場中六七株大杏樹，地可四五畝，僅一婿，躬耕給薪水，而婿更馴有古風。翁指云：『吾撰《孝婿碑》可讀，』余唯唯。已，坐杏下，相對如夢。秋潭師浥然涕淚者久之。余薄餉以酒錢，垂暮，送余入舟，借村居共宿。明日，余欲遊石公山，翁贈以短箭，曰：『老不能從矣。』翁山中終日諷《法華經》，在東塔，當生日，每登塔一層，誦《法華經》一卷。至頂而經畢。風貌古樸，意色蕭淡，此亦潁昌杜生之流也。」

《全集》卷九《秋眺秋遊序》：「余遊洞庭山，兩度嘗寓翠峯山居百餘日……又一月而謀西山遊，訪故人張翁，延入隱處，茆屋垂什，坐七八株大杏樹間。張翁見余泣，余與秋潭亦泣，送出杏林，贈余一瘦箭而別。明日過石公山，是日郁伯承生日，余與秋潭、蓮儒、莊平叔、薛君童、孫清微、卜孟碩各拈詩壽之。按：張翁當指張賓樵。

葛一龍《葛震甫詩集·獨往篇》之《翠峰山居訪陳眉公》：「山開積雨後，行拂翠氳氲。未到客投處，已無人聞語。閣鳴松偃瀑，花盡鳥啼雲。片石澗流上，結茅知待君。」葛一龍，字震甫，江蘇吳縣人，由資生選授雲南布政司理問，謝病歸，著有《葛一龍集》十七卷，詳見錢謙益《列朝詩集小傳》丁集《葛理問一龍》、《康熙江南通志》卷一百六十五《文苑一》。

《全集》卷三十七《鄭母趙孺人墓表》：「萬曆癸丑，陳子結夏洞庭山，及秋，有客操一葉入太湖，始得返跡陳子於虎丘，蓋陳子游明月灣歸矣。客爲誰，則鹽官鄭君忠材也。君拜陳子，喑喑不能言，面有怖色，曰：『邃孤性懦弱，非無故不敢錯足十步外，其犯風溯濤，以索先生者，爲吾母一片石耳。』余逡巡卻走而謝曰：『某死罪。吾聞孝子不登高，不臨深，而君獨反是，願聞其略。』君再拜出示墓誌一通，……故陳子哀而許之表。」鄭忠材，曉孫，履準子，詳見顧憲成《涇皋藏稿》卷十九《鄭大夫下泉公傳》。

《小品》卷二十二《題五會圖跋》：「癸丑四月，讀書東洞庭之翠峰山居，得良友二，則王參父明高兄弟。松影泉聲間，以香茗消之。一日，出此《五會圖》相示。余檢得元美可宬，吳中往哲像讚，蓮儒書之，以補五圖之後。夫同官之忌，往往出於同鄉。其生也與魑魅爭光，其後也與草木同腐。何如五先生以勳德名位，全始全終，則平時道義切磋之助也。參父兄弟每訪余，所談皆先世家事，垂百年餘。而文恪題名記若新，若他素封子弟袖中之簡，能辦此一盛珠否？若參甫兄弟，眞可謂王謝舊家，家庭雖貧，出入必偕，其篤尚友於，可想見文恪之風耳。」

《小品》卷十二《吳凝父詩序》：「癸丑，結夏洞庭，先有私戒，此去科頭抱膝，非詩人不見。既至翠峰山居，履綦栩嚙，有客不通姓名而唐突特甚。麻衫草履，余蓋望而知其爲吳凝父氏也。凝父故名家，性不喜山中卓、鄭之習，而顧獨嗜詩。詩清遠娟秀，本之以性情，而凝議之以古人。久之，自稱爲凝父一家言。」吳鼎芳，字凝父，吳縣人，後爲僧，詳見朱彝尊《明詩綜》卷七十。

十月丁亥，王思任遊洞庭，於東山見繼儒。

王思任《謔庵文飯小品》卷三《泛太湖遊洞庭兩山記》：「余讀《震澤編》，慨然有七十二峯之想。已而手弇州、太函、歇庵諸遊記，則神淫淫三萬六千頃湖波際矣。前遊者曰：非筍輿不可穿雲，非峨岢之艑，不可穿巨浪。因借同年俞觀察一艑，而以橙黃橘綠之時，約友生李庭堅往。會庭堅曳州試債業未竟，乃喚其弟澹湖，又得友汪弱水、陳少山，築酒贏糧。以癸丑十月乙酉，從胥門發，十五里，夜宿木瀆。漁火星綴，舟如孤驛，四人作吳俗鬭百老戲，酒語請安。明日丙戌，登霉巖山，山半借松碧，如褢繡書生危坐不語。觀西

施洞、犀牛石、醉羅漢石，俱無奇。眺吳王箭涇，一水邪射里許，甚無謂。相傳吳王箭之所及，遂涇焉，當是醉中令耳。入靈巖寺，塔勘鍾殘，秋深僧老，草花千本。望門外，湖氣混忙，滾入雪鏡一片，為之啜茗延佇者久之。登靈巖閣，是周公瑕所顏，此三字殊不惡。木葉已脫，空曠鳥悲。閣後二智井，云神異僧曾以此出木，或有之。……十五里，及胥口，風小忤，而日迫崦嵫，泊舟伍公祠下。……次日丁亥，板歷龜窟，而寢甘未喻，乃聞雞喔白雲中，推蓬視，則東洞庭山足矣。早市魚，得銀著者千頭，一飯爽極。沿山俱素封丘隴，從曲徑入翠峯寺，碧醀飲滴，大約在濃松肥竹間。訪所謂悟道泉者，以松火怒發之，淡逸有力，而本泉僧遽欲篡中泠、惠山之座，則吾舌尚存也。而吾友陳仲醇，背泉跨澗扼樓，以領其勝，遂使湖光山色，日日來盟，要言不繁，山川即文字耳。從右肩逾至法海寺，積葉封山，足音四響。飯於芝臺上人之榭，萬木枝總，秋聲蕩壑，意頗冷之。」

《全集》卷五十八《與王季重》：「四月入太湖洞庭，名山大川，……聞太公健噉，又已抱孫，明公萬事足矣。侍養以後方可做官，家食二年，再商出處。」

李貫之訪，為其妻作墓誌銘。

《全集》卷三十四《李孺人貢氏墓誌銘》：「江陰茂才李貫之宏覽博物，君子也。……癸丑，而貫之桐杖謁門，則孺人病殞矣，距其生嘉靖戊午，享年僅五十有六，貫之不忍孺人之歿而無徵也，屬誌其墓。……陳子不敢辭，許之銘。」

按：李鶚翀，字貫之，後以字行，江陰人，詳見錢謙益《牧齋有學集》卷三十二《李貫之先生墓誌銘》、卷十八《李貫之存餘稿序》、《全集》卷十《藏說小萃序》。

作《唐烈婦楊媛墓誌銘》。（《全集》卷三十四）

作七古賀徐郎倩得子。

《詩鈔》卷二《徐朗倩以癸丑六月三日舉子於酉時，七夕彌月後，始渡太湖來報諸客。客飲酒賀之，余贈以歌》：「徐郎歸家何鬱蔥，門楣返照光瞳朧。庚方月初玄初弓，家人驚喜新得雄。紫騮馬，齒如雪。披耳分鬃生嚙鐵，六月產駒真汗血。狻猊塗，朱口落。落地便作河東吼，此兒類父全類母。徐郎笑，還拍手。為君醉飲長生酒。酒未酣，萬事足。去年男女猶未卜，今年七月彌月過，渡河有牛兼有犢。」

萬曆四十二年甲寅　五十七歲

正月十九日，董其昌六十，應華亭縣令鄭元昭請，為董其昌作壽序。

《全集》卷十五《壽思翁董公六十序》：「甲寅春王之十九日，太史玄宰董公六十矣。曰：『我將與陳子探梅山中，或放而至於三泖五湖，犢車漁舟，不得而跡也。』而華亭侯鄭公則謂陳子曰：『吾師他人辭，而難辭之子，爲我屬一言以佐觴。』某與公少有惠莊之契，晚而相期爲楊許碧落之遊，而未有以應也。」

鄭元昭，江西臨川人，萬曆三十八年進士，四十一年任華亭知縣，詳見《嘉慶松江府志》卷四十二《名宦二》。

正月十八日，鄒斯盛訪繼儒於山中。

《小品》卷二《甲寅，鄒舜五果以正月十八日同諸子過訪白石山房，飲梅花下，信宿別去，後聞花有笑聲耳》：「雞三號，月漸高。客未醉，梅花驕。花開如雪欲歸去，倩花留君君不住。酒壺冷落掛松枝，抱鋤獨睡花深處。」

鄒斯盛，字舜五，蘇州人，著有《莼冰舫集》。

春，王時敏北上，作詩送之。

《全集》卷二十《送王尚寶遜之北上》：「蕙蘭風轉草絪縕，此際王孫別路分。新向鳳池誇振彩，舊聞麟閣畫遺勳。兩行燭引桃花綬，五色泥封薤葉文。有詔自天頒寶冊，少年承龍不如君。」

按：《奉常公年譜》云「（萬曆四十二年）於是春偕李夫人奉周太夫人北上。」《小品》卷四此詩記爲《甲寅仲春，京口送王尚寶遜之北上，爲賦兩章》。

十二月，在吳延陵之疏快齋，得見東坡書尺牘五種。

《味水軒日記》卷七：「（萬曆甲寅九月）十日，東坡如至人談笑，信口無疑，山谷謂沉著痛快，乃是東坡耳。六帖爲蘇氏翰第一，若他本，正似圜珠走氈，不能及此波策也。吳性中若摹傳之，更請王閑仲所藏《妙高臺》及《聽琴》、《烹茶》三帖並行，亦是墨池快事。陳繼儒同丁南羽、高仲舉觀於吳延陵之疏快齋。」丁雲鵬，字南羽，號聖華居士，安徽休寧人，隆啓年間畫家，供奉內廷十餘年。

聽經於郡西龍潭，挈僧雪寶明生入白石山談詩，作《三開士詩敍》。

《全集》卷八《三開士詩敍》：「甲寅，余聽經於郡西白龍潭，有僧從眾中出見余，則雪寶明生也。因挈入白石山談詩，凡數日，問覺明、蓮生安在？一住小洲，一住小萍庵，平日與明生往來甚數。……三開士者，皆遊秋潭老人之門，故品格恬素，而詩法亦清絕。秋潭閉聲息影，枯如木雞，而賴有三開士惠我好音，正如聽黃鸝聲，多使人不能忘情，且以砭世之塵土俗情者。」

道敷，字覺明，嘉興興善寺僧，遊黃葉庵之門，著有《中洲草》，詳見沈季友《檇李詩繫》卷三十二《中洲上人道敷》。

文貞，字蓮生，晚號夢堂，桐鄉人，秀水精嚴寺多溪之裔孫，從秋潭老人遊，著有《萍菴草》、《影雜稿》（《千頃堂書目》卷二十八著錄爲《藻影雜稿》）、《檇李禪林詩》等，詳見沈季友《檇李詩繫》卷三十三《小萍菴文貞》。

作《伍氏遷廟暨廟戶義田合記》。

《全集》卷二十一《伍氏遷廟暨廟戶義田合記》：「擬於甲寅春仲朔迎像入廟，積雨淹旬，計將改吉，忽一旦浮陰解剝，明星爛然，遠近觀者數万人，皆昨指崩肉而去。」

作《壽項孟璜太史四十序》。

《全集》卷十五《壽項孟璜太史四十序》：「吾友項孟璜太史以甲寅四十。社兄弟酌大斗壽之堂。孟璜謝曰：『蘇學士文章遍天下，而集中壽言不少見，徵文侑觴，非古也』。……美酒速飲而無味，積薪在高而先焚，蠶蚓必申，鵬息必飛，孟璜尚四十，盛衰倚伏，名位未可量也。於是社兄弟奭酒起爲壽，大笑而別。」

項鼎鉉，字孟璜，初字稚玉，號扈虛，篤壽孫，德楨長子，秀水人，萬曆二十九年進士，選庶吉士，被劾歸，著有《呼桓日記》五卷，詳見項皋謨《學易堂三筆》之《滴露軒雜著》。

秋，為申時行作壽序。

《全集》卷十五《壽元輔申公八十序》：「甲寅秋，吳門少師申公壽八十。大學士葉公具題，與歸德沈公並請。上即諭旨下璽書，特使馳問公於家。」

作《壽龍江董公八十序》。

《眞稿》卷六《壽龍江董公八十序》：「龍江董公以甲寅季多壽八十矣。遠近束錦羞壁者涸里巷，而公謝曰：『無以鐘鼓駭我，往者七十，眉公有壽言，實稱知己。至今庋之笥中不敢忘。垂十年，而奉天竺古先生之教，於學道更有得。子蓋爲我更徵之。』於是孝廉次公再拜而請之陳子。陳子反其幣而告之。」

秋，楊鶴重修于謙墓，囑陳繼儒作《重修忠肅于公墓記》。《武陵中行楊公傳》（《全集》卷四十二）《壽楊太公七十敘》（《真稿》卷六）概作於此時。

《全集》卷二十二《重修忠肅于公墓記》：「萬曆甲寅，武陵楊公以御史奉命理兩浙鹽筴，下車武林，首謁于忠肅公墓下。歎曰：『浙中伍大夫、岳武穆與公鼎立而三，而公祠宇如陋巷矮屋，無論謁者傴僂几筵，有如公肅儀擁從，出入廟中。詎此一丸土，能容數百萬風車雲馬乎？』於是捐俸，命仁和令喬君，鳩聚工料，式增廓之，而此祠歸然，遂成湖上偉觀。公屬陳子碑而記之。」

楊鶴，字修齡，號弱水，武陵人，萬曆二十三年進士，官至兵部右侍郎，總

督陝西三邊軍務，詳見《明史》卷二六○、顧景星《白茅堂集》卷三十八《楊鶴傳》。

臧懋循客松江，訪繼儒、陸應陽。

臧懋循《負苞堂文選》卷四《復陸伯生書》：「壬子冬一別，忽復四載。癸丑還自汝南，是夏中暑，幾不起。甲寅養病於貴郡之東園者」。

按：臧氏《負苞堂詩選》卷二有《同陸伯生陳仲醇諸友集徐賓夫宅共賦馮昭義當熊》詩，故繫於此。臧懋循，字晉叔，號顧渚，長興人，萬曆八年進士，南京國子監博士，明戲曲家、文學家，與湯顯祖王世貞相友善，編有《元曲選》一百卷，著有《負苞堂文選》四卷、《詩選》五卷，詳見《四庫全書總目》卷一百七十九《負苞堂稿》。

作《鶴林寺志序》（《全集》卷十）

建水邊林下。

《舊譜》：「（萬曆四十二年甲寅）得高氏故墟，僅存小房。府君去其頹垣亂礫，因樹設門，接以短廊，中額『水邊林下』，房瞰山涇，少通林藪。聯云：『漁釣竇中，樵吟葉上』，蓋實境也。逶迤而進，連施公祠，酒帘茶灶，摯轂摩肩，三春茶笋芬芳，雜以兒开細瑣，數百年空谷，一旦頓成市肆，而香草溪一席地，紅綃翠袖，嘯歌絃管之聲，中宵不絕矣。」

萬曆四十三年乙卯　五十八歲

春，為沈師昌作墓誌銘，後為其《餐勝齋集》作序。

張世偉《自廣齋集》卷十三《太學仲貞沈君外傳》：「仲貞君沈氏，以萬曆辛亥冬同余入京師，壬子秋，死場前寓所，余得舉坐，累至甲寅初夏乃歸，弔諸其墓。次春，長君受祉介伯、爾侯兄書，兼以朱相國傳、陳眉公誌併自草狀以清，或為表若傳。」按：甲寅次春，當為今年。「誌」見《全集》卷三十三《太學生仲貞沈先生墓誌銘》

《全集》卷十一《沈仲貞〈餐勝齋集〉敘》：「又六年而為壬子，仲貞攜策《北征記》歸矣。余為汍瀾者久之，誌其墓甚哀。至是得《餐勝齋集》讀之，而恨海內知仲貞者，百不得一也。」

按：《敘》作於《墓誌銘》後，姑繫於此。

六月，峨嵋僧訪繼儒於頑仙盧，為作《題西蜀鐵庵道人卷》。二十二日作《書避客》。

《全集》卷五十《題西蜀鐵庵道人卷》：「萬曆時有二庵，曰『歇庵』、『鐵庵』，

其言語妙天下。……六月，峨嵋僧以鐵庵卷求題。余題一偈云：『四周天下暖如春，六月峨嵋雪尚屯。若箇撥爐聲一爆，老水堆裏鐵庵人』。乙卯夏日書於頑仙廬。」

《眞稿》卷二十一《書避客》：「余畏客，捨城而山，客跡之山；捨山而舟，客跡之舟。嘗戲謂蓮公曰：『能爲我出奇策？有避客處乎？是安身立命處。』蓮公咲曰：『有二策在。……』是夜，乙卯六月十二日，梧桐月甚涼，與蓮公大咲而寢。」

立秋後，蔣道樞訪繼儒於山中。

《墨緣匯觀》卷三（名畫上）《山居圖》：「畫上小行楷題一詩云：『雖有柴門長不關，片雪高木共身閒。猶聞住久人知處，見欲移居更上山。』後書：蔣道樞見訪，留西樓十餘日，爲索余《山居圖》，以次贈之，乙卯秋立後三日也。董元宰。又陳眉公和韻一詩云：『我有荊扉懶上關，長呼病鶴門清閒。若容蔣詡來參我，不是深山也是山。』又自題云：『蔣道樞訪元宰後又入山訪眉道人，眉道人依韻贈之。陳繼儒題。』」蔣道樞行跡俟考。

秋後，作《如皋縣學重建文昌閣記》。

《全集》卷二十三《如皋縣學重建文昌閣記》：「泰州如皋縣文昌閣，直學宮巽隅，自嘉靖迄今，歲久垂剝，議撤而新之。……乃經始於萬曆乙卯仲夏，竣工孟秋八月。」

冬，為王夢鶴作行狀。

《全集》卷三十六《少岡王公行狀》「萬曆乙卯冬，於潛令王君奉其王父少岡公之兆，厝鶴滙涇西阡，與姚孺人合窆葬焉。手具行實，屬狀陳子。陳子讀之，此良史筆也。」王夢鶴，字子羽，號少岡，詳見上揭文。

作《修天竺疏》。

《眞稿》卷十九《修天竺疏》：「往乙酉，余與王辰玉遊西湖，日暮憩下竺橋，捉藤撥澗石、聽水聲。晚宿山樓，醉後蘸墨題壁間。……迄今三十年。寺已垂剝，居者愧，過者歎。有王貞仲先生慨然任之。」

寄書李開藻。

《尺牘》卷二《復李公開藻》：「追憶己丑冬，與徐孟孺會蓥涇陽父母……彈指二十六年。……三子一補諸生，餘習諸子，兩孫小者孩乳，大者四歲。已解杆逐雀，薄田百畝餘。」

按：己丑二十六年後當爲此年。

祝程養心壽，作《德星堂記》。

《眞稿》卷三《德星堂記》：「養心程公，川之隱君子也。乙卯六十有一，其從子穉束錦內壁，壽公於德星之堂。公引觴加酌，眉舞髯舉，而顏甚酡。旁睨者謂：『無歲星遊人間乎？』陳子曰：『公德星也。』……公肯勅應門下食，俟眉道人東行否？故董太史題曰『德星堂』，而余爲之記。」程養心行跡俟考。

為孫如法作墓誌銘。（《全集》卷三十五《贈光祿寺少卿餘姚俟居孫公暨元配史宜人合葬墓誌銘》）

按：上揭文稱「公丙子年十八」，「年五十有七卒」，孫如法生於萬曆四年，故卒於此年，此墓誌銘最早作於此年，暫繫於此。孫如法，字世行，號俟居，吏部尙書鑨子，萬曆十一年進士，授刑部主事，上疏議冊封皇太子事，忤神宗，謫爲潮陽典史，移病歸，著有《古春秋傳》六卷，詳見《石匱書》卷一百七十二、《雍正浙江通志》卷一百六十《人物一》。

結過庵。

《舊譜》：「（萬曆四十三年乙卯）結過庵於墮驢坡下，爲兒曹讀書之坡。有紫篁翠柏，間以脩梧高柳，亦日可蔽，平坡可容數十人。壘石高下，以便箕踞灼暑中，府君挈伴，相與竹盧、藤几納涼，閒奕其間。少遜而北，則採藥亭，松杉雜杏。時有山僧、野叟草衣筇杖點綴行遊，宛然趙伯駒兄弟《高逸圖》一幅也。故題《試茶》四言：『綺陰攢蓋，靈草試旗，竹爐幽討，松火怒飛，水交以淡，茗戰而肥，綠蔭滿路，詠日忘歸。』」

萬曆四十四年丙辰　五十九歲

正月二日入山探梅，遇大雪，有詩為記。

《全集》卷二十七《丙辰正月二日入山探梅，途遇大雪。舟人齧雪不得前，因飲施羽循齋頭即事》：「誰知昨夜雨，化作一天雪。送我到山中，梅花弄明月。月明花不見，千山白如練。忽有笑聲來，美人弄紈扇。垂手畫衣香，齊聲索酒嘗。酒波微帶綠，半似柳初黃。」

按：《小品》卷一此詩題爲《丙辰王正二日入山探梅，同張仲文、朱玄度、孫清微、蕉幻上人夜宿舟中，忽報雪飛如掌，舟人齧齒不得行，因留飲施羽遁齋頭即事》。

中秋至十月一日，刻《晚香堂蘇帖》行於世，有詩為記。三男夢草婚娶俞氏。九月二十四日，攜《晚香堂蘇帖》訪李日華。

《全集》卷五十二《題晚香堂蘇帖後》：「吾自少喜長公書。丙辰閒居，偶簡篋中數十年所積，屬衲友蓮儒、古水、焦幻及兒曹夢蓮等手摹之，始於中秋，刻成於陽生日，共得二十八卷。若《豐樂亭》、《表忠觀》、《醉翁亭》、《羅池

記》及《滿庭芳》等類，字太大，《金剛經》字太多，則有《醉翁亭》草書，字太贗，皆不入選。……公當時翰墨，禁省已不常有，何況今日？然以余耳目之外，或爲神物所呵護，或爲世家所收藏，不論石刻眞蹟，得鉤摹見寄。使長公翰墨之氣，不至毫髮稍遺，亦藝林一大快事也。敬爲之拈瓣香以請。」

《全集》卷二十七《山居集蘇帖字》：「竹高樹深，谷窈泉甘。既安且閒，南山之南。俯仰百歲，消磨豪傑。何如此中，飲水聽雪。裂石介嶮，老木陰廬。上德不德，左圖右書。簡欲划名，休養生息。疏豎畎畝，以樂賓客。」

《舊譜》：「（萬曆四十四年丙辰）男夢草婚娶俞氏，茂才元濟公女也。摹勒東坡帖二十八卷，名曰《晚香堂蘇帖》行於世。」

按：李日華《味水軒日記》卷八：「（萬曆丙辰九月）二十四日，陳眉公先生來，以所刻《晚香堂蘇帖》相示。」繼儒自言陽生日（十月一日）始成，而九月二十四日卻已攜蘇帖訪李日華，而二人又似無誤記，故可能繼儒所攜爲未完之帖。

秋，觀董其昌《樹石山水畫稿卷》。

《穰梨館過眼錄》卷二十四《董文敏〈樹石山水畫稿卷〉》：「此玄宰集古樹石，每作大幅出摹之。焚劫之後，偶得於裝潢家，勿復示之，恐動其胸中火宅也。眉公記。」

按：《民抄董宦事實》葉十一「（萬曆四十四年三月）十七日，四宅焚如，家資若掃，弟業抱恨。及見申文與諸告示，語語侵弟，以弟爲三縣惡人，洗宅抄家之外，別有鍛鍊，弟有死不瞑也。」「焚劫」之事，當指此時。又上揭書「其昌盡室逃避，家業爲之一空，半載之後，方得寧息。」故繼儒觀此畫當爲此秋或距此秋不遠，故繫於此。民抄董宦之事亦見《明神宗實錄》卷五四六。

錢士升被招，臨行前訪繼儒於山中。（詳見崇禎己卯年譜）

為王時敏請，編纂王衡文集。冬至日，於頑仙廬為其編撰的王衡文集作序。

《全集》卷六《王太史辰玉集序》：「傾念前盟，爲銓次校讎，僅得集若干卷行於世。昔者白樂天敘京兆元居敬集，燭下諷讀，淒惻久之，恍然疑居敬在傍，不知其一死一生也。題詩集後云：『黃壤詎知我，白頭徒念君。唯將老年淚，一灑故人文。』悲夫！余與辰玉今日適類此。余著述不如辰玉遠甚，忽爲吳兒竊姓名，龐雜百出，懸贋書於國門。假令臣玉在，必且戟手頓足，作敘一通，爲余伸虎賁優孟之辨，而今乃已矣。後竟誰定吾文者？臨敘不覺三歎。」

王衡《緱山先生集》卷首陳繼儒序：「丙辰一陽日，友陳繼儒書於頑仙廬。」

應沈復甫請，作《沈麟系選丙辰水鏡篇敘》。

> 《全集》卷八《沈麟系選丙辰水鏡篇敘》：「丙辰，二十房選者無慮二十家，獨婁江沈麟系選本最為精覈，屬沈復甫問名陳子。」

代作《武舉鄉試錄序》。

> 《全集》卷十《武舉鄉試錄序代》：「萬曆乙卯江南四郡當武舉試，郡大夫集才官羽林良家子以待，而逢執事者之不閒迺遜。丙辰秋七月，鹽臺侍御張公涖焉。」

為管志道元配陳太夫人作壽序。

> 《全集》卷十八《壽師母管太夫人八十序》：「歲丙辰七月廿有五日，吾師東溟先生之元配陳太夫人八十矣。」

> 管志道，字登之，號東溟先生，太倉人，隆慶二年進士，除南京兵部主事，著有《孟義訂測》七卷、《問辨牘》四卷、《續問辨牘》四卷，詳見黃宗羲《明儒學案》卷三十二《泰州學案》、焦竑《澹園續集》卷十四《廣東按察司僉事東溟管公墓誌銘》、錢謙益《牧齋有學集》卷四十九《管公行狀》。

為董其昌元配龔夫人作壽序。

> 《全集》卷十九《壽董太史元配龔夫人六十序》：「歲丙辰陽月，玄宰董太史元配稱六十。」

作《壽顧小侯母王太夫人七十序》。

> 《全集》卷十九《壽顧小侯母王太夫人七十序》：「歲丙辰，顧母王太夫人七十。」

作《程次公誄詞》。（《全集》卷三十六）

萬曆四十五年丁巳　六十歲

初夏，穆光胤來訪，為作《江南遊稿序》，並為作短歌。

> 《全集》卷十一《穆仲裕江南遊稿序》：「余讀弇州《穆太公傳》，知有穆考功，已讀《玄對樓詩》，又知有穆仲裕秘書。丁巳初夏，仲裕渡江訪余。余驚喜曰：『先生胡乎來哉？』秘書曰：『吾好遊，無他願，願見江南佳山水與眉道人耳。』仲裕事母孝，乞骸終養。今歲多暇，始策蹇至徐，買舟南來。歷廣陵、瓜步，登金、焦、北固，直抵餘杭，盤桓西子湖，已渡錢塘，從山陰道上過諸暨，窮五洩，四月返吳門，轉入峯泖。又將入具區兩洞庭，而後至金陵，覽畢，返故國矣。」

> 《全集》卷三十二《大名穆中翰遊江南玄宰寫贈山水為題短歌》：「東去岱，五

百里。西去嵩，五百里。家在中央亦足矣。今年復作江南遊，往返一万二千里。其師贈之佳山水，素綃白日風霆起，目中眞可吞餘子。穆內史，君遊畫中何日止，布襪青鞋從此始。」

董其昌《容臺詩集》卷二《送穆仲裕中舍還東明》：「我忘邯鄲道，君爲吳會遊。能將五嶽興，更寫九歌愁。山水琴中賞，煙雲杖底妝。歸妝餘一卷，得似少文不。」

穆光胤，字仲裕，文熙子，著有《明詩正聲》十八卷、《玄對樓集》等。文熙，字敬甫（《四庫全書總目》卷五十二《七雄策纂》作字敬止，誤也），東明人，嘉靖四十一年進士，官至廣東按察副使，著有《逍遙園集》二十卷，詳見朱彝尊《明詩綜》卷四十九。

五月五日，與董其昌、張丑等在蘇州賞玩李公麟、趙孟頫書畫。

《清河書畫坊》卷八上《李公麟慈孝故實圖》：「歲丁巳之夏五，新安王仲交以伯時書畫《慈孝故實》八則見示，初意蓋欲得余跋，以爲傳家清玩耳。……余亦出書畫縱觀焉。屬有天幸。仲交極喜余家趙子昂畫卷，把玩至不忍去手。比時余欲得李圖，王欲得趙畫，座客爲之和會，彼此竟相易。稱頌書法者董玄宰……載之述者則米六章、董先鮮、于樞、周公謹、曹明仲、朱惟甫、都元敬、文休承、陳仲醇。……時端陽日，寓吳門慶雲裏，玉峰張丑與客飲蒲觴畢，酣暢題。」

八月，訪鍾惺於白門，二人始訂交。繼儒歸後互有書。

鍾惺《隱秀軒集》文昃集（序又二詩文集二）《潘無隱集序》：「陳仲醇以丁巳八月至白門，與余訂交，歸而自喜，報予書曰：『始聞客云：鍾子，冷人也，不可近。噫！誠有之，然亦有故。』」《全集》卷四十八《鍾伯敬像讚》：「長松之下，杖者安之。吏耶隱耶？吾不知爲何誰。其思路微，其行徑畸。其冷如萬年冰，其鈍如無字碑，而能一言定國是之邪正，百戰決古人之雄雌。是子也，立三不朽，奉三無私。舌有骨，筆有眼，而又有一肚之不合時宜者耶。」二文相應，可知繼儒對鍾惺之評價。

鍾惺《隱秀軒集》詩宇集（七言律一）《訪陳眉公於舟因共集俞園》：「相逢各不愧聞聲，一輯舟中見一生。名士來去關耳目，高人語默遠機情。禽魚於我心無隔，筆墨窺君道甚平。自是出山時最少，閒遊未免致將迎。」

上揭書聞往集《與陳眉公》（書牘一）：「相見甚有奇緣，似恨其晚。然使前十年相見，恐識力各有未堅透處，心目不能如是之相發也。朋友相見，極是難事，鄙意又以爲，不患不相見，患相見之無益耳，有益矣，豈猶恨其晚哉。」

鍾惺，字伯敬，號退谷，靜陵人，萬曆三十八年進士，晚年辭官歸，與同里

譚元春評選《古詩歸》、《唐詩歸》，當時謂之「敬陵体」，著有《隱秀軒集》、《〈毛詩〉解》等，詳見《明史》卷二八八、譚元春《譚友夏合集》卷十二《退谷先生墓誌銘》。

為王志道妻作墓誌銘。

《全集》卷三十四《敕贈王孺人墓誌銘》「往京口，遇丹陽尹東里王公，……丁巳手狀來。」

王志道，字而宏，又字東里，福建漳浦人，萬曆四十一年進士，授丹陽令，官至吏部侍郎，天啓時爲給事中，議「三案」爲高攀龍所駁，謝病歸，其後附魏忠賢，著有《黃如集》六卷，詳見《明史》卷二五六。

冬，作《茂才王徵叔暨配史孺人合葬墓誌銘》（《全集》卷三十五）、**《敕封安人王母章氏行狀》**（《全集》卷三十六）。

為范志易原配盧孺人作壽序。（《全集》卷十七《壽希宣范公暨配盧孺人六十序》）

為王時敏母作《壽太原王太安人五十序》，並有詩為壽。

《全集》卷十九《壽太原王太安人五十序》：「尙璽王遜之以丁巳五月奏滿下綸，封生母爲太安人，春秋正五十矣。……余且爲王氏湯餅上客，既舉百歲，並爲遜之題百子障以賀。」《全集》卷三十七《誥封太原王母周太宜人墓表代》亦有記載。

《全集》卷三十一《喜王遜之使洛南歸併壽太安人》：「卿月使星相傍明，歸來轉覺宦情輕。法書名畫仍無恙，飛鳥游魚共有情。勒凍梅開千百樹，報晴鐘聽兩三聲。羣兒繞膝談經史，彈落燈花晚又生。」

辭賓筵大典。

《舊譜》：「（萬曆四十五年丁巳）青浦徐公舉賓筵大典，府君苦辭，以安愚分。有云：鄉飲之義，本之憲老乞言，因之化民成俗。《禮》經慎重，《大誥》森嚴，子弟不當，與聞鄉邦，聽其惟兒周旋庠序，萬民環擁。目前發覺貪頑，全家謫戍口外，豈云兒戲。有赫王章，某也何人，謬膺斯舉，居恒隱匿，如冷暖之自知。平旦幾希，恐幽明之非責。小則從沐猴之誚，大則促螳蛄之年。聞之浹背汗流，念及使人心佈，大抵鄉評失實。故鄉飲或至濫觴，若使鄉飲又輕，即鄉賢一同塵飯，漸不可長，所損實多，竊常感慨於此，寧忍躬自蹈之？慎乃闕初，請從某始。況草茅下賤，分庭之抗禮何安？而蒲柳之餘生、末路之品題未定，月旦可畏，風化攸關，必欲強顏就列，自當引分而逃焉。敢累臺下藻鑑之名，庶幾識人，間廉恥之事，若岡二天，有如皎日。」

與錢士升互通書信。

錢士升《賜餘堂集》卷六《答陳眉公》：「承手教邊事、部事，呼應相反，可謂至論。……河水瀰漫，荒形已見，郡邑業已全災報，而兩臺尚未具題。蓋雨霽之後，人情便幸無事，而不知水勢不消，嘉苗不長，窮民平疊罄於版築，筋骨竭於桔橰……讀先生手箚，痌乎仁者之心，佩服佩服。聞敝座師南還，不久便當趨賀請教，不出秋初矣。」

按：錢士升《賜餘堂集‧年譜》：「（萬曆四十四年丙辰）公二月會試中試，座主吳公名道南。」又據《明神宗實錄》卷五百五十九：「（萬曆四十五年七月甲戌）姑准（吳道南）馳驛回籍」，故繼儒與錢士升互通書信當為此年。吳道南，字會甫，號曙谷，江西崇仁人，萬曆十七年進士，官至禮部尚書兼東閣大學士，有《吳文恪公文集》三十二卷，詳見《明史》卷二一七。

為范允臨六十作壽序。（《全集》卷十五《壽學憲長白范公六十序》）

陳繼儒六十，袁中道、錢謙益為之壽。

袁中道《珂雪齋前集》卷八《壽陳眉公六十》：「湖泖生來作道民，扁舟皂帽幾經春。逃名怕作仙人障，息影真成靜者身。十畝蔬畦書薤字，穀樑茆屋繞松麟。華陽猶自慚高隱，輕與時君問答頻。」袁中道，字小修，一作少修，湖北公安人，萬曆四十四年進士，與兄宗道、宏道並稱「三袁」，著有《珂雪齋前集》二十四卷、《外集》十五卷、《珂雪齋近集》十一卷，詳見《明史》卷二八八。

錢謙益《牧齋外集》卷十《陳徵君仲醇六十序》：「萬曆間，華亭陳仲醇先生，不應進士舉，以有道聞海內。巡按御史楊公至，特疏於朝，請以布衣領史職，藏昭代史事。議不果行，而先生亦厭徵士名，褐衣短笠，脩《逸民史》，居九峯、三泖間，今年且六十矣。婁江諸君，屬余為言壽先生。余讀先生書凡數十種，皆主於修身畜德，藏名善世，其言蓋多與古之道家言。而其道莫宜於處世。其用尤莫效於處衰世也。今之世何如也？二多譽，四多懼，岌岌乎不可以終日。以南陽忠國之時，聘君猶僅而得歸，而況於今日乎？史難言也。黨枯護朽，黷札而飽恔，則以鯁避禍史。作直攣詻，僇死而施生，則以峭獨自禍。另先生領史職，分挈監撰之權，知我罪我，將安歸乎？今先生退有束帛之賁，進無載筆之責，身隱而名愈光，德博而道不污，以先生之書，於其所以處世者，若持左券焉。則余之高先生者，又豈誣也？先生之鄉為華亭，崑山、穀水皆在焉。陸士衡所歎鶴唳處也。鱸魚蓴菜，近在池沼間，張季鷹所致思也。古之人身處衰世，才名羈縶，而世故迫促，感風塵之易淄，覯秋風而隕涕。其俯仰興衰歎如此。先生居九峯、三泖間，優游卒歲。華亭之鶴，畜為家雞。千里之蓴，下以鹽豉。由今視昔，非昔賢所徘徊感慕而不可幾及者乎？居今之世，其可以稱壽已矣。今生辰為壽，皆誇詡為屏帳之詞，其事不古。余心薄之不為。獨於先生之壽，不能以無言。而婁江諸君，皆一時名

士，以講德修業，服事先生。往余聞先生居婁江，弇州、太原兩公爭迎致先生，如堯夫之花下小車，兒童徒隸，豔皆稱之，而不知諸君子之傾倒先生若此。此所以為先生也異。然則余之壽先生，蓋亦為諸君子言之也。」錢謙益，字受之，號牧齋，晚號蒙叟、東澗老人，萬曆三十八年進士，官至禮部侍郎，著有《牧齋初學集》一百一十卷、《有學集》五十卷、《列朝詩集小傳》八十一卷。

萬曆四十六年戊午　六十一歲

元旦，董其昌邀繼儒過北苑看畫（詳見天啟壬戌年譜）。

大雪，有詩為記，為張可大作《駛雪齋集》作序。

> 《小品》卷三《戊午元日大雪》：「此日雪漫漫，人逢上瑞難。桃符迎歲使，梅信作花看。臘酒清分豔，春幡巧耐寒。門前堆徑尺，先喜竹平安。」

> 《小品》卷十一《駛雪齋集敘》：「戊午元旦，大雪。余與二三同好，擁爐命酒，酒後呼侍兒捧雪蘸墨，曰：『今日了張觀甫《駛雪齋集序》。』……吾嘗讀張桓侯《刁斗銘》，又讀張睢陽《盼若詩》。恨其全集不傳。今觀甫當主聖時清之候，垂名山大川之篇，印如斗，筆如椽，文武兼資，身名俱泰，即君家兩公，不能如觀甫之遭也，故樂而為之敘。」

> 張可大，字觀甫，世襲南京羽林左衛千戶，萬曆二十九年武進士，著有《南京錦衣衛志》二十卷，詳見朱彝尊《明詩綜》卷七十五。

五月二十一日，於頑仙盧觀文徵明書《盤谷序》。

> 《石渠寶笈》卷五《明文徵明書〈盤谷序〉》：「衡山先生楷隸在歐、褚堂室間，未肯心服，直與逸少父子爭衡耳。獨書數百言，無一字訛筆，蟻陣雁行，可敬也！司馬溫公《資治通鑒》草稿幾塞屋子，亦無一字苟且。古人格心具於筆札間見之，先生若出，亦溫公地位上人也。吳翁醇之道眼澄澈，當必以余為知言。陳繼儒得觀於頑仙盧，戊午五月廿一日。」

秋，董其昌訪繼儒於頑仙盧，作《山居圖卷》，後繼儒重觀《東佘山居圖卷》。

> 《選學齋書畫寓目記續編》卷上《董思白〈山居圖卷〉》「渭北江天樹，江東日暮雲。戊午秋仲寄眉公《山居圖》。董玄宰。」「董北苑《瀟湘圖》、米元暉《瀟湘白雲圖》，皆余所藏，因衷之為一家，有北苑之古去其結，有元暉之幻去其眺，是在能者，費余所及也。糜公品之，以為何如？戊午秋題於東佘之頑仙盧。玄宰。」又《穰梨館過眼續錄》卷八《董文敏為陳眉公寫〈東佘山居圖卷〉》：「此玄宰為余寫山中草堂，欲通完十翻爾，而爾竟矣。姑付裝以貽子孫

藏之。陳繼儒戊午重觀記。」

按：《選學齋書畫寓目記續編》載《山居圖卷》「白宣紙本，墨畫，縱七八寸，橫二丈許。」《穰梨館過眼續錄》載《東佘山居圖卷》「紙本四頁，縱七寸六分，橫二尺四寸」，每幅均有其昌題七言詩，故二圖實為不同之卷。

宋懋澄、葛成來訪，宋懋澄作《葛道人傳》。

宋懋澄《九籥續集》卷三《葛道人傳》：「當吳民擊黃建節時，懋澄適觀母南還，聞葛道人倡義壯其事，賦《葛成謠》四章。後十七年，於友人陳仲醇家遇道人，讀當事功令。仲醇謂余：『子喜稗官家言，毋失此奇事。』余厠仲醇交末，得覯異人，因作《葛道人傳》。」

按：「當吳民擊黃建節時」即萬曆二十九年蘇州人民擊殺稅監孫隆之參隨黃建節等人之事，十七年後當為此年，此事詳參《明神宗實錄》卷三六一和《吳葛將軍墓碑》（江蘇人民出版社 1981 年版《明清蘇州工商業碑刻集》）。葛成，民變後自投於階下，太守不得已而聽焉，乃改其名曰「賢」，誠賢之也。

宋懋澄，字幼清，號稚源，一作自源，堯愈子，華亭人，萬曆十四年舉人，著有《九籥集》十卷、《九籥別集》四卷，詳見陳子龍《安雅堂稿》卷十三《宋幼清先生傳》、吳偉業《梅村家藏稿》卷四十七《宋幼清先生墓誌銘》。

作《壽洪九霞太守六十序》。（《真稿》卷七）

搆老是庵。

《舊譜》：「（萬曆四十六年戊午）構老是菴。後蒔脩竹，前植山茶、海棠。董宮保題，右曰：『南榮偃曝』。左曰：『服氛者神明而壽』。後列櫥湢，枕華藏濱以停舟楫，即含譽堂之耳房也。」

為何三畏作壽序。

《全集》卷十七《壽繩翁何老師七十序》：「吾師何公己未登七裘矣，遠近祝者累累，以戊午歲先期至，三邑孝廉記偕南宮，則詣堂酌大斗而後別，此盛典，曩時所未有也。某束髮受經吾師，今已六十老書生。」

萬曆四十七年己未　六十二歲

正月八日，雨中和王思任《盤花詩》二首。

《全集》卷二十七《己未正月八日雨中和王思任〈盤花詩〉二首》其一：「歲朝陰雨零，旬日猶未已。掛席返空山，不入泥途市。觴酒發異香，梅花弄清綺。」其二：「諸侯不恒牛，命士不恒豕。吾生骨相脿，疏水而已矣。敢擬如古人，食肉飛萬里。」

仲春，楊時偉、王遜之貽書繼儒，分作《壽罔卿玄渚申公六袠序》、《壽炯卿玄渚申公六十序》。

　　《全集》卷十五《壽罔卿玄渚申公六袠序》：「罔卿玄渚申公以己未仲春廿五日爲攬揆之辰，楊去奢徵言於陳子。」同卷《壽罔卿玄渚申公六十序》：「己未仲春，罔卿玄渚申公春秋六十，尚寶王遜之貽書陳子曰：『先文肅與申文定同籍同榜同詞垣同政府……敢徵子一言以爲壽。』」

七月十七日，董其昌書《東佘山居詩》贈繼儒。（詩見董其昌《容臺詩集》卷二《贈陳仲醇徵君東佘山居詩三十首》）

　　《吳越所見書畫錄》卷五《董文敏大行書贈陳眉公三十首之四卷》：「同前兩首，俱爲陳徵君作。己未秋七月望後二日，其昌識。」

重陽，爲許自昌作《榕齋詩敍》，《許秘書園記》（《小品》卷十九）概作於此時。

　　《全集》卷七《許玄祐樗齋詩序》：「往余遊甫里，得許玄祐詩而敍之，去壬寅至己未，屈指十八年。」

　　《（同治）蘇州府志》卷四十六《抵宅園林二》之陳繼儒《許秘書園記》：「萬曆己未重陽日書。」

項德新訪繼儒於山中，爲其母作壽序。

　　《全集》卷十八《壽項母陸孺人七十序》：「樵李項太君六十時，不佞奏小詞。又新得雄爲祝，約更十年後，請操不腆之文獻。至是己未，又新率子舉七十觴，訪余山中，徵前諾。」

賀仲軾令青浦，重修海瑞祠，繼儒爲之記。《冬官紀事序》、《參議鳳山賀公傳》（《全集》卷三十八）《青浦賀令君景瞻公去思碑記》（《全集》卷二十一）概作於此時。

　　《全集》卷二十《重修海忠介公祠記》：「獲嘉賀公令青浦，嗟歎良久，即日更新之，且同王博士伯韜，率諸生鑽奠惟謹。春秋列祀典，莫敢廢墜。公謂陳子口：『區區薦蘋酌水，未能爲海公重輕。』第獲人毀之，而獲人修之，亦足爲同鄉懺悔耳。嗟乎！楊忠愍論墨相，故死；海忠介諫聖主，故生。海忠介遇俗吏，故祠毀；遇廉吏，故祠等復全。此天意勸忠。假手賀使君，以延一線之廟貌，以永數百世之蒸嘗。公雖亡不亡，後雖絕不絕。前爲父老慰，後爲令君勸。豈獨以名巡撫尸祝於江南哉。賀公名仲軾，中庚戌榜，河南獲嘉人。」

　　《全集》卷三《冬官紀事序》：「冬官紀事者，紀工曹事也。萬曆二十四年鼎建乾清、坤寧二宮，繕郎賀鳳山先生實董其役，先生沒，而次公景瞻公紀之志，

痛也。」

孫奇逢《中州人物考》卷三《賀副使仲軾》：「補青浦，……爲海忠介瑞新祠宇，禮敬隱逸士陳繼儒。」

按：據《嘉慶松江府志》卷三十八《職官表》「賀仲軾萬曆四十七年」任青浦縣令，年內即卸任，故兩序最早作於此時。賀仲軾，字景瞻，河南獲嘉人，萬曆三十八年進士，官至山東副使，詳見陳鼎《東林列傳》卷十《賀仲軾傳》。又《四庫全書總目》卷六十四《兩宮鼎建記》：「明賀仲軾撰。仲軾字敬養，獲嘉人，萬曆庚戌進士。初，萬曆二十四年建乾清、坤寧兩宮，仲軾父，工部營繕司郎中賀盛瑞董役。後京察坐冒銷工料罷官，仲軾因詳述其綜覈節省之數，作此書以鳴父冤。下卷並附以歷年所修諸工，末錄盛瑞《京察辨冤疏》。陳繼儒嘗刻入《普祕笈》中，改題曰《多官記事》，而佚其《辨冤疏》一篇。此本爲朱彝尊《曝書亭》所鈔，猶完帙也。」

作《壽鴻臚程翁七十序》。（《真稿》卷七）

董其昌為繼儒妻衛氏六十作壽序。（董其昌《容臺文集》卷二《壽陳徵君元配衛孺人六十序》）

按：據《舊譜》衛氏卒於天啓三年，年六十有四，故此序最晚作於此年。

結代笠。

《舊譜》：「（萬曆四十七年己未）由含譽堂結一亭爲『代笠』，此山谷老人所書也。由亭渡石梁一灣，則頑仙廬在焉。向爲延客之所，兩旁支藏書，槿墉竹藩，東有隙地，橫刺半謝，叢篁布密，日色罕至。夏則避暑焉，名曰：東籬。亦書學博士米元章所書也。」

泰昌元年庚申　六十三歲

二月十五日，題吳中翰《寫自韻子小影》

《珊瑚網》卷四十二《吳中翰寫自韻子小影》：「（萬曆庚申花朝筆）心如止水，背如斷山，挺若高岡之松，清若幽谷之蘭，家聲可以映冰潔，友誼可以締歲寒。是將佩陸離之劍，豈止戴進賢之冠者耶？陳繼儒題。」吳東生，神宗時爲翰林，行跡俟考。

自春徂夏，老雨不止，董其昌為題「話雨」。

《全集》卷五十《偶題二》：「庚申自春徂夏，老雨不止，山中雲物百變，真可娛老人也。輒念南宮父子，猶落書畫境中，不若吾家風雨時，皆我畫林耳。當以示玄宰，爲題『話雨』二字。」

五月二十四日，於白石山觀明吳中文《二十五圓通冊》。

《吳越所見書畫錄》卷四《明吳中文〈二十五圓通冊〉》：「盧楞伽畫《華嚴變相圖》，余曾見眞跡，未有寫楞嚴二十五圓通者。蓋自吳文仲始，有吳興潘朗士親爲經營指授，故胡貌、梵相、意態、毫髮皆向筆端出現，此大尉遲、小尉遲地位中人也。是畫所在當如塔廟，應有吉祥雲覆之。萬曆庚申五月廿四日，觀於白石山含譽堂。陳繼儒題。」

按：《明史》卷二一「四十八年七月，神宗崩。……八月丙午朔，即皇帝位。」故陳繼儒稱「萬曆庚申五月廿四日」。

十一月二十二日，王脩微訪繼儒於白石山，互有唱和。施紹莘亦在山莊見王脩微。

《全集》卷三十二《點絳唇》：「庚申十一月二十二日，王脩微從西子湖入雲間，才子慕之，輻輳兩涯之間，修微拂曙峭帆泖塔矣。因訪眉道人於白石山寮，燒燈市酒詩以外不暇及也。此來如鴻飛雪中，莫可蹤跡，作點絳唇一詞記之。」詞爲「涼雨初晴，放舟獨往遊三泖。寺門僧少，一點鷗來攪。返入空山，竹底柴門小。杯兒倒，燈前句好，雪裏留鴻爪。」同卷《點絳唇》「脩微道兄泛泖入山，淩霜而至，獨往獨來，異人也，作詞記之。」詞爲「學道家風，樵巾一幅登山早。遠山自好，懶把峨眉掃。木落霜清，泖水如杯小。詩成了，睡鄉深處，那得聞愁擣。」王脩微《倚聲初集》卷三亦收前首《點絳唇》。

王微，字脩微，揚州妓，自號草衣道人，初歸歸安茅元儀，晚歸華亭許譽卿，皆不終，有《期山草樾館詩集》，詳見《全集》卷二十二《微道人生壙記》、朱彝尊《明詩綜》卷九十八。

施紹莘《秋水庵花影集》卷五《懷王脩微》：「脩微，籍中名士也。色藝雙絕，猶長於詩詞，適從性凤齋聞其人，見其《憶秦娥》一章，有『多情月偷雲，出照無情別』之句，風流醖藉，不減李清照。明日入東佘，見脩微於眉公山莊之喜庵，方據案作字，逸韻可掬，相與談笑者久之。日西別去，此情依依，因用其調，填詞記之。他時相見，拈出作一話頭耳。庚申冬至前四日花影齋識。」《四庫全書總目》卷二百《花影集》：「明施紹莘撰。紹莘，字子野，華亭人，自號『峯泖浪仙』，是集前二卷爲樂府，後三卷爲詩餘，多作於崇禎中，大抵皆紅愁錄慘之詞，所謂亡國之音，哀以思也。

十二月，為吳震元《奇女子傳》作序。（《全集》卷四《奇女子傳序》）

按：明刊本《奇女子傳》（《明清善本小說叢刊初編》第 2 輯，臺北天一書局1985 年影印本）前陳繼儒序有「泰昌十二月眉道人陳繼儒題於含譽堂」，故繫於此。吳震元，字長卿，太倉人，萬曆四十三年舉人，授灤州知州，後任漳浦同知，繼儒弟子，助刻其全集。

遊武塘，訪錢士升，與其互有書信，作《修梅花道人墓記》，並為其母作壽序。

> 《全集》卷二十二《修梅花道人墓記》：「庚申夏，楚中吳令君旭如謀之錢太史御冷，捐俸鳩工……又築堂三楹，亭三楹，僧舍五楹，俾司香火。董玄宰書其榜曰：梅花菴。……余老人樂觀闕成，駕扁舟東來，爲仲圭先生賀。奠幽瀾泉一盂，种梅花數枝於墓上，招其魂而歸之。退而爲之記。」按：此文收入《雍正嘉善縣志》卷十一。

> 《全集》卷五十五《與錢御冷》：「梅道人墓，……獨生平未見，遺集往於項氏卷素間，曾錄其一二載《妮古錄》中，此外寥寥兔角矣。此事賢者作創，更須韻人稍爲貼助。弟當任碑記，而玄宰顯墓門之額，亦足以爲高士結緣矣。」

> 錢士升《賜餘堂集》卷十《建梅花道人祠堂引》：「吾邑有梅道人墓，直一坯土耳。……二三同志議撤而新之，搆祠以祀先生。而余適歸里，亟請於吳邑侯。侯欣然曰：『闡繹清芬，激揚風軌，吾事也。』隨過梅花里跡之徑，阨陞，屏輿從而入，墓前有梅數株，眺覽憑弔，徘徊久之。立捐贖鍰，爲鳩工建祠計。而雲間陳眉公聞而貽書曰：『賢者作創，更須韻人貼助。』請自任碑記，而屬玄宰題墓之額，亦足爲高士結緣，千秋勝事，湊集一時。豈偶然哉？」

> 《全集》卷十八《壽武塘錢母陸太君七十序》：「武塘錢母陸太君庚申登七衾。次公康侯守大名，不獲御母歸府舍，盼盼瞻雲陟岵間。長公抑之，持節擁傳，過家休瀚。奉巵酒上壽，邦君列羔雁，父老具牛酒，賁相望於其廬。太君搖手曰：『吾家眞素，不得使里閭怪人薰灼』。抑之謹受教，而通家如不佞輩，誼不能無一言。」

為范允臨元配徐淑作祭文。（《全集》卷四十七《祭范配徐安人》）

作《壽查仍素先生六十序》。（《小品》卷十五）

作《致身錄序》。（《全集》卷四《史翰林致身錄序》）

建新房五楹。

> 《舊譜》：「（泰昌元年庚申）婁江王慶長賚黃山谷《此君軒》石本見遺。府君向移密蓧、丹楓於前澨，曲池環匝，遂營軒五楹，以石本砆之右壁，凡名賢見訪，輒下榻焉。今擬改家祠以祀。府君向蒙鄉達及郡邑捐資建祠於山瘠。已非府君素志。不肖力辭不得。垂久未克樂成，故以此軒肖像其中，以爲子孫香火之地。庶幾不負合郡盛舉，而先靈亦妥矣。」

天啓元年辛酉　六十四歲

為杜應楚作壽序。

《全集》卷十六《壽鳳林杜大將軍六袠序》：「今國家九大鎮，無若榆林之士馬，號稱精強。其起家世弁，登壇授鉞，兄弟父子相繼為元戎，無若杜氏三傑。而杜氏之功名壽考，又無若今特進鳳林公。公以天啓改元，稱八十元老矣。」

杜應楚，字翹甫，號鳳林，福建晉江人，萬曆二十三年進士，官至戶部郎中，詳見《乾隆泉州府志》卷四十九。

作《恢復鶴林記》。

《全集》卷二十三《恢復鶴林記》：「賴履中上人白之大中丞王公、觀察使蕭公，古刹賜田，許令募贖。履中泣告善信，哀貲七十餘金，於天啓辛酉二月二十五日貯庫，贖還一切見聞，歡聲沸發。……故因鶴林誌成，既已為之敍，復記其始末。如此付話竹，歸之話竹，從余白石山者，兩月手不釋卷，口不擇言，望而知其為僧寶矣。得附書。」

作《海上顧氏節孝傳》。（張大復《梅花草堂集》卷五《海上顧氏節孝記》）

是年，與王幼度、吳君傑等人在董其昌宅觀程季白所藏王維《雪溪圖》。

《墨源彙觀》卷四（名畫下卷）《唐宋元寶繪高橫冊》第一幅《唐王維雪溪圖》：「天啓元年，歲次辛酉，程季白重攜此冊至余齋中，適楚中王幼度、吾郡陳仲醇、吳君傑、張彥沖、張世卿、姑蘇楊仲修同集。縱觀永日，各以為奇觀，咄咄稱快。獨余幾類向隅，然幸不落儈父手，又為右丞諸君子快耳。董其昌。」

王幼度，詳見《全集》卷八《吳歸二集序》。程季白，徽人。篤好書畫收藏，辨博高明，識見過人，所得物皆選拔名尤。天啓六年遭魏忠賢陷害，身死家破，書畫散失。

作《送太史西溪繆公還朝序》。（《全集》卷十四）

繆昌期，字當時，又字又元，號西溪，山陰人，萬曆四十一年進士，詳見錢謙益《牧齋初學集》卷四十八《繆公行狀》、陳鼎《東林列傳》卷四《繆昌期李應昇列傳》。

作《寶閣寺華嚴墨海閣碑記》。

《光緒桐鄉縣志》卷十九《藝文志》：「作《寶閣寺華嚴墨海閣碑記》，天啓元年華亭陳繼儒撰。」

與鍾惺各為許自昌撰《梅花墅記》。（《吳郡文編》卷一一八）

作《書山居》。（《真稿》卷二十一）

《舊譜》：「（天啓元年辛酉）夜坐閒寂，偶自敍東佘始末。云：余山居有頑仙廬，有含譽堂，有過庵，有老是庵，此在南山之麓也。有高齋，有清微亭，此在山之中央者也。有水邊林下，有磊砢軒，此在山之西隅者也。有此君軒，

有喜庵，道經山之上下，必取道焉。此依山近岸者也。山有松有杉，有梧有柏，有樟有梓，有桃有李，有梅有紫薇，有叢桂有楓葉，有杏有椿，有石楠有脩竹，其下率有之，但多西府玉蘭、紫藤、海榴、臘梅、大柿、高柄大紅藕花、蘭蕙、五色薔薇及花草數百種。山居有蘇東坡石刻《風》、《竹》二碑，米元章《甘露一品石碑》，黃山谷《此君軒碑》，朱晦翁《耕雲釣月碑》。墨跡有《顏魯公朱巨川誥》，倪雲林《鴻雁泊州圖》，又《良嘗草堂圖》，黃崔山《樵阜齋圖》，錢舜舉《茄菜圖》，馬遠《和靖圖》，梁風子《陳希夷圖》，梅花道人《竹葆圖》，高望山《奇峰白雪圖》，范寬《釣雪圖》，趙松雪《高逸圖》，吾明文、沈及玄宰不勝記。山莊有漢鈎文鼎，金鳲首，樹葉笠，楊廉夫鐵冠、木上坐、松化石，陸放翁松皮研、米虎兒研山及圖書萬卷。山友田叟漁丈人、且且先生、阿誰翁，方外有達老漢、雲栖老人、秋潭、麻衣，和尚蓮儒、慧解、了微、古水時來作伴。荒山間無兔，今有兔矣。無畫眉，今有畫眉矣。向無客，今有客矣。遠漸桃源，近漸子真谷口矣。東坡云：『行年五十，世間滋味已略見矣。』此外除見道人外，皆無益也。然哉然哉。」

作《華嚴墨海閣記》。

《全集》卷二十三《華嚴墨海閣記》：「華嚴閣者，烏戌密印寺之子院也。……居士欣然捐施經帑三部，並助往來資糧，自壬子至戊午，歷六載始竣。」

天啓二年壬戌　六十五歲

春，觀《趙榮祿水村圖》於交園閣。

《珊瑚網》卷三十二《趙榮祿水村圖》：「在紙上水墨寫意，天啓壬戌春王，觀於陳氏交園閣。」又「子昂《水村圖》學摩詰，在王敬美太常家。文太史臨摹一卷，如出趙手。予於白下得之。眉公陳繼儒。」

二月六日，作《記夢歌》，將汪汝謙詩集命名為《夢草》。

《春星堂詩集》卷三汪汝謙《夢草》之陳繼儒《紀夢歌爲汪丈作》後記：「然明與天素爲文字方外交，天素歸閩矣。然明念之不置，遂行於夢中。僕聽雪堂侍兒非異人，即天素也，五丁攝之來試君耳。漢武帝得奇草，晝縮入地，夜若抽萌，思李夫人，懷之輒夢。然明以詩作紀，眉公以紀作詩，即名之曰『夢草』亦可。天啓壬戌二月六日陳繼儒記。」

《全集》卷三十二《記夢歌》：「有女校書林天素，絕代姿容美無度。贈別汪郎半幅綃，楊柳寫枝猶帶露。望朗遙憶心茫茫，夢遊縹緲虛無鄉。溪山窈窕連雲第，松竹紛披聽雪堂。堂中主人額手賀，甚風吹送高軒過。書畫琴尊列四隅，忽見雙鬌簾底坐。縞衣翠帶藐姑仙，飄搖冉冉欲近前。汪郎卻立難造次，

眼波挑處生幽妍。笑指侍兒曾掌記，倩郎為我覓佳壻。須臾主出迎外賓，侍兒拈扇身斜倚。諦觀團扇新畫圖，問之此是林所摹。慕林才色不得見，得見妙蹟如醍醐。汪郎出贈生綃柳，侍兒展玩頻搖手。攜似美人休棄捐，懷袖從他柳生肘。拂拭錦箋抽綵毫，題詩豈學細推敲。汪郎方擬同酬和，主人竹肉聲嘈嘈。攸忽回頭竟何去，夢後空留夢邊句。小殿銀缸對短檠，疎星淡月無尋處。是耶非耶一片雲，清心玉瑩更能文。將無天素愁郎變，幻出神姿來試君。」

汪汝謙，字然明，號松溪道人，歙縣人，後遷居杭州，詳見錢謙益《牧齋有學集》卷三十二《新安汪然明合葬墓誌銘》。

五月一日，得馮茂遠書。

《全集》卷五十七《與馮茂遠》：「久旱得雨，久別得書，五月朔第一好破題也。……今熊公來，先主堅守京都，有異意者請立斥之，根本不搖。」

按：據《明史》卷二百五十九《熊廷弼傳》：「（天啟元年）六月，廷弼入朝，首請免言官貶謫，帝不可。乃建三方布置策」，「是時，廷弼主守，謂遼人不可用，西部不可恃，永芳不可信，廣寧多間諜可虞。」可知熊廷弼當於上年入朝，今年接馮茂遠書。馮茂遠行跡俟考。

秋日，與鄒斯盛遊太湖，繪圖賦詩以記其事。

查慎行《敬業堂詩集》卷十二《題〈鄒舜五採蓴圖〉卷陳了次眉公舊韻》後記：「太湖中產蓴，前此未之聞也。天啟壬戌秋，武山鄒舜五與陳眉公始採而食之。眉公因繪圖以紀其事。」

《全集》卷三十二《太湖採蓴二首》其一：「洞庭山下西風起，直解家家取菰米。鄒郎好詩復好奇，撑出太湖風浪裏。湖中採蓴自今始，蓴絲翠滴蓴水紫。湘之芼之曰西子，飲之食之曰園綺。未許屠沽大嚼兒，輕向蓴羹浪染指。父老一喜還一憂，伊誰拈動江南秋。將無此味傳蘇州，採蓴採茶如虎丘。眉公大笑君勿慮，說著蓴鱸勸歸去。季鷹死後無步兵，當路何人曾下箸。」其二：「東晉歷今二千年，太湖始蓴豈其然。湖濱飲啄無清綠，有蓴多化寒雲煙。終日打魚兼打鳥，紫蓴彌望如青草。鄒郎一手得蓴絲，絲脆葉肥秋未老。吳兒自負吳兒豪，太平沃土人陶陶。漁船竹肉聲嘈嘈，蓴菜何能魘汝曹。」

十二月十五日，於白石山房觀燕文貴《秋山蕭寺圖卷》。

《大觀錄》卷十三《燕文貴〈秋山蕭寺圖卷〉》：「燕文貴，吳興人，初師河東郝惠，往來京師，市畫於門道上，待詔，高益見而奇之，聞於宋太宗，命寫相國寺。樹石端拱中，勑畫臣面進紈扇，上賞其精筆，曾畫《舶船渡海像》、《七夕夜市圖》，工麗無比。神廟時，又有燕文季，畫院謂之：『燕家景終不

及文貴。」此卷《蕭寺圖》也，張無奇出示於白石山房，客有謂其南宋者。余故拈此，題於卷後。天啓二年十二月望日呵凍書。陳繼儒題。」

十二月三十日，董其昌訪於頑仙盧，作《浮嵐暖萃圖卷》。

《自怡悅齋書畫錄》卷八《董文敏仿〈浮嵐暖萃圖卷〉》：「黃子久畫，余見數十幅，獨《浮嵐暖翠》爲第一。戊午元日，玄宰邀余過看北苑畫，余見曰：『安得有此？』玄宰曰：『數年前曾買莫廷韓家大痴畫一軸，今早拂拭，忽見董源二字在樹石間，喜不自勝，以次邀過相賞，此歲朝吉祥喜事也。』壬戌獻歲，余謂玄宰曰：『久不作山水，試爲我圖小卷。』蓋仿《浮嵐暖萃》云。陳繼儒題於頑仙盧。」

莫是龍，字雲卿，更字廷韓，號秋水，如忠子，華亭人，貢生。善繪，提出畫家有南北二宗之分，著有《畫說》、《石秀齋集》，詳見《石秀齋集》卷首張所敬《莫廷韓小傳》。

臘月，溫幼眞、王遜之貽書繼儒，為溫体仁作壽序。

《全集》卷十五《壽宗伯員嶠溫公五十序》：「少宗伯員嶠溫公壬戌臘月僅五十，其弟幼眞徵言陳子以壽公」同卷《壽宗伯員嶠溫公五十敍》：「天啓壬戌，少宗伯員嶠溫公登五稚……婁江王尚寶云：『愚父子受教於公者兩世矣。……今聞公五十，何敢庭實獻請，徵子一言以佐觴。』」

溫体仁，字長卿，號員嶠，烏程人，萬曆二十六年進士，官至禮部尚書東閣大學士，詳見《明史》卷三一八。

為陳所蘊八十作壽序。

《全集》卷十五《壽滬海陳公八十敍》：「而今壬戌，又稱八十矣。

作《金山衛議》。（《全集》卷六十）

《舊譜》：「（天啓二年壬戌）魯齋章公欲擴西南郡城，相土度材，歷有成筭，府君慮設處浩繁，又值民窮財絀，且城內外之塚墓、居房多所未便，莫若以金山衛改州、改縣，較易於城，於是作《金山衛議》。章公立府君小傳，又特疏薦揚。不意傳稿存而疏草佚也。」

為何三畏遊記《渡淮草》作序。

《眞稿》卷三《渡淮草序》：「吾師溯江及淮，春秋已七十五矣。不荷陶與，不攝謝屐，興所至，必遊；遊所至，必贈答題詠。或巨公設澧，或同儕載酒，其他欽風問道，踵相囓而叩者，幾不能容坐，而吾師悠然應之，曾無倦色，望見者以爲神仙。」

按：《全集》卷十七《壽繩翁何老師七十序》有「己未登七袠」之語，故何三畏七十五歲當爲此年。

為張復《爨下語》作序。

《四庫全書總目》卷一百二十五《爨下語》：「明張復撰。復字子遠，休寧人。其書黃虞稷《千頃堂書目》作四卷。此本止分上下二卷，每條俱以偶語聯比成文，頗似格言而多雜以委巷之語。前有天啓壬戌陳繼儒序，知爲繼儒一流人矣。」

按：今檢《四庫全書存目叢書》子部 92 冊《爨下語》前未署名序稱「天啓壬戌秋日」，《朱香齋古文》卷下《張夫子傳》：「前有天啓壬戌陳繼儒序。」暫繫於此。

跋王維《弈碁圖卷》。

楊恩壽《眼福編二集》卷十一《唐王摩詰弈碁圖卷樂古齋藏》：「天啓壬戌五月下澣，陳繼儒書於湖上旅次，草書十九行。」

書《重修鮑塔村關帝廟樂善庵記》。

《光緒嘉興縣志》卷三十五《金石》：「書《重修鮑塔村關帝廟樂善庵記》，大啓二年歲次壬戌季春吉旦，賜進士出身文林郎工部營繕清吏司主事高道素撰文，華亭陳繼儒書。」

按：《續通志》卷一百七十一《災祥略》記作《鮑村樂善庵記》

天啓三年癸亥　六十六歲

三月，一友攜白兔見訪，後追憶此事為張延登作《白兔頌》。

《全集》卷五十二《〈白兔頌〉爲張華東作》：「癸亥三月，洞庭山一友人籠白兔見眎。……作記記之。眉道人追憶曩所親見者，頌以寄公。」

按：張延登，字濟美，號華東，山東鄒平人，萬曆二十年進士，天啓、崇禎間巡撫浙江，官至工部尚書，詳見《乾隆山東通志》卷二十八之三《人物三》。張延登喜白兔，亦可參畢自嚴《石隱園藏稿》卷一《乙亥正月祝張華東年兄七袠》：「亞相勳名斗極懸，功成身退領雲煙。古來龍馬神元王，世外鸞驂興自便。徑轉月蘿青嶂曉，樽浮露桂紫霞鮮。仙人白兔前身是，甲子何須數絳年。」

四月，與屺芝、蒼雪、匡雲休夏山中，九旬始去，陳繼儒有詩為記。

《全集》卷七《屺芝偶庵草敘》：「昔石曼卿隱於酒，密演、惟儼隱於浮屠，皆最相友善。屺芝自西蜀走吳，顧獨與董玄宰、章青蓮、徐九玉、眉道人爲詩

友。青蓮酒豪如曼卿，淄素無揀擇，而余畏客甚，聞剝啄聲，如避催租人。及報扈公至，趯然喜挽之，語不聽歸。嘗與蒼雪、匡雲休夏山中，打松子作饗。余為賣蔬蒸菌，留連者九旬始去。去則本如吳司馬供養秣陵山居。吳公長者，具擇法眼，不徒以其詩之能起予而已。」

《全集》卷三十二《打松子歌蒼雪、扈芷、匡雲三衲結夏白石山房，打松子為饗，歌以紀之》其一：「東佘結夏僧，竟日茶聲死。攜錫入深山，登松打松子。松子敲來嘗數百，半褪飛花半空核。活火新泉發異香，相對賣茶兼賣石。咫尺松煙迷不見，但具竹爐無羽扇。明朝更上碧峰頭，拾取鶴翎三四片。」其二：「山坳古井光如雪，焚枯垂盡勞薪折。肩橫拐杖入山中，挑取花籃雙串纈。一打常數升，二打常數斗。不風不雨松子飛，颫鼠驚啼麝兔走。薪貴炊松子，米貴掘茯苓。長頸葫蘆折腳鐺，不如醉髠眠酒罌。此詩亦見《小品》卷二

按：《大師行年考略》此事記於是年，故繫於此。讀徹，字蒼雪，又字見曉，呈貢趙氏，受戒於杭州雲棲寺，後往支硎山中峰寺，海內宗之。工詩善畫，與眉公、玄宰、牧齋、梅村諸公往復酬唱，著有《法華珠髻》、《南來堂集》，詳見錢謙益《牧齋有學集》卷三六《中峰蒼雪法師塔銘》、《續新高僧傳四集》卷六三、《釋滇記》卷三《蒼雪傳》。

廣育，字扈芷，成都人，遊金陵，好吟詩，清秀文雅，品德高潔，著有《偶庵草》，詳見沈季友《檇李詩繫》卷三十三。

性淳，字匡雲，與黎元寬、鄧雲霄等為詩友，詳見《廬山志》。

五月，御史吳牲荐舉繼儒。

《兩朝從信錄》卷十八（天啓三年五月庚辰）：「御史吳牲《請舉視學大典疏》曰：臣惟自昔盛王，莫不崇尚風教，……敕下禮部預為脩舉，或待仲秋，或俟明春，幸臨國學，躬行奠禮，講習聖經，寵進儒雅，仍博求海內經明行脩之士，徵詣公車，如李光縉、陳繼儒之徒，督率生儒，闡明經義，以庶幾執經問難之風。」

《舊譜》：「（天啓三年癸亥）五月，侍御吳牲請求經明行修之士如陳（繼儒）、李光縉等，徵詣公車，庶幾執經問難之風。」

按：此疏全文載吳牲《柴庵疏集》卷三《視學大典速賜舉行疏》。吳牲，字鹿友，號柴庵，揚州興化人，萬曆四十一年進士，後與魏忠賢忤，天啓七年二月削其籍，崇禎改元，官至兵部左侍郎，十五年，官至禮部尚書兼東閣大學士，詳見《明史》卷二五二。

《乾隆泉州府志》卷四十四《明列傳八》：「李光縉，字宗謙，號衷一，晉江人。戶部主事仁之子。光縉生四歲而仁歿，稍長寓目成誦，舉筆成章。十九為諸生，宏覽博物，善古之詞。不沾舉子業。師事蘇睿，睿深嘉歎之，謂異

日必成大儒。萬曆乙酉鄉薦第一，……其理潔淨精微，其詞平正通達。座師黃懋忠之子開府閩中，足未嘗至其門，尺牘往來，論學論政，絕不及私郡太守，……生平著述甚多，尤喜序術忠義節烈事，其文章嘔心而出，不輕下一語，卒年七十五。」

仲夏，冒起宗寄詩於繼儒，讀後告其專心科舉之業。數日後，陳仁錫亦寄書起宗。

《全集》卷十一《冒嵩少萬里吟序》：「《萬里吟》者，如皋冒宗起之所作也。……憶癸亥仲夏，宗起郵詩簡奏予，英爽高秀，有孔北海、陳元龍之風。余報書云：『作詩一事，反覆推敲，既損心神，最妨舉業。足下俟了此一甕。鐵汁，而後，逍遙翰墨之場，未爲晚也』。越數日，陳明卿太史書至，不約而相戒者則同。」又《全集》卷十七《賀如皋玄同冒公暨配宗孺人七十雙壽序》：「宗起孝廉時，詩文奇壯，眞可駭視，一世人莫敢與衡敵者。余告之曰：『君此道業已得手，所謂佛法不怕爛卻也。姑捨諸。』宗起即以告玄同先生，黏諸屏上，刻日立斷詩。」

冒起宗，字宗起，如皋人，崇禎元年進士，官至湖南寶慶副使，著有《萬里吟》二卷、《拙存堂逸稿詩》四卷《文剩》六卷，詳見陳濟生《天啓崇禎兩朝遺詩》卷七。

仲夏，汪汝謙新造畫舫，陳繼儒題之「不繫園」。

《春星堂詩集》卷一汪汝謙《不繫園記》之《不繫園記》：「自有西湖即有畫舫。《武林舊事》艷傳至今，其規製種種已不可攷識矣。往見包觀察始創樓船，余家季元繼作洗妝臺，玲瓏宏敞，差足相敵。每隔堤移岸，鱗鱗如朱甍出春樹間，非不與臺峯臺樹相掩映，而往往別渚幽汀，多爲雙橋厭水，鎖之不得入，若孤山法埠，當梅花撩月，蓮唱迎風，令人悵望，盈盈如此衣帶，何故高韻之士又駕一蜻蛉出沒如飛，驕笑萬斛舟，爲官爲估，徒豪舉耳。余謂不然，夫湖之藉舟，猶兩峯籃輿，六橋紫騮，宜稱所之，何論大小。如柳塘花嶼，錦纜徐牽，涼雨微波，一葦經渡，輕橈短檝，潭月涵秋，朱欄綺疏，寒沙映雪，別有興寄，正自不同。詎僅僅載檀槽，張綺席，纏此遊龍飛鷁耶。矧四方客卿寓公，無不道西泠解鞍。借蘭葉下榻，而歌扇酒船，兩具草草，即勉作三日，一留十日飲，不慮唐突西子哉。癸亥夏仲，爲雲道人築淨室，偶得木蘭一本，斷而爲舟。四越月乃成。計長六丈二尺，廣五之一。入門數武，堪貯百壺；次進方丈，足布兩席；曲藏斗室，可供臥吟；側掩壁櫥，俾收醉墨。出轉爲廊，廊升爲臺，臺上張幔，花辰月夕，如乘彩霞而登碧落，若遇驚颺蹴浪，欹樹平橋，則卸欄卷幔，猶然一蜻蜓艇耳。中至家童二三，

擅紅牙者俾佐黃頭，以司茶酒。客來斯舟，可以御風，可以永夕。追遠先輩之風流，近寓太平之清賞。陳眉公先生題曰『不繫園』。佳名勝事，傳異日西湖一段佳話。豈必壘石鑿沼園丘壑，而私之曰：我園我園也哉。天啓三年歲在癸亥仲冬之初汪汝謙記。」

夏，作《陸處士傳》。

《式古堂書畫叢考》卷二十八《董思白書〈陸處士傳卷〉》：「此傳陳仲醇筆，余稍潤色而書之，而不敢沒其實也。癸亥夏五重題。其昌。」按：此傳最早作於此年夏，故繫於此。

夏，王微於水邊林下讀《夢草》

《春星堂詩集》卷三《夢草》之王微《癸亥夏日集水邊林下讀〈夢草〉，賦此請政》：「情爲夢因緣，情眞夢多妄。非夢能渺茫，渺茫反多狀。先生忘情人，獨醒眾所諒。豈以春無端，而夢隨遊颺。夢中與意中，是一或成兩。湖舫讀夢草，使我識情量。斯時殘月在，千頃碧瀁瀁。夢起與夢消，只在梨花上。」

為朱尚賓作墓誌銘。（《全集》卷三十三《靖江令澹營朱公墓誌銘》）

朱尚賓，字澹營，號竹盧、襟衢，長興人，詳見詳見《光緒長興縣志》卷二十三《人物》。

為魏加謀作墓誌銘。

《全集》卷三十五《誥贈奉政大夫南京吏部文選司郎中鳳衢魏公暨配張安人合葬墓誌銘》：「常熟鳳衢魏公歿十三年而葬，去葬十三年而贈。……至是吏部君徵銘於陳子。」

按：上揭文稱「公丁酉病亡」，二十六年後當爲此年。魏嘉謀，字德清，號鳳衢，常熟人，詳見上揭文。

作壽《然石趙公五十序》。

《全集》卷十六《壽然石趙公五十序》：「癸亥春三月，郡中士大夫函綵簇樂，舟車輻湊而東。余曰：『是將焉往？』曰：『馳海上，觴然石趙公。』」

為王孫熙作壽序。

《全集》卷十七《壽致政鏡如王公八十序》：「公甲寅致政，垂數年而及癸亥，春秋甫登八十。」

王孫熙，字君文，號鏡如，華亭人，萬曆二十三年進士，官至台州太守，詳見《全集》卷三十六《台州守鏡如王公行狀》。

作《建州》。(《全集》卷二十六)

作《壽顧恭人五十序》。(《小品》卷十六)

妻衛氏卒。

> 《舊譜》:「(天啓三年癸亥)居白石山,生平無姬貳,與先姒莊敬如賓,少食貧,十九在館,不問生人產。間一抵家,賓至如歸,先姒走爨下,咄嗟而辦,往往樽空罍恥,則脫簪珥繼之。奉事大父母,晨夕上食,必欲得其歡心。布衣蔬食,率先恭儉,親從機杼,以佐不給。是以府君無內顧憂。十二月二十四日,無諸痛苦,側身坦化,享年六十有四。先三日敕簡,遺簪墮屨,分贈親族子孫以及童僕,執喪布素纖,悉無遺時。云前來有送關文二人,宜厚餉之,命三日後可來,語諸媳婦曰:『此即世間拘人牌票等耳。』遂禁絕葷穢。臨逝,自內寢以至中堂,滿聞沉檀之氣,經時不散,家眾詫爲異事。蓮夜夢先姒從石梁行,從幡幢引導,想一生仁德之報。」

憨山德清卒。(據錢謙益《牧齋初學集》卷六十八《憨山大師廬山五乳峰塔銘》)

袁中道卒。(據《袁中道年表》)

天啓四年甲子 六十七歲

二月,李口華來訪。

> 《讀畫錄》卷一《李君實》:「甲子二月,訪陳眉公先生泖上,阻風朱涇,寫《風雨維舟卷》:『江店酒杳花正濃,午潮初上碧連空。篷籠暫掩蕭蕭雨,柳外晴霞一縷紅。』」

四月二十四日,於頑仙盧觀仇英《募驢圖》。

> 《穰梨館過眼錄》卷十九《仇十洲募驢圖卷》:「余嘗欲賣一蹇衛策,跨九峰中,而朱幸甫先之。此卷募驢疏爲徐博士昌穀手跡,又有唐解元以書抵錢,皆吳中老輩風流佳話。程尚甫得之,與東坡、山谷《馬券》並傳可也。天啓甲子四月廿四日,得觀於白石山之頑仙盧。眉公陳繼儒記。」

五月小暑日,初識徐霞客,並為徐母撰八十壽文。

> 《陳眉公集》卷四《壽江陰徐太君王孺人八十敘》:「今年王琦海先生攜一客見訪。墨顴雪齒,長六尺,之使枯道人,有寢處山澤間儀,而實內腴,多膽骨,與之談,磊落嵯峨,皆奇遊險覺事,其足跡半錯天下矣。客乃弘祖徐君也。……天啓甲子五月小暑日,書於長生書屋。通家陳繼儒頓首撰。」

六月,旅泊先生來訪,陳繼儒題董其昌贈旅泊先生之《巫山雨意圖軸》。

《石渠寶笈》卷八《明董其昌〈仿黃公望筆意一軸〉》：「詩在大癡鏡中，畫在倪迂詩外，恰好二百餘年，翻身出世作怪。天啓四月六日，旅泊先生過訪玄宰及余眉道人，玄宰因贈此幅，乃裴旻虎，非葉公龍也。陳繼儒。」

按：《明史》卷二八八《董其昌傳》：「天啓二年擢本寺卿，兼侍讀學士。……明年秋，擢禮部右侍郎，協理詹事府事，尋轉左侍郎。五年正月拜南京禮部尚書。」天啓四年六月其昌在京，陳繼儒隱居東佘，故此卷似爲偽作。又有一種可能，乃沈士立訪董其昌於京師，其昌爲其作此圖，後又攜此圖訪雲間，眉公爲之題。沈士立，字參甫，號貞石，工詩善書法，著有《貞石詩集》、《玉麟堂稿》，詳見黃洪憲《碧山學士集》卷五《明太學生貞石沈君墓誌銘》。

為王志道父作墓誌銘。

《全集》卷三十三《敕封大方伯漳浦王公墓誌銘》：「(甲子) 十月十七日漏二鼓，忽問志道安在，季子志超對曰：『抱父者是』。回盼久之，枕其手熟睡而逝。……公感恩念咎，不通客，不納幣，獨遣使徵太公壙銘於陳子。……叔子得太公之教深哉。太公喜陳子文，故叔子特奉遺命，請文其墓中之石。不敢強附聖賢，而以尋常布衣事其親如此。」

孫陳仙覺生。

《全集》卷二十二《祖師畫像記》：「余兒夢蓮、八歲孫仙覺皆得瞻禮，則崇禎辛未九月廿五日庭桂芬敷時也。」按：崇禎辛未仙覺八歲，則生於此年。

《舊譜》：「(天啓四年甲子) 孫仙覺生，聘許氏，中翰元祐公孫女也。以癸未入郡庠。夫府君之愛仙覺也，得之晚年，勝於掌珠。稍長，出入必率以侍，日：『行以代杖，閒以代芟，』真有不能頃刻離去者。出就外傅，手冊《大學衍義》、《詩譜》、《史約》、《孫武》諸書，日夕面訓之，偶見有異書、異人、異事，輒命錄，夜授爲餘課。若問對如流，則喜見顏色，厚賞以鼓其精進向往之氣，懵不得見其食芹，誠終身之遺憾也。」

何三畏歿，作《祭何繩武老師》 (《全集》卷四十六)

作《雲間志略序》。 (《全集》卷十)

作《賀王母管宜人五十序》。 (《全集》卷十八)

最早此年爲南居益作《盪平紅夷序》。

《全集》卷十四《賀福建大中丞二太南公盪平紅夷序》：「此甲子七月十二日事也。功成以後，公區劃善後事宜。……露布馳聞，天子御門告廟，優詔敘勳各有差。」

南居益，字思受，號二太，渭南人，尚書企仲族子、師仲從子也，萬曆二十

九年進士，天啓三年擢右副都御史，巡撫福建，大敗荷夷，收復澎湖，崇禎初官至工部尚書，後以事削籍歸，詳見《明史》卷二六四。

寄書朱國楨。

《尺牘》卷三《與朱平涵相公》：「今毛將軍廢李暉而立李倧，而朝鮮爲之用，觀其本末，自根生枝，定非浪戰。」

按：明廷關於「仁祖反正」之討論，最早見於《明熹宗實錄》卷二十八「天啓三年四月條」，《明熹宗實錄》卷三十七「天啓三年八月條」奏疏最爲集中，又據《明史》卷二四○朱國楨天啓四年冬「三疏引疾」，故此書最晚作於此年冬，故繫於此。朱國楨，字文寧，號平涵，烏程人，萬曆十七年進士，官至禮部尚書兼文淵閣大學士，著有《湧幢小品》三十二卷、《皇明史概》一百二十一卷，詳見《明史》卷二四○。

作《丁司空四賑亭記》。（《嘉慶松江府志》卷七十三《藝文志金石》）

作《袈裟記》。

《全集》卷二十二《袈裟記》：「天啓癸亥歲，洞庭山金君汝鼎同兄元新客鄭州，四月間，兄忽構危疾……頃刻長逝矣。……至次日黎明，嘔癰升許，覺少甦而痛益甚。如萬針攢心，百矢攻體，莫可名狀也。鼎靜中忽思昔年席維宇患喉症，遇長甸寺土持老僧治之獲瘳。亟令人延汝寓中……僧以面和爲圈子……七日霍然起，鼎具筐篚酬之老僧，卻不受……明年訪其僧，已化去矣。鼎感慟，以不克酬初願爲恨，頃寓雲間，捐貲構袈裟一頂……託友人三千里外送至鄭州長甸寺中。……故眉道人作袈裟記以示守者珍藏焉。」

天啓五年乙丑　六十八歲

二十月十二日，受施紹莘之邀，共賀百花盛開。

施紹莘《花影集》卷一《乙丑百花生日記自撰》：「予自甲寅，始爲祝花之集，以後歲歲爲常儀，而乙丑猶盛，蓋葺治就麓新居於此已八年。亭臺花木，漸漸成章，百卉競秀，干霄蔽日，名花勝事，始兩相映發。先是五日，遍召吾友，招漢水沖如、容卿湛生、伯英友夔於泖西；致巨卿公選存人於浦口；天馬凡六人，則竹里、鳴玉、瑞齡、鳴諧、伯明、茂林；城中凡七人，則眉公、伯瑞、彥容、東郊、子還、穉先、石公；方外兩人，則慧解、性白；山鄰止兩人，則陳壽卿、鄭君泰。是日先後繼至，有阻風不至者。初謂十二日，擬得十二人，已而止得十人。稍焉，楚人李劍墟來訪，東郊攜一歌姬至，適如數焉。乃命酒洗爵，告奠風雨。金革間作，有聲無辭。凡以鼓吹天和，宣達

陽氣。祭畢撤饌，始迎花神而致祝焉。予時有歌童六人，……各奏其技，稱
觴而前。每進一杯，歌小詞一解，而絲竹之音，從而和之。已而飲福，左右
互勸。小童登場，快歌迭唱。……是年花信獨早，梅花未殘，桃萼已放，幽
草閑花，望暖俱發。予乃滿貯古瓶，中堂置之，高及屋梁，光艷四出，而紛
紛酒人，環坐其側。首則李劍墟，時年五十二，以楚人也，獨上坐焉；次陳
眉公，時年六十八；次沈竹里，時年六十五；次張瑞齡，時年四十四；次呂
鳴諧，時年三十五；次魏東郊，時年三十二；次張容卿，時年四十五；次張
沖如，時年三十三。兩君以予戚也，坐獨居後。壽卿、君泰，以比鄰也，坐
亦居後焉。壽卿四十五，君泰一於十八。予時亦三十八，以主人居末左。歌
姬年十九，獨粉面蓮腮而北面坐焉。……拉名士十二，人各置新詞，更令名
姬十二人，立時翻譜，以讚歎之。且仿此遺意，從而俟月，八月十五，月夕
之辰，亦將舉杯而酹姮老焉。庶幾花月同盟，良辰分享，更屬管城，傳示信
史，令千載之後，與《蘭亭序》、《雅集圖》共發有心人一痕痛淚，則吾輩朽
骨，生氣恆新，姓名事跡，常與斲文俱隱顯也，是爲之記。」

五月，觀許道琯書《大方廣圓覺修多羅了義經》。

《秘殿珠林續編》卷三乾清宮《許道琯書〈大方廣圓覺修多羅了義經〉》：「延
祐宋江玉清觀，許道琯寫，久爲雲栖老人所藏。夫宋板已爲世珍，況字字皆
從般若流出，此云栖衣珠，勿輕擲也。雲間陳繼儒得觀。天啓乙丑清和後一
日。眉公，腐儒。」

六月苦旱，作《禱雨歌》。(《全集》卷三十二)

《小品》卷二《禱雨歌乙丑六月，苦旱，因畫〈煙圖〉於扇，並繫之詩，今日搖動，以誌
招雨之意，爲祈禱云爾》：「河伯初遁旱魃舞，草木生煙炙焦土。太湖泥燥坼龜文，
朱雀縱橫射玄武。安得上帝誅懶龍，血腥釀作山雨濃。野人高臥天柱夆，細
看膏沐生青松。」

九月十二日，訪姚希孟於婁門，弔姚母。

姚希孟《松癭集》卷一雜著《曲洧舊聞書後》「余以萬曆丁未年館溧水衛齋，
見朱弁《曲洧舊聞》，去今十九年，忘其爲己刻書，亦忘其在陳眉公《祕笈》
中也。近有一書賈以抄本來，余喜而售之。正檢閱間，而眉公適以弔先慈喪
至。語次出此書，知其已刻者，不剩慚愧。眉公歷言作書者，本末腹笥，所
藏殆若數計。余之健忘若此，尚堪作奴邪？……眉公又言，《祕笈》非其手定，
並識於此。售書並晤眉公，爲乙丑九月十二先府君忌辰。」

《全集》卷二十三《姚太史風樹堂記》：「往乙丑秋，操一葉，弔孟長節母於婁
門東之十里。余步月入村，太孺人與櫬猶在舟次，肅衣稽首，退而愴然，賦

詩以贈之。」

姚希孟，字孟長，號見聞，長洲人，萬曆四十七年進士，官至詹事府詹事，著有《松瘿集》二卷、《公槐集》六卷、《響玉集》十卷、《棘門集》八卷、《文遠集》二十八卷，詳見《明史》卷二一六。

十月，亡妻衛氏、亡室孟氏大葬。

《舊譜》：「（天啓五年乙丑）摹《廬鴻草堂圖》。式瓦簀茅蓋壁，黏土泥黃，植名花異葦，右闢香積，使名衲掛拂焉。藕花紅白二沼，禾桃垂柳，半似武陵風味，秋則橘柚離離，芙蓉旖旎，跨兩虹而至，或避客了筆墨逋，輒往匿焉。此山居之別，一淨業也。十月日吉時，良先妣與亡室孟氏克襄大葬。」

冬，沈德符來訪，有詩為記。

沈德符《清權堂集》卷三健樂齋草《（乙丑）冬日訪陳眉公山居》其一：「不夜黃雲地，如春紅樹天。約粗酬往歲，寒獨緩今年。交談時人古，譚幽俗事仙。不須京洛夢，始悟一斤賢。」其二：「隱計全關福，文清半賴窮。人方薄种放，世益眚廬鴻。密鑰初年稿，孤檠卒歲功。猶嫌羽衲輩，厭飽出山中。」

沈德符，字景倩，又字虎臣、景伯，號他子，秀水人，萬曆四十六年舉人，著有《清權堂集》二十二卷、《敝帚軒剩語》三卷《補遺》一卷等，輯有《萬曆野獲編》三十卷、《補遺》四卷，詳見朱彝尊《明詩綜》卷六十六。

冬，陳鼎新入山訪繼儒，為其母作墓誌銘。

《全集》卷三十四《陳母許孺人墓誌銘》：「天啓乙丑冬，海寧陳君鼎新入山來，以母銘請。」陳鼎新行跡俟考。

冬，繼儒於白石山建笤帚庵。

《真稿》卷二十一《笤帚庵》：「乙丑冬，余結一草堂佘山。在戶流水繞溪。東坡所謂歲云暮矣。風雨淒然，紙窗竹屋，燈火青熒，時於此中，得少佳趣，似我《笤帚庵》畫圖也。昔有佛弟子誦『笤帚』二字，念『笤』則遺『帚』，念『帚』則遺『笤』，如是三年。忽然連續，遂爾頓悟。余之名庵者以此。」

《舊譜》：「（天啓五年乙丑）昔有沙彌請佛法教誦「苕帚」二字，誦苕則失帚，誦帚則失苕，誦至三年，忽然上口。遂爾大悟。是歲，府君於白石山之西南隅，有曹氏舊址，昔圍西佘，左右充拓十餘畝，濬池創庵，故曰『苕帚』」

作《陳銅梁真稿序》。

《全集》卷七《陳銅梁真稿序》：「西蜀銅梁陳君宰上海，大得民譽……會座師庄太史批閱《真稿》，授之以廣其傳，而囑陳子為之敘。」

按：據《嘉慶松江府志》卷三十八《職官表》「陳四賓天啓五年至崇禎元年任

上海縣令」，故此序最早作於此年。陳四賓，字遠門，四川銅梁人，天啓五年進士。

孔介孺訪繼儒，作《壽敦五孔公八十序》。

《全集》卷十六《壽敦五孔公八十序》：「乙丑，皇子誕生，太史玉橫孔公奉詔書放示江南江右，還壽太公於里居。出而仗節，入而介觴。鳴玉佩金，鏗然委地，遠近聞而艷之。比時邦君具牛酒，鄉紳具羔雁，父老子弟，芟除洒掃逆之境，宗長聚族逆之郊。有洞庭孔介孺者，太公族也。走詣陳子，請祝詞。」

為冒起宗母作壽序。

《全集》卷十八《壽冒母宗太孺人六十序》：「君父爲寧州守汝九先生，元配宗孺人，少一歲。今乙丑，亦六十矣。」

有客訪，為作《戶部郎長玉錢公澬墅關去思碑》。

《全集》卷二十一《戶部郎長玉錢公澬墅關去思碑》：「天啓乙丑，有客稽首，澬墅關錢公碑請余。」

冬，為何三畏暨配季孺人做墓誌銘。（《全集》卷三十五）

為施紹莘詩集作序。（《全集》卷十一《施子野花影集敍》）

作《周母楊孺人傳》。（《全集》卷四十四）

作《畢中丞天津疏草序》。

《全集》卷六《畢中丞天津疏草序》：「往遼左之局，清撫輕敵，三路輕進，遼陽輕信，廣寧輕走。於是經臣條上三方布置之說，詔選習知邊務、篤棐不避難之大臣，節鎮天津，蓋自大中丞白陽畢公始。此剙局，非故局也。天津爲南北水路咽喉，外防海口，內護神京，逆酋揚帆，剋日可渡。新鑿漕道，與彼共之。……公一面視師，一面應援，一面盪妖。兵分而力不單，餉分而食不窘。草昧彈丸化爲衝邊重鎮，良工心苦種種，從核實節省中來。無震燿大言，以怖君父，無譸張虛言，以誑朝野。五年授鉞，一部晏然。同官樂其無競，朝廷信其無黨，鬼神服其無欲，何施不可，何動不臧，此眞遼局之奕秋。而奏議則其東方之譜也。若能按其譜而尋繹之，而無輕動，公之國手，思過半矣。雖牧遼左之殘局，爲全局可也。」

按：檢《淄川畢少保公年譜》，畢自嚴天啓二年刻《撫津疏草》四卷，天啓三年刻《督餉疏草》五卷，天啓五年刻《餉撫疏草》七卷，天啓六年刻《留憲疏草》一卷、《留計疏草》二卷，獨不見《天津疏草》。上揭書畢自嚴天啓元年夏四月，改右僉督御史巡撫天津，天啓五年三月升南京督察院右都御史，

此序有「五年授鉞」之語，故此序當做於天啓五年三月後。

徐霞客母王孺人卒，陳繼儒為之撰祭文。

《陳眉公集》卷四《豫庵徐公配王孺人傳》：「豫庵徐公，江陰人。……公得六十，孺人壽至八十一云……通家陳繼儒撰，年家文震孟書。」

按：王孺人壽至八十一，據上年譜可知當是卒於此年。

天啓六年丙寅　六十九歲

春，鄭元勳訪。

鄭元勳《媚幽閣文娛二集》卷一《陳繼儒〈南華發覆敘〉後鄭元勳記》：「余少時讀書清涼山，聞有注《莊子》者隱山下，索之不得。丙寅春，於眉公先生山中見之，如聵然枯木耳。眉公先生極賞其《發覆》一書，言解天地人籟，從無此了徹者。今其書已傳矣。」

鄭元勳，字超宗，號惠東，江都人，崇禎十六年進士，歷官兵部職方司主事，工詩義，善作小景，著有《影園詩鈔》，輯有《媚幽閣文娛》，詳見杭世駿《道古堂文集》卷二十八《明職方司主事鄭元勳傳》。繼儒《南華發覆序》見《全集》卷二。

四月十三日，董其昌訪繼儒，宿於頑仙盧。

《晉唐宋元明清明華寶鑒》葉四十七《佘山圖軸》：「丙寅四月，舟行龍華道中，寫佘山遊境，先一日宿頑仙盧。十有四日識，思翁。」此圖現藏上海博物館。

重九，徐弘澤子栢齡來訪，後贈繼儒《頑仙盧圖》。

《全集》卷三十三《隱君春門徐公墓誌銘》：「秀州多隱君子，皆與予善。而春門徐公尤稱函蓋之契。丙寅重九，公勑其子栢齡具野航訪余於佘山。登絕頂如飛鵇健鶴，歸則寫《頑仙盧圖》見贈，繫之以詩。墨花雲氣，尚走四壁間也。」

徐弘澤，字潤卿，號春門，自稱竹浪老人，嘉興人，著有《竹浪齋集》，詳見李日華《恬致堂集》卷二十五《春門徐隱君傳》、沈季友《橋李詩繫》卷十七、朱彝尊《明詩宗》卷七十三。栢齡，字節之，號殷長，嘉興人，弘澤次子，後出繼為介庵公嗣子，崇禎庚午舉人，受知於黃石齋。甲申後往來閩越間，歸卒，有《晹光樓集》。

十月一日，為董其昌元配龔夫人作壽序。（《全集》卷十九《壽董思白元配龔夫人作七十序》）

李維楨子長來訪，作《鄭太公誄詞》。

《全集》卷三十六《鄭太公誄詞》：「適李本寧長公來訪山中，竊嘗緘寄書以慰先生。六月雖覺飛霜覆盆，終當回照，轉咷作笑，姑且待之，而詎意今且騎箕上天也。痛哉。《禮》六十不越疆，而弔儒六十有九矣。」

李維楨，字本寧，京山人，號大泌山人，隆慶二年進士，授編修，修《穆宗實錄》，官至南京禮部尚書，著有《大泌山房全集》一百三十四卷，詳見《明史》卷二八八。

始與陳子龍交。

陳子龍《陳忠裕公自著年譜》：「（天啓六年丙寅）是歲，始交陳眉公、董玄宰兩先生。

陳子龍，字臥子，號大樽，松江華亭人，崇禎十年進士，善文詞，輯《明經世文編》，爲「復社」領袖之一，順治初年抗清死，著有《安雅堂稿》十六卷等，詳見《明史》卷二七七。

為鄭友玄作《賀青浦其山鄭侯榮封父母敍》。

《全集》卷十四《賀青浦其山鄭侯榮封父母敍》：「京山鄭使君宰清谿，凡三月，肅迎兩尊人至，不再月，又迎封典至。」

按：據《嘉慶松江府志》卷三十八《職官表》「鄭友元（玄）天啓六年任青浦知縣」，故繫於此。鄭友玄，字符韋，號澹山，京山人，天啓元年進士，授青浦知縣，崇禎六年因逋欠金花銀案遭貶，詳見上揭書卷四十二《名宦傳三》、《明史》卷二五六。

施紹莘別墅新成，作詩八首賀之。(《全集》卷三十一《題施子野新居八首》)

按：施紹莘《花影集》卷一《柳上新居》自跋：「丙辰冬，始營西佘別業，遂先人卜宅，蓋便爲予歸骨地矣。…每春秋則居山，享桃梅桂菊之奉，覽煙月露之奇。」又，卷三《賀暗生新居》後所附之《西佘山居記》：「予居在西佘之北，東佘之西。…予蓋經始於丙辰之冬，迄於丙寅，首尾十載。…貧翁不能頓辦，且花木漸次成章，乃因而補贅之。此則予營作之大凡也。」故繼儒賀詩最晚作於此冬。

建長堤。

《舊譜》：「（天啓六年丙寅）依山結棚，藤花古蔓，附麗菁蔥，自出籬落，以迄水邊林下，築以長堤，羅以偉木，流泉籟籟其下，遊人踏堤，盤礴繹絡，如雲所稱，綠蔭清晝，庶幾近之。」

天啓七年丁卯　七十歲

元旦，書《金剛經》。

《吳越所見書畫錄》卷五《明陳眉公書〈金剛經〉附董文敏細楷〈心經〉冊》：
「朱元章在無爲州，苦池蛙鳴聲聒耳，以書投之。至今池蛙有行無聲。顏魯
公《多寶碑》載：法師寫經，筆端舍利聯出數十百粒，錯落不絕。今之寫字
寫經者不聞有此。余以此自愧。爲玄宰道之，玄宰曰：『勿作是觀，以生退心，
但有經處，人以翰墨讚歎，而入信地者，能續佛慧命，即是舍利一斛，能度
眾生，離苦得開，即是卵生濕生道場』。余心肯其語。爲寫《金剛經》一卷，
軟弱離披，再閱撓而。雖然要在受持誦讀者，此一卷如一大藏。天啓丁卯元
旦，陳繼儒敬寫，時年七十。」

三月，為湯兆京母作壽序。

《全集》卷十八《壽湯母許孺人九袠序》：「余往讀質齋湯先生《靈護集》，剛
正峭直，有周孝侯射虎斬蛟之氣，曰：『靈護』，爲壽母祝也。先生遊岱已數
年，其母許太君丁卯三月九袠矣。」

湯兆京，字伯閎，號質齋，宜興人，萬曆二十年進士，官至監察御史，詳見
《明史》卷二三六。

四月，與秀州朱治憪散坐山中讀秦鐰《上生集》，為之序。

《全集》卷四《秦上生集序》：「丁卯清和月，余與秀州子暇散坐山中紫藤下，
得《上生集》讀之。」

按：《四庫全書總目》卷一百八十《上生集》：「明秦鐰撰。鐰字曰卜，一字廣
齋，無錫人。萬曆中諸生，上生，其號也。是集乃崇禎初其子堭坊所刊，前
四卷爲詩，後四卷爲文，前有小傳，稱其長齋繡佛，趺坐焚修，蓋耽於禪悅
之士。故所作韻語，多近偈頌，文集自壽序、祭文外，亦募緣疏引爲多。」
朱治憪，字子暇，嘉興人，天啓元年舉人，選授肇慶通判，國變後卒於粵，
詳見沈季友《檇李詩繫》卷十九。

四月七日，與董其昌訪王時敏於婁東南園繡雪堂，話雨留宿，各有詩為記。

《奉常公年譜》：「（天啓）七年四月七日，華亭董思翁其昌、陳眉公繼儒過南
園繡雪堂，話雨留宿，思翁題『話雨』二字於壁。」

王時敏《西廬懷舊集·詩簡》載董其昌《丁卯四月七日同陳眉公過遜之山館
話雨留宿》：「風物清和好，相將過竹林。驟寒知夜雨，繁響逗蛙吟。雜坐忘
賓主，清言見古今。呼僮頻剪燭，不覺已更深。」又陳繼儒《同思翁過遜之
山館話雨》：「半載文園病，前悵恨別深。何其今夕雨，童話十年心。池畔蛙
聲亂，樓頭漏點沈。一尊更相勸，惜我鬢毛侵。」

王時敏《西廬詩草》卷下《思翁眉公過繡雪堂話雨留宿》：「滿徑綠蔭靜，清
和景最佳。微風歸宿燕，細雨落輕花。老友不期至，清言何以加？酒酣餘逸

興，粉壁走龍蛇。」

四月十五日，遊婁江。

《秘殿珠林三編》之《元人畫鍾離仙跡·題詠》：「（一）寂寂山堂報晚鐘，繞身三匝見獰龍。戲將帶縛龍鱗上，明日尋來是老松。百尺龍湫徹身清，風吹一葉毒龍驚。老夫浴罷腥風作，霹靂光中嘯幾聲。（二）山上多杉松，山下多花果。松老幾千章，果熟垂百顆。驚茶染異香，鑽石傳新火。寫經未終函，已得長生我。陳繼儒書於婁江舟次。時丁卯四月望也。」

四月三十日，黃夘錫攜王晉卿《穎昌湖上詩蝶戀花詞卷》訪繼儒於頑仙盧。

《式古堂書畫彙考》卷十二《王晉卿〈穎昌湖上詩蝶戀花詞卷〉》：「黃丈節穎昌湖上詩，皆元祐間如雷如霆之偉人韓持國、范景仁是也。文節公初學周越書，已仿瘞鶴銘，大字險絕。此卷用顏平原筆法，兼帶楊凝式《韭花帖》波策，即八分書亦寓其中，絕無纖毫本色，自謂二十年抖擻俗氣，隨意顛倒，信非虛語。黃茂仲攜示山中，得之婦翁，少林項公若以中丞所藏《東坡赤壁賦》勒帖並行，真合璧也。天啓丁卯蒲月前一日，得觀於頑仙盧，七十翁陳繼儒題。」

黃夘錫，字茂仲，承玄子，崇禎十二年貢士。承玄字履常，秀水人，萬曆十四年進士，後任巡撫福建右副都御史，著有《盟鷗堂集》十四卷，詳見朱彝尊《明詩綜》卷六十。

六月，關中憨世、蜀中扆芷二僧訪繼儒於白石山居，繼儒夢遊蜀中諸山，有詩為記。

《全集》卷三十二《峨眉行》：「丁卯六月，關中憨世、蜀中扆芷訪余白石山居，熱如炊甑，扆公極談三峨之勝，不覺倚枕假寐，夢遊大峨頂，奇寒入骨，有唐孫眞人與兩尊宿煮黃獨啖余，而夢已覺矣。急起歌記之，筆底淒清，似尚有冰雪在。其詩曰：『峨嵋高，無尺幅。寄夷界，走入蜀。雷洞腥，龍所族。投彝履，霹靂逐。兜羅綿雲洞底生，勃勃蓬蓬布巖谷。雜花異草非人間，數尺蒼苔掛松竹。八十四盤到大峨，峨頂僧居木皮屋。窗中遠鶩雪不消，指點分明是西竺。須臾變幻攝身光，五彩重輪內如玉。峰巒草樹增鮮妍。對影隨行炤眉目。風吹霧散一光員，清現最奇者福。六月嚴寒擁毛裘，雪水凍汁熬難熟。忽見孫思邈，又見普賢辟支二尊宿。摩我頂，捫我腹，招我鐵，日旁邊，煮黃獨。覺來暑氣殊可憎，空憶峨嵋夢中緣。萬丈雪，千年水，恨不且嚼且歌還且浴。』」

《全集》卷三十一《夏日夢遊蜀中諸山枕上作》：「崎嶇蜀道恨迢迢，夢裡遊來

未覺遙。卓地怪峰攢劍閣，橫空雙峽駕繩橋。龍藏洞壑飛霜雹，猿飲江潭掛樹條。一餉曲肱行萬里，罪來風撼許由瓢。」

十二月廿四日大雪，後繼儒作《詠華山甘露》詩。

《崇禎吳縣志》卷十一《祥異》「（天啓七年丁卯）十二月十四日，大雪連二，晝夜積三尺餘。陳繼儒《詠華山甘露》：麟鳳曾遊荊豫間，五旬甘露獨華山。太平有象諸方合，分野燕吳更切關。」

為陳墠文稿作序。

《全集》卷八《陳山甫燃稿泊稿敘》：「惟子七十老人，在子蓋為我敘之。」

陳墠，字山甫，號宅平、紫薇居士、紫墩居士，浙江餘姚人，嘉靖十一年進士，官至湖廣參政，著有《受歔稿》，詳見陳有年《陳恭介公集》卷八《陳公行狀》。

作《休寧葉氏四續稿敘》。

《全集》卷十《休寧葉氏四續譜敘》：「休寧葉氏譜一創於宋吏部尚書夢得公，再續於宋判簿芳春公，三續於皇明天順間佀清郎公，四續於大啓大儒鵬季公，而譜法遂稱大全。……緣天順壬午以及天啓甲子，又當然白六十年，而譜修於鵬季公手，一奇也。……今丁卯，移汶溪石梁於異峰壙卜，而敬仲中北幾薦，又一奇也。」故此序最早作於天啓丁卯年，暫繫於此。

與董其昌、鄭元勳酬唱，最晚於此年。

《全集》卷二《文娛錄序》：「往丁卯前，瑠網告密，余謂董思翁云：『吾與公此時，不願為文昌，但願為天聾地啞。庶幾免於今之世矣』鄭超宗聞而笑曰：『閉門謝客，以文自娛，庸何傷？近年乘居喪讀禮之暇，搜討時賢雜作小品而題評之，皆芽甲一新，精彩八面。』」

寄書張宗衡。

《全集》卷五十六《答張石林》：「台臺解郡後，善人君子不勝去後之思……某七十得孫，萬事已足。此外惟杜口閉門，以希卻病扶老之术，思老延得彭仙翁，朝暮聚膝，頗覺聞所未聞。夏彝仲試其服氣之旨，靈效異常，此翁玄學如海，真不能望洋而窺矣。」

張宗衡，字石林，號梁山，山東臨清人，萬曆四十一年進士，天啓元年至五年任松江知府，官至兵部侍郎總督宣大，詳見《嘉慶松江府志》卷四十二《名宦三》。

為王士騄六十作壽序。（《全集》卷十六《壽王閑仲六十敘》）

按：上揭文有「余長閑仲，差十年」之語，故此敘當作於此年。

作《壽沈母譚太孺人七十序》。

《全集》卷十九《壽沈母譚太孺人七十序》：「今聖天子採同官訟言，特詔還原官，起公於家。侍御公謝曰：『老母春秋七襄，孺子方雛戲堂下，何意更問春明門姻黨聚。』謀徵言於眉道人。……非我七十老人所及也。」

為王時敏母作壽序。（《全集》卷十九《壽太原王宜人六十序》）。

按：萬曆丁巳年遜之母五十，六十當為此年。詳見萬曆丁巳年譜，又《全集》卷四十五《婁江王宜人傳》「遜之私語宜人曰：『……俟初冬為母奏六十觴可乎？』及秋，宜人病頓劇，祝者方在途，而唁者已在門矣。」可知宜人未壽而卒。

作《隱君春門徐公墓誌銘》。（《全集》卷三十三，詳見上年譜）

《光緒嘉興縣志》卷三十五《金石》：「《隱君春門徐公墓誌銘》，天啓丁卯華亭友弟陳繼儒撰。碑在里仁鄉。」

作《重修放鶴亭記》。

《全集》卷二十三《重修放鶴亭記》：「聞熹宗晏駕，得生還。今皇帝賜寰未久，分司浙中。」

作《重修（青浦縣）學記》。

《嘉慶松江府志》卷三十二《學校志》：「（青浦縣）學舍，知縣鄭友元重修。……陳繼儒《重修學記》：青浦自隆慶間給諫蔡汝賢請建縣始，其修學自萬曆間光祿顧正心捐千金始。……鄭侯睨而歎曰『庠序之廢，乃爾識者責備於有司，何辭？』以對第邇來，民無積聚，公無羨財，鉅費安所從出。乃捐俸首湢，與博士林公、江公舉金有聲為監督，以錢疋工，以值傭力，撤兩旁之盧以敞學門之勢，築隔河之墙以收明堂之水，氣象軒爽，風氣蕩滌。自丁卯春經始，告迄仲秋。」

陳裸為繼儒作《筥帚庵種芝圖》。

《筥帚庵种芝圖》董其昌跋：「丁卯春王正月，眉公先生以寄九如之頌云。」（張淩云：《美國芝加哥藝術學院的中國明代繪畫精品作者》，《收藏》2008年6期）

陳裸，初名瓚，字叔裸，後字課，號道樗、白市，吳縣人，善畫山水，遠宗趙伯駒、趙孟頫諸家，近師文徵明。摹古人筆法逼真，能工書，有《嫗解集》。

寄書王道觀。（《全集》卷五十六）

寄書李大生（《尺牘》卷四）

楊廷筠卒，作文祭之。（《全集》卷四十六《祭楊淇園侍御》）

作《賀光祿虞淵潘公暨配楊孺人七襃雙壽序》（《小品》卷十四）

是年，得楊氏廢墟於鳳皇山，修葺來儀堂，半載始竣。

《舊譜》：「（天啟七年丁卯）葺來儀堂於鳳皇山，是房得之楊氏，未落成而旋棄之。府君壘以湖石，繚以堅垣，庭廣戶敞，盡堪容膝。府君樂而投老焉。並工修營半載，始克就緒，位置草率，具體而微。」

陳繼儒七十，壽者雲集，陳仁錫、徐爾鉉、程嘉燧、婁堅、汪汝謙等壽之。

《舊譜》：「（天啟七年丁卯）是冬，遠近介觴者，紈綺映帶，竹肉韻生，此亦鳳皇山未有之事也。」

陳仁錫《陳太史無夢園初集》馬集二《眉翁先生七十壽序》：「虎豹之文，燦於革金玉之品，重於鼎鼎革之會。文章出焉，品行樹焉。余嘗云『逢虎，會稽一，天台二，雁蕩一；逢豹，潭柘寺一；逢人，則未有聞者。』迂之。夫近在百里之內，如眉公先生未逢也。何謂迂哉？讀《邈世編序》，與先生疑疑信信在逢不逢之間；讀《呂覽序》，掀然長嘯於竹林深處，我逢先生哉。邈之肥也，無所疑，而識見漸之羽也，不可亂而學。見先生澄懷觀道，性行潔白，席松枕石，臥論文義，今年正七十耶。余即以先生之言賀先生曰：『放言危論，為風雷；奇節獨行，為苞電，所謂疑疑信信者也。』先生曰：『秦燒文學百家語甚刻急，而有暴其書於國門者。』此丁卯夏語也。天下諱言，先生以言高之。當漢武時，天下尚言，申公九十老矣，獨以行高之，謂言風雷而行電電，猶之雲上於天，飲食宴樂也。可余今信矣。隱德莫貴於中庸習也，河汾令也。泖湖其人，皆有元氣焉。古今避客，非張薦乎？逃之竹林，不與想見，右軍也。孫登不言，而文帝使人觀之，伊何人哉？阮步兵也。不幾過歟，惟右軍可不見，竹林可不語。右軍竟去，而步兵迫之使言，聊以復帝命耳。而中興千萬年之言路闢。一士諤諤，既多受祉，國有黃髮，日方升矣。」陳仁錫，字明卿，長洲人，天啟二年進士，授翰林編修，忤魏忠賢削籍歸，崇禎改元招故官，預修神、光二朝《實錄》，著有《陳太史無夢圓初集》三十四卷、《四書考》二十八卷《攷異》一卷、《繫辭十篇書》十卷等，詳見《明史》卷二八八。

徐爾鉉《核庵詩餘》之《壽眉公先生七襃萬年歡》其一：「閱數英雄，古今誰不被，小兒顚倒。跳出機關，世事盡堪潦草。家在白雲深坳，結茅堂，何妨小小。任人間，蝸角蠅頭，那值先生一笑。清閒不了籌只，有鳥更花信，竹窓幽討。屋腳泉聲常伴，獨吟清曉。占盡騷壇墨妙，但揮毫，便成鴻寶。問誰人，堪擬高踪，除是長公逸少。」其二：「天縱清高，世情洒脫盡，便宜多

少。曲徑疏籬，都擬琪枝瑤草。曳杖村村嘯傲，攜酒處，逢花便倒。自猶嫌，名滿天涯，四海問奇人到。偷閒了了翻堪，笑兩凡日月，浪隨人跳。水碧山青簾卷，夕陽斜照。自號神仙小小，老是鄉，九峰三泖。但從今，鶴籌千齡，總是岡陵永保。」徐爾鉉，字九玉，號核庵，華亭人，陛孫，崇禎十二年舉人，入幾社，著有《核庵集》二卷《詩餘》一卷、《詩韻攷裁》五卷，詳見《嘉慶松江府志》卷五十五《古今人傳七》。

程嘉燧《松園浪淘集》卷十八《陳眉公七十贈詩》：「紉蘭爲佩制荷衿，婉孌書堂十畝陰。一室花香供妙喜，万閒茅宇庇秋霖。山中宰相神仙錄，海上園公綺季心。直與冥鴻忿寥廓，漫容鷗鳥自浮沉。」程嘉燧，字孟陽，號松園、偈庵，休寧人，僑居嘉定，精音律，工書畫，世稱松園詩老，著有《松園浪淘集》十八卷，編有《常熟縣破山興福寺志》四卷，詳見《明史》卷二八八。

婁堅《吳歈小草》卷十《贈陳仲醇兄七十》其一：「每憖樓橃羨寬閒，遐想西山隔市闤。剝啄故饒佳客到，疏慵合置散人閒。向來興致今餘幾，老去歌詞嫩更刪。得其一樽輕百里，又因歲抄未容攀。」其二：「異日經旬聚首時，雪凝燈炧釃深巵。夜長撥火淹情話，日暖敲水賦別詩。已悼故交多霣落，豈容老伴更差池。東園花藥春繞發，儻可相將慰夢思。」婁堅，字子柔，嘉定人，工書法，詩亦清新，與唐時升、程嘉燧、號『練川三老』，四明謝賓山知嘉定，合唐時升、程嘉燧、李流芳、婁堅詩刻之，曰《嘉定四先生集》，著有《吳歈小草》十卷、《學古緒言》二十五卷，詳見《明史》卷二八八、《四庫全書總目》卷一百七十二《學古緒言》。

《春星堂詩集》卷二汪汝謙《綺詠續集》之《囑雲友畫「閉戶著書多歲月，种松皆作老龍鱗」，祝眉公七十詩》：「清風脩然來，問君何爲者。中有著書人，嘯歌長松下。虬枝皆百尺，鱗甲青麗麗。不記种時年，但看帙盈架。滿地茯苓香，一片風泉瀉。高枕忘世情，閉門回俗駕。誰知松蔭中，簡是桃源也。西湖有西子，散花手堪借。九如媿麋將，一幀爲君寫。」徐士俊《分類尺牘新語》卷十五陳繼儒《與汪然明》：「有客武林來，首問起居，則言臺丈有祝融之災，大衛駭歎，方欲奉一言奉候，而使者至矣。書中不追恨金帛，而惓惓以失去書畫再三懊惱，因與思老語次，歎胸次之高雅清曠，非世諦人可夢見也……思老仰体，爲手書壽文，弟亦如命，然正當付劫災，爲我藏拙耳」。又据《春星堂詩集》卷二汪汝謙《綺詠續集》之《余自丁卯武林鬱攸爲虐，生平書畫付之劫災，今歸故園，所喜花竹宜人，悠然自適，因拈雜詠，凡十六章》可知，此年汪汝謙遭祝融之災，所藏書畫盡毀，陳繼儒七十大壽，仍命人作畫祝賀，由此可見陳、汪二人之交誼。

崇禎元年戊辰　七十一歲

元旦，作楹聯。

> 談遷《棗林雜俎》義集：「崇禎元年並元旦立春，華亭陳繼儒眉公楹帖：歲朝
> 春百年難遇，聖天子萬壽無疆。」

二月，董其昌訪於頑仙廬，觀陳繼儒藏《宋高宗書馬和之畫〈豳風圖〉》、
《後赤壁賦圖卷》。

> 《大觀錄》卷十四《宋高宗書馬和之畫〈後赤壁賦圖卷〉》：「宋高宗書，曾以
> 刻《戲鴻堂帖》中，此檇李項氏家藏，趙集賢補圖於後。惜流傳歲久，只存
> 一章，其餘不知何處？二人有所指授，筆意高妙，真稀世之珍，恨不得仙人
> 孟岐一問之耳。己未九月，其昌。戊辰二月，重觀於眉公頑仙廬。玄宰。」

春，遊杭州，訪汪汝謙，連宴於不繫園、隨喜庵。

> 《春星堂詩集》卷一汪汝謙《綺詠集》載陳繼儒《戊辰暮春過不繫園》：「西湖
> 誰與開生面，不繫園收不斷雲。翠碧丹崖天宿構，黃鸝綠樹水平分。捲簾花
> 撲雙魚洗，顧曲香飄百蝶羣。金谷玉津成往跡，虛舟一葉總輸君。」故繫於
> 此。此詩名《題不繫園》載《全集》卷三十一。又，《全集》卷二十七《汪然
> 明隨喜庵》：「渠以千金穿，石以百夫擎。辛苦搆名園，無乃蠶作繭。坐君隨
> 喜庵，煙雲賜亦腆。樹走紅橋移，草眠白鴻顯。有風恣渺茫，無風泊清淺。
> 湖山不轉君，君使湖山轉。」

> 《春星堂詩集》卷二汪汝謙《綺詠續集》之《陳眉公暮過湖上，連宴於不繫園、
> 隨喜庵》：「幾年不見先生面，缺喜湖山侍清讌。況復園庵日過從，每聆元塵
> 皆諸彥。佳名憶咋先生題，勝事真堪在此時。漫出清歌低落月，翻攜翠袖度
> 芳堤。堤上柳花正如絮，綠蔭青子邀詩句。西泠之水南屏山，明日聽鶯向何
> 處。猶嫌團扇與練裙，家家乞墨動成羣。可道歸舟不堪繫，徒留高士千秋聞。」

夏，舟次別姚希孟。（詳見崇禎五年譜）

七夕，吳娟從南京訪繼儒於山中，為其作《漫遊草序》，董其昌辭見。後寄
書米萬鍾。

> 《全集》卷十一《吳眉生〈漫遊草〉敘》：「戊辰七夕，吳眉生從白下過訪山中，
> 出萍草見示。」吳娟，初名眉，字眉生，號眉仙、萍居、群玉山人，適汪氏，
> 研究於聲律，書體遒媚，出入倪米間，著有《漫遊草》，詳見姜紹書《無聲詩
> 史》卷五。

> 《尺牘》卷四《答米友石》：「今聖主乘乾清、時開泰，以停為調，以艮處震，
> 而天下永永太平矣。其俟明公乎？眉生詩畫入天女散花手，黃姑織錦機，冉

冉從七夕入山來。大是奇特，弟草衣蕙帶，無能爲輕重，而思翁以老謝，以暑辭。永明師所謂『木人見花鳥也』。一咲一咲。」米萬鍾，字友石，一字仲詔，號湛園，順天人，米芾後裔，萬曆乙未（二十三年）進士，官至太僕少卿，有好石之癖，善書畫，著有《湛園雜詠》一卷等，詳見《明史》卷二八八。

中秋，伴徐弘祖訪施紹莘別墅，三人盡興暢飲。

徐弘祖《徐霞客遊記》之《浙遊日記》：「（丙子九月）二十四日，五鼓行。……先過一壞圃，則八年前中秋歌舞之地。所謂施子野之別墅也。是年，子野繡圃徵歌甫就，眉公同余過訪，極其妖豔。」

按：丙子爲崇禎九年，逆推之，八年前當爲此年。」

畢自嚴詔拜戶部尚書，寄書繼儒。

《全集》卷五十六《答畢白陽》：「台臺於政府有公揭而無私書，於津門有節省而無糜耗，荷擔願實而不願文，……弟恐樞衡之召，非久至耳。自來軍興則疆場之地苦，搜括則財賦之地苦……某蟄空山，杜門杜口，百不與聞，惟日讀申屠蟠、袁閎二傳，以待餘年，無可爲明公道者，言外惟有感歎。」又「往台臺垂念山澤故人，遠寄奏議水俸，即欲修謝以展感激之誠，會中外告密，雖有魚雁，不敢逗入網中。頃皇上以堯舜之聖明，兼漢宣之綜覈，特簡天下第一端人爲眾正，倡海內欣欣更生矣。第兵餉告畢，災傷迭見，鼓譟則用法難，賑貸則用恩難，緩之則邊鄙枵腹而號難，迫之則郡縣洗手而炊難。所恃吾君吾相無豐亨豫大之侈，有愛養尊節之實，意台臺雖爲手足關情，皇上決不捨股肱腹心而別有他屬也。忠孝塡膺，精神滿腹，樞衡重任，虛席以待明公。豈久煩於簿書錢穀間乎？南郵頗便，幸慰好音。」

按：《崇禎長編》卷十一「（崇禎元年秋七月壬戌）原任南京戶部尚書畢自嚴疏辭司農新命，不允」，又《淄川畢少保公年譜》稱「崇禎元年戊辰四月，召拜戶部尚書，兩疏堅辭，不允」，「八月入都，履任朝。」由此可知畢自嚴當在四月之後寄書繼儒，繼儒回信當在此年八月之前，故繫於此。畢自嚴請辭之事詳見畢自嚴《石隱園藏稿》卷六《起大司農初辭書》、《中途再辭疏》。

鄭元勳訪，為做《文娛錄序》（《全集》卷二）。

鄭元勳《媚幽閣文娛自序》：「戊辰冬，過雲間，私視眉公先生，若有甚獲其心者，愛而欲傳，援牘爲序。」

立冬，作《胡邦衡劄子》。

《珊瑚網》卷七《胡邦衡劄子》：「廬陵蕭楚子荊，建炎中自號三顧隱客，胡銓邦衡師事之，以《春秋》登甲科，歸拜床下告之曰：『學者非但拾一第，身可

殺，學不可辱，勿禍吾《春秋》。』乃佳既卒，銓誌其墓，門人諡曰『清節先
生』，所著有《春秋辨》。子荊不甚著，故記於胡公札後。崇禎元年立冬日，
陳繼儒記。」

**冬，陳繼儒遊杭州，黃宗羲入京為其父尊素訟冤，遇之西湖，繼儒為之
改定《頌冤疏》。**

黃宗羲《思舊錄·陳繼儒》：「陳繼儒，字仲醇，華亭人，以諸生有盛名。上
自縉紳大夫，下至公賈倡優，經其題名，便聲价重於一時。故書畫器皿，多
假其名以行世。歲戊辰，余入京訟冤，遇之於西湖。畫船三支，一頓樸被，
一見賓客，一載門生故友，見之者雲集。陶不退斑謂先生曰：『先生來此近十
日，山光水影，當領略徧矣。』先生笑曰：『迎送不休，數日來只得看一條跳
板。』余時寓太平里小巷，先生答拜，乘一小轎，門生徒步隨其後，天寒涕
出，藍田叔瑛即以袍袖拭之，余出《頌冤疏》，先生從座上隨筆改定。」又《黃
梨洲先生年譜》卷上：「（崇禎元年戊辰，公十九歲）袖長錐草疏入京訟冤，
過杭，遇華亭陳眉公先生繼儒。公出疏，先生隨筆改之。」陶斑，字葛閭，
晚字不退，號椎丰，自栴大台居十，雲南姚安人，萬曆三十八年進十，編有
《續說郛》四十六卷，詳見《滇詩拾遺》卷六、趙藩、李根源《雞足山志補》。
藍瑛，字田叔，號蝶叟，晚號石頭陀、山公、西湖研民，錢塘人，工書善畫，
長於山水。

按：《頌冤疏》全文載《頌天臚筆》卷二十《訟冤》。《頌天臚筆》，明吳縣布
衣金日生編，是編頌明崇禎帝之聖政與黨禍諸君子之事跡，兼及寧遠大捷，
前有朱鷺崇禎二年序。今上圖有藏。

冒起宗中崇禎戊辰進士後，與繼儒書信往來。

《全集》卷十七《賀如皋玄同冒公暨配宗孺人七十雙壽序》：「（起宗）俄成進
士。後則貽書相謝曰：『後生輩不聽長者言，大約坐福薄耳。』余曰：『安得
長者言，蓋玄同先生有庭訓在。』」

《全集》卷五十八《答冒嵩少》：「往聞南宮之報，抃而起舞，世不乏進士，喜
宗起豪傑為進士耳。讀《萬里吟》快哉。」

為錢龍錫作《贈閣學機山錢公大拜序》。

《全集》卷十四《贈閣學士機山錢公大拜序》：「今上焚香告帝，卜六相於金甌
中。吾鄉機山錢公特膺首簡，歲在戊辰，正屬龍飛紀元之始。錢公應之矣。
往公侍神熹講幄，威儀凝重，音吐安詳，左右眄而指之曰：『此太平宰相也。』
乃廷推兩格於鄉衰，褫奪再忤於權璫。公閉門謝客，噤同寒蟬。上忽遣使者
敦召公於田間，公雖謙讓未遑，而雅意亦欲陳子一言之贈。於是親友彈冠者

徵以詞。」

按：「焚香卜六相於金甌中」當指天啓七年十二月思宗所舉行選拔新閣臣的「枚卜大典」，採用金瓶抓鬮的辦法，在錢龍錫、楊景臣、來宗道、劉鴻訓等人中選取錢龍錫等六人俱以禮部尚書兼東閣大學士，入閣協助施鳳來辦事，詳見《崇禎長編》卷四「天啓七年十二月丙辰條」。錢龍錫，字稚文，號機山，華亭人，萬曆三十五年進士，天啓五年忤魏忠賢削籍歸，崇禎元年任禮部尚書兼東閣大學士，後因袁崇煥事被誣下獄，黃道周、胡應臺上疏皆不救，後戍定海衛十二年，詳見《明史》卷二五一。

為楊汝成作《覃恩榮賜序》。

《全集》卷十四《賀太史楊元章覃恩榮賜序》：「太史楊元章忤璫，里居不逾歲，賜還，充展書官，典誥敕，直起居注，以冊立覃恩晉階石閭公奉政大夫協政庶，尹姚贈宜人。……乙丑得第入館中。丁卯，逆璫勢張甚，以獎敕索書，堅拒不應，璫啣入骨，削籍歸。聖主登極，招復故官。」

為韓爌作壽序。

《全集》卷十七《壽元輔象翁韓公七十序》：「今年公之姪曰雲曰霖曰霞來徵七十文。……今崇禎改元，公三月而復職，六月而詔居首揆。」

韓爌，字虞臣，號象雲，山西蒲州人，萬曆二十年進士，授庶吉士，泰昌元年入參機務，與方從哲、劉一燝同受顧命，加太子太保戶部尚書文淵閣大學士，後忤魏忠賢去職。崇禎初年復任首輔，後罷職還鄉，詳見《明史》卷二四○。

作《賀郭母東淑人九十壽序》。

《全集》卷十九《賀郭母東淑人九十序》：「壽州守九峻郭公有母東淑人春秋九十矣。仲冬二十一日為設帨，令辰公方駕朝天之車，嵩祝新皇帝萬壽……乃走使徵陳子，以侑祝詞今太淑人之春秋適與九合，而又當崇禎改元之初。」

郭宗振，號九峻，陝西人，詳見《乾隆壽州志》卷八《名宦》。

作《姚太史風樹堂記》。

《全集》卷二十三《姚太史風樹堂記》：「丁卯葬母畢。會天子滌除元兇，拔登眾正，風樹之堂，蕭蕭翹翹。……今某襏篲於乙丑，賜還於戊辰。」

作《四印堂記》。

《全集》卷二十三《四印堂記》：「歲戊辰，春秋六十，客為公傳轉行觴，而是時新堂落成。昔者黃山谷『平、直、忍、默』，題為養生四印，敬韜喜而誦之，謁文太史題其堂，而屬眉道人為之記。」

朱國盛，字敬韜，號雲來，後以字行，華亭人，萬曆三十八年進士，官至太常卿，晚明著名畫家，山水宗米芾，詳見《嘉慶松江府志》卷六十一《藝術傳》。

作《遼左》。

《全集》卷二十六《遼左》:「清撫之敗，起於輕敵；三路之敗，起於輕進；廣寧之敗，起於輕信；今復輕言天下事，曰:『全遼可復』。夫有恢復舊疆之名，勢必捨守而言戰。」

按:《崇禎長編》卷十一「(崇禎元年秋七月癸酉)，召廷臣及督師袁崇煥於平臺，帝慰勞崇煥甚至，崇煥銳然以五年復遼成功自許」，「全遼可復」當指此事，故繼儒此文最早作於此年秋冬，故繫於此。

張慎言特旨召還，作詩贈之。

《全集》卷二十七《藐姑張侍御忤璫遣戍，特旨召還，賦以贈之》:「何物無鬚兒，合圍獵九州。崔倪作鷹狗，解紲復掣韝。老魅者客氏，居中密運籌。貂玉封上公，起第列鳴騶。大地請建祠，上天爲之羞。五步置邏騎，八面攢戈矛。銀鐺鎖忠良，駢首就纍囚。烈烈猛火飛，餘焰及張侯。御史遠投荒，執殳戴兜鍪。絕意望生還，願從比干遊。一佛忽出世，殺虎旋殺彪。張侯立賜還，卓笏直殿頭。昔年如野燒，寸草不得留。今遇春風吹，草根發萌勾。拔茅慶連茹，何以爲國謀。葛藤斷其蔓，荊棘刪其儔。清任和三寶，聖恩或可酬。」

張慎言，字金銘，號藐姑，山西陽城人，萬曆三十八年進士，天啓五年遭曹欽程劾，編戍肅州，崇禎元年起故官，官至南京吏部尚書，詳見《明史》卷二七五。

寄書李思龍。

《全集》卷五十六《答李思龍》:「分宜墨，江陵橫，猶有請釼牽裾者。頃權黨虐燄薰天，網羅匝地，頌功德，建生祠，幾同左袵。賴聖主中興，一洗乾坤日月，屢奉聖諭，惓惓以起用，褒卹爲先務。」

按：上下文分析可知「聖主中興」當指思宗即位，故此書最早作於此年。思龍，當爲號，行跡俟考。

唐泰、董其昌訪陳繼儒，《脩園集序》概作於此時。

方樹梅《擔當年譜》:「(崇禎元年戊辰)師由鄂、湘、黔回滇。黔省安奢之亂，道阻，紆從嶺右，訪陳眉公於空山。眉公以『磊落奇男子』稱之。爲序其《脩園集》，稱其『霧心遒響，麗藻英詞。調激而不叫號，思苦而不呻吟。大雅正始，而補入於鬼詩、童謠、方言、俚語之俳陋。即長吉玉川復生，能驚四筵，

豈能驚大來之獨座乎？』《贈陳眉公山居》，有五律八首。」

《全集》卷七《雲南唐大來脩園詩稿序》：「古時云：『因緣苟會和，萬里猶同鄉』，此言定交之奇也。……唐大來名噪滇中，以明經入對大廷，遊於吳楚。楚中本寧太史，以及吾鄉董宗伯玄宰，膾炙其文不釋手，萬里論交，遇合亦已奇矣。而大來顧獨深沉於詩，嘗讀其《脩園集》。霧心遹響，麗藻英詞。調激而不叫號，思苦而不呻吟。大雅正始，而補入於鬼詩、童謠、方言、俚語之俳陋。即長吉玉川復生，能驚四筵，豈能驚大來之獨座乎？……大來神用清審，志意貞立，當安奢煽禍，貴竹為梗，大來從嶺右間繭足萬里，訪眉道人於空山。余震駭相勞，苦不得怡，而大來謂：『吾友天下士，方自此始。』真磊落奇男子也。今出其著作，與中原巨公不相上下，得時而駕，則陸賈、韋皋之流，豈獨以詩文行於象胥雞林而已哉。」

按：《脩園集》陳序前有李維楨序，後有董其昌序。《脩園集》卷三《同玄宰先生持畫過眉公老是庵》：「吾師慣畫水雲庵，常移雲氣來山間。一丘一壑誰能過，獨有眉公非等閒。登眺不須杖在手，窮奇極變恣公口。豈惟矯足矮崑崙，天下之山皆培塿。我愛真山高復高，得其形似何牢騷。今聞二老齒異說，能令耳裏翻波濤。自古幾人見真畫，真畫不在齋頭掛。二王才是丹青師，次則李杜人不知。畫中若無字與詩，鄙哉刻鏤未足奇，無筆墨處恐難為」。又《贈陳眉公》：「君不見張子房，又不見黃與綺。衣冠應聘定儲君，功成去訪赤松子。古來隱者有攸關，不是區區輕敝屣。先生沉冥總難誣，幸有聖主比唐虞。皋夔稷契雖足貴，一個巢父焉可無？況蒙恩詔非一次，早知己覺人世間。左則楊子右錢塘，兩江不渡曾有誓。至今元氣儼包藏，國家賴以為禎祥。□□祚胤緜此昌，君哉明兮臣猶良。暗將忠孝扶世運，雌伏之名千載香。」卷四《贈陳眉公先生山居八首》：「（一）何必生雙翼，常從天地遊。既云不負膝，焉肯浪垂頭。禮樂惟三代，乾坤此一漚。昂藏有長揖，能自小公侯。（二）生產家人事，何曾問有無。桐衣逢友贈，蓮沼許農租。貴不謀三釜，貧猶剩一銖。朝昏惟打坐，抱道學伊蒲。（三）自是久離群，淒淒遠世紛。林深不可見，只有一灣雲。泉與樵人乞，齋隨貧士分。閉門惟點易，掉背負斜曛。（四）暑氣逼寒簦，為農貌未晡。浮名原可少，清福不辭多。傑閣高於島，亂峰小似波。白雲留已切，飛詔欲如何？（五）林梢曲復曲，青抱兩重秋。魚碗生苔發，鴉巢裏雪球。山孤真有品，人冷絕無愁。代步一舟穩，何勞控人騶（六）過雨忽拖嵐，松陰落半潭。居家蠲小禮，對客喜長談。有老蹲蒼兕，桑枯抱玲瓏。一年無一事，高臥南山南。（七）江河嗟莫挽，天下盡旁流。細響人爭和，元聲孰可酬。相懸不一間，所狹已千秋。宜在青山外，先登百尺樓。（八）門外日將暝，啼殘白項鴉。橙黃拋雨串，麥冷吐霜芽。老許眉重長，貧從頂不遮。滿勞拖玉片，高蹈也能賒。」唐泰，字大來，後出家，名普荷，號擔

當，雲南晉寧人，明末清初著名的書法家、畫家、詩人，著有《儵園集》八卷、《橄庵草》七卷，書畫多有傳世。

作《重修泖橋澄鑒寺碑》。（《嘉慶松江府志》卷七十三《藝文志金石》）

作《最樂編序》。（《全集》卷四）

作《楊忠烈遺集序》。（《全集》卷八）

作《題聽月雲遊卷》。

《全集》卷五十《題聽月雲遊卷》：「若問眉公近狀，但言七十一矣。」

董斯張卒。（據《靜嘯齋詩草·退周先生言行略》）

崇禎二年己巳　七十二歲

春，與董其昌、王時敏等請蒼雪大師講《楞伽》於松江白龍潭。蒼雪大師亦訪繼儒於東佘山，二人吟詩唱和。

《蒼雪大師行年考略》：「春，董玄宰、陳眉公諸人請師講《楞伽》於松江郡西之白龍潭。期中，眉公以佘山茶筍餉諸學者，師賦詩報謝。及解制出門，執香前道者數千人。有尾追而不及一見者，從來講師之盛所未有也。眉公贈詩亦有『執香聊代去思碑』之句。集中有《吳門之雲間詩》、《雨中望崑山詩》、《訪陳徵君東佘山詩》、《訪汪希伯詩》、《解制志愧詩》。」

《蒼雪大師南來堂詩集》卷三《雨中望崑山不得上時同諸子赴雲間講席》：「玉峰百里望來懸，恰遇同登值雨天。風曳篷聲飛忽過，雲移塔勢走相連。真山城裏看如假，巧石盆中類一拳。遊興正須留未盡，歸途偏討好行船。」《泖上應講因訪汪希伯》：「蘭橈劈口打頑禪，何似朱江船子舡。柳浪望川三尺鯉，湖心牽動一絲煙。風初對面潮來勁，檣欲貪程夜不眠。記得汪倫情不淺，桃花潭水尚依然。」《補編》卷二《自吳門之雲間》：「春雨夜淹淹，春波幾尺添。背花搖短櫓，礙柳揭高簾。三兩家村落，一行書酒帘。華亭看不遠，的的九螺尖。」《訪陳徵君東佘山詩》四首其一：「十年夢此山，一日遊其間。偶愜意中賞，始知人外閒。齋高雲作梯，樹老石為關。拋卻枯藤杖，孤猿嶺山攀。」其二：「泉石恣幽討，杖黎抱野情。九峯高處士，五柳古先生。道業山中相，文章海外名。深松時坐聽，細雨叫黃鶯。」其三：「岩居誰謂懶，終日不曾閒。去草搜奇石，留雲補斷山。猶龍潛德久，似鶴養容顏。莫放溪流出，溪花繞澗灣。」其四：「咫尺東佘路，雲迷不可尋。避人酬應苦，抱甕息機深。破月欲飛去，晚山如睡沉。開籠纔放鶴，童子供松陰。」按：集中未見《解制志愧詩》。

《全集》卷二十九《送蒼雪講師》：「老僧說法絕思維，八部神龍捩眼窺。雙履西歸留不得，執香聊代去思碑。」應爲此時所作。

王時敏《西盧詩草》上卷《和蒼雪法師講期解製詩兼謝法施》：「稱譏塗割總無干，佛性空虛本自寬。微妙勝蓮生舌底，莊嚴寶刹現毫端。栴檀析片香隨染，霧露沾衣潤未乾。何事迷人耽火宅，甘暝長夜夢邯鄲。」

四月，爲福林庵僧得岸六十壽贈詩。

《吳越所見書畫錄》卷五《又董文敏贈得岸僧山水軸》：「怪石與枯槎，相倚度年華。鳳團雖貯好，只吃趙州茶。寫贈得岸上人六十壽。其昌。己巳四月」又：「碧眼高僧骨相癯，松窗但醉紫珊腴。從今壽臘將何祝，一百八單同數珠。思翁爲茶羅漢寫青山奉壽，僕亦隨喜贈詩。陳繼儒。」

六月二十三日，訪董其昌於湖莊。

《壯陶閣書畫錄》卷十二《書喜雨亭記》：「己巳夏日，避暑湖莊，熱不可耐，散步田野觀雲。時方旱，久望雨不得，農夫相向憂甚切。六月廿二日午後，忽有云如掌大，起東北，才餘一食，頃刻已布滿宇宙，大風揚沙，驟雨卒至，抵暮乃已。農人轉憂而喜，餘心亦甚快，率筆書此記。長公所云『以示不忘云耳』。至書之工拙，則未嘗計也。董其昌並識。次日，陳仲醇顧我於湖莊，話及夜來風雨之快，不可無記。出此卷示之，便欲攜去，此特一時興到，於書法並未有合，仲醇乃不欲爲余藏諸耳。」

七月，有客冒暑來訪，爲作《德隱先生墓誌銘》。

《全集》卷三十三《德隱先生墓誌銘》：「己巳七月，有客冒奇暑越數千里，儵然及門，出鄭令君書爲介。蓋楚中才子卜世周君也。曰：『某此來非謁臨邛，爲乞郭有道碑於中郎耳。』余曰：『君家霍太先生代興文苑，片語能輕重天下，而何取山澤不佞之癯爲？』曰：『先子喜讀眉道人《長者言》，著屏扉壁牖間誌墓，故先子意也。』余唯唯，不忍以不文辭。」周潭，字德隱，豐邑諸生。

秋，黃宗羲、許子洽等訪於來儀堂，黃宗羲信宿而別。

黃宗羲《思舊錄·陳繼儒》：「己巳秋，余至雲間。先生城外有兩精舍，一頑仙盧，一來儀堂，相距里許。余見之於來儀堂。侵晨，來見先生者，河下泊船數里。先生櫛沐畢，次第見之，午設十餘席，以款相知者。飯後，即書扇，亦不下數十柄，皆先生近詩。書余扇爲《弔熊襄愍詩》：『男兒萬里欲封侯，豈料君行萬里頭。家信不傳黃耳犬，遼人都唱白浮鳩。一腔熱血終難化，七尺殘骸莫敢收。多少門生兼故吏，孤墳何處插松楸。』余留信宿而別。明年書來，歉不曾過弔，云：『豈無田僅一束芻，彼磨鏡者何人哉？』許爲先忠端公作傳，寄於宋氏；後見《宋子建集》，有先忠端公傳，不知即先生之文否？

而以列之宋集，何也？」此詩題《挽經略熊公》收入《全集》卷三十一，「莫」作「未」，「豈」作「誰」，「都」作「多」，後一句爲「何人壠上插松楸」。又，《黃梨洲先生年譜》卷上：「（崇禎二年己巳，公二十歲）之雲間，訪陳眉公先生於來儀堂精舍，留信宿而別。」

按：襄愍，乃熊廷弼諡號。熊廷弼，字飛百，號芝岡，江夏人。萬曆二十六年進士，授保定推官，擢御史。四十七年擢兵部右侍郎兼右僉都御史，代楊鎬經略遼東。後受廷臣彈劾回籍聽勘。天啓元年，復詔起於家，而擢王化貞爲巡撫。化貞與廷弼有隙，而經、撫不和之議起矣。天啓二年正月，化貞西平慘敗，六萬之眾盡覆。二月逮化貞，罷廷弼聽勘。刑部尚書王紀等上奏上獄詞，廷弼、化貞並論死。授人誣以受廷弼賄，甚其罪。忠賢愈欲速殺廷弼，會馮銓亦憾廷弼，及楊漣等下獄，魏忠賢與顧秉謙等侍講筵，出市刊《遼東傳》譖於帝曰：「此廷弼所作，希脫罪耳。」帝怒，遂以五年八月棄市，傳首九邊。詳見《明史》卷二五九。

萬斯同《補歷代史表》前黃宗羲《補歷代史表敘》：「余憶崇禎己巳於陳眉公坐上，遇許子洽，有《明館閣九卿年表》初成，見之，以爲奇書。」

康熙《常熟縣志》卷二十《義苑》：「許重熙，字子洽，上蔡知縣河之孫。太學生，以史學著當世。數遊京師、金陵、淮揚、匡廬間諸藏書家，得遍識其書，商定典籍，學益博，識高古。崇禎九年刻《五陵注略》，觸誠意伯劉孔昭忌，將發難，司成倪文正爭之，凶並攻文正，牽連麥閱姓氏七十五人，俱東林指名，幾興同文之獄。時烏程當國，陰主之，擬旨推究，三上而解後，宜興復相令，所親敦請，七日不獲去。所著有《歷代通略大臣年表》俱已行世，《宋史增訂新編》未刻，文集有《綴籬草》、《旅寄軒稿》。年七十八燈下蠅頭細書《輿地分合指掌圖》，未竟卒。」

按：《明館閣九卿年表》即《歷代通略大臣年表》，又稱《大臣年表》、《歷代年表》，全稱《國朝殿閣部院大臣年表》，簡稱《大臣表》。起洪武，迄崇禎五年。表譜式職官表、職官工具書。全表分殿閣大學士、吏部尚書、戶部尚書、禮部尚書、兵部尚書、刑部尚書、工部尚書、都御史八欄，逐年臚列明歷朝大臣除拜情況。今上圖有藏。

除夕，作《宋孫之翰尺牘記》。

《珊瑚網》卷三《宋孫之翰尺牘》：「孫之翰，甫之也，嘗著《唐史要論》，必盥手始函之，謂家人云：『萬一有兵燹之變，貨財盡棄之，惟此書不可失也。』公移少間增損，未嘗去手。其在江東爲轉運使，出行部亦以自隨，過休亭止，輒復脩之。會宣州有急變，乘驛遽往行，後金陵火延燒廨舍，子弟親負其笥，避於池中島上。公宣州還，入門問曰：『《唐書》在乎？』對曰『在』，文潞公

嘗從公借之。己巳除夕，陳繼儒記。」

方岳貢任松江知府，欲修府志，訪之繼儒，繼儒作書答之。

《全集》卷五十六《答方禹脩太尊脩郡志》：「儒引山澤之份，硜硜不入公庭者二十餘年矣。伏承太公祖五馬臨門，雙魚折柬，惓惓以郡乘俯詢鄙儒，此布衣累世而不獲一遇者也。敢不吐誠以復明問？……獨華亭自正德壬申以迄崇禎戊辰，百有六年矣。……儒七十有二，老而善忘矣。」

方岳貢，字四長，號禹修，谷城人，天啓二年進士，崇禎元年任松江知府，十六年朝拜左副都御史兼東閣大學士，李自成陷京師，不屈縊死，詳見《明史》卷二五一。

寄書潘曾紘。

《全集》卷五十八《答潘昭度》：「明公具人天眼，作人天師，說法中州，大地震動，即一疏一揭及蘇、夏二公《祠記》，潑除士風之穢濁，洗開魔隊之光明，對証投機，真世道人心之大藥。弟今年王年七十有二，日與漁郎農大人偃曝茅簷，何敢妄言天下事？」

潘曾紘，字昭度，烏程人，萬曆四十四年進士，官至僉都御史巡撫南贛，著有《芳蓀館遺稿》，詳見《乾隆烏程縣志》卷六《人物》。

為范志易暨配盧孺人作壽序。

《全集》卷十七《賀希宣范公暨配盧孺人六十偕壽序》：「歲己巳七夕後之二日，如皋范希宣先生與盧孺人合壽一百二十矣。」

范志易，字希宣，號萬笏軒主人，如皋人，詳見《乾隆通州志》卷十六。

為官應震元配周恭人作壽序。

《全集》卷十九《太常官公元配周恭人六十序》：「往丁卯，陽谷太常公六十，初度周恭人，差亞公一歲。今己巳，賀者謀齊眉耦齒之祝。」

官應震，字東鮮，號暘谷，黃岡人，萬曆二十六年進士，官至太常寺少卿，為楚黨，詳見范景文《文忠集》卷七《明資治尹中議大夫官公墓碑》。

松江府推官王繼廉離任，為之作序。

《全集》卷十四《賀郡李銘韜王公應召序》：「銘韜王公理松郡五載餘，卓異之積升聞於朝，下尺一將徵拜為諫官。」

按：《嘉慶松江府志》卷三十六《職官表》「王繼廉天啓三年任松江府推官，崇禎二年離任」，故繫於此。王繼廉，字矜古，號銘韜，應宗子，湖州長興人，天啓二年進士，詳見《光緒長興縣志》卷二十三《人物》。

為錢士升母作祭文。

> 《全集》卷四十七《祭錢母陸太夫人》：「曩母七十，客徵壽詞。俟明歲八十，
> 為期不洰之言，請佐酒卮。轉賀為弔，忽以訃馳。」按：泰昌庚申年陳繼儒
> 作《壽武塘錢母陸太君七十序》，故此文最早作於此年。

為新安程欽絃作《成性堂記》。

> 《全集》卷二十三《成性堂記》：「新安程欽絃先生博雅好修，出入朱夫子鄉，
> 深究性命之學。恂恂吉德，名士也。崇禎己巳，雙溪成性堂落成，徵董宗伯
> 題額，而屬眉道人記之。」程欽絃行跡俟考。

作《跋玄默刻完金剛經後》。（《全集》卷五十）

序《西漢文紀》（《天祿琳琅書目後編》卷二十《歷代文紀》）

李流芳卒。（《全集》卷五十二《題李長蘅〈西湖夢遊圖〉》）

王公薦舉陳繼儒。

> 《舊譜》：「（崇禎二年己巳）郡志東郊。直指王公巡方帖文行府，有木院按部
> 松江，訪有隱士陳（繼儒）者，學窺二酉，文擅百家，德行冠雲問。人推麟
> 鳳，著述行海內，士仰斗山，養親則甘逢掖以躬承菽水，求志則臥丘壑而結
> 想煙霞，此真當代羽儀，可為國家楨幹者，豈容在澗？不亟為推轂。為此即
> 便查例，將隱士綠絲，速速覆酌，具詳以憑薦舉持聘。」

崇禎三年庚午　七十三歲

立春，作七律。

> 《全集》卷三十一《立春日遇聖誕，庚午歲也》：「香車寶馬出東城，四野占雲
> 望太平。神武六師俱解甲，春王萬壽正添庚。柳梢嫩曉新鶯囀，樓外清輝快
> 雪晴。當寧傳聞尚宵旰，漫將絲管弄春聲。」

二月，項德明卒，後為其作墓誌銘。（《全集》卷三十三《檇李太學鑑臺項君墓誌銘》）

三月，訪李日華清樾堂，觀《江鄉雪意圖》卷。

> 李日華《六研齋筆記》二筆卷三《江鄉雪意圖》卷：「趙大年《江鄉雪意圖》
> 卷，項晦甫物也，嘗託盛德潛為媒致之，而不可得，耿耿於中者，二十五六
> 年矣。今崇禎庚午之二月，晦甫臥疾，忽令所善鮑老歸余，既成購，而晦甫
> 即治後事，若相付者。餘慶物之來，而悵友之速化也。越月，陳眉公先生顧
> 余清樾堂，出觀，終日讚歎。大年與蘇、米狎交，東坡每見其畫，則以朝陵
> 回嘲之。蓋趙宋宗法嚴，不令宗子出城故耳。此卷初作四五大樹，根株錯互，

梢槮蕭森，中段半帶雲氣出沒掩斂，極有奇狀。其餘層沙起伏，煙樾淒迷，水鳥戢翼藏身，散佈蘆洲草棘間，備空寒荒遠之思，一片江鄉物色也。」

項德明，字晦甫，號鑑臺，元汴四子，太學生，詳見《全集》卷三十三《檇李太學生鑑臺項君墓誌銘》。

四月，光祿寺卿何喬遠薦舉陳繼儒。

《崇禎長編》卷三十三：「（崇禎三年庚午四月）光祿寺卿何喬遠薦華亭布衣陳繼儒，博綜典章，諳通時務，當加一秩，如先朝待文徵明故事。章下所司。」又《崇禎實錄》卷三：「（崇禎三年四月）光祿寺卿何喬遠薦華亭布衣陳繼儒，博綜典故，諳通事務，亦當加以一秩，如先朝文徵明故事。章下所司。」《國榷》卷八十五：「（崇禎三年四月）癸亥，光祿寺卿何僑遠薦晉江李光縉、永春舉人李開芳、固安生員黃文炤、海澄儒士丁玉明、華亭布衣陳繼儒，學行據優，乞賜官銜，風勵四方」。万斯同《明史》卷二十三《莊烈皇帝一》：「（崇禎三年四月己卯）光祿寺卿何喬遠薦華亭布衣陳繼儒，章下所司。」

《舊譜》：「（崇禎三年庚午）四月，光祿寺卿何喬遠奏為薦舉德行文章之士，仰祈旌錄，以光聖治，以隆聖化。事開列同鄉數人有識，又推之鄉以外如華亭布衣陳（繼儒），職未識其人而久讀其書，見其博綜典故、諳通時務，眞有用之才。而浮之江湖，此一臣者，亦當加以一秩，如先朝文徵明故事者也。奉聖旨：士習日漓，宜加風厲，這所奏薦着該部議覆。」時間略有先後，暫繫於此。

何喬遠，字穉孝，號匪莪，福建晉江人，萬曆十四年進士，除刑部主事，坐累謫廣西布政使經歷，以事歸。里居二十餘年。光宗立，召為光祿少卿，以戶部右侍郎致仕。崇禎二年，起南京工部右侍郎。給事中盧兆龍劾其衰庸，自引去。嘗輯明十三朝遺事為《名山藏》一百○九卷，又纂《閩書》一百五十卷，詳見《明史》卷二四二。

為沈佳胤《瀚海》作序。

《瀚海》前陳繼儒序記為「崇禎庚午孟夏朔日，雲間友人陳繼儒眉公父題。」

七月一日，為董其昌文集作敘。（《全集》卷六《董宗伯容臺集序》）

董其昌《容臺集》前陳繼儒《容臺集敘》：「《容臺集》者，思白董公之所撰也。大宗伯典三禮，敕九卿，觀禮樂之容，故稱「容臺」。……宋禮部尚書倪思云：『與其為有瑕執政，寧為無瑕從臣。』其公之謂矣。以此而發之心聲心畫，雖欲不傳，得乎。若《留中奏議纂要》若干卷，曾經宣付史館，尚未流佈人間，確然元老晚年之定論，神祖大事記之權輿也。《實錄》竣期，敢忘嚆矢，爾庭梓之，請俟異日焉。崇禎庚午七月朔日，友弟陳繼儒頓首撰。」此序與

《全集》稍有出入。

應太守方岳貢邀，修郡志於郡東郊，同事者尚有俞汝為、章吉甫等。（詳見崇禎辛未年譜）

為夏茂卿《消暍集》作序。

> 《全集》卷七《夏茂卿消暍集序》：「澄江夏茂卿先生長余七歲，今庚午正八十矣。先生置余於肩隨之列，余不敢雁行進也。……先生笑曰：『眉道人知我勝於我自知，其為我弁諸簡首，以代八十觴。』」

> 夏樹芳，字茂卿，江陰人，萬曆舉人，著有《栖眞志》四卷、《茶董》二卷等，詳見李維楨《大泌山房集》卷十三《冰蓮集序》。

作《賀劍壚蔡公雙壽八十序》。

> 《全集》卷十七《賀劍壚蔡公雙壽八十序》：「崇禎庚午，為劍壚蔡公八十攬揆之辰，孺人長公一歲。客歲群壻欲舉觴，孺人謝弗納，曰：『待公之誕期而合舉焉。』齊眉耦齒，甚盛典也。至是徵詞於余，以効公維祺之祝。」

作《妙莊嚴路記》。

> 《全集》卷二十三《妙莊嚴路記》：「始於天啓丁卯，落成於崇禎庚午。」

是年，寄書吳伯與，為《宰相守令合宙》撰敘。（《全集》卷四《宰相守令合宙序》）

> 《宰相守令合宙》前陳繼儒敘：「七十二年布衣陳繼儒撰，……崇禎三年庚午。」

> 《全集》卷五十六《答吳福生》：「《宰相守令》一編，眞當今內外第一藥石。」又「猶以案牘之暇，著書立言，而問敘於飲澗茹草之野叟，抑何其磊砢而好奇也。……第小敘迂劣無當，倘有忌諱，小掮時目，伏乞痛削而力刪之。」

> 按：《四庫全書總目》卷六十二《宰相守令合宙》：「明吳伯與撰。伯與，字福生，宣城人，萬曆癸丑進士，官至廣東按察司副使。是書序文題曰《宰相守令合宙》，而此本十三卷，乃有宰相而無守令，蓋非完書矣。所錄雖多採史傳，而不免雜以稗官。又刪節《本傳》，往往遺其大而識其小，體例殊為冗瑣。至於以李斯為禮賢尚德，而以趙高附《斯傳》，尤為乖舛。又唐初不載裴寂、劉文靜、竇抗、陳叔達諸人，而先敘蕭瑀。宋曹彬同平章事，蓋沿唐五代使相之制，實不預政，乃列於眞宰相中，亦為失考也。」

寄書江東偉。（《尺牘》卷四）

> 按：江東偉，字青來，號壺公，開化人，萬曆三十四年舉人，著有《芙蓉鏡

孟浪言》四卷，詳見《雍正開化縣志》卷五。

為丁鳴陞作傳。（《全集》卷三十九《吏部郎念源丁公傳》）丁鳴陞，字仲玉，號念源，
霈化人，萬曆四十一年進士，詳見上揭文。

書《重修嘉邑儒學碑記》。

> 《光緒嘉興縣志》卷三十五《金石》：「《重修嘉邑儒學碑記》，崇禎三年，史館陳
> 懿典撰，華亭陳繼儒書，碑在縣學見存。」

寄書黃宗羲。（詳見崇禎己巳年譜）

為沈胤培母作墓誌銘。（《全集》卷三十四《敕封沈孺人陳氏墓誌銘》）

張大復卒。（錢謙益《牧齋初學集》卷五十四《張元長墓誌銘》）

丁賓以疏辭致仕，商之繼儒。

> 《舊譜》：「（崇禎三年庚午）募修南禪寺山門，得還舊觀。是秋，遷高齋於水
> 邊林下之平壤，叟曰：『柔香庵』。季冬，丁清惠公以救荒助餉，賜宮保，建
> 坊。公欲疏辭，改致仕，以從先志。衝寒入山，商之府君，時府君在睡鄉夢
> 與陸文定縱論掌故，聞丁公至，肅衣冠以迎丁公耳。不聰語多，筆授府君，
> 止其辭爵，恐為時輩異同。書曰：『不求得福，亦宜遠禍。』丁公憬然曰：『余
> 昨暮登舟，夢一白衣翁曰：此行當轉禍為福。今得先生教，符夢告矣。』敬
> 如命，兩公之神交於夢寐蓋如此。」

崇禎四年辛未　七十四歲

春，和陳應元韻四首。（《全集》卷三十一《辛未入覲事竣，正月二十三日，上御之文
華殿，招對十三省監司，白門思昌陳公與焉。恭紀四律，余和韻四首》）

春，曹勳訪繼儒於山中，邀董其昌共飲，為其母作壽序。

> 《全集》卷十九《壽曹母顧太夫人序》：「辛未暮春，曹太史允大過余草堂，余
> 邀董思翁同飲。問曰：『公應就官，而三載家食者，何也？』允大曰：『有老
> 母在。』……允大曰：『甚矣。眉道人之知我也。請修酌以奏太君。』引諸門
> 生再拜，執子孫禮而退。」同卷有《壽曹母顧太夫人八十序》。

> 曹勳，字允大，號莪雪，晚號「東干釣叟」，嘉善人，穟子，崇禎元年進士，
> 授庶吉士，官至禮部侍郎，詳見沈季友《檇李詩繫》卷二十。

四月，工部侍郎沈演薦舉陳繼儒等。

> 《崇禎長編》卷四十五：「（崇禎四年辛未四月）工部侍郎沈演上言曰：『今
> 餉匱兵驕，民窮盜起，東西窺伺，未息政紀，實效茫然。臣輾轉思之，……

敕中外諸臣，條上便宜，無論在官在籍，即高士如陳繼儒，眞品如舒日致
（按：日致當爲日敬之誤）等行爲世儀、學饒經濟者，得各所陳見，能以
此規兩利、杜兩害，即爲奇策，言而可行，行而可績，即爲眞才。庶幾嘉
言，罔伏野無遺賢矣。』帝以建堡、屯鹽等事命即設法飭行，並所舉陳繼
儒等即與議覆。」

按：《舊譜》「（崇禎六年四月）工部侍郎沈演《安攘疏》內偶舉府君，得陳所
見。以備進呈采擇：本月十二日奉聖旨：建堡屯鹽等事前已有旨，還着設法
飭行。據奏時事多艱，臣子應專心幹濟，說的是。朕惟以言事課功，如有挾
私偏執、妨廢職業的，必罪不宥。所舉陳（繼儒）果否學識，可備采擇。該
部並議，欽此。欽遵抄出到部送司，除建堡屯鹽等事聽該部具覆外，所有薦
舉陳（繼儒）一節，係隸本部職掌，相應摘覆。」又《國榷》卷九十一記沈
演上疏爲：「崇禎四年三月庚子」，《舊譜》時間誤也，今從《長編》。

康熙《江西通志》卷七十《人物五》：「舒口敬，字笴直，南昌人。萬曆二十
年進士，知泰興縣令。六閱月，修政舉，以杖弊姦人張耀，忤太守意，讒使
中傷之，罷其官。士民赴闕訟，無罪，得下部議。……後左遷徽州府學教授，
致仕歸。崇禎間，以尚書沈演薦，應詔，言時務，陳七策十論，上嘉納之。
敕部議。日敬辭，家居五十年，歷主紫陽山、白鹿洞、滕王閣、杏花樓講席，
名公卿多出其門，有所饋金，輒均於弟侄及族鄰之貧者，年七十九卒。門人
萬時華等私世曰：文侃先生。侯峒曾督學江西，請祀學宮，亦祀揚州名宦。」

沈演，字叔敷，號何山，烏程人，節甫子，萬曆二十年與兄榷同舉進士，天
啓中以忤瑺削籍，崇禎初起工部侍郎，升南京刑部尚書告歸，詳見錢謙益《牧
齋初學集》卷六十五《南京刑部尚書沈公神道碑》、《同治湖州府志》卷七十
二《人物傳記政績二》。

四月，作《賀大中丞薇垣曹公榮膺特召序》。

《全集》卷十四《賀大中丞薇垣曹公榮膺特召序》：「特旨宣召撫臣於三千里外
者，自江南大中丞曹公始。蓋崇禎辛未夏四月事也。」

曹文衡，字鏡玉，號薇垣，河南唐縣人，萬曆四十四年進士，官至薊遼總督，
並爲繼儒編《崇禎松江府志》作序，詳見劉沛然《南陽人物志》卷一。

九月二十五日，釋心燈訪繼儒於佘山，同陳繼儒祖孫三代觀祖師畫像，作《祖師畫像記》。

《全集》卷二十二《祖師畫像記》：「國初禁內有祖師畫像八十八尊，供牛首山
之祖堂，達觀師屬新安名手丁南羽重摹，分送五臺、峨眉、南嶽，則萬曆甲
申歲也。……吳公謂藏於家不若藏於山，即授鷹窠頂寺僧心燈供養，則天啓
癸亥歲也。心燈裝潢四冊，貯之朱匣，走雲間佘山，索眉道人爲之記其始末。

余兒夢蓮、八歲孫仙覺皆得瞻禮，則崇禎辛未九月廿五日庭桂芬敷時也。仙覺問曰：『《金剛經》是相非相，然乎？』余笑曰：『孺子何知？』……此冊祖影之公據也。堂堂龍像，色正芒寒，方冊之中，如建塔廟，如雨舍利，但無千百億化身應現於天下名山耳。」

秋，作《洪武正韻箋補序》。（《全集》卷五）

給事中吳永順薦舉陳繼儒。

《舊譜》：「（崇禎四年辛未）給事中吳永順薦舉有云：『伏覩《會典》，洪武元年詔懷才報德之士，所在官司用心詢訪，具實申達，以憑禮聘，累朝詔令，亦間及之；英宗天順元年，聘吳與弼；憲宗成化十九年，授陳獻章為翰林簡討；獨神祖用人，其難其慎獨，不難於來知德、瞿九思，豈非太平之榮觀，古今之盛際哉。今之稿項巖穴、誦讀堯舜者，豈曰乏人？如松江布衣陳（繼儒）淹通今古，聞達無干，比則廷臣楊廷筠、章允儒、何喬遠、吳牲、吳用先等，各各開薦，非職私言，獨不可一賁弓旌，以襄盛典乎？」吳永順形跡俟考。

為張銓全集作序，《忠烈大司馬見平張公傳》概作於此時。

《全集》卷九《張忠烈全集序》：「吾朝有兩忠臣，……一曰忠烈公張見平，沁水人也。御史殉難於遼東，死李永芳手，是皆罵賊。……故左都督司農郎兩兄弟哀刻其集於金陵，而屬陳子為之序。……辛未，左都督特錄公《春秋集》進呈。」

張銓，字宇衡，號見平，山西沁水人，萬曆三十二年進士，天啓元年出按遼東，守遼陽，三月城破，自經亡，贈大理卿，再贈兵部尚書，諡忠烈，著有《國史紀聞》十二卷，詳見《明史》卷二九一、《全集》卷三十九《忠烈大司馬見平張公傳》。

是年，吳震元募刻其纂《宋相眼冊》，陳繼儒、董其昌、鄭鄤、姚希孟等各題名捐刻，其中陳繼儒題名助刻二卷，但此書終未刻成。

《吳越所見書畫錄》卷四《明吳長卿募刻手纂〈宋相眼冊〉》：「吳長卿纂成《宋相眼冊》二百餘卷，蓋國朝諸事，大約與宋時不相甚遠，而宰相尤大綱骨也。此書刻成甚有關於法鑒，故與董思翁宗伯、鄭峚陽太史分頭任刻，以成一代快書，其刻多寡惟命，敢償題姓名於後？每卷約貲八兩。陳繼儒題。助刻二卷。」

按：上揭書所記《宋相眼冊》周延儒序作於「辛巳夏孟」，所記題名捐刻者董其昌（6 卷）、陳繼儒（2 卷）、姚希孟（5 卷）、鄭鄤（5 卷）、馮明玠（2 卷）、管紹寧（2 卷）、莊印廷（2 卷）、夏樹芳（3 卷）、黃毓祺（3 卷）中所記時間

皆爲「崇禎辛未長至前十日」、「辛未多雪中」，故陳繼儒題名捐刻亦應在此年末。上揭書有「此書終未刻成，今已泯滅可歎」之語。又《全集》卷四《通鑒綱目指掌編序》：「太倉吳長卿撰《宋相眼冊》三百卷，曰：『宋事大約與國朝相近，而人才差勝之。』自正史家傳以及稗官、小說、山經、地志之流，無不窮搜極覽，甚有宰相一人而薈萃至數十餘卷者。董思翁、王東里歎服其辨博，欲敘而行之，而長卿以橐貧，未果也。」由此可知，此書終未能刊刻。

松江府志修成，作《修志始末記》。

《全集》卷二十二《修志始末記》：「郡伯禹修方公祖下車以來，一塵不染，百廢俱興，歲穰人和，惟焚香披閱圖史而已，展及顧文僖公《舊志》，屈指百二十年。人文漸覺凋落，有感於大方伯七澤張公之勤請也。申之臺察，謀之僚屬，誠吉告文於方正學先生，而縉紳孝秀咸集焉。約十口　赴求忠書院，分曹議之。久則或至或否。又久之，凡郡中零星故實，亦無復有投牒掌記者矣。於是郡伯敦趣不佞儒更亟，儒逡巡避如前。俞彥直口：『吾將助子。先比部私錄志事秘笥中，竊嘗欲秉承先志，以成一郡之書。鳩異聞，蒐佚籍，移舟不憚千甲，挑燈每及五更，今且傾笥授之子矣。』儒大喜，乃艤山入郡，不佞住東頭，彥直住西頭，繪圖雕棗，始肇闕工。而郡伯又聘章吉甫，以匡儒之不逮。儒謂吉甫曰：『自來修志者，比擬於修史。吾獨謂史易而志難，史有起居注，有編管章奏。事繫歲，歲繫月，月繫日，先後班班可考鏡，而志有是乎？一難也。史不得，求之譜，今故家子姓，如郯子能言其祖，王弘日對千客，而不犯一人之諱者乎？堂構雖仍，譜系不熟，一難也。先輩陸澄有《地裏書》，顧野王有《輿地志》，非郡史材乎？目前了無可尋，即楊潛、徐碩、張之翰、孫鼎諸舊本，亦類龜毛兔角矣，一難也。倭奴躪內地，轉餉征師，闕未書，城上海，邑青浦，闕未書。鄭建僉憲均田，林侍御均糧，徐中丞均役，闕未書。張江陵下履畝之令，縮弓溢額，闕未書。海忠介濬吳淞，闕未書。嘉靖辛酉，萬曆戊子、戊申，大災大賑，闕未書。十年編里甲，五年編收解，闕未書。諸如此類，書之則其詞不雅馴，雅馴矣，而情形不必其精覈洞達，一難也。史臣秘在禁廷，監以勛戚，總以公孤，雖外僚不敢妄窺著作尺寸之地，今圖史縱橫於蓬牖，賓朋剝啄於衡門，一難也。儒以七十四老人，荷擔一百二十年曠典，狹書細字，復界重行，瞶瞶行霧露中耳。且才者遜之，而拙者任之；上衰遜之，而布衣任之。又一難也。志之難如此，可奈何？』吉甫曰：『是不難。傾奉郡檄，人物如史例，生不立傳矣。郡伯留觀，得從容設處，以觀闕成，干旄不時至矣，廩餼不時饋矣。舊志徵引書籍，寥寥無幾，今採輯至三四千卷餘，如累朝之實錄，及省直、郡縣之通志，拈出無遺，儲蓄多，則排續便矣。同事者或工於攷古，或敏於濡削，或嚴於訂訛，或密於

收納部署。少者助若老，健者助若鈍，同事逾年，俱銷歸於太和爐冶中矣。志何甚難之有！』陳子曰：『善』。乃與諸君子克期竣事。稿甫脫，而剞劂隨之。視故志卷帙頗多，歲月頗速，而整齊精簡，以補隆萬之遺。則俟彥直歸而謀之，而余志始無憾。余力已止此，汲深窘於短綆，道遠躓於疾行，志雖不工，不愈於今人而姑待後人，今歲而復待他歲者乎！若其中役法、荒政，郡伯謂東南民力民命所關，不惜饒舌進言之，而《小敘》之似諷似諫，則區區薇寓蕘蕘，倘亦司牧者問織問耕，師蟻馬之少助哉。此崇禎庚午辛未修志之始末也。是為記。」顧清，字士廉，號東江，華亭人，弘治六年進士，官至南京禮部尚書，編有《正德松江府志》三十二卷，詳見《雲間志略》卷十《顧文僖東江公傳》。俞廷諤，字彥直，號伯玉，汝為子，松江華亭人，天啓四年舉人，詳見《光緒華亭縣志》卷十五。

按：《舊譜》：「（崇禎元年戊辰）五月，修郡志於東郊。郡志自文禧顧東江公後，迄今百二十載，其間因革損益，必當重加釐正，以昭來禧。凡至郡侯欲興此舉，而鮮有勝其任者。方侯禹脩再三囑之府君，府君勉諾其請，曰：但當具稿草，以待當代名公巨卿，若總裁，則某奚敢是。集諸友於東皋別業，各授典記，垂三歲而成。府君自令家庖具資釜，不費大官供饌筆箚。雖方侯時有饋遺，即分贈諸同事，未嘗私一環半粟也。其繕寫梓工，悉俞孝廉彥直董其事。詳記並覆方侯啓事中。」「（崇禎三年庚午）郡志成。」故《舊譜》時間誤也，今以繼儒所記為是。又檢《日本藏中國罕見地方志叢刊》中《崇禎松江府志》卷二十六《首令題名上》「（松江府同知）張腆，赤有，北直隸趙州人，舉人，崇禎四年任」；同卷「（華亭知縣）羅明初，建永安人，辛未進士，崇禎五年任」；「（上海縣令）麥而炫，章闇，廣東高明人，進士，崇禎四年任」；「（府學教授）方廣德，□丁，河南人，辛未進士，崇禎四年任」故五十八卷本《崇禎松江府志》最早應為崇禎四年編定、崇禎五年刊刻，關於崇禎朝兩部《松江府志》的關係將另文討論。

作《題朱氏世恩圖》。

《全集》卷五十一《題朱氏世恩圖》：「庚午八月十三日，三旨齊下，士大夫艷而奇之。是冬，長公入覲，與太史歡聚都門，士大夫則又艷而奇之，乃繪圖以志。」

按：此圖庚午冬作，則繼儒最早題於此年，暫繫於此。

陳子龍會試不中，四月返松江，繼儒戒之居下之義。

陳子龍《陳忠裕公自著年譜》：「（崇禎四年辛未）試春官罷歸。……四月抵里門，即從事古文詞，閒以詩酒自娛。問業者日進，戶外履滿。是時意氣甚盛，

作書數萬言，極論時政，擬上之。陳徵君怪其切直，深以居下之義相戒而止。」

作《贈大司馬玄仗徐公暨配陳淑人墓誌銘》。(《全集》卷三十五)

為楊廷筠元配呂恭人作傳。(《全集》卷五《武林楊母呂恭人傳》)

弟陳緝儒卒。

《舊譜》：「(崇禎四年辛未)。十月，先叔謝賓客。府君命蓮拮据後事，附葬大父之穆位。」

崇禎五年壬申　七十五歲

二月，薊遼總督曹文衡上言《防護之策》，薦舉陳繼儒。

《崇禎長編》卷五十六：「(崇禎五年二月)薊遼總督曹文衡以登賊披猖，漕糧可慮，上言防護之策，謂：宜設大帥一員提兵其間，……向者隱士陳繼儒曾建此策。臣獻其議不欲沒其人，敢并以其人獻。繼儒為一代大儒，凡天人秘策，古今典謨，禮樂、兵農、屯塩、漕政，靡弗考究。固不止以護漕一事見者，敢因議護漕而附及之。章下所司確議」

四月，吏部尚書閔洪學薦舉陳繼儒、舒曰敬。陳繼儒堅辭不就。

《崇禎長編》卷五十八：「(崇禎五年壬申四月)吏部尚書閔洪學疏奏陳繼儒江南名上，舒曰敬林下遺賢。繼儒識通古今，學富經綸。曰敬博洽清恬，精晰明理，皆有用處士，不徒以筆舌文章知名天下者。但二人抗節煙霞，忘情軒冕，不可榮以仕進。誠令一吐胸中之奇，規畫當世之務，當必有堪備廟堂采擇者。乞敕令各抒所見，進呈御覽，亦聖世博采嘉言之一助也。帝謂二臣果有嘉謨讜論，足濟時艱。令各自條奏，送撫按進覽。」閔洪學，字周先，號曾泉，浙江烏程人，萬曆二十六年進士，官至吏部尚書，詳見万斯同《明史》卷三四六。

按：《舊譜》：(崇禎六年癸酉)「案呈到部看得陳(繼儒)，江南名士也，識通今古，學富經綸，蓋有用處士，不徒以筆墨文章妙天下者。但其人抗節煙霞，忘情軒冕，榮心仕進，非其志也。誠令其一吐胸中之奇規畫，當世之務，計其所言，必有堪備借箸者也。工臣孜孜於隱士，諒自有真見，謹覆議具奏，合無敕，下臣部行該府按，令吐其奇，代呈睿覽，恭聽聖裁，或亦聖世博家言之一助也。聖明裁奪施行。崇禎五年四月禮部尚書閔等具題。聖旨：陳某果有嘉謨讜論，足極時艱，着自條奏，送該撫按進覽。欽此。欽尊為此合咨巡撫應天僉都御史莊、巡按監察御史陳、轉行蘇松兵備副使蔣及本府方、署華亭縣事張摘催。某恭奉聖旨憲檄，不勝惶悚。竊惟聖主乘乾清，時開泰，

而猶勤勤虛心下訪，宣之使言，即洪範謀及庶人，大雅詢於芻蕘，何以過此？但某聞之先師云：『不在其位，不謀其政』。又誦高皇帝聖諭云：『一切民間利病，許諸人直言無隱，惟生員不許』。大哉聖訓，以垂示世子，謹身寡過之藥石也。某每見後生秀才輩慷慨而談經綸，揣摩而窺時局，心竊駭之，以此久遁荒山，自安樵汲，豈有嘉謨讜論，足以佐廟謨而濟時艱乎？《禮》曰：『君子善謀，小人善意』。某一介草茅也，師友不多，見聞不確，何敢以草茅意安攘大計。又云：『老者謀之，少者斷之』。某七十五老農也，精力日減，疾病日增，何敢以老農謀安攘大計？人臣之罪，莫重於妄言，人品之陋，莫甚於無恥。若強不知以為知，借無用為有用，此清議之所難容，而亦聖世之所不宥者也。懇祈俯憐老病情形，達部停寢條陳，雖未展耿耿入告之誠。庶幾免嘵嘵出位之戒矣。」今從《崇禎長編》，《舊譜》時間誤也。

五月十六日，與王景暉在頑仙盧觀宋僧溫日觀《葡萄》卷、《嘉禾八景圖》。

（《全集》卷五十一《題溫日觀葡萄》）

高士奇《江村銷夏錄》卷一《宋僧溫日觀〈葡萄〉卷》：「溫日觀，華亭人。寓西湖瑪瑙寺，寫蒲萄如破袈裟，趙松雪極重之。書法師楊凝式，晚年專修淨土道，乃高卓不獨書勝畫也。崇禎壬申五月十六日，題於佘山頑仙盧。同觀者王景暉。眉道人陳繼儒。『露葉冰丸墨瀋和，恍從架底看懸蘿。若將橘柚芬芳比，還讓蒲萄津液多』。」

李日華《六研齋筆記》三筆卷二《嘉禾八景圖》：「溫日觀，華亭人，寓西湖瑪瑙寺，寫蒲萄如破袈裟，松雪翁極重之書法。楊凝式，晚年專修淨土，道行高卓，不獨書畫勝也。崇禎壬申五月，眉公陳繼儒題於佘山頑仙盧。同觀者王景暉。」

冬，陳子龍攜萬壽祺、李雯訪繼儒於山中。

陳子龍《幾社稿》卷五《攜萬年少李舒章宿辰眉公先生山房二首》其一：「與客俱好靜，夕陽水上寒。遂緣晚山下，頗歷幽人端。烏鵲振風起，松杉入照殘。夜深更語笑，明月畏相看。」其二：「聯袂上雲岫，寒心各自知。預營高士墓，乃築仙人祠時先生方營生壙，築呂仙祠於其旁。江海鳥飛內，冰霜月起時。幽幽林木下，浩蕩不能思。」

按：上揭書此詩後有崇禎五年壬申《除夕詩》，而上詩亦有「冰霜月起時」之句，故臥子當為是年冬謁繼儒並宿於山房。萬壽祺，字介若，世稱年少先生，徐州人，崇禎舉人，著有《隰西草堂集》八卷，詳見《清史稿》卷五〇〇。李雯，字舒章，逢申子，華亭人，官至中書舍人，著有《蓼齋集》四十七卷《後集》五卷，詳見宋徵輿《林屋文稿》卷一〇《雲間李舒章行狀》。

臘月，奠薛仲臺於李塔滙，有詩為記。

> 《全集》卷三十一《壬申臘月奠薛仲臺於李塔滙》：「哀哉經略招魂去，快矣參
> 知賜骨還。千里追隨惟義士，百方宛轉避神姦。蛛縈旅櫬挑燈暗，鳥覷禪房
> 上食慳。若箇垂憐貧令尹，素車丹旐葬空山。」

立冬，薛正平自白下訪於頑仙盧，與衲子炤可同觀畫卷，題周氏祠。

> 《全集》卷五十一《題薛更生卷》：「壬申立冬，三月不雨，更生從白下見訪。
> 是日微雨，新移竹西菴，皆有活理，因移蘭於中庭汲濯之。明發，攜高彥敬
> 《雲山石田採芝圖》，余出范寬《釣雪卷》，有山谷題歌其上，正與《石田雪
> 卷》合。與衲子炤可同觀於頑仙盧。儀其樸樹灣周氏割肝救姑，更生索余題
> 一二語表章之。余榜其祠云：『奸雄袖手少鬚眉，笑媚刀頭有肝膽。』」

> 按：薛正平，字更生，晚字那谷，號叟老人，華亭人，少習禪那，與雪嶠有
> 雙髻之約，詳見錢謙益《牧齋有學集》卷三十一《薛更生墓誌銘》。

十二月，舟次白龍潭，有詩為記。薛正平、張司馬訪於舟次。

> 《全集》卷五十一《題薛更生卷》：「（壬申）十二月，舟次白龍潭，焚香獨坐，
> 詠中峰詩云：『同雲四望雪濛濛，誰解當機作水看。只為眼中花求瞥，倚闌猶
> 愛玉瑯玕。』詠未畢，薛更生挈張司馬入舟，有女雛十四，工絃索，且能射
> 人意。垂晚捲簾，紅霞如綺，覆於積雪之上，明日開霽。余曾見右軍《快雪
> 時晴帖》，為生平欣賞第一，蓋真跡也。吳江村攜過董思翁齋頭，臨而記之。」

吳偉業中崇禎四年會試第一，殿試榜眼，假歸娶妻，次年完婚。後訪繼儒
於佘山，時單恂在座，繼儒、單恂作詩贈之。

> 《全集》卷三十一《吳駿公歸娶》其一：「詔容歸娶主恩私，何羨盈門百輛時。
> 顧影彩鸞窺寶鏡，銜書青鳥下瑤池。侍兒燭引燃藜火，宰相衣傳補袞絲。珍
> 重千秋惇史筆，多情莫戀畫雙眉。」其二：「年少朱衣馬上郎，春闈第一姓名
> 香。泥金報入黃金屋，种玉人歸白玉堂。北面謝恩纔合巹，東方待曉正催妝。
> 詞臣何以酬明主，願進關雎窈窕章。」顧師軾《吳梅村先生年譜》所載為其
> 二，「泥金報入黃金屋」作「泥金帖貯黃金屋」，「正催妝」作「漸催妝」。

> 按：張溥《七錄齋詩文合集·古文近稿》卷二《吳年伯母湯太夫人壽序》：「駿
> 公試南宮第一，時未娶婦，告之天子，賜持節還里門。太夫人擁孫襁笳甚歡，
> 為問都中起居，囅然而笑，手縮其髮，飲以醇酒。明年，駿公成婚禮。」故
> 吳偉業當於崇禎四年歸里，次年完婚後訪繼儒於佘山，顧師軾《吳梅村先生
> 年譜》卷一稱「（崇禎四年辛未二十三歲）假歸娶郁淑人，淑人，萬曆庚子武舉季
> 茂女。」誤也。吳偉業，字駿公，號梅村，太倉人，崇禎四年進士，授翰林院
> 編修，清順治朝官至祭酒，著有《梅村集》四十卷、《綏寇紀略》十二卷，詳

見《清史稿》卷四八四。

吳偉業《梅村家藏稿》卷十《白燕吟詩序》：「余年二十餘，遇狷庵於陳徵君西佘山館，有歌者在席。」又顧師軾《吳梅村先生年譜》引程穆衡詩箋語「單狂狷恂《竹香庵集吳太史奉詔歸娶，眉公屬諸子同賦二律》，狷庵警句云『鏡邊玉人笋初立，屏底金蓮燭乍移。』又云『梅妝並倩仙郎畫，元是春風第一花。』」

按：單恂《竹香庵集》已佚，其全詩不可考。單恂，字質生，號狷庵，華亭人，崇禎十三年進士，甲申後棲隱終身，詳見《嘉慶松江府志》卷五十五《古今人傳七》。

觀趙文敏公《浴馬圖》卷。

高士奇《江村銷夏錄》卷二《趙文敏公〈浴馬圖〉卷》：「松雪翁十四駿，真有洞入馬腹中，畫出一川花馬之意。龍眠敵手也。余嘗見曹霸馬後米南宮跋並寫杜少陵歌行，惜吾輩不敢望襄陽老子後塵耳。同時龔聖予與陸秀夫同居幕府，秀夫死，家益貧，故人來訪者，坐無几席，一子俯榻上，就其背寫唐馬，風鬃、霧鬣、蘭筋闕□，備盡諸態，一持此僅換數金，賴是不飢，竟以無求於人而卒。今使人見趙王孫《龍展》卷，不覺三歎。七十五老人陳繼儒題。」

華亭知縣羅明祖母喪不能弔，訪繼儒，為其母作傳。

羅明祖《羅紋山全集》卷四《誥封翰林侍講李老師祖大人祭文》：「壽跡八十有奇，歿於崇禎之壬申年。……篆雲間七月餘，不幸先母訃聞，以六旬奔三千餘里，孑然不能疾弔，豈謂是恩掩義哉。雖然猶有幸焉，舟次太史溪，接見眉公陳先生，為吾師祖壽傳，几不至責，沈壽之情，喜弔之情……。」

又上揭書卷四《生母羅門李氏夫人墓誌古銘》：「崇禎壬申年夏六月十四日酉時卒。」

羅明祖，字宣明，號畫人，別號紋山，永安貢川人，崇禎四年進士，曾任華亭、繁昌、蕭山縣令，不畏權勢，居官清廉，著有《羅紋山全集》三十卷及《易經引銓九卦圖衍》等，詳見李世熊《寒支集初集》卷九《羅宣明傳》。

為溫体仁作壽序。

《全集》卷十五《壽師相員嶠溫公六十敘》：「往壬戌，溫公五旬時，仲氏幼真徵不佞山澤之言壽，嘗笑而頷之，然與儒尚未覿面也。彈指十年來，公拜相，稱六十元老矣。」按：天啟壬戌十年後當為此年。

作《壽大郡丞義元冒老先生七袠序》。

《全集》卷十七《壽大郡丞義元冒老先生七袠序》：「壬申陽生月之七日，如皋

義元冒公春秋七十矣。遠近修祝者，頷上袞名流。而次公祖祈走牘空山，謂不得眉道人一言，雖鐘鼓沸天，鞍馬炤地，徒誇里巷觀，豈解以不朽爲壽哉。」又《全集》卷十二《冒義存笥草序》：「余與如皋義元冒公皆以仲冬七日生，余差長五歲。壬申嘗操詞祝公七十，恨爲長江所限，不面覿而神交，又恨未得其全集讀之，以盡公槓中之秘。……奴薄遼陽，建民內應，永城陷落。」

為丁賓作壽序。

《全集》卷十七《賀宮保大司空改亭丁公九袞榮壽序》：「往宮保大司空改亭丁公八十，神宗遣有司存問公於家，已八十有八。皇上舉東朝覃恩大典，又遣有司存問公於家。越二載爲壬申，公之壽加耄而耄矣。」

丁賓，字禮原，號改亭，嘉善人，隆慶五年進士，官至南京工部尙書，詳見《全集》卷四十六《祭丁改亭大司空》、沈季友《檇李詩繫》卷十四。

受王時敏請，為其母作《誥封太原工母周太宜人墓表代》（《全集》卷三十七）；為其亡兄作《授中書舍人未任太原穉皋王長公墓誌銘》（《全集》卷三十三）。

按：《奉常公年譜》：「（崇禎五年）爲長兄鳴虞築墓，請陳繼儒撰墓誌銘。」陳繼儒弔鳴虞事，詳見萬曆癸卯年譜。

鄭鄤再訪繼儒於山中，作詩記之。

鄭鄤《峚陽草堂詩集》卷十《重訪陳眉公》：「前度春窗記晚陰，月華吹落話雲林。神明不逐風霜老，聲啞提問天地心。眉公云：「天聾地啞，文昌師也。不聾不啞，不爲天地至文」，其言近道。茶董鬬棋輸勝手，花星帶馬問知音。鹿門深隱龐公健，應笑無端梁父吟。」

按：揭上書目錄卷九前有「隱廬三草自庚午至甲戌五年所作也」，據此卷上下詩句推算，本詩當作於此年。鄭鄤，字謙止，號峚陽，又浩天山翁、遯園叟，武進人，天啓二年進士，崇禎八年，因得罪權臣溫體仁，下獄。崇禎十二年被暗中磔死於錦衣衛獄中。鄭鄤還著有《峚陽草堂文集》十六卷、《詩集》二十卷。並輯有《宋三大臣彙志》二十卷、附一卷。

收姚希孟書。

姚希孟《文遠集》卷二十六《陳徵君眉公》：「自戊辰夏間舟次一別，遂墮落十丈軟塵中，浮沉四年，頗殫精衛之力，洒杜鵑之血，而於世事渺無寸補，徒作人眼中刺，不拔不休。今幸得優游於滈豐之間，猶厚幸也。昨歲抄抵家，便擬買茸城之棹，一候陳先生，次謁舊輔，而久客乍歸，人事蝟毛，曾與門人唐興公及夏彝仲、陳臥子相訂數次，終弗果踐。」

按：戊辰四年後當爲此年。

為楊廷筠兄作《紫沂楊公生傳》。（《全集》卷四十一）

作《瞻雲子趙公傳》。（《全集》卷四十三）趙淮，字源長，太倉人，詳見上揭文。

作《粗布議代》。（《全集》卷五十九）

作《惠桂二王祿米議》。（《全集》卷五十九）

> 《舊譜》：「（崇禎五年壬申）松郡白糧解戶內有點充惠、桂二王祿民者，一承此役，無不破家殞命。府君遠稽《會典》，近查戶部《堂批先創條議》，上之郡邑，後復力請諸臺，曰：『江廣之米甚賤，而反以三吳貴米遠輸。江廣順流而下，三吳逆溯而上，比運有部院光祿成規，王府則群璫橫梗勒索，其害不能殫述。況吾松有次白而無上白，則二王玉粒之供不在是。莫如折價解之彼處。布按移文二府，庶解戶無交納之苦，有身家之倖矣。』賴當路俯從，具疏得請，而吾松祿米之煩得以解懸，可垂永世之利也。」

崇禎六年癸酉　七十六歲

夏，孔有德南犯，作《齊心帖》聲討之。

> 《全集》卷六十《齊心帖》：「孔有德起自遼人，勾引胡虜，昔年漏網新城，今復揭竿東省，自德藩、宰相以及有司、士民，自府郡州縣以及鄉村市鎮，無不橫遭焚劫，明肆淫污，擄掠財寶，堆積如山。……聲言南犯，實欲北歸。」
>
> 按：據《明史》卷二三《莊烈帝本紀》：「（崇禎四年九月）丁卯，登州游擊孔有德率師援遼，次吳橋反，陷陵縣，連陷臨邑、商河、齊東、屠新城，」「（五年春正月）丙寅，總兵官楊御蕃、王洪率師討孔有德，敗績於新城鎮。（秋七月）癸卯，孔有德偽降，誘執登萊巡撫都御史謝璉，萊州知府硃萬年死之。」可知此帖當作於此後，又上揭書「（五年八月）甲申，硃大典督軍救萊州，前鋒參將祖寬敗賊於沙河。乙酉，萊州圍解。癸巳，官軍大敗孔有德於黃縣，進圍登州」。「（六年二月）戊子，總兵官陳洪範等克登州水城。辛卯，孔有德遁入海，山東平。」「（六月）壬子，孔有德及其黨耿仲明等航海降於我大清。」可知此帖作於六月前後，暫繫於此。

八月，為單恂父作壽序。

> 《全集》卷十六《壽孟皋單公六十並賀質生鄉薦序》：「癸酉八月，孟皋單公春秋六十，質生、習生徵余文為壽。余曰：『姑緩之，以俟質生報至。』至是，果策名鄉書闈中卷，幾欲壓倒一時豪傑，共恨不為解首耳。」

宋徵與訪繼儒，有詩歌為記。(宋徵與《林屋詩文稿》卷五《劍客行　陳徵君眉公席上作，時年十六》)

冒襄以詩稿問序繼儒。(詳見崇禎甲戌年譜。)

觀朱澤民《渾淪圖》卷。

《穰梨館過眼錄》卷八《朱澤民〈渾淪圖〉卷》：「混沌鬚眉，無窮先天，太極難安。誰把虛空打碎，免教人吃疑團。七十六野人陳繼儒題。」

作《送郡侯禹修方公入覲序》、《是政編序》。

《全集》卷十四《送郡侯禹修方公入覲序》：「公下車來，雖清風透膽，而自覺善氣迎人，垂六年如一日也。前庚午上計，留覲而止，頃癸酉，又界朝天之期。」

《全集》卷五《是政編序》：「此禹修方公祖《是政編》之所纂緝也。……公守松六年不調。」按：《嘉慶松江府志》卷四十二《名宦三》：「方岳貢……崇禎元年出知松江知府」，故繼儒此序作於是年。

作《學古適用編序》。

《全集》卷三《學古適用編敘》：「陳子七十六矣。空山誦讀，不過崔寔《試穀》、氾勝《種樹》之書，顧於世未有纖毫補也。竊嘗讀《學古適用編》，而未獲與孟諧呂公識面，頃閒敘陳子，不覺作而歎曰……。」

按：《四庫全書總目》卷一百三十二《學古適用編》：「明呂純如撰。純如字孟諧，一字益軒，吳江人。萬曆辛丑進士，官至兵部侍郎。是編採前代至明凡前事之可爲後法者，分類編次為九十一門，亦間附以論斷。前有自序，謂馮慕岡《經世實用》，義在憲章當世，而明以存存而不論。馮琢菴《經濟類編》，羅列雖多，間或不適於用。萬思默《經世要略》，其揚榷者止於就人彙事，未嘗就事求人。茲編大意，仿三書之體，而所列事蹟則以適於用者爲主。然事變靡常，情勢各異，譬之古方今病，貴於臨證詳求，亦未可執以一定之法，遽謂之適於用也。」

作《欈李黃母姚孺人墓誌銘》。(《全集》卷三十四)

為許維新暨元配閶淑人作墓誌銘。(《全集》卷三十五《誥贈都察院右都御史繩齋許公暨元配閶淑人合葬墓誌銘》。)

錢士升被招入閣，臨行前邀會繼儒，繼儒辭，贈以言。

錢士升《賜餘堂集》卷十《祭陳眉公先生文》：「癸酉被招，余過先生諸教，先生贈以『易事難悅』、『難進易退』兩言。」又《賜餘堂集》卷七《與陳眉公》：「他日釋擔而歸，故我面目相對無愧，則侍有先生臨別教言在爾。」

錢士升《賜餘堂集·年譜》「（崇禎六年癸酉）九月，召拜禮部尚書兼東閣大
學士」

《全集》卷五十五《與錢御冷》：「去冬應召時，邀會吳門，弟久悉吾兄公平正
直，擔當天下事而有餘，何敢饒舌，遂謝不行。」

應李明睿請，為其父作《南昌尚綱李太公傳》。（《全集》卷四十一）

鄒漪《啓禎野乘一集》卷十四《李孝義傳》：「崇禎壬申卒。江西巡按御史倪
元琪請干旌表孝義，山陰王季重、竟陵譚友夏、武夷曹能始、雲間陳繼儒為
之志傳。」

按：李明睿，字太虛，南昌人，天啓二年進士，任左中允，詳見《乾隆南昌
府志》卷六十二《人物》四《文苑》；其父名貞所，字尚綱，詳見上揭文，亦
見譚元春《譚元春集》卷二十一《孝義李太公傳》。

朱二玄訪繼儒於白石山，為作《贈司理愛筠朱公暨配旌表張孺人墓表》。

《全集》卷三十七《贈司理愛筠朱公暨配旌表張孺人墓表》：「桐鄉二玄朱君考
選南垣歸，苴絰纍然訪陳子於白石山，曰：『邦祈竊有請也，而未敢。至是壬
申十二月，合葬父母於龍翔灣之源，乃請表其墓』。」

作《大司馬節寰袁公家廟記》。（《全集》卷二十二）

袁可立，字禮卿，號節寰，睢州（今河南睢縣）人，萬曆十七年進士，官至
兵部尚書太子少保，加太子太保，詳見《吳越所見書畫錄》卷五董其昌《兵
部左侍郎節寰袁公行狀》。

崇禎七年甲戌　七十七歲

立秋前一日，華陽王遣使以郵《三園記》並《五嶽圖》寄贈。

《全集》卷三十一《甲戌立秋前一日，華陽王遣使以郵《三園記》並《五嶽圖》
寄贈答謝》其一：「行歌六月笑披裘，使者書來未報秋。南國賢王勤下問，西
園賓從阻陪遊。千年大業歸毫兔，五嶽眞形掛杖鳩。吳楚山靈通地脈，華陽
洞底好相求。」其二：「凌雲詞賦寄江南，澧酒無緣對塵談。閣紹青藜臨太乙，
園開朱邸署函三。金題玉燮圖書古，瑤草瓊花雨露醑。萬泒天潢藏一鉢，神
龍蟠處正多男。」

春，王遜之訪，為董其昌作壽序，並贈黃荃《雪兔》圖為壽。

《全集》卷十五《壽思翁董公八十序》：「甲戌春王正月，爲思翁八十攬揆辰。……
婁江王尚寶前來爲公補維祺之祝，而徵文於陳子。」

《全集》卷五十一《題黃荃〈鷹〉》：「余有黃荃《雪兔》，竹徑草垂，極似此筆。

昃卯生，荃繪兔壽之。前董思翁八十，余撤《雪兔》爲祝，思翁亦卯君也。」

夏，李與解冒暑訪繼儒山中，爲之作《玉峯人瑞序》，後受華亭令張調鼎請，爲顧錫疇作壽序。

《全集》卷十六《玉峯人瑞序》：「玉峯宮詹瑞屏公以甲戌某月稱五十。申大司馬謂館甥李君與解曰：『余憶七旬時，正奴醜飲馬都城……無言不酬，無德不報。爲我徵眉道人以抒感悰之萬一可乎。』李君與，顧公僚婿也，於是冒暑忝空山請焉。」

《全集》卷十七《壽少詹瑞屏顧公五十敘》：「今甲戌秋，顧笥翁七十，華亭張父母徵詞於董思翁以佐觴。而菊月瑞屏公亦五十矣，必陳子言然後可。」按：張父母當指華亭縣令張調鼎，調鼎，福建建甌人，崇禎四年進士，六年任華亭縣令。

顧錫疇，字九疇，號瑞屏，崑山人，萬曆四十七年進士，官至禮部尚書，著有《綱鑑正史約》三十六卷，詳見陳鼎《東林列傳》卷十二《顧錫疇傳》、朱彝尊《明詩綜》卷六十六。

四月二十一日，陳貞慧訪於山中。

《董華亭書畫錄》之《瀟湘奇景畫卷》：「思翁有大痴《富春山卷》，歸之徹如光祿，兼帶松雪《水村圖》，有古人□脈，乃可使筆下無疑，此卷可味也。定生珍藏之。甲戌五月前一日，定生攜示白石山中，題此。繼儒。」

按：陳貞慧，字定生，宜興人，陳其年子，善詩詞，風流倜儻，爲明末四公子之一。國亡後隱居不出，著有《山陽錄》一卷等，詳見黃宗羲《吾悔集》卷一《陳定生先生墓誌銘》。

閏中秋，與子孫、董其昌同觀趙孟頫《畫祖燈圖卷》，是日作詩六首。

《秘殿珠林》卷九《元趙孟頫畫〈祖燈圖卷〉》：「北禪院所藏佛祖像，元時趙文敏畫，並題眞蹟。偶萍上人見視禪師仙廬，與陳眉公子孫同觀，訝其無大慧果禪師像。當是徑山原本所遺耳。甲戌閏中秋，董其昌題，時年八十。」又陳繼儒跋云：「松雪寫本一禪院，董思翁偕眉道人陳繼儒同觀。是日見訪東余白石山歸，偶萍禪師珍藏，供養道人，時年七十有七。」

《全集》卷三十一《甲戌閏中秋六首》其一：「積餘成閏歲時勻，閏到中秋分外新。月出忽如逢二仲，影來仍似對三人。老夫不淺南樓興，良夜重開北海尊。此際誰爲劉越石，一聲長嘯走胡塵。」其二：「前回風雨月無權，補得中秋倍可憐。天上珠還長不夜，人間鏡合快重圓。滿斟醑醁十千酒，欣賞嬋娟二八年。巧曆何時加七夕，並將牛女逐良緣。」其三：「纖塵遊氣夜來藏，添得秋光百二長。不與黃楊爭厄運，恰逢丹桂弄天香。九齡再獻千金鏡，萬戶

曾脩七寶裝。若使菊花開信早，卻疑今日過重陽。」其四：「前中秋過後中秋，轉覺今宵爽氣浮。使者乘槎星漢渡，仙人投杖月宮遊。香瓢金粟三千界，光射水壺十二樓。處處擣衣衣未授，邊關鐵甲幾時休。」其五：「兩度中秋慶合歡，金莖爲露玉爲盤。逢人盡可談風月，閩俗翻思插羽翰。隴稻未登新稅急，田家作苦晚春寒。門前歌舞聲如沸，何暇終宵着眼看。」其六：「嫦娥年少最長生，前度相逢今又迎。玉兔分明眉目見，彩鸞飛下羽衣輕。光搖星斗無留影，手挽天河欲洗兵。重閏中秋如補闕，八方翹首望雙清。」

按：「兩度中秋慶合歡」一詩詩卷現藏中國國家博物館，綾本，縱 25.5、橫 251.6cm，題「閏中秋詩書於東佘晚香堂，陳繼儒時年七十有七。」

九月，與董其昌訪於王時敏西盧齋。

《劍花樓書畫錄》卷下《溪山半幅圖卷》：「崇禎甲戌秋九月，余與陳仲醇徵君造訪於遜之親家西盧齋中，縱論今古，商榷筆墨。」

十二月廿一日，王士騄、王瑞國父子訪，次日董其昌、董履父子亦見此卷。

《夢園書畫錄》卷三《宋黃山谷書〈王史二公墓誌銘彙卷〉》：「甲戌季冬廿一日，王士騄、王瑞國過眉公晚香堂同觀。」王瑞國，字子彥，號書城，太倉人，士騄子，世懋孫，詳見王寶仁《婁水文徵》卷六十三唐孫華《敕授文林郎廣東增城縣知縣書城王公墓誌銘》。

《壯陶閣書畫錄》卷四《宋黃山谷書〈王長者史詩老墓誌銘卷〉》：「山谷墨寶。崇禎冬至日，董其昌、陳繼儒、董祖和觀於戲鴻堂。」董履，字祖和，董其昌長子。

《全集》卷五十一《題薛更生卷》：「余藏逃禪老人《梅》十幅，湯乎雅，即書無咎梅花詞於後，恨無卷子可配享。忽得山谷《墓誌》草稿二篇，書法絕類楊凝式，所謂書能瘦硬始通神，非虛語也。甲戌冬至後，更生入山訪予，出此示之，更生攜《慶曆六道人像》，會萃冊於中，曰『編融』、曰『達觀』、曰『雲栖』、曰『憨山』、曰『雪浪』、曰『卓吾李和尚』。」

冬，為王時敏母作壽序。

《全集》卷十九《賀王母管宜人六十序》：「往王母管宜人五旬，密親嚴客，願上維祺之觴。適吳越苦大潦，宜人謝賀不納，而徵陳子進一言爲頌而引酌。彈指甲戌冬，又加六十矣。」

錢士升寄書繼儒，盼訓其子孫。

錢士升《賜餘堂集》卷七《與陳眉公》：「別來踰歲，聞問缺然。想先生道履益勝，顏轉而丹，瞳變而方，骨易而飄飄遐舉矣。不肖自仲春入值，夙夜靡

遑，近爲宣大羽書旁午，率漏下三鼓，方得抵寓，未及濃睡而僚長已趣人矣。
回思兩年南中閒適之樂，眞是神仙，何可復得？然亦頗得向來靜觀之力。受
事以來，必誠必直，惟公惟平，未嘗接一私書，收一私餽，交一私人，以是
上頗見知於明主，下亦見信於僚友……小兒在家，每貽書，勉以寧靜，欲其
不見要人，不談朝事，不落近日名士習氣。幸在門墻，望時以德言誨之。」

按：見上年譜，錢士升九月被召後拜見陳繼儒，又錢士升《賜餘堂集・年譜》
（崇禎甲戌錢士升）「正月入都，二月入閣」，故繫於此。

何萬化夜訪繼儒，繼儒爲其弟作墓誌銘。

《全集》卷三十五《贈學憲達宇何公仲子君山暨配李氏祔葬墓誌銘》：「儒避暑
昭慶寺之東崦，有客夜叩扉不獲見，明發移舟來訪，則學憲半羗何公也。余
聞公擇吉閩行迫矣，何暇而入山？」

按：據《雍正廣東通志》卷二十七「何萬化崇禎七年任廣東按察使」，故訪繼
儒最晚於此年。何萬化，字宗元，號半羗，上海人，天啓二年進士，官至廣
東按察使，詳見《嘉慶松江府志》卷五十五《古今人傳七》。

爲史朝貞作《史刪》序。

《全集》卷 · 《史刪序》「陳子七十七，窟頭白石山中，傴曝讀書，恨未見三
代遺直，忽惺麓尹使君以抄本《史刪》見寄曰：『此吾師史介臺先生所著
也。』……先生名朝貞，字介臺，楚之蘄州人。」

靜坐山中，作《楊忠烈遺集敍》。

《全集》卷八《楊忠烈遺集敍》：「余七十有七矣。靜坐空山，始悟得四字，曰：
『能言』；曰：『立言。』」

爲冒夢齡暨配宗孺人作壽序。

《全集》卷十七《賀如皋玄同冒公暨配宗孺人七十雙壽序》：「往玄同先生與配
宗孺人甲子乙丑歲後先舉六十觴，余亦忝賛客者之末。今甲戌又皆七旬雙壽
矣。……去歲，闕疆以詩稿索序，余報之俱如告宗起者。語云：『時清不敢讀
閒書，況今何時哉？六朝綺語，詎能濟世安人，抑求之，三年艾乎？』闕疆
不以見嗔，而翻以爲感，甚矣。」

按：《全集》卷十八《壽冒母宗太孺人六十序》：「君父爲寧州守汝九先生，元
配宗孺人，少一歲。」故此年宗孺人七十爲虛指。冒夢齡，字汝九，號玄同，
宗起父，如皋人，詳見《乾隆江南通志》卷一百四十五《名宦七》。

爲張萬全作傳。

《全集》卷四十一《葆我張太公傳》：「陳布衣七十有七矣。」張萬全，字得昌，

號葆我，延津人，詳見上揭文。

宋徵輿來訪。

宋徵輿《林屋文稿》卷十五《董思白宗伯畫像讚》：「董宗伯當八十時，神采彌振，書畫藝事彌精，謹或以爲有道術，訪於陳眉公先生曰：『董公之壽且康也，爲金丹力，爲禪觀力。』。」

按：據《全集》卷三十六《太子太保禮部尚書思白董公暨元配誥封一品夫人董氏合葬行狀》，董其昌八十當爲此年。《四庫全書總目》卷一百八十一《林屋文稿》十六卷《詩稿》十四卷：「徵輿，字轅文，華亭人，順治丁亥進士，官至都察院左副都御史。徵輿爲諸生時，與陳子龍、李雯等倡幾社，以古學相砥礪，所作以博贍見長，其才氣睥睨一世，而精鍊不及子龍，故聲譽亦稍亞之云。」

爲錢士升、士晉母作傳。

《全集》卷四十五《錢母陸淑人傳》：「陸淑人者，誥贈中大夫山東右參政忠所錢公之配，宮允抑之、方伯康侯之母也。……陳子曰：贈公戊戌前逝，淑人優游祿養幾十五年，抑之、康侯，似可少釋終天之憾。」

按：錢父卒於戊戌前，十五年後錢母卒，故傳最早作於此年，暫繫於此。

作《蘇門六君子文萃序》。（《全集》卷二）

爲韓爌作壽序。（《全集》卷十七《壽元輔象翁韓公七十序》）

作《郭孺人墓誌銘》。

《全集》卷三十四《郭孺人墓誌銘》：「崇禎癸酉，公轉漕京師，而郭孺人與長公祚延家居，避寇出城，同日並斃，蓋仲冬二十八日也。明年正月七日，而公始聞訃。」

魏士章薦舉陳繼儒。

《舊譜》：「（崇禎七年庚辰），章工部贈山四畝，向傳有佳穴，府君營高齋幕之後遷山足。是年鑿穴石頑，土淺不能容。取他土淹之，適一人拾白龜以獻。府君異之曰：『龜不產於水而產於山，得無天以此龜啓我乎？』遂鋤之，初得卵數百，後得黃土堅細，香潤至丈許，乾位見似石非石，似土非土，宛然一門週回，石欄中縫一線。更去土三尺，則下若有產限者。府君懼，洩氣不敢深入，止此築生壙一具，遠近聞之，爭相異視。七年庚辰，府君始窆窆焉，至今不封不植，遵遺命也。」是年特旨，命在廷諸臣各薦賢才，以備采擇，而侍御魏公士章素不識面，而以府姓氏上聞。」

按：章憲文贈山四畝當爲萬曆丁未年事，詳見此年譜。故，《舊譜》時間誤也。魏士章，江西南昌人。

崇禎八年乙亥　七十八歲

春，得王志道書，頓悟《金剛心經》語，甚快。（詳見崇禎丙子年譜）

五月，於頑仙盧觀《宋徽廟模衛協〈高士圖〉》。

> 《珊瑚網》卷二十七《宋徽廟模衛協〈高士圖〉》：「道君集古今名畫一千五百件，列爲四門，題曰：宣和睿覽。喜寫山水花鳥，不謂嫻於人物。至此模畫追法晉唐，即此時。五嶽觀諸博士，寶籙宮授，題應制者，皆不能其纖毫，彷彿如臨衛協，此卷是也。乙亥五月，得觀於頑仙盧，眉道人陳繼儒題。」

七月既望，楊文驄訪於晚香堂，觀《趙子昂書頭陀寺碑卷》。

> 《式古堂書畫彙考》卷十六《趙子昂書頭陀寺碑卷》：「吳興以全力師唐人，此尤其賞心得意之筆，龍跳虎臥，此四字亦當移寫松雪之照矣。乙亥七月既望，得觀於眉公之晚香堂，因爲　翁老師題。吉州門人楊文驄」

> 楊文驄，字龍友，號山子，貴陽人，萬曆四十六年舉人，崇禎七年授華亭知縣，博學能詩文，尤精於書畫，宗法元人，著有《山水移》等，詳見《嘉慶松江府志》卷四十二《名宦三》。

松江府推官徐日曦卒於任，二子來松治喪，奉母命請繼儒作墓誌銘。

> 《全集》卷三十三《司理碩菴徐公墓誌銘》：「太夫人命嗣子奉書遣義，僕請銘義，不忍辭。……戊辰，仍補松江推官，適與禹修方郡侯同籍同心，同砥水蘗之操……當事者會疏題留，不聽歸。公直付之無可奈何，鞠躬盡瘁而止。……方郡侯批印議單，後乃迎二子來治喪於城闉之西，弔奠如雲。」

> 按：《嘉慶松江府志》卷三十六《職官表》「徐日曦崇禎元年任松江推官」，「李瑞和崇禎八年任松江府推官」，徐日曦最晚卒於是年，故繫於此。徐日曦，字瞻明，號碩菴，衢縣人，天啓二年進士，授盧州府推官，以不附魏忠賢削籍歸，崇禎間起松江府推官，後卒於官，詳見《雍正浙江通志》卷一百七十《人物三循吏四》。

馮元颺訪繼儒於山中。

> 《全集》卷五十七《與馮留僊》：「明公屏八騶，暮入窮巷，泛一葉兩入空山，曠典隆儀，施於七十八布衣之野老，即夢想所不到也。感切感切。頃者提師入衛，振旅全還，不意閩人士遂得文章司命，所恨《貼役》一議，天若尼之，地方無福，可爲浩歎。正思拜送河干，而衰憊特甚，略具不腆，託敝門生吳長卿，少展壺漿之萬一，長卿著作甚多，有《宋相眼冊》三百卷，甚奇。」

馮元颺，字爾庚，一字言仲，號留仙，餘姚人，崇禎元年進士，元颺兄，八年任蘇松兵備參議，官至天津巡撫，詳見《明史》卷二五七。

病體稍安，浙江境內盜平，松江一地局勢漸安，寄書錢士晉、董羽宸。

《全集》卷五十五《与錢昭自》：「台臺出將，塞老入相，可謂富貴已極。……浙撫中官不出差，則外賊不入犯，雖有烏合之流寇，畢竟漸漸盪平爾。弟今年七十八矣，頗覺晚年爲善之樂，而又往往勸人爲善，銖累寸積，雖未得福，禍則遠矣。雖未得仙，病則遠矣。」

《全集》卷五十七《答董邃初》：「臈月，寇犯和州，賴之文武將吏力戰，新正遂有好音。漕軍不至喧囂，鄉村不至遷徙，郡縣得以其間修備有法，人情頗覺安然矣。海塘已完，加編旋止。」

按：《明史》卷二九二《忠義四》有「崇禎八年，流賊犯和州，禦卻之」之語，故此書當作於此後，暫繫於此。董羽宸，字原學（元孚），號邃初，華亭人，萬曆四十一年進士，授餘姚令，官至吏部侍郎，詳見《乾隆江南通志》卷一百四十一《宦績三》。

為方岳貢作《問奇廣敘》。

《全集》卷三《問奇廣敘》：「指沿俗爲故常，而翻笑古文奇字爲誕僻，此禹修方公《問奇廣》之所繇出也。……公守松八年矣。置功名於度外，寓撫字於催科，賑災備亂，夙夜遑遑，而手不釋卷。……儒七十有八，少而失教，長而失學。每遇文字崎嶇，悵悵然如無燭夜行，得方公教，而今始旦矣。」

寄書夏允彝，盛讚其子夏完淳。

《全集》卷五十七《答夏彝仲》：「儒七十八矣。不竟見聖童、神童，昔得之於書，今日得遇之積善之家，歸以詫示小孫及交遊諸君子，眞所謂不可思議也。」

夏允彝，字彝仲，號瑗公，松江華亭人，崇禎十年進士，與同邑陳子龍、徐孚遠、王光承等結幾社，明亡後起兵抗清，兵敗後投水自盡，著有《幸存錄》三卷，詳見《明史》卷二七七、《嘉慶松江府志》卷五十五《古今人傳七》。

寄書羅明祖。

羅明祖《羅紋山全集》卷五《又復陳眉公》：「僕志大才疏，倅以雲間，爲嘗非老先生教誨，其間幾於泣岐矣。待罪七月，人言蜂起，內省誠非所恤，恨未悉所事耳。」

按：據《乾隆福建通志》卷四十六《人物四》羅明祖「以憂歸，補繁昌令，坐築城註誤，謫越藩，署蕭山令」。又據崇禎壬申年譜，羅明祖母卒於壬申年，三年丁酉後補繁昌令，則繼儒寄書明祖當在此年。

為陳應元奏議作序。

> 《全集》卷九《登萊陳中丞奏議序》：「崇禎辛未歲，上諭文華殿，特召朝覲十三省方岳大臣入對，面詢兵農及士馬錢穀之數，獨山東左伯陳公條對詳明，竦動左右。天顏大喜，目屬公而心偉之。未幾，遂以登萊節鉞專賜公，蓋異數亦異知也。往遼左結兵時，三方布置，五路出師。但以榆關鎖鑰爲最急，視登萊直咽喉耳，海外閭閻耳。自用遼之說興，孔有德入登萊，破走海中，用遼之局變而爲用海之局。昔設防在奴，今增防在叛矣。倘若奴與叛據島，必薦食上國，即朝鮮震鄰無已。時不得不顧及島民、島兵、島將矣。是島民、島兵、島將飽則爲我用，飢則爲賊用、爲奴用，其不爲奴賊用者，獨忠義恭順之朝鮮，故用島之局，又變而爲聯屬國之局也。……孔有德與奴合，耿仲裕帥奪印，又與孔合。……天朝告援於朝鮮則甚難，朝鮮歲荒，一助面從，再助口躓，三助則疲於奔命，而況怖奴叛之睨其後乎？」

> 按：陳應元，字思昌，號右白，南昌人，萬曆四十一年進士，据吳廷燮《明督撫年表》卷六，陳應元崇禎六年至八年間任登萊巡撫。故此序最早作於此年。

作《壽裕吾汪光祿八裘序》。

> 《全集》卷十七《壽裕吾汪光祿八裘引》：「裕吾汪太公乙亥仲春屆大耋之辰。」

作《孝感傅淑人墓表》。（《全集》卷三十七）

作《壽孝廉玄岳查公七十敘》。

> 《全集》卷十六：《壽孝廉玄嶽查公七十敘》：「屈指父母壽辰，則子孫兄弟先期請於作者，必欲臚記其生平隱德，以廣無涯……太學查平仲束幣而謁眉道人於白石山也。……平仲兄弟曰：善。請先期置酒梅花下，下車飲百歲觴。及乙亥春，王夏雁行，羅拜洗爵以獻。」

為陳子貞作傳。（《全集》卷三十九《少司馬懷雲陳公傳》）陳子貞，字成之，號懷雲，南昌人，詳見上揭文。

李日華卒。（據李日華《恬致堂集》附譚貞默《行狀》）

辭謝方岳貢鄉飲大賓。

> 《舊譜》：「（崇禎八年乙亥）郡侯方公舉鄉飲大賓，辭謝一如青浦。建呂仙祠。初，呂仙降於族叔華江家，問云：『見汝多善行，曷不施樂？』叔云：『有是念，無是方。』仙詔云：『汝於南城埵，當有一賣方者，汝得之。』明往，見一丐者，握板四片，諦視之，果鐫三十六方。叔奇駭，齎之以歸。府君喜而構祠肖像於山中。方營建，聞空中鶴鳴，轍夜旋繞不止。祠成，

乞藥問讖者皆奇驗。一日，府君同友攜榼祠中，飛錢數百。飲酒，盃內一錢，酒盡，盃下一錢，以示上口下口之義，而瓣香瞻禮，相與連舟接踵矣。」

崇禎九年丙子　七十九歲

春，張國紳督漕松江，與董其昌等訪繼儒於山中，為作《安定張公父子合傳》。

> 《全集》卷三十八《安定張公父子合傳》：「今丙子春，公孫大參公以督漕入松，偕董宗伯、徐郡伯見訪，席間纚纚縷言之，多李雲杜《大泌山集》所未詳者，因為作《張公父子小傳》。」

> 張國紳，字書卿，陝西安定人，萬曆三十八年進士，歷任吏部主事、郎中，升南直漕運督糧道、蘇松道副使，官至陝西布政使參政，歸降李自成農民起義軍，後被處死，詳見上揭文。

二月，吳震元訪，為其父母作墓誌銘。

> 《全集》卷三十五《太學敬菴吳公暨元配金孺人合葬墓誌銘》：「吳長卿過山中……長卿曰：『甚矣。其似我先府君敬菴公也。府君沒若而年，覓地不可得，頃以夢告得吉壤於漕頭塘，擇崇禎丙子某月日奉金孺人同窆葬矣。先生其賜以墓中之石。』……丙子二月，長卿夢隨封公遊壠上，有庄農數人治場築圃從公，後封公指示長卿曰：『此汝父新居也。』次日，跡其地，歷歷分明，如夢中往來路，遂定新阡相冢。」

春，陶汝鼎邀馮木公、莊玄客訪繼儒於山中。

> 陶汝鼎《榮木堂詩集》卷二《訪陳眉公先生山居紀事有序丙子春》「維時春莫，來客雲間，暖日輕煙，欣然具艇，迺邀馮木公、莊玄客往見眉翁。繫舟入林，覺風日之氣，亦復有異。翁倒屐欣然，如延故舊，亟出枕中數篇相示。挑達微中，旋鶇藤花，設酒茗，登山林，流興會俱勝竹軒之側。用古宣爐，以水煎沈香甲。發山谷老人書二卷縱觀之，其一題《范寬釣雪圖》，其一為某郎墓誌草稿耳。皆遒媚蒼秀，墨花猶濕，神物也。後入座者，趙水部、麻衣和尚，有歌吹一部，繞橋上夕陽者，則水部之青童也。曲終日，人翁相送至舟。回望林屋，繁星在天矣。歸而尋之以詩。」詩云：「春水綠河于，欲往親巖岫。青峯如墮雲，松篁亦遙秀。徑造修竹間，晴煙白圭竇。如即頑仙盧，相延坐清畫。峯陰直到床，是公割霧鷥。酌酒烹藤蔬，瓦杓土花绣。示我枕中篇，快哉發人覆。兩出涪翁書，寶臺乃希覯，其一數百言。攫痕若屋漏，想見心手端。□喜理句讀。煎香佐冥觀，夕陽返襟袖。異僧突入軒，悠然享觸豆。有客攜孿童，臨溪試清奏。山深耳目新，林屋安樸茂。是日公陽然，微言數

往復。譬如一迦陵，妙音震群雄。又如岨峽松，聲與丘壑就。廼知坦上人，深心關漢宙。健步送至舟，意若有所授。河干歸路晚，星出草堂後。草堂塌且懸，再來爲公壽。」

梅英傑《陶密庵先生年譜》：「（崇禎九年）臥病嘉興。春，遂訪陳繼儒眉公於松江。」

陶汝鼎，字仲調，一字變友，號密庵，明亡，更號忍頭陀，改名鞠延，字忍草，湖南寧鄉人，崇禎元年舉人，現存《榮木堂合集》三十五卷，詳見朱彝尊《明詩綜》卷七十三。

三月初六，作《題周仲榮二女畫冊》。

《全集》卷五十二《題周仲榮二女畫冊》：「崇禎九年三月初六日，早起，煮香一爐供養，後當記於國朝女史，以張周氏之詳。」

五月十四日，同王廷宰於頑仙盧觀元曹善書《山海經》。

《石渠寶笈》卷十《元曹善書〈山海經〉四冊》：「曹永，字世長，松郡人。止書學鍾元常，行草學二王，載顧文僖舊志，獨世良諱善者，見姚侍御《跋手書》，見《山海經》，屢辭高皇帝徵辟，生則末濂薦之，歿則只瓊葬之，惜不入志中。嚙記補遺，此經籤題姚公綬筆，元、亨、利、貞四字，王元美筆也。崇禎丙子五月十四日，同王毗翁觀於頑仙需。陳繼儒。時年七十有八。」又，「曹應符，字泰叔，華亭小蒸人，宋甲戌進士，有族人諱光遠者，丁未進士。宋亡不仕，與應符同，獨其衣冠不改，人稱爲大頭巾相公。孫即慶孫，號安雅先生，子宗儒，洪武初即爲華亭本邑教諭，孫諱衡，工科給事，俱工行草，或皆世良宗派，今不可考矣。記此以詢之博聞譜學者。眉公又題。」

王廷宰，字毘翁，號鹿柴，松江華亭人，補嘉興諸生，以貢任六安教論，遷沅江知縣，著有《緯蕭齋集》六卷，詳見沈季友《橋李詩繫》卷二十二。

五月二十八日，觀《僧維則普說卷》。

《壬寅銷夏錄》之《僧維則普說卷》：「倪雲林有《師子林圖》，題云：與趙善長以意參作，非王蒙輩所能夢見也。又有文徵仲著色卷，楷書《師子林詩》於後。余皆幸見之。今又見天如和尙《普說》手筆，近來蝦蟆，禪恨不聞。此獅子一鳴，百獸腦俱裂，況此曹敢爾耶。崇禎丙子五月廿八日題。眉道人陳繼儒。」

寄書於王志道，為吳長卿《宋相眼冊》索序。

《全集》卷五十五《答王東里》：「去春得書，以末後一着惓惓警策，眞宿昔導師，今爲道友，不當作尋常看過也。前面晤時覺根塵了不相關，更參中峯。父母未生前話頭，忽有省悟，方知《金剛心經》語，語說未生前注腳，快矣

哉！弟七十九矣。……長卿時時束書到山，相依如骨肉，且遣盡婢妾，澹然無營，惟念及生平受知受恩者，惟明公無兩，懇求《宋相眼》敘文，萬事足矣。恐追鋒忽下，不及拈毫，故再三稽首。奉祝郡司理李公，聽訴能不受干請，兌漕能不畏官旗，此貴鄉奇男子也，並附以聞。」

六月三日，陶汝鼎再訪於頑仙盧。後繼儒招梁生、陶汝鼎等飲於白龍潭，期間有中使求謁。

陶汝鼎《榮木堂文集》卷七《淞海觀濤記》：「丙子五月，自槜李至雲間，謁董思翁宗伯。時穀城方禹修先生守淞，爰留休夏。六月三日，始移輕舟入佘山，訪陳眉公徵君，客頑仙盧一日。值麻衣和尚來，有所語，以爲奇遘。」又「（丙子）新秋，眉翁特入城相過，招同譚掃庵、楊龍友、魯孔孫飲白龍潭畫舫中，公年八十矣。別一舟，陳筆硯，脫帽裸體，揮汗應求書者，始罷。相與盥澡，啜苦茗，極談而後飲，良苦熱。掃庵云：『非座泖湖之月，對漴闕之潮，無以解此。』明日，眉公書金箋一幅，相貽曰：『左泰山松，右峨嵋雪，後匡盧泉，前洞庭月，中安晉高僧，七尺沉香板牀，投牀酣臥，以此避暑，樂不樂也。』有則與參公陶先生共之，讀罷，爲之灑然，如聞天籟矣。」按：八十當爲虛歲。上揭書卷六《暑中，陳眉老招同譚梁生、楊龍友、俞彥直、魯孔孫集白龍潭和梁生韻丙子》：「綠陰如幕一舟艨，洛社風流宛在中。聯絡珠□千里會，婆娑清興几人同。不圖海鳥聞斯樂，是日有中使求謁眉公者，應有潛蛟吟此宮。酒後諸君憂世事，心知白傳未逃空。」

梅英傑《陶密庵先生年譜》：「（崇禎九年）六月，復詣眉公佘山。眉公招楊文驄龍友、譚梁生、俞彥直、魯孔孫譚俞魯三名皆缺集飲白龍潭。」按：譚貞默，字梁生，又字孟恂，號掃庵，昌言長子，嘉興人，崇禎元年進士，授工部主事，好書畫，有水香居，并立鴛水詩社。著作有《三經見聖編》、《譚子雕蟲》、《譚水部梁生掃庵集》；俞廷諤，字彥直，號伯玉，華亭人；魯得之，字孔孫，號千巖，錢塘人，僑寓嘉興，工歐、顏書法，李日華入室弟子，工寫竹兼工歐虞書法。

六月既望，作《〈毛詩〉古音攷序》。

《全集》卷一《〈毛詩〉古音攷序》：「往余喜梁《昭明文選》，而不解讀賦，聞洞庭山有蔡藍田翁，精熟《文選》三十年矣。王元美兄弟聘之，教其諸孫及女雛，聞者掩口笑曰：是翁訓蒙不識字，而不知其所訓正古音也。元美公兄弟歿。余延蔡翁入泖橋寺爲沙彌師。……予少而失教，長而失學，今七十九老矣。」

按：朱彝尊《經義考》：「《〈毛詩〉古音攷四卷》，明閩中陳第季立編，金陵焦

竑弱侯訂，雲間陳繼儒序。……崇禎丙子六月既望，華亭陳繼儒。」

陳第，字季立，號一齋，萬曆年間諸生，累功至游擊將軍，鎮守古北口。晚年喜遊、隱居馬祖。除音韻學作品外，著有《東番記》、《世善堂藏書目》、《一齋集》等，詳見金雲銘撰《陳第年譜》。

七月十五日，奉延西域法師等諷誦法華，次年，作《蘭盆疏》、《盂蘭法會偈》。

《全集》卷四十九《蘭盆疏》：「崇禎九年丙子七月十五日，弟子陳某奉延西域法師等，諷誦法華，拜禮水懺及尊勝神呪，水陸道場兩晝夜。……丁丑七月十五日甘露亭施食重記。」同卷有《盂蘭法會偈》。

七月十九日，作《題血書〈法華經〉》於頑仙盧。

《全集》卷五十《題血書〈法華經〉》：「吳江我淨上人姓徐……弟子繼儒與居士談文，踴躍歡喜，題識卷後：世世生生，獲轉是經，正覺皈依，永不流於外道。丙子七月十九日書於佘山之頑仙盧。」

八月二十四日，徐霞客攜靜聞和尚自浙東來訪。二十五日，徐霞客、靜聞返。

《徐霞客遊記》之《浙遊日記》「（丙子九月）二十四日，五鼓行。二十里至綠葭浜，天始明。午過青浦，下午抵佘山北，因與靜聞登陸，取道山中之塔凹而南，先過一壞圍，則八年前中秋歌舞之地。

所謂施子野之別墅也。是年，子野繡圖徵歌甫就，眉公同余過訪，極其妖豔。不三年，余同長卿過，復尋其勝，則人亡琴在，已有易主之感。已售兵郎王念生。而今則斷榭零垣，三頓而三改其觀，滄桑之變如此。越塔凹，則寺已無門，惟大鐘猶懸樹間，而山南徐氏別墅已轉屬。因急趨眉公頑仙盧。眉公遠見望客至，先趨避，詢知余，復出，挽手入林，飲至深夜。余欲別，眉公欲爲作一書寄雞足二僧，一號弘辨，一號安仁。強爲少留，遂不發舟。二十五日，清晨，眉公爲余作二僧書，且修以儀，復留早膳，爲書《王忠紉乃堂壽詩》二紙，又以江香米寫經大士饋余，上午始行。蓋前猶東迂之道，而至是爲西行之始也。三里，過仁山。又西北三里，過天馬山。又西三里，過橫山。又西二里，過小崑山。又西三里入泖湖，絕流而西，掠泖寺而過。寺在中流，重臺傑閣，方浮屠五層，輝映層波，亦澤國之一勝也。西入慶安橋，十里爲章練塘。其地爲長洲南境，亦萬家之市也。又西十里爲蔣家灣，已屬嘉善。貪晚行，爲聽蟹罾舟所驚，亟入於丁家宅而泊。在嘉善北三十六里，即尚書改亭公之故里。」

王升，字超之，號念生，煒子，華亭人，萬曆四十四年進士，以母喪去職。

《馮志・仙釋傳》：「靜聞，迎福寺僧，蓮舟法嗣也。禪誦垂二十年。刺血寫成《法華經》，願供之雞足山。丙子，同霞客西遊。抵湘江，遇盜槃墮灘水，擎經於頂，獨不失遺。後竟以病創死。霞客爲函骨與徑，間關五千餘里，供雞足山之悉檀寺，並瘞骨焉。太史閃仲儼爲塔銘。」

九月二十八日，董其昌卒，貽書王時敏。次年作《祭董思白宮保》，《行狀》最早作於此年。（《全集》卷三十六《太子太保禮部尚書思白董公暨元配誥封一品夫人董氏合葬行狀》，《全集》卷四十七《祭董思白宮保》）

《全集》卷五十七《答王遜之》：「東門鎖鑰，百倍焦勞，七月以來，不眠不食，不櫛不沐者，幾於鞠躬盡瘁矣。……思翁九月廿八日戌時已遊岱矣。僕送之入棺，主張道裝，不腰玉帶，以貽遠慮。……僕亦老病，恐亦思翁之後塵也，難言之，難言之。」此札現存天津歷史博物館，名《陳繼儒致王時敏札》。

冬，方岳貢入山話別，擬堂聯贈之，後繼儒至吳門，勸其勿隱。

《全集》卷十七《壽郡侯禹脩方公敘》：「襄陽方公守松郡十年，於茲朝天者三矣。往丙子冬，瀕行，入山話別，曰：『觀畢將傚龐德公故事，栖鹿門而隱焉。盍贈我堂聯，懸之枉楣可乎？』儒唯唯手書以贈。其一云：善氣迎人，與爾鄰里鄉黨；清風透膽，保我子孫黎民。公又云：『草盧三楹，環匝叢樹，課兒讀書其中，榜曰：十畝之間，董思翁所書也。』儒又贈云：屋東頭，屋西頭，共住難弟難兄，學問自相師友；柔上坐，柔下坐，不知何主何客，笑談總是英雄。公即鐭諸板寄還，而攜家口寓金陵。遂行，儒尾至吳門，勸公無堅隱，機非在我。公亦曰：『機非在我。』已奉嚴旨，凡朝覲官仍還舊任。」

華亭知縣張調鼎入京考選，作詩送之。

《全集》卷三十一《華亭使君太羹張父母不忍催科，積逋五萬，奉旨追完，入朝考選，賦此送之》：「撫字多年歎獨賢，重來堪喜亦堪憐。婦炊無米心偏苦，客覺勞薪味更全。門闕堯天容見帝，路行周道即登仙。救時一着寬調猛，檢點封章海內傳。」

冬，汪用威訪繼儒於山中，臨別繼儒贈銅鏡。（詳見崇禎丁丑年譜）

暑虐甫瘳，刻《毛詩古音》，書范景文索敘。

《全集》卷五十六《答范質公》：「昌平近報，雖覺狼狽，獨仗活堯舜全副精神，肅括北門，鎖鑰度可萬萬無虞。……儒七十九老矣。暑瘧甫瘳，執筆如杵菊花。時免撰數行附報，近刻《毛詩古音》，堪與《世說》作對，明公賜一敘，傳之海內何如？」

范景文，字夢章，一字質公，號思仁，吳橋人，萬曆四十一年進士，官至工

部尚書兼東閣大學士，著有《范文忠集》十二卷，詳見《明史》卷二六五。

作《木麗江全集敘》。

> 《全集》卷六《木麗江全集序》：「往馮學憲元成、董公保玄宰過余山居，抵掌滇中人物，獨異生白木公不去口，此滇雲世臣，有志三不朽者也。馮示《六公傳》，董示《芝山雲過集序》，心竊嚮往之。丙子，生白公遣使同雞足山二戒衲賫書來，因裒其著述，徵弁其簡端。」

> 木公，即木增，納西族名阿宅阿寺，字長卿，號華嶽，又號生白、麗江解脫道人，雲南麗江木氏土司第十三代土知府，萬曆二十六年襲知府，詳見錢謙益《列朝詩集小傳》丙集卷一五「麗江木知府」條、《雲南史料叢刊》第五卷陳釗鏜《玉龍山霧腳陽伯木氏賢子孫大族宦譜》。

秦茂才訪，為其父作《廣西參議喻菴秦公墓表》。

> 《全集》卷三十七《廣西參議喻菴秦公墓表》：「武林秦茂才之璧以其父不朽見屬，曰：『墓誌以藏諸陰衮而史，則請之董宮保；墓表以揭諸陽野而史，則請之眉道人。皆奉先侍御命也。』今崇禎丙子十月卜厝於毛婆玎小莊，幸哀而許之。」秦懋義，字宜卿，號喻菴，武林人，詳見上揭文。

作《無新老人傳》。

> 《全集》卷四十三《無新老人傳》：「弱隱無新老人，每歲必過余山中，共煨榾柮梅花屋底，二三十年如一日也。老病畏人，尤畏遊客之談兵、談道、談時局者；遊僧之談禪、談詩、談緣法者。往往引避不暇，獨望見老人瓢笠於籬落外，即欣然手為啟扉，山中童稚亦皆稱為歡喜菩薩云。乙亥秋，初怪師不至，則先期已於端午日坐逝矣。明年，法孫竑公徵余作傳之諾。」

作《行書冊》。

> 《穰梨館過眼錄》卷二十七《陳眉公行書冊》：「陳繼儒書於一拂軒下，時年七十有九。」

吳震元攜《東西洋攷》自閩歸，寄書張燮，盛讚之。

> 《全集》卷五十八《答張紹和》：「今年已七十有九矣。自惟此生，無越疆相見之期，猶幸吳長卿使歸，得見《鏡古錄》，……《東西洋攷》，古輶軒使之所不到，職方氏之所不詳，《星槎一覽》、《異域諏咨》錄之所不及。增補《舶政》、《稅監》，歷歷附焉。後日史官作《四夷攷》，豈僅以『朝貢』數語結束了事乎？一快也。且先生非特木天人，實經世偉人也。」

> 張燮，字紹和，號汰沃，福建龍溪人，萬曆二十二年舉人，著有《東西洋攷》十二卷，詳見黃道周《黃石齋先生集》卷八《張大夫墓表》、何喬遠《閩書》

卷一一八《英舊志》。

寄書程正揆。

《全集》卷五十七《答程端伯》：「弟今年七十九矣，頭童齒落。」程正揆，字端伯，號青溪，湖北孝感人，崇禎四年進士，選庶常，順治補光祿寺丞，官至工部右侍郎，著有《讀書偶然錄》十二卷、《青溪遺稿》二十八卷，詳見《雍正湖廣通志》卷四十七《鄉賢志》。

錢士晉卒，寄書錢栴。

《全集》卷五十八《答錢彥林》：「先公遊岱之信，眞可痛絕。……弟七十九矣。腰膝不能跽拜，故遣小兒代薦誄些，以控血誠。不日先躬叩几筵，而後與御翁把臂也。」

錢栴，字彥林，士晉子，嘉善人，崇禎六年中順天鄉試，著有《城守籌略》五卷，詳見朱彝尊《明詩綜》卷七十八。

冬，陳子龍會試前訪繼儒於山中。（詳見崇禎丁丑年譜）

季冬，作《壽憲副賀景崖大夫八十序》。（《文章辨体彙選》卷三百五十一）

作《祭吳江張烈婦》。（《真稿》卷八）

作《茂才元禮汪公墓誌銘》。（《全集》卷三十三）

作《文昌閣記》。（《嘉慶松江府志》卷七十三《藝文志金石》）

文震孟卒。（《崇禎實錄》卷九：「崇禎九年六月丙子，前禮部左侍郎兼東閣大學士文震孟卒。」）

繼儒授仙覺。

《舊譜》：「（崇禎九年丙子）撰時藝十餘首，皆從枕上口授仙覺，又與吳長卿問析書義十餘章，雖云訓孫，實發於古之秘。」

崇禎十年丁丑　八十歲

正月初三日，范雲威得子，命之小名曰「元郎」，繼儒與其祖父范允臨各賦詩賀之。

《全集》卷三十一《崇禎丁丑元旦，范開之得雄，長白老親翁之孫，眉道人之甥也。兩翁皆八旬，共一百六十矣。各賦之爲開之賀，咳而命之，小名曰「元朗」》：「履端三日誕龍圖文正公年初三日生，名在華夷澤在吳。鼻祖格天垂竹帛，耳孫落地見桃符。宜春正擲釵頭燕，賀歲新添掌上雛。八十兩翁湯餅會，讓兄先飲是屠蘇。」

自正月十八日臥枕五月有餘，倔強不服藥。黃以陞遣書索序。是年，陳子龍中崇禎十年進士三甲十七名，寄書繼儒，建議服人參以治疾。寄書夏允彝。

《全集》卷五十七《答黃孝翼》：「弟正月十八日伏枕者一百五十日，發願云：寧死於病，無死於醫藥。倔強得生，想閻地君亦諒其耿耿而貰之，不復遣鬼卒追呼？今雖八十，僅同人臘耳。……如此支離，何暇糟丘酒池，何暇長枕大被，又何暇捉筆撰大敘？敘可作，孝翼黃先生之敘不易作也。倘余息尚存，必當賈勇以報神交知己。北闕上書，推讓先生，南山鋤草，付之不侫。扇頭詩妙絕妙絕。」

黃以陞，字孝翼，號蟬窠，福建龍溪人，著有《史說萱蘇》一卷、《蟬巢集》二十卷，詳見《乾隆龍溪縣志》卷十六，詳見《四庫全書總目》卷一百三十八。

陳子龍《安雅堂稿》卷十七《與陳眉公徵君》：「去冬冰雪之會，悄然北征。而先生惠顧殷勤，弘以錫類，每懷不遑，隨念明德。留滯京邑，塵塊紛馳，俄焉半載，未能飛尺書於谷口，乞片言於松門，懷人望古，徒託晨風而溯流光也。兩獲南問，知道體違和，旋膺勿藥之喜。夫賚客沖霄，而子房稱病，西聖寂虛，而維摩問疾，固知事關形器，不繫神明。參苓雖非上藥，恐亦高齡所宜，聞先生概卻湯散，專意養靜，是雖至道淵微，不妨稍資草木以相引輔也。子龍受質隘劣，文質無底，辱在先生裁量之內，獎歡彌縫，十有二載。」

按：天啓丙寅年譜「陳子龍始識陳繼儒」，十二年後當爲此年；又《明史》卷二七七稱陳子龍「崇禎十年進士」，《陳忠裕公自著年譜》：「（崇禎十年）北入長安則上元矣，榜發，與彝仲俱得雋素。」故此書當作於崇禎十年臥子赴京會試期間。

《全集》卷五十七《答夏彝仲》：「讀稟告《告鄉父老書》，又得閏四月二日寄來手牘，不求利而求不爲害，此眞實語，不誑語。」又「弟伏枕百日，一具骷髏，倔強不服藥。故得生，承論眞切，草率報章，見臥子乞致此意，得座師黃石公爲之，喜而不寐。」又「榮歸聞墮騎傷臂，例不接客，特遣大兒奉候起居。臂傷擣生蟹入酒杯中服之，漸可舒展，仍歸平善，非藥力所能攻補也。某在山過年，一切市朝事不敢與聞。」

構古香庭院，二月十七日經始，四月十七日落成，有詩爲記。王時敏爲題「神清之室」。四月，薛正平來小飲。

《全集》卷三十一《丁丑四月山居落成有作》：「八十種花人已笑，新年又構數

椽居。丹砂翠羽羅奇鼎，赤字綠文堆異書。鶴喫落花終老健，兒鋤蘭蕙亦清虛。玄冬賈勇栽春熟，細雨青青滿四隅。」

《全集》卷五十《偶題五》：「永叔得峭壁於嵩山，有『神清之洞』四字，體法高妙，古苔蘚自成文意，造化之筆。問道士、村樵，皆曰：『向無此』。異不知也。余丁丑搆屋三楹，題『神清之室』，婁江王煙客隸書。」

《全集》卷五十一《題薛更生卷》：「丁丑二月十七日經始，草堂四月十七日落成。薛更生雪虹適來小飲。夜分，更生言：『黃山極寒，山麓間梅杏桃李一時俱開，若賈勇鬥艷者，又有五色蘭，人間未見也。清和晴暖，好事客人入山訪花，花間老人出藏酒獻客，有釀數年前，始開甕，非客至，老人與子孫幾不復記憶矣。』吾孫仙覺少輒喜飲，飲量小過中下戶。聞更生語，不覺流誕。余笑曰：『釀酒余可學，但無此等花。輻輳四月間，又攢屋角下，似輸黃山居人一籌耳。』雖然官幼安住湘潭山，還家結茆，舍僅容一人。余新堂虹敞，轉思古賢，頗有愧色，急急种藥種秫，以待好事。」

《舊譜》：「（崇禎十年丁丑）自春徂夏，構古香庭院成。日夕婆娑其中。十一月當大耄，懿親舊串捧觴上壽者，步武神清之室。是年遂不入城市矣。冬，立三斯亭於生壙之右，蓋取歌哭聚族之意云。」

閏四月十九日，觀王石谷臨《董香光卷》。

《穰梨館過眼續錄》卷十四《王石谷臨〈董香光卷〉》：「此圖乙卯年筆，甲子春，入都門見《北苑夏口待渡圖》橫卷。乙丑中秋，復展此卷，頗覺有合處。玄宰重題。思翁藏黃子久《富春山卷》歸之吳光祿，歎息不去口。此卷雖從董巨發脈，然有李龍眠、有江貫道、有趙松雪、吳仲圭，而以筆墨三味運之。此生平銘心絕品，眞可與《富春山卷》並傳也。崇禎閏四月十九日，得觀於神清之室。余年八十矣。陳繼儒題。」

五月，身體不適，喜素食。生日後，寄書吳統持，請其斧正鄭瑄《昨非齋日纂》。

《全集》卷五十八《答吳巨手茂才》：「儒八十矣。……五月，憎肉食，豆豉清虛，正宜松棚老散人也。感謝感謝。」又「明年或望扁舟過我，相與談史徵經，令孫雛一聞河漢之談，則延頸望之耳。賤誕垂記，特書見壽，感愧。弟八十老人，負此瘦皮囊，躑躅送迎，大是委頓。綦鳥雜杳，尊使所目擊也。謹登來貺，容圖修敬，《知非日纂》敍爲鄭太尊作，並附斧正。

吳統持，字巨手，號危齋，又號危叟，嘉興人，著有《典林》十卷、《明月樓集》四卷，詳見沈季友《檇李詩繫》卷二十二。

五月二十四日，觀董其昌《孝經》卷。

《全集》卷五十二《題玄宰〈孝經〉卷》：「思翁寫《華嚴》七卷竟，海寧陳氏購之，已刻石行矣。余勸思翁宜寫《孝經》，庶不至登枝而忘其本，欣然舉筆，遂成此卷。不意跋後，又得見於神清室中，斗中有孝悌王應是遣之見眉道人耳。丁丑年八十，洗滌宋硯，賣香文王昇書，同觀者曹嘉魚、俞公受，五月廿四日。」俞素，字公受，秀水人，工書、畫，從篆、隸悟入，兼精花卉，別具一種姿態。

六月十二日，黃道周上疏言：「志尚高雅，博學多通，不如華亭布衣陳繼儒。」

《明史》卷二五五《黃道周傳》：「（崇禎）九年用薦召，復故官。明年閏月，久旱修省，道周上言……旋進右諭德，掌司經局，疏辭。因言己有三罪、四恥、七不如。三罪、四恥，以自責。七不如者，謂：品行高峻，卓絕倫表，不如劉宗周；至性奇情，無愧純孝，不如倪元璐；湛深大慮，遠見深計，不如魏呈潤；犯言敢諫，清裁絕俗，不如詹爾選、吳執御；志尚高雅，博學多通，不如華亭布衣陳繼儒、龍溪舉人張燮；至圖十累繫之臣，樸心純行，不如李汝璨、傅朝祐；文章意氣，坎坷磊落，不如錢謙益、鄭鄤。鄭方被杖母大詬，帝得疏駭異，責以顛倒是非。」此疏全文載黃道周《黃石齋先生文集》卷一《三罪四恥七不如疏崇禎十年六月》，稱「雅尚高致，博學多通，足備顧問，臣不如華亭茂才陳繼儒、龍溪孝廉張燮。」

按：《舊譜》「（崇禎八年八月）詞臣黃道周辭職，疏內有云：『雅尚高致，博學多聞，人皆老成，足備顧問，則臣不如華亭陳某者。』」《舊譜》時間誤也，又《漳浦黃先生年譜》「崇禎十年丁丑條記爲『六月十三日，具書辭職』」今從《明史》、《漳浦黃先生年譜》。

黃道周，字幼平（一作玄或元），號石齋，福建漳浦人，天啓二年進士，崇禎五年上疏諷大學士周延儒、溫體仁，斥爲民。九年用薦召，復故官，旋進右諭德，掌司經局，疏辭。後江西巡撫解學龍薦所部官，推獎道周備至，而大學士魏照乘惡道周甚，則擬旨責學龍濫薦。帝遂發怒，立削二人籍，逮下刑部獄，責以黨邪亂政，並杖八十，永戍廣西。世者稱爲石齋先生，精天文曆數皇極諸書，所著《易象正》、《三易洞璣》及《太函經》，另有《榕壇問業》十八卷、《黃石齋先生文集》十三卷，詳見《明史》卷二五五。

秋，索序求見者不減，苦於應酬，欲建骨塔於鍾界山，寄書王時敏、錢棻。

《全集》卷五十七《答王遜之》：「別後老骨，更復不支。忽一日咯血數片，心雖不怖，而大葭非久視長生之客矣。且遠客迫之必欲見，書到迫之必欲答，刻刻違心，面面相對，八十病軀，能堪此乎？得論良苦，人世之厭煩，人情

之澆虢，處處皆然……秋間料理令郎姻事。即便料理遂初，此斷目夙心，何待饒舌？望之望之。僕草堂多費承餉，節儀正足助蒲酌之資，但吾兄如幼事長，歲時餽問不缺，老人無以投瓊，慚感百倍。」

《全集》卷五十八《答錢仲芳》：「八十老人一病復活，寧死於病，無死於醫。謝醫屏藥，反焰病原。……但空山中遠客至，不得不迎；遠書來，不得不報。自春及秋，未曾收召元氣分毫，而大肉廉枯，竟同人腊，以此久羈集敘者，垂半年。弟雖疆項不下，實則掇皮……今欲建骨塔於鍾界山，以佳惠分助功德，因緣不淺，並謝。」錢棻，字仲芳，士晉子，嗣伯士升，嘉善人，崇禎十五年舉人，著有《讀易緒言》二卷，詳見沈季友《檇李詩繫》卷二十二。

十月，黃道周再薦陳繼儒。

黃道周《黃石齋先生文集》卷一《申明掌故疏崇禎十年十月》：「並選海內皤灌砥礪之臣，如臣前所舉陳繼儒、張爕輩，皓髮龐眉，紳繹故典，以為東觀之光。」

十二月，汪用威三子訪繼儒於山中，為其父作墓誌銘。

《全集》卷三十五《明故太學董之汪公暨元配孫孺人合葬墓誌銘》：「去冬入山，留之飲，臨別余出古鏡相贈，重訂今歲之期。忽有三孝子儼然謁堂下，曰：『先君以丙子季冬十一日見背，今卜壤於古塘之陽，同孫孺人合窆塋焉。敢稽首以墓中石請。』……丁丑年十二月二十日未時塋。」

汪用威，字董之，號君霽，新安人，家多藏書，旁及書畫，詳見陳子龍《安雅堂稿》卷十四《太學生汪君董之墓誌銘》。

冬，寄書錢士升，語一年之中忙於應酬，味如嚼蠟。

《全集》卷五十五《與錢御冷》：「八十多癯，本欲避生，而慈親舊串接跡到山。如機老清晨乘一葉，撰千言為壽，眞稀有奇特事也。且喜其心神蕭爽，非復曩時攢眉，得無有吉之動於四體者乎。弟即摻數行奉答，頗得其意中少許，並同機老文呈覽。近來文字浮，人品浮，自朝至暮，自元旦至臘月三十日，但以浮字應酬，嚼蠟無味。……冬寒出謝良苦，俟春和覓良會。」又「次公遠臨山中，非特無貴氣，且無宰相家錦衣玉食之氣，才同金馬，品類木雞，眞宿世修行得力人也。草蔬奉欬，甚覺忘形，且喜鴻冥，薄雞肋。遠之事君，不如邇之事父，秉尚如此，家庭之間，致足樂矣。不知造化，果肯以全福贈否？向聞少睡，今日酣之。奉賢得陳希夷《墜驢圖》，奉將遠臆。機翁十一月六十，避客去家矣。」

為錢龍錫六十作壽序。

《全集》卷十七《壽大學士機山錢公六十序》：「丁丑春秋八十，視錢公差二十年。」

寄書方岳貢，作《壽郡侯禹修方公敍》。

《全集》卷十七《壽郡侯禹修方公敍》：「襄陽方公守松郡十年，於茲朝天者三矣。」按：《嘉慶松江府志》卷四十二《名宦三》：「方岳貢……崇禎元年出知松江知府」，故繼儒此序作於是年。

《全集》卷五十六《答方禹脩太尊脩郡志》：「竊念文章有兩种，能言者必貴，立言者必傳。儒少而失教，長而失學，兩無當焉。今八十，稍覺及此，而悔莫可追矣。」

蔣之翹來訪，繼儒命之刪補《晉書》。

蔣之翹《刪補晉書·釋例》：「予自丁丑春過先輩陳仲醇山中，偶與仲醇言故宋謝翱、唐珏、鄭思肖、林德陽事，因及李北地《與王監察論史書》，謂晉、宋、元三史爲必修，仲醇命予任斯事。明年，予既刪定是書數十卷，往質之。仲醇曰：此可爲《晉書》別本矣。曷以是顏之，蓋昔孫盛作《晉春秋》，直書時事，大司馬溫見之，怒盛，諸子請攻之，盛不許，諸子私攻之，盛先已寫別本傳之外國，及孝武購求異書，得之於遼東，與見本不同，此仲醇所取義也。愚謂予任述，非任作者，乃唯唯否否。」

《四庫全書總目》卷五十《晉書別本》：「明蔣之翹撰。之翹字楚穉，秀水人。朱彝尊《靜志居詩話》稱其嘗詳對《晉書》，鏤板以行。而《嘉禾徵獻錄》則又稱其有《晉書注》一百三十卷，此本又題作《刪補晉書》，標目不同。今考之翹所作《釋例》，謂既刪定此書數十卷，質之陳繼儒，繼儒曰：此可爲《晉書》別本矣。曷以是顏之，且引孫盛作《晉陽秋》先寫別本之語爲證。是《晉書別本》乃其定名也。唐修《晉書》，本據臧榮緒等舊史，而益以諸家小說，煩碎猥雜及牴牾錯互之處，皆所不免。劉知幾《史通·古今正史篇》，已極言其病。之翹因芟其冗複，正其遺闕，別爲此本。凡節原文者十之四，全刪者十之二，正其舛誤者十之三。其文義漏署者則據《元經》、《十六國春秋》、《世說注》、《華陽國志》等書，各加潤色，而稍細書以別之。其事有異同，亦仿《通鑑考異》之例，詮註於下。其間失之過簡者，如《職官志》、《藝術傳》則全刪之，《武十三王傳》刪其七，《簡文四王傳》刪其二，《四夷諸國》刪其十，甚至《明穆皇后》、《孫惠》等傳有關國是者亦多所刊削，未免矯枉過直。又踵宋祁之說，汰去駢體詔令，而於他文亦多評隲優劣。凡《文選》所已載者，卽不具錄，殊非史體。又首載《列籍志》，全用焦竑《經籍志》，《年表》全用鄭樵《通志·年譜》，尤無謂也。」

寄書范景文以議時弊。

《全集》卷五十六《答范質公》：「目下最緊要者，一曰買衛之弊，一曰淮兌之苦。其厲害端末，詳具青老書中。惟明公能解倒懸，亦惟明公能下先手，蓋

衛分一定，後誰改移。故八十老人特爲東南孝順百姓告急於千手眼之如來耳。功令日嚴，賦役日重，奉明公與漕臺同心救時，正地方之根本大遭際也。盼望好音，以慰老稚。」

觀董其昌摹《煙江疊嶂》圖。

《石渠寶笈》卷六《明董其昌摹〈煙江疊嶂〉圖》：「卷前有陳繼儒識語一，拖尾附書畫旨三則，欵識云：崇禎丁丑，余過曲阿寓睡庵，開府園居，蕭閒無事，偶爾拈管，遂成小圖。」《眞稿》卷十六《題董宗伯畫〈煙江疊嶂〉圖》：「《煙江疊嶂》圖，乃王晉卿都尉所做所作，後有粉箋書《煙江歌》，爲東坡先生筆。此卷在王元美先生家。余得之，已摹蘇跡入《晚香堂帖》，獨晉卿圖未傳人間。後又見項玄度藏《煙江疊嶂》一卷，則文徵仲、沈石田悉力以敵元章筆意，未若玄宰之瀟灑出塵也。」

觀《楊凝式〈韭花帖〉》於山中。

《石渠寶笈》卷五《後五代楊凝式〈韭花帖〉》：「楊少師《韭花帖》，米元章一見，得正書之變。余與董思翁見之秀州項鑑臺齋中。今年丁丑八十，子毘攜過山中，老眼摩娑，頓覺一番明淨。陳繼儒記。」

修禊日，觀《群峰積雪圖卷》。

《夢園書畫錄》卷二《宋董北苑群峰積雪圖卷》：「丁丑修禊日，得觀於頑仙盧中。眉公陳繼儒記。」

草堂新成，涂伯昌來訪，信宿而別。

《全集》卷九《涂子期〈一杯水〉序》：「眉道人八十，草堂落成。新粉堵壁，欲畫三泖於其上，小孫曰：『不如以蘇學士雪浪齋銘張之。』蓋石中白理，類孫知微畫水法也，余頗頷其言。適有孝廉涂子期來。余醉之酒，浴之山中藥草湯，信信宿宿不忍別。瀕行曰：『涂生有一杯水奉供，蓋平日所著詩文也。』余笑曰：『請以當孫知微所畫活水，水聲群飛，壁且搖動，快矣哉。』……今丁丑落羽歸。」

按：《四庫全書總目》卷一百八十《涂子一杯水》：「明涂伯昌撰。伯昌字子期，南豐人，崇禎庚午舉人，是集名《一杯水》者，《自序》云：『取澹然無味之義也。』集中多雜釋、老之說，其《書唐武宗毀佛復僧後》一篇，以三才三教並稱，其《格物述》及古本《大學》通序數篇，頗以朱子爲非，蓋江右之學多從陸氏，自宋、元已然也。詩多染竟陵末派，惟五言律詩間有可觀。」

為何喬遠文集作序。

《全集》卷六《何司空〈鏡山全集〉序》：「公十九雋於鄉，丙戌登進士，官刑

曹，俄轉禮曹，以絓誤謫粤西，給假歸隱於鏡山之荔園，結土屋數椽以居。鏡山者，其著書立言處也。……儒八十老布衣，公未識面人也。昔嘗謬舉啓事中，而逡巡未敢詣謝，故諾。」《鏡山全集》七十二卷，今日本內閣文庫藏深柳讀書堂崇禎十四年刻本，臺北國家圖書館有此版本的影照本。

受幣，為嘉興縣令羅炌母作壽序。

《全集》卷十八《賀羅使君壽母七十序》：「邇來造化，似覺獨私於吳越，人不知兵，田多樂歲。如嘉興嚴邑，而又得賢使君羅公為之宰，聲實流聞。雖隣壤，八十歲老人恨不得扶杖而往觀之。……（孺人）明年之壽期七十矣。自惟官守不獲傳觴行觴如尋常家人禮，則走幣陳子，脩祝詞而獻之。」羅炌，字然明，崇禎七年進士，歙縣人，崇禎年間任嘉興、嘉定縣令，有政聲。

古香庭院落成後，嚴宗顯訪，繼儒為其母作碑記。

《全集》卷二十一《旌表劉節婦建坊立祠碑記》：「陳子八十，古香庭院落城，有各嚴用晦見訪，以碑請。嚴母劉氏，崇禎間旌表節婦也。」

嚴宗顯，字用晦，號犀渚，蘇州東山人，嚴經後人，少棄舉業，好讀書，高踮自放，與陳繼儒、葛一龍友善，著有《秋水軒詞鈔》等。

俞延諤歿，遣兒代祭，作《祭俞彥直孝廉》。

《全集》卷四十七《祭俞彥直孝廉》：「儒也八十，艱於跪拜，風燭之年，將恐將懼，遣兒代觴。告我殄瘁，墓門片石，願詳無諱。」

作《徐節婦傳》。

鄒漪《啓禎野乘一集》卷十六《徐節婦傳》：「崇禎十年，樹藩疏請於朝，奉詔旌表，華亭陳繼儒為之傳。」

作《昨非菴日纂敘》。

《全集》卷十《昨非菴日纂敘》：「儒丁丑正八十矣。少而失教，長而失學，悵悵然如無燭而夜行也。」

按：《四庫全書總目》卷一百三十二《昨非齋日纂》：「明鄭瑄撰。瑄字漢奉，閩縣人，崇禎辛未進士，官至應天巡撫。此書皆記古人格言懿行，區為二十類，每類各為小引，然議論佻淺，徵引亦多雜糅，冥果一類，皆出小說家言，往往荒誕不足信，尤不可為典要也。」今北京大學圖書館藏崇禎刻本《昨非菴日纂》二十卷《二集》二十卷《三集》二十卷前皆無陳序。

為王元瑞作壽序。

《全集》卷十七《壽侍御心岫王公七十敘》：「崇禎丁丑七月三十日，王侍御心

岫公七十矣。」

王元瑞，字伯徵，號心岫，青浦人，萬曆四十一年進士，詳見《光緒青浦縣志》卷十八《人物二》。

作《壽邵母林太君八十序》。

《全集》卷十八《壽邵母林太君八十序》：「及今丁丑八月，馬參軍徵余文以壽林孺人八十。」

寄書胡東井。

《全集》卷五十七《答胡東井》：「李罔卿日華刻有《硯盧帖》，謹上清覽。某願見《劉須溪父子集》不可得，未知貴郡可訪尋其遺稿否？鄙撰《九种奇書敘》請正，讀之，其忠憤可念也。別有一箋《忠簡公佚事》，見《鶴林玉露》中，手書拈出，附於《硯盧帖》後。何如某八十老書生，酬恩無地，但以半張帋唐突清嚴。」胡東井，盧陵人，行跡俟考。

寄書王思任。

《全集》卷五十八《與王季重》：「近作三篇，呈教夢想之勤，如盼導師，未知八十枯木人，尚能望見眞正父母否於邑？」

有眼疾，身體不適，收張爕第三書，後寄書張爕。

《全集》卷五十八《答張紹和》：「某兩度得張先生書，皆能盥手以報，而今且三矣。八十病老人捧視，如隔霧看花，不能讀，讀不能竟矣。⋯⋯呼蔡翁入視之曰：『翁安坐，無爲我怖，必賈勇踐張先生諾。』俄血止而瀉，一日夜幾三十起，氣惙惙不支。蔡翁攢眉不敢言。兒孫輩亦還伺而諫留，蔡翁奚益也。於是贈之金，贈之秋羅衣，又畀南平令君書一通，以助其資。斧而後行，此行眞類大分別哉。但尊志中有多所請教，而願効他山之石者。」

解學龍薦舉陳繼儒。

《舊譜》：「（崇禎十年丁丑）江西巡撫解學龍題爲：聖世闢門，運隆三五，懇崇名世，耆英兼廓，薪櫨盛典，以光鴻化，事竊惟虞廷，儀鳳登庸，式廣明揚，渭叟非熊優異，宜超凡格。我皇上詔行保舉，俾科目中未盡之人才，一一網羅無軼，隱鱗伏羽，並耀光明。自此守令得賢民無失，所致治神謨卓越，獨隆千古矣。惟是保舉數內有齒崇道重，儼然名世耆英，未應概以弓旌嘗例，責其赴部就銓者，臣得一人焉，則華亭徵士陳某也。身謝名纆，神酣學海，處畎畝而覺先任，重莘野草，高本經術，而翼古起裏。昌黎功遠，文章命世，眞稱鄒魯之於城。匡濟塡胸，不愧巖阿之宰相。藉使某而少壯也，即出緒餘而爲守、爲令，亦何負於龔黃卓魯之選耶？獨念某老矣，方今正躋八旬，海

內尊爲人瑞，晚香之譽，天壤芬流，當此皤皤黃髮，而縶以墨綬，委之簿書，非其時矣。臣愚以爲，爲國求賢，莫先於旂廈之啓沃。侍從之論，思如某者合應，特幣徵以備法宮之顧問，黼座之諮諏。未可以其不就守令之辟而遽聽其高尙也。竊按正德中，江西處士吳與弼，隱居講學，潛德上聞，毅皇帝遣官馳聘，乘傳赴京，賜見便殿，擬授與弼以坊諭之秩，與弼固辭不就，遂陳十事而歸，熙代芳摹，班班具在。今某之出處本末、學問淵源略同與弼，而才贍救時，籌精應變，致君堯之嘉謨，較有十倍於與弼者，仰祈皇上允炤與弼事例，優某以特隆之禮，庶考盤首彥，頓回遯志，於清時而招隱明倫，終戈高賢，爲公輔保舉，睿思於是，而益加弘遠矣。伏異皇上敕下所司，如果臣言不謬，即將華亭徵士陳某特旨敦延，迥超保舉之格，則近禁增光，而啓事生色，所裨於熙隆之治者非淺也，時當不諱，賢立無方，竊附事君之義，不覺獻曝，愚誠冒昧，披瀝統惟，聖明裁擇施行。」

解學龍，字石帆，揚州興化人，萬曆四十一年進士，崇禎元年五年改右僉都御史巡撫江西。十二年冬，擢南京兵部右侍郎。明年春，將解任，遵例薦舉屬吏，並及遷謫官黃道周。帝怒，徵卜獄，責其黨庇行私，廷杖八十，削其籍，移入詔獄，竟坐遣戍，詳見《明史》卷二七五。

陳繼儒八十，邢昉、沈德符、陳子龍、錢士升、錢龍錫、何萬化、單恂、吳統持爲之壽。

《全集》卷五十七《答黃孝翼》：「今雖八十，僅同人臘耳。……是日錢機老、何半莪稱籌，送門限而別，此廖公所見也。」

邢昉《石臼集》前集卷七《壽陳眉公先生八十初度》：「數峰寂歷水煙陲，忽祐鴻濛太古思。南紀三江還入海，東園一老獨餐芝。沉冥已見冠爲鶡，瀟灑恒疑跡似麌。滿逕蓀蘭分楚澤，一溪雲木總商彝。深山共語惟毛女，少日同遊有仲師。洛下舟回人盡羨，兩邊巾腦眾云奇。偶因詠史通牛渚，不爲微書向鳳墀。歲月閒常思跨鯉，春秋高擬答非羆。藥無二價名猶熾，道廣千秋姓可追。竹策解傳蝌蚪字，由庚再誦補亡詩。淋漓墨氣歸中禁，刺繡詞詞出四夸。誕日方將迎北陸，流沙更欲到西垂。悔成本草淹仙籍。幸得青雲近履綦。卻怪聲華眞有累，應今鸞鶴下來遲。」邢昉，字孟貞，一字石湖，江蘇高淳人，明末諸生，主復社有名，著有《石臼集》十六卷，詳見陳田《明詩紀事》辛集卷十、陳作霖《明代金陵人物志》。

沈德符《清權堂集》卷十四《陳眉公八十》其一：「岩居古亦表名賢，隱福誰同隱操全。四叟戲雙藏橘蔕，百分占一算椿年。昇天慧業先能佛，行地神通不願仙。若祝磻溪應大笑，釣竿向物忍輕捐。」其二：「一星含譽耀江東，千里皈依畏疊風。德盛楚輿休誚鳳，名更吳廡好栖鴻。雄文異域徵宗匠，幻筆

同人歎化工。世福祇今歸子姓，卻憂卿長反慚公。」其三：「逍遙六館稱閒身，安樂行窩謝俗塵。魯望舊吟雲北戶，林中新樣雨中巾。道心自壽山仁者，俠性兼憐酒婦人。達比柴桑更忘世，並無衙署萬天民。」其四：「秋海津梁屬大乘，普天文筏更詩燈。松風句曲陶貞白，蘿月夔門杜少陵。柯爛尚留正奕客，硯利猶乞施書僧。自慚御李從笤歲，多少龍門恨未登。」

陳子龍《安雅堂稿》卷六《壽陳眉公先生八裘序》：「眉公先生壽既八裘，嶽降之期，海內人士及鄉大夫咸集，客有執爵而進曰：『先生博綜典墳，翔步藝苑有年矣。南自炎海，北至朔漠，莫不詠其篇什，仰其風流，足以爲先生重乎。』予曰：『此非先生之所尚也。』又有執爵而進曰：『先生抗退心於早歲，味太玄於塵表，高不事之節，以保幽貞，爲聖代逸民之首，足以爲先生重乎？』予曰：『似矣。而未見其大也。』夫君子御世之方不同，則濟世之心則一。或在上而整其治，或在下而輔其化。是故不被其澤而聞其風，德厚者感彌深，自然之符，非苟爲異也。而世有好奇尚誕之士，必取夫晦形銷聲者以爲高隱，且曰：『是乃憤世俗而求去之。』二者豈爲通論乎？夫語言文章，既無所見於世，而姓氏滅昧不可問，則其所謂道德者。我烏呼知之。若以悲世溷濁，而戛戛焉逃乎禮俗之外，則是將率天下而畔先王之教也，且何以處夫當盛世而隱者也。治莫盛於帝堯，隱莫高於許武仲，武仲薄堯而逃之，非也，觀其言曰：『子治天下，天下既已治矣。』是豈薄堯者乎？彼蓋以我雖與堯並立於朝，而未必能有加於陶唐之治。天下而既將競矣。我惟渺然，以此爲不足樂，而庶幾爭者息，貪者忠，薄者厚，巧者樸，故當是時史稱『時雍』，民歌『何力』者，豈特禹、媧、咎繇之所馳驚而至此哉。今先生生國家郅隆之期，當六朝重熙之會，自人主以下，無不矜式而願見焉，可謂盛矣。然先生非有詭激之行、恢奇之論也。不違親以爲高，不絕俗以爲貞，則汝南之操也。統六經之微言，彙百家之渺論，則高密之學也。群正臣而不同其險，宗俊傑而不共其功，則南州、鹿門之風也。故遇之者大至於國家之事，細至於農桑漁牧之間，無不各得其意以去。要其大旨，不近名，不喜事，清靜無爲，而物來自應，如此而已。是故質者依其誠，文者尚其華，法者軌其介，通者樂其廣，晦者適其簡，達者貴其治。天下士無賢愚，仰先生之風者咸思進於道；俗無純駁，被先生之德者咸思歸於厚；則先生之有益於聖世，何啻武仲之在陶唐乎？而先生又豈邈焉而遺世者也？夫惟自強以澤物，而後謂之健，而《乾》之初九則稱『潛龍』焉。天下未有不健而稱龍者矣，亦未有不健而能潛者矣，潛而健其有息乎？今先生且八裘，而神明益強，應用益敏，古之至人。或百餘歲，或數百歲，蓋如此未艾也。而聖天子與天合治，攀羲、躋軒，行將請於崆峒，訪於汾水，先生何多讓焉。若夫二客之所云，非以頌先生也。」

朱隗《明詩評論二集》卷十五單恂《壽陳徵君師八衮初度二首其一》：「數峰窈
點佛頭青，彷彿三山照碧溟。叱石每教芝籙掛，摩松閒喚筍輿停。紫禽嘯樹
春行酒，白橘香濂曉注經。最笑渭綸多事捲，煙霞長好護南星。」

作《孫元新像讚》。（《全集》卷四十八）

作《答趙王》。（《全集》卷五十三）

作《答趙鴻逵》。（《全集》卷五十三）

作《布稅議》。（《全集》卷五十九）

崇禎十一年戊寅　八十一歲

二月十一日，觀《明楊龍友〈設色山水〉卷》。

> 《嶽雪樓書畫錄》卷五《明楊龍友〈設色山水〉卷》：「宋道君見宣亭畫，甚重
> 之。復爲常泠購之，不勝苦。常云：上成我勿出，必爲□大所衂。今果然也。
> 龍友，官華亭博士，其門生輩不能得一皁一木。今獨爲潭公寫長卷送別，筆
> 墨奇偉，直駕大癡。富春山圖上，平視石出翁矣。潭公得一卷方幅，著色十
> 紙，似有三生。石上因緣，老人且不敢望，況措大乎？笑笑，戊寅仲春十一
> 日，八十翁陳繼儒題。」

三月，梁伯柔訪於山中，與繼儒共飲，為其母作壽序。

> 《全集》卷十九《梁母林太君上壽序》：「戊寅三月，有客從落花新竹間入山見
> 訪，飲之於神清之室。蓋嶺南星田梁先生之子伯柔也。……癸卯，與漳州高
> 太史同著浙闈試，得一時孝秀名流，而拙存馮公最有聲。今領山海、永平節
> 鉞矣。梁君走遼左，叩關而見馮公，馮公殷勤道故，有加平生之歡，每欲製
> 詞爲伯柔尊慈壽，適戎務鞅掌，轉屬陳子效一言。」

> 梁伯柔，有年子。有年，號星田，順德人，萬曆二十三年進士，詳見《雍正
> 湖廣通志》卷四十一《名宦志》。

四月，宋獻同王廷宰訪繼儒於山中，觀元曹善書《山海經》四冊、宋黃山
谷書《王史二公墓誌銘橐卷》於古香亭院。

> 《石渠寶笈》卷十《元曹善書〈山海經〉四冊》：「宋賤烏絲版本，……第一冊
> 末幅記語云：崇禎戊寅四月，宋獻同工毗翁觀於眉公古香亭院。」又《夢園
> 書畫錄》卷三《宋黃山谷書〈王史二公墓誌銘橐卷〉》：「崇禎戊寅四月，溧陽
> 宋獻、華亭王廷宰得觀於眉公神清之室。」

> 宋獻，字獻孺，號如園，官至山東參議，行草遒勁，尤善榜額，晚年寫各體

臻妙，詳見陶宗儀《書史會要》。

觀董其昌楷書《項墨林墓誌銘冊》。

《吳越所見書畫錄》卷五《又董文敏楷書〈項墨林墓誌銘冊〉》：「墨林先生，倪雲林、顧阿瑛、曹雲西之流也。余欲縮為小傳，如元時石刻，而思翁先之，其孫可入《逸民史》矣。思翁此卷學楊少師《韭花帖》。八十一書此，大奇大奇。陳繼儒。」

作《答徐霞客書》，附《與麗江木公書》與信物、文集序，建議徐霞客緩遊。

《全集》卷五十六《答徐霞客》：「吾兄高瞰一世，未嘗安人眉睫間。乃奇暑奇寒，輒蒙垂顧，不知何緣得此。……今宇內多故，堯舜在上，猶有水旱、夷狄、盜賊之憂。或無他也。遇豐稔則吏梳而官篦之，遇流劫則寇梳而兵篦之。京陵雖太平，而秦、晉、楚、洛塗炭極矣。吾兄決策西遊，不若姑緩之，以安身立命為第一義。聖明誅賞必信，剿撫兼行，鬼神有厭亂之心，脅從懷求赦之意，廓清掃蕩，彈指可期。當此時也，弟為驢背之希夷，兄為鶴背之洪客，採靈藥，訪道人，任運所之，張弛在我，何必崎嶇出入顱山血海，而始快平生之奇遊乎？傷哉！文、林兩相國相繼岱遊！未了之事，石齋能補，但恐石人未肯點頭耳。麗江木公書遵命附往，並有詩扇一柄，《集敘》一通，以此徵信。此公好賢若渴，而徐先生又非有求於平原君者，度必把臂恨晚，如函蓋水乳之合矣。」

按：文震孟、林釬分別於崇禎八年、九年入閣，同卒於九年。故此書最早作於崇禎九年後，又《徐霞客遊記》卷七上《滇遊日記六》：「（己卯正月）二十六日，晨飯於小樓，通事父言，木公聞余至，甚喜，即命以明晨往解脫林候見。」可見木公已收此書，知徐霞客將至，故此書必作於崇禎十二年正月前，暫繫於此。

秋，莫儼皋訪繼儒於草堂，為其母作壽序。

《全集》卷十九《作賀莫母姚太夫人七衰序》：「戊寅秋，寅賡莫公有西川左伯之命，遠近勸駕無虛日。公逡巡讓者三，得無聞蜀有新警乎？余曰：『公饒文武方略，視么麼流氛如檻猿釜鱗耳。往山東談笑而定妖蓮之黨。奉特旨遇巡撫缺推用，公不難東魯而難西蜀乎？』公瀕行時，具朱繡肅拜余於草堂曰：『母夫人春秋七十矣。蜀方有師命，義不敢宿於家，而母夫人設帨之辰在季冬，屆期舞綵似未能躬獻一觴，敢邀眉道人言以効維祺之祝。』陳子唯唯，置茗果話別。」

莫儼皋，字公謨，號寅賡，金山人，萬曆四十四年進士，官至四川左布政使，詳見葉夢珠《閱世編》卷五《門祚一》。

秋，讀《藥言》。

> 《全集》卷五十八《答曹長卿》：「癸酉讀《藥言》，戊寅又讀……去春伏枕半年，今秋閉門半月，不茶飯，不藥餌，幸而僥幸強起。然善忘善臥善噴，對客則心煩，舉筆則手戰，枯楊朽木，能久侍大君子之教乎？尊敘未能及時報命，望少寬之。」

秋，汪汝謙過訪，繼儒點評其詩作。

> 《春星堂集》卷三汪汝謙《遊草》之《秋遊雜詠自序》：「記余少年遊屢矣……而廣陵、白門託跡尤多……今秋一重過，而邗溝落葉，觸目煙霜，舊遊俱不可問。月夜步金陵，曲中訪一二故識，箏寒雁斷，啞啞柢柳上烏爾。即余弟師摯，素稱金石收藏家，而圖書彝鼎已作王謝燕子，飛去堂上久矣。至於文酒蕭條，友朋凋落，可勝今昔之感，因惘然反棟，一訪陳徵君頑仙盧，蒼顏一笑，相對驪然，使人淡然意消，於是知一切感愴亡賴不足，當有道人前耳。因出途次七言雜詠，先生為點正，聊存以志余過云。崇禎戊寅季秋汪汝謙書於攝臺。」

方世壽自新安訪於山中，為其祖母請，重陽後再訪，繼儒為其母作墓誌銘。

> 《全集》卷三十四《苦節方太君莊孺人墓誌銘》：「方君世壽自新安入雲間，訪眉道人於空山，顑頷黯慘而不能言，曰：『世壽牛三月喪父，九月喪母，其幸而強視人間者，繫惟祖母，是恃傷哉。敢以墓誌請。』陳子唯唯。別去，踰重陽復來，聞有座客，乃不與闍者通，徘徊於山上山下及畦塍籬落間候。余槁就乃敢見，蓋方君有侄曰：『上宏從遠方郵書，趣之急。』曰：『眉公春秋八十一，冉冉老矣。』故世壽勸請至此。」

寄書徐標。

> 《全集》卷五十八《答徐鶴州》：「明公拮据淮上，八載於茲。……拙敘並上，請正長公詩……恨不見思翁，恨思翁不見長公也。」又「記客歲奉書以拙敘請正……八十一老人北望載拜而効於明公之知己者，止此矣。」
>
> 徐標，字準明，號鶴洲（《東林列傳》卷七、《乾隆畿輔通志》卷六十七皆作「洲」，《全集》卷四《忠孝廉洁匯集序》亦稱「公名標，號鶴洲」，故繼儒此處作「州」應誤）山東臨清人，天啓五年進士，官至右僉都巡史巡撫保定，崇禎十七年戰死，詳見陳鼎《東林列傳》卷七、《全集》卷四《忠孝廉洁匯集序》、卷二十《淮徐兵憲鶴洲徐公功德碑記》。

寄書錢士升。

> 《全集》卷五十五《與錢御冷》：「弟嘗笑傳大士哆口皤腹，為彌勒化身，一切山河人地嗔喜譏稱，皆納布袋中，自然擔荷得起。弟八十一老人。」

寄書徐雲吉。（《全集》卷五十八）

作《題九十五老耄宿募飯僧偈》。（《全集》卷四十九）

作《題瑁湖六逸圖》。（《全集》卷五十）

作《題周榮公女子本草圖》。（《全集》卷五十二）

是年，蔣之翹刪補《晉書》成數十卷，訪繼儒，繼儒贊之。（詳見崇禎丁丑年譜）

隱居東佘。

> 《舊譜》：「（崇禎十一年戊寅）屏蹟東佘。猝聞流寇披猖，中丞直指檄有司拆毀城壕、民房，一時震動。府君懇之方郡侯曰：訛言易煽，全賴上官彈壓鎮靜。今若先卸民居，未防亂本，先示亂行，民心一動，將來不知究竟矣。方侯俯從而止，至今城內外之得以鱗次而安堵者，皆府君所挽回也。」

崇禎十二年己卯　八十二歲

春，錢士升來訪，秋，遣子再訪繼儒於山中。（詳見本年譜下文）

花朝日，作五古。

> 《全集》卷二十七《己卯花朝》：「百舌未驚心，百花已奪目。碎翦五彩繒，高低縛林木。合掌拜花神，花神稱萬福。樹大欲結果，女大當上頭。結果擲潘郎，上頭嫁公侯。女兒掩面笑，願力天難酬。但願寇虜退，聖主永無憂。老夫開朣酒，呻吟變歌謳。」

三月，作《媚幽閣文娛二集序》。

> 《媚幽閣文娛二集》前陳繼儒序「崇禎己卯春三月，八十二翁陳繼儒書於神清之事。」

四月，蔣之翹《刪補晉書》成，遣書索序。秋，攜書訪繼儒。七月三日，繼儒觀蔣之翹《刪補晉書》自序後，撰讀後之感。

> 蔣之翹《刪補晉書》前附《陳繼儒書》：「乃足下不怪小巫，謬以序言相屬，然不佞雖老病，廢筆硯久矣，猶探囊底，智足為明公拈出苦心，度不負命矣。杪秋杖履來山中，便可攜予文共讀於白雲江樹間也，如序例訖，幸先緘示，以慰饑渴，七月三日繼儒頓首。」
>
> 按：蔣之翹《刪補晉書》前《釋例》「迄今年四月，屬草畢，予緘書遣力走請仲醇序，許之。七月，又書來，訂予杪秋過山中，當授予序，且先索予自序觀，奈屆期而公訃至矣。」故此手箚當撰予此年。繼儒書序未完而卒。

五月，於神清之室題曾鯨天啟三年作《嚴用晦先生小像》。

　　《嚴用晦先生小像》手卷陳繼儒跋：「八十二翁爲用晦嚴先生贊像，時己卯五
　　月望日，陳繼儒書於神清之室。」

春夏神情漸困頓，孔有德兩度南犯，寄書范景文，於時局表悲觀之情。黃
道周結三楹於大滌洞旁，屬繼儒書「石齋講堂」，又書「石公壇」三字應之。

　　《全集》卷五十六《答范質公》：「儒欲躬詣南中，八十二老人，憊病日甚一日，
　　特具不腆通侯起居。『野火燒不盡，春風吹又生』，讀此詩且痛且癢且笑且啼。
　　達人如明公，亦可差自慰也。黃石老結三楹於大滌洞旁，屬書石齋，講堂更
　　書『石公壇』三字，應之。儒山後已坎容棺之壚，引紼而上，便可安頓殘骸，
　　姑免於王孫裸矣。此生相見，渺渺何期，念此可勝黯慘。」

　　《全集》卷五十八《答徐光治》：「儒伏山澤中，今八十二矣。……孔賊兩犯東
　　省，膽更大，手更滑，二百里輜重，聽其出口，旁若無人，而且以奇捷、大
　　捷奏皇上。……《齊心帖》自南徂北，亦螳螂之一臂也，幸笑而置之。」

　　徐光治，字型唐，應奎子，從治弟，海鹽人，萬曆中以貢入國學，工詩文，
　　授光祿寺署丞。

徐弘祖於雲南寄書繼儒，作書答之。

　　《全集》卷五十六《答徐霞客》：「每晉謁，非祁寒，即溽暑，猶記東郊雪色，
　　佘塢松風，時時引人著勝地也。此曠古盛事，弘祖何人……特勒此逢，別計
　　八月乘槎，春初當從麗江出番界。昔年曾經此地，俟易僧先期而返。窺其山
　　川絕勝，以地屬殊方，人非俗習」

　　按：《徐霞客年譜》：「（崇禎十二年己卯）是年先生由雞足赴麗江，謁木知府。
　　返遊大理、永昌、騰越，謀入緬不得。返永昌，遂赴順寧、雲州，由蒙化返
　　雞足。」故此書應作於此年。

薦舉紛紛，作《盧九似讀史筍存敘》。

　　《全集》卷十二《盧九似讀史筍存敘》：「會稽楊鉄崖、天台陶南村日與八十二
　　老眉公談經射史以爲樂。薦舉紛紛，勿汙我耳。若館閣諸公慕先生而不得見，
　　即見，未竟其胸中凜凜衰鉞之萬一。長公出《讀史筍存》示之，當爲搜採人
　　物者惜，不當爲先生歎也。」

　　盧洪瀾，浙江東陽人，繼儒弟子，作《陳眉翁先生行跡史略》）（《全集》卷首）。

爲鄭元勳母作壽序。（《全集》卷十九《己卯七夕壽鄭母張太君七十壽序》）

作《五保姚氏貼役義田碑記》。

《全集》卷二十《五保姚氏貼役義田碑記》：「肇端於崇禎戊寅，而給帖造冊於十二月。」此記最早作於此年初，故繫於此。

作《祭王天古孝廉》。

《全集》卷四十七《祭王天古孝廉》：「寂寞八十二翁跽拜，非昨遣兒代觴，飄花隕籜，不朽傳文，非予誰作？」

作《祭章玉叔文學》。（《全集》卷四十七）

寄書陳洪謐。

《全集》卷五十六《答陳默菴》：「儒八十有二矣。蠖伏山澤籬落間。」

陳洪謐，字龍甫，號默菴，晉江人，崇禎四年進士，授戶部主事，後任蘇州知府，守蘇十年，官至兵部右侍郎，詳見《乾隆福建通志》卷四十五《人物三》、李清馥《閩中理學淵源考》卷七十七《侍郎陳龍甫先生洪謐》。

聶紹昌作四景圖，作七絕記之。

《全集》卷二十九《聶雙丸吏部深於繪法，不肯輕贈人一木一石，茲獨寫四景供文水任公祖，亦行橐中廉石也。八十二老人鑒賞，繫之以詩請正》其一：「种柿花林不記年，依稀雲錦夕陽邊。益都沃壤流氛邇，好築祠堂記魯連。」其二：「東海洋洋表海亭，鏡光千里見齊清。江南桃李春如舊，半壁金湯有歲星。」其三：「隨車霖雨化安瀾，不向人間作旱湍。笑擁朱欄看潭底，風雷長護老龍蟠。」

聶紹昌，字繩之，號井愚，萬曆三十五年進士，四川合江人，三十六年任華亭縣令，官至陝西巡按，卒於官，詳見《嘉慶松江府志》卷四十二《名宦傳三》。

作《答蘇成性》，繼儒之書，絕筆此時。九月二十三日申刻，繼儒左手結印逝。陳子龍、錢謙益、錢士升等為之撰誄文、挽詞。

《全集》卷五十八《答蘇成性》：「徐公、鄭公方急，明公如左右手，乃有以他事相累而掣之肘者，可勝懸切。伏承遠設，捧睨以許老師墓文見委，名宦鄉賢有加無已。……弟也幸及今八十有二，以一息尚存之時，願展報恩。在三之誼，不忍辭，亦不敢辭，作一篇生死文字瞑目矣。特留來使，草蔬一月，始得報命，不以襲黃奉旨，而以曾山、次山配者，極得老師在天之精神，病床握筆，老淚紛紛，若即縣去思碑、闔史功德錄，皆老師生平見而欲嘔者也。《元次山集》二冊，呈覽明公，必以不肖焉。知言海內有識者亦必以不肖為知音。」後有其子弟吳震元識：「先生之書絕筆於此時。臥病不飲食者旬餘矣。震元在山中見先生尤手書此紙，改竄再三，又旬餘而易簣。先生云：『一

篇生死文字』，信然。較書至此，潸然淚下，門人吳震元識。」蘇成性行跡俟考。

《全集》卷首盧洪瀾《陳眉翁先生行跡史略》：「崇禎十四年辛巳六月望日，門下晚學東陽洪瀾頓首拜撰。是日書完，夜夢先生同一僧來謂瀾曰：『再煩於家下，索書頭乙張』，瀾曰：『先生且住樓上，愚望索之，』見壽卿兄出《水仙圖》一張，日眞神仙之遺跡也。異哉！余覺即起，續其尾曰：先生諱繼儒，字仲醇，又稱眉公，又稱白石山樵，仙逝於崇禎十二年九月廿三日，時年八十有二。」

《舊譜》：「(萬曆十二年己卯)，夜寢頑仙廬，日處古香庭院。往來不數武，晚必兆以從，倦於應酬，而字墨未能謝絕。如《陳鹿蘋碑記》、《許繩齋誌銘》，乃絕筆也。是年無大恙，自覺軀重膚癢，起臥不時，春夏值兒覺中寒，幾入鬼錄，日從事於醫禱，而府君之神情亦漸困頓矣。九月望後，命蓮延名訥於香草庵，誦經禮懺，至二十日，放焰口一堂，上報親族，下薦交知，一日而沐浴者三，日飲泉茗，軟斷手血，毫不及家事一語，口喃喃但誦：『色不異空，空不異色，』廿三日中刻，左手結吉祥印逝去矣。遺訓云：『啓予足，啓予手，八十年履薄臨深，不怨天，不尤人，百千秋鳶飛魚躍。』又云：『大斂小斂，寸寸拘束，古先聖賢，裹以時服，今其時哉。萬勿循俗所見，斂布分送寒族。內哭外哭，神鬼感惑，勿發一聲，靜如空谷。去來堂堂，無拘無束。請以諸淚彈向花木，子孝孫賢守此遺囑。爲善讀書，一生無辱。』首七之夕，臨附乩語內多隱讖，後署掌決部水奎火眞人並左手和尚等語府君平生飲食。臨逝結三山印，悉從左手，而晚建神清之室，似於二教有宿諦云。」

陳夢蓮識語：「大抵年譜與國史、郡乘同體，取覆不取文。不孝幼不學，壯不敏，目今頭顱種種矣。何能寫府君之萬一哉！僅云：臚載歲月，遙憶記聞而已。若樂善不倦，出自性成，此又在語言文字之外者也。府君自少垂老，取資於禿管殘煤子弟，糈悉以奉親，□□爲生活，大父所遺無，人產俱遜。先叔無染指，而且爲之贍養、婚嫁、存殁如一日。中年自小崑山、天馬、細林、東佘、鳳凰拮据，凡五峰墓田不及半頃。至荒丘瘠壤，歲輸動以百計。西歸之頃，坦無私語，藏無餘金。自外惟遺編萬卷，落落山廬，而摧殘已過半矣。蓋於賣文之外，絕妄漁愧以清交。大遊廣時，與山水花木作緣，隨有隨散，一生似動而靜，似靜而動，客眾厭其溷，客去苦其寂。每當春秋佳日，月夕花晨，非摻舸龍潭，則曠世郊外，一時名姝騷客，輻輳而至。或匿兼葭蘋蓼間，鷗鷺驚翔，累日經旬，興不盡不止也，槖不洗不返也。如是，而暇爲子孫計哉？雖然嘗觀井圖以自助，則臨深履薄之念，曷嘗斯去懷也。迫除郡邑遠近，例有歲寒之餽。府君自寡至多，分緘袖中，值貧竇及交知老弱，輒量出葯之。曰：『某何人，斯敢叨上官暖俸之賜，揣分過福，且當代上官種德耳。』

居恆無貴賤，僧俗凡啓覓緩急，未有不如意以去，不責報，不市恩，墓臨數十家。春夏非白粲，則木棉以鼓耕作，至於助葬掩骼，眞有脫驂麥舟之風，多置槁存，自畢田養濟，以及驛遞囹圄分給。惟恐寒夜途行，聞驛夫挽舟聲，必停撓煮糜以濟飢寒僵什者。故於鍾賈山倡建甘露寺，賴慧解上人，夏施茶，多施薑湯，黑夜施燈，往來行腳有老病不能頓躧者，三時授餐，待其健旺而後遣。迄今三十餘載，靡有間也。三族之親，生籍衣食，死賴喪葬者無算。交遊中假筆墨、作布施、授齒頰、代津筏者，亦無算。一切橋梁、道路、浮屠、老子之宮，邀父以補苴鼎新者，亦無算。與人談，非累朝掌故，即先輩典型，或稗官野史中可喜可愕之事，使人聽之亹亹不忍，竟若偶有閨閫不詳之語，則掩耳障面而叱之，惟恐其侈口不絕也。此皆府君之蠕言蜑行，遐邇亦有耳而目之者。其如上關軍國家，下繫桑梓，時切杞婺之憂，眞有寢不暇、甘食不怡，旨不啻身懼倒，懸而爲之，痛哭流涕者也。集有《條》、《議》二卷，可知夫君嘔幾斗心血，枯幾莖白髮矣。四方賢文者履滿戶外，未嘗冗倦，請斲必欲摹寫。神情大會欸。曲方握館，命草草成矣。於發潛闡幽處，未暢闕旨。丙夜篝燈帷幄中，屢加改竄，肖其爲人而後止，亦必寓觀諷忠厚之意，不忍以厄詞綺語欺塞也。交遊幾遍天下，奚敢忽視一人、輕廢一函。浪鼓一棹，每以錢塘楊子爲限，恥作山人遊客態。嘗云王公布衣之交，僅存一線於天壤，寧使訝其不來，毋使厭其不去。又云：‘躑躅公庭，必爲雙隼所笑，則府君硜硜素節，梗槩可覩矣。嗚呼！府君一生，經濟之肺腸，千古豪傑之作用，竟至螢乾蠹老，豈不惜哉？豈不痛哉？所可幸者，恃有遺文百卷，闡揚忠孝，羽翼典謨，差吐胸中不了之業。俟四刻成，全書則能立言，冥中自有畫一也。謹扲淚詮次如左。不孝男夢蓮百拜謹述。」

錢士升《賜餘堂集》卷十《祭陳眉公先生文》：「嗚呼！先生而遽游道山耶。余受教於先生四十餘年，所閱窮通進退之變，無不奉德誨以周旋，蓋歷歷在胸臆也。而不能爲先生一哭吾私耶。當先生設皋比於鴛湖也。余同社諸子共集包圍，每藝成，必請正於先生。先生古道自處，奮筆塗乙，無誨無猜。輒爲拈示唐宋八大家文暨宣公奏議，使知古文機杼，而帖括之習一變。余數躓場屋，幾不自信，而先生信余益甚，慰勉有加，俾無改步，則先生教也。丙辰檄第，先生不以世法爲余榮，而以志不在溫飽而余勗，勿傍時局，勿妄交遊，勿輕出入，勿濫納四方北面刺，諄諄勸誡，無異鴛湖問業時。至商及出處，必曰：遲歸終吉。引武侯澹泊寧靜之語爲法，……則又先生教也。癸酉被招，余過先生請教，先生贈以『易事難悅』、『難進易退』兩言。又貽書云：……今年春，余造訪仙盧，見先生膚格清癯，而神明淵茂，笑言終日，了無倦容。入秋，兒子晉謁，亦被延接，而貽我大書，波瀾轉遒，竊喜百年人瑞，正未有艾居，無何而脩然逝矣。」

陳子龍《安雅堂稿》卷十六《陳徵士誄並序》：「夫太上之立無方，而嘉遯之貞

彌峻。故顯藏異跡，用晦者得全。勞逸殊趣，無爲者化廣。此豈疾否閉、耽
敝曠哉。誠以逐乎動者，應物以程功。處乎靜者，勉競以善俗。藉其抗德上
皇，鎮風休運，百代猶仰，況於親炙者歟？夫蘭蕙無撩梡之用，而君子比芳。
鸞鷩謝搏擊之能，而稀世見瑞。澆暮不察，猥以巢石辭位，眞羞鳳儀之朝。
園倚遺榮，無益龍顏之主。故智昏好爵，路險傾輈。辭讓闃如，廡隅蕩廢。
不有高賢，末流曷賴。有明徵士華亭陳先生，聖代之逸民也。道協黃中，行
遵素履。潛朗內照，沖夷自弘。語默莫窺其端，心跡各臻其妙。耿介而不怨
於俗，委蛇而不自傷其操。善謔而愈見其莊，接紛而益審其定。幼挺英邁，
博遊藝林。哲匠人宗，椒蘭是契。年未過立，翻然鴻冥。遂乃剪勘榛徑，考
卜家林。邑當季鷹之鄉，地近子眞之市。盤桓筠桂，衎樂雞黍。晞髮松門，
捫蘿雲谷。衡宇之間晏如也。又以致柔通變，老易爲師。當途之彥，味道之
英。屏驕虛己，執經資敬。莫不勤誨宏誘，言近指遠。蓋公清靜之談，蘇門
才識之語。德音所被，方之溥矣。至於強記多通，文章贍達，國典舊聞，靡
不鈎貫。如王粲之在魏朝，擬賀循之當晉代。清德雅宗，爲時憲老，海內瞻
景五十餘年，神熹兩朝，屢應薦聘。今上之初，詔問便宜，辭疾不對。崇禎
十二年秋九月，卒於青浦縣之佘山，即先生隱居之地也，春秋八十有二。嗚
呼！神祇不弔，殲此碩人。後進何述，遐邇含辛，某弱忝通門，長承弘獎，
指微箴闕，始終不倦。念彼先民，敢忘懿德，用詢前典，表之素旂。至於康
惠之稱，貞靖之號，末學淺昧，以俟君子。其辭曰：勿用斯貞，獨善乃淑。
欽此玄風，矯比污俗。我宗遠條，有嬀是育。文範既沒，誰似誰續？猗歟夫
子，禎氣所資。天資淳至，敦厚不漓。霧鑒冥契，觸類知機。簡不廢務，和
不詭隨。亮正內秉，恬夷外鎮。樂其通雅，忘其嶷峻。濯纓至清，涉淵彌愼。
志晦聲曜，身沈道潤。宿敏淹洽，擢秀翰林。七襄垂象，五典因心。對揚碩
獻，薦號國琛。匪勝則史，德言之諶。早悟至眞，墨識遂古。考槃詠三，天
山用五。杜陵啓徑，鹿門對宇。放性芳薄，縱情寂圃。松陰動操，石瀨垂綸。
春薇多韭，夏芰秋蒪。斑荊選勝，散帙標新。巾車待暮，餉榼同晨。貞不絕
物，有叩必畀。道尚惠和，義歸簡易。包荒爲宗，壯趾是恥。厥師柱下，濟
此明智。世教凌薄，歸厚維風。與子依孝，與臣依忠。豈惟愉色，亦有毅容。
兼愛惻隱，解諷清通。及屆彌邵，益返沖漠。婆娑熙陽，含漱上藥。忘言象
跡，暢神寥廓。自然爲友，元化相酌。是宜久視，作程後生。神理謩昧，福
善遏涼。既歌黃鳥，百身爲輕。國謝時憲，鄉凋耆英。厥初微患，餙巾以俟。
宿諾不渝，微言可履。豁此大戀，遊乎泰始。啓予之言，同彼膚土。愼終遺
旨，儉而可遵。孝同玄宴，薄非王孫。視彼遷化，等於晨昏。中經作則，範
茲後昆。嗚呼哀哉，言軫昔遊，追誦芳響。公既杖國，予芳舞象。文愧代興，
誼均執黨。託跡殊觀，尚古齊賞。秋風吹桂，春雨屬苓。晏笑每與，杖策必
經。稱遺道往，示我儀刑。豈惟盤衍，規言孔明。衿直來忌，輕動多悔。箴

予凝滯，勗予潛晦。葛爲龐拜，嵇漸孫誨。徽繩邈冥，清音如在。嗚呼哀哉，徘徊舊館，悲似滂沱。巖增淒靄，林鮮榮柯。九京可作，夷惠孰多。敬宜懿行，憑此山河，嗚呼哀哉！」

錢謙益《牧齋初學集》卷十五丙舍詩集上《陳眉公挽詞》：「怨鶴題猿共泫然，少微星象隱江大。峴山空復推支遁，蹈海何當識魯連。載酒人過揚子宅，澆花自埽秣陵阡。雲間父老如嵩少，尚說汾陰望幸年。」

徵引文獻

一・基本史料

1. 皇甫謐:《高士傳》,《文淵閣四庫全書》史部 448 冊。
2. 陳鼎:《東林列傳》,《文淵閣四庫全書》史部 458 冊。
3. 朱彝尊:《經義考》,《文淵閣四庫全書》史部 677～680 冊。
4. 張丑:《清河書畫舫》,《文淵閣四庫全書》子部 817 冊。
5. 汪砢玉:《珊瑚網》,《文淵閣四庫全書》子部 818 冊。
6. 張照等:《石渠寶笈》,《文淵閣四庫全書》子部 824、825 冊。
7. 高士奇:《江村銷夏錄》,《文淵閣四庫全書》子部 826 冊。
8. 卞永譽:《式古堂書畫彙考》,《文淵閣四庫全書》子部 827～829 冊。
9. 徐𤊿:《徐氏筆精》,《文淵閣四庫全書》子部 856 冊。
10. 李日華:《六研齋筆記》,《文淵閣四庫全書》子部 867 冊。
11. 董其昌:《畫禪室隨筆》,《文淵閣四庫全書》子部 867 冊。
12. 胡應麟:《少室山房筆叢》,《文淵閣四庫全書》子部 886 冊。
13. 劉敬叔:《異苑》,《文淵閣四庫全書》子部 1042 冊。
14. 祝允明:《懷星堂集》,《文淵閣四庫全書》集部 1260 冊。
15. 王世貞:《弇州四部稿》《續稿》,《文淵閣四庫全書》集部 1279～1281 冊。
16. 歸有光:《震川先生集》,《文淵閣四庫全書》集部 1289 冊。
17. 顧憲成:《涇皋藏稿》,《文淵閣四庫全書》集部 1292 冊。
18. 畢自嚴:《石隱園藏稿》,《文淵閣四庫全書》集部 1293 冊。
19. 范景文:《文忠集》,《文淵閣四庫全書》集部 1295 冊。
20. 汪琬:《堯峰文鈔》,《文淵閣四庫全書》集部 1315 冊。

21. 查慎行：《敬業堂詩集》，《文淵閣四庫全書》集部 1362 冊。

22. 朱彝尊：《明詩綜》，《文淵閣四庫全書》集部 1459、1460 冊。

23. 沈季友：《檇李詩繫》，《文淵閣四庫全書》集部 1475 冊。

24. 蔣之翹：《刪補晉書》，《四庫存目叢書》史部 32 冊。

25. 皇甫濂：《逸民傳》，《四庫存目叢書》史部 95 冊。

26. 吳伯與：《宰相守令和宙》，《四庫存目叢書》史部 109 冊。

27. 萬斯同：《補歷代史表》，《四庫存目叢書》史部 402 冊。

28. 張大復：《聞雁齋筆談》，《四庫存目叢書》子部 104 冊。

29. 顧鼎臣：《顧文康文集》，《四庫存目叢書》集部 55 冊。

30. 祝世祿：《環碧齋詩集》，《四庫存目叢書》集部 94 冊。

31. 申時行：《賜閒堂集》，《四庫存目叢書》集部 134 冊。

32. 王錫爵：《王文肅公全集》，《四庫存目叢書》集部 135、136 冊。

33. 李維楨：《大泌山房集》，《四庫存目叢書》集部 150～153 冊。

34. 馮夢禎：《快雪堂集》，《四庫存目叢書》集部 164、165 冊。

35. 方應選：《方眾甫集》，《四庫存目叢書》集部 170 冊。

36. 袁宏道：《袁中郎全集》，《四庫存目叢書》集部 174 冊。

37. 王衡：《緱山先生集》，《四庫存目叢書》集部 178、179 冊。

38. 釋洪恩：《雪浪集》，《四庫存目叢書》集部 190 冊。

39. 宋徵輿：《林屋文稿》，《四庫存目叢書》集部 215 冊。

40. 邵廷采：《思復堂文集》，《四庫存目叢書》集部 251 冊。

41. 沈國元：《兩朝從信錄》，《續修四庫全書》史部 356 冊。

42. 談遷：《國榷》，《續修四庫全書》史部 358～363 冊。

43. 文震孟：《姑蘇名賢小傳》，《續修四庫全書》史部 541 冊。

44. 李日華：《味水軒日記》，《續修四庫全書》史部 558 冊。

45. 董其昌：《神廟留中奏疏彙要》，《續修四庫全書》史部第 468～469 冊。

46. 王時敏：《王煙客題畫跋》，《續修四庫全書》子部 1065 冊。

47. 姜紹書：《無聲詩史》，《續修四庫全書》子部 1065 冊。

48. 吳升：《大觀錄》，《續修四庫全書》子部 1066 冊。

49. 安岐：《墨源彙觀》，《續修四庫全書》子部 1067 冊。

50. 陸時化：《吳越所見書畫錄》，《續修四庫全書》子部 1068 冊。

51. 顧雲彬：《過雲樓書畫記》，《續修四庫全書》子部 1085 冊。

52. 李佐賢：《書畫鑑影》，《續修四庫全書》子部 1085、1086 冊。

53. 陸心源：《穰黎館過眼錄》，《續修四庫全書》子部 1087 冊。

54. 葛金烺：《愛日吟廬書畫錄》，《續修四庫全書》子部 1088 冊。

55. 王稺登：《虎苑》，《續修四庫全書》子部 1119 冊。

56. 張岱：《陶庵夢憶》，《續修四庫全書》集部 1260 冊。

57. 陳有年：《陳恭介公集》，《續修四庫全書》集部 1352、1353 冊。

58. 王思任：《譴庵文飯小品》，《續修四庫全書》集部 1368 冊。

59. 袁中道：《珂雪齋集》，《續修四庫全書》集部 1375、1376 冊。

60. 沈德符《清權堂集》，《續修四庫全書》集部 1377 冊。

61. 張大復：《梅花草堂集》，《續修四庫全書》集部 1380 冊。

62. 黃道周：《黃石齋先生文集》，《續修四庫全書》集部 1384 冊。

63. 張溥：《七祿齋集》，《續修四庫全書》集部 1387 冊。

64. 謝肇淛：《小草齋集》，《續修四庫全書》集部 1366 冊。

65. 孫承宗：《高陽集》，《續修四庫全書》集部 1370 冊。

66. 釋德清：《夢遊集》，《續修四庫全書》集部 1377、1378 冊。

67. 譚元春：《譚元春集》，《續修四庫全書》集部 1385 冊。

68. 釋讀徹：《南來堂詩集》，《續修四庫全書》集部 1393 冊。

69. 吳偉業：《梅村家藏稿》，《續修四庫全書》集部 1396 冊。

70. 杭世駿《道古堂文集》，《續修四庫全書》集部 1426、1427 冊。

71. 李培：《水西全集》，《四庫全書未收書輯刊》6 輯 24 冊。

72. 徐爾鉉《核菴詩餘》，《四庫全書未收書輯刊》6 輯 27 冊。

73. 鄭鄤：《峚陽草堂說書》，《四庫禁燬書叢刊》集部 26 冊。

74. 何三畏：《雲間志略》，《四庫禁燬書叢刊》史部 8 冊。

75. 錢士升：《賜餘堂集》，《四庫禁燬書叢刊》集部 10 冊。

76. 黃洪憲：《碧山學士集》，《四庫禁燬書叢刊》集部 30 冊。

77. 董其昌：《容臺集》，《四庫禁燬書叢刊》集部 32 冊。

78. 鄒漪：《啓禎野乘》一集、二集，《四庫禁燬書叢刊》集部 40、41 冊。

79. 鍾惺：《隱秀軒集》，《四庫禁燬書叢刊》集部 48 冊。

80. 袁宗道：《白蘇齋類集》，《四庫禁燬書叢刊》集部 48 冊。

81. 婁堅：《吳歈小草》，《四庫禁燬書叢刊》集部 49 冊。

82. 顧夢遊《顧與治詩》，《四庫禁燬書叢刊》集部 51 冊。

83. 吳甡：《柴庵疏集》，《四庫禁燬書叢刊》集部 51 冊。

84. 邢昉：《石臼集》，《四庫禁燬書叢刊》集部 51 冊。

85. 陳仁錫：《無夢園初集》，《四庫禁燬書叢刊》集部 60 冊。
86. 焦竑：《澹園續集》，《四庫禁燬書叢刊》集部 61 冊。
87. 費元祿：《甲秀園集》，《四庫禁燬書叢刊》集部 62 冊。
88. 程嘉燧：《松園浪濤集》，《四庫禁燬書叢刊》集部 63 冊。
89. 貢修齡：《斗酒堂集》，《四庫禁燬書叢刊》集部 80 冊。
90. 羅明祖：《羅紋山全集》，《四庫禁燬書叢刊》集部 84 冊。
91. 陳濟生：《天啓崇禎兩朝遺詩》，《四庫禁燬書叢刊》集部 97 冊。
92. 嚴怡：《嚴石溪詩稿》，《四庫禁燬書叢刊》集部 101 冊。
93. 范允臨：《輸廖館集》，《四庫禁燬書叢刊》集部 101 冊。
94. 劉城：《嶧桐詩集》，《四庫禁燬書叢刊》集部 121 冊。
95. 鄭鄤：《峚陽草堂文集》《詩集》，《四庫禁燬書叢刊》集部 126 冊。
96. 葛一龍：《葛一龍詩集》，《四庫禁燬書叢刊》集部 132 冊。
97. 嚴繩孫：《秋水集》，《四庫禁燬書叢刊》集部 133 冊。
98. 祝祺：《樸巢詩集》，《四庫禁燬書叢刊》集部 145 冊。
99. 沈懋孝：《長水先生文鈔》，《四庫禁燬書叢刊》集部 159、160 冊。
100. 張世偉：《自廣齋集》，《四庫禁燬書叢刊》集部 162 冊。
101. 程嘉燧：《松園浪淘集》，《四庫禁燬書叢刊》集部 163 冊。
102. 朱隗：《明詩評論二集》，《四庫禁燬書叢刊》集部 169 冊。
103. 王穉登：《王百穀集》，《四庫禁燬書叢刊》集部 175 冊。
104. 宋懋澄：《九籥集》，《四庫禁燬書叢刊》集部 177 冊。
105. 姚希孟：《松癭集》，《四庫禁燬書叢刊》集部 179 冊。
106. 陳函輝：《陳寒山子文集》，《四庫禁燬書叢刊》集部 185 冊。
107. 釋眞可：《紫柏老人集》，《故宮珍叢刊》子部 518 冊。
108. 王杰等：《石渠寶笈續編》，《故宮珍本叢刊》子部 440～449 冊。
109. 英和等：《石渠寶笈三編》，《故宮珍本叢刊》子部 450～460 冊。
110. 汪師乾：《春星堂詩集》，上圖藏乾隆三十六年刻本。
111. 施紹莘：《花影集》，上圖藏明刻本。
112. 許自昌：《樗齋詩草》，上圖藏明末許氏家刻本。
113. 王寶仁：《婁水文徵》，上圖藏道光十二年閒有餘齋刻本。
114. 張大鏞：《自怡悅齋書畫錄》，上圖藏清道光十二年虞山張氏刻本。
115. 劉沛然：《南陽人物志》，上圖藏同治九年刻本。
116. 杜瑞聯：《古芬閣書畫記》，上圖藏光緒七年太谷杜氏刻本。

117. 王時敏：《王煙客先生集》，蘇州振新書社，1916 年。

118. 裴景福：《壯陶閣書畫錄》，中華書局，1937 年。

119. 王充：《論衡》，《諸子集成》第七冊，中華書局，1954 年。

120. 沈德符：《萬曆野獲編》，中華書局，1959 年。

121. 李昉等編：《太平御覽》，中華書局，1960 年。

122. 李昉等編：《太平廣記》，中華書局，1961 年。

123. 《明實錄》，臺北中央研究院歷史語言研究所，1961 年。

124. 許慎撰、徐鉉校訂：《說文解字》，中華書局，1963 年。

125. 永瑢等：《四庫全書總目》，中華書局，1965 年。

126. 范曄：《後漢書》，中華書局，1974 年。

127. 張廷玉等：《明史》，中華書局，1974 年。

128. 宋濂等：《元史》，中華書局，1976 年。

129. 趙爾巽等：《清史稿》，中華書局，1976 年。

130. 喻昧庵：《新續高僧傳四集》，臺北廣文書局，1977 年。

131. 田汝成：《西湖遊覽志餘》，上海古籍出版社，1980 年。

132. 葉夢珠：《閱世編》，上海古籍出版社，1981 年。

133. 王應奎：《柳南續筆》，中華書局，1983 年。

134. 《清實錄》，中華書局，1985 年。

135. 黃宗羲：《黃宗羲全集》，浙江古籍出版社，1985 年。

136. 徐弘祖：《徐霞客遊記》，上海古籍出版社，1987 年。

137. 陳子龍：《陳子龍文集》，華東師範大學出版社，1988 年。

138. 周俊富：《明代人物傳記叢刊》，臺灣明文書局，1991 年。

139. 陳洪綬：《陳洪綬集》，浙江古籍出版社，1994 年。

140. 馮夢龍：《醒世恒言》，人民文學出版社，1995 年。

141. 丘濬：《大學衍義補》，中州古籍出版社，1995 年。

142. 譚元春：《譚元春集》，上海古籍出版社，1998 年。

143. 葉德輝：《書林清話》，嶽麓書社，1999 年。

144. 錢謙益：《錢謙益全集》，上海古籍出版社，2003 年。

145. 章學誠著、倉修良注：《文史通義》，浙江古籍出版社，2005 年。

二、工具書

1. 《復旦大學圖書館善本目錄》，復旦大學圖書館，1959 年。

2. 姜亮夫：《歷代人物年里碑傳綜表》，中華書局，1959 年。

3. 上海圖書館：《中國叢書綜錄》，上海古籍出版社，1962 年。

4. 陳垣：《二十史朔閏表》，中華書局，1962 年。

5. 屈萬里：《普林斯頓大學葛斯德東方圖書館中文善本書志》，臺灣藝文印書館，1975 年。

6. 國立中央圖書館：《臺灣公藏善本書目人命索引》，臺灣文史哲出版社，1975 年。

7. 楊殿珣：《中國歷代年譜總錄》，書目文獻出版社，1980 年。

8. 臧勵和：《中國人名大辭典》，上海書店，1980 年。

9. 朱保炯、謝沛霖：《明清進士題名碑錄索引》，上海古籍出版社，1980 年。

10. 《中山大學圖書館古籍善本目錄》，中山大學圖書館，1981 年。

11. 中國社會科學院歷史研究所明史研究室編：《中國近八十年名師論著目錄》，江蘇人民出版社，1981 年。

12. 京都大學人文科學研究所編：《京都大學人文科學研究所漢籍目錄》，東京同朋社，1981 年。

13. 東京大學東洋文化研究所編：《東京大學東洋文化研究所漢籍分類目錄》，汲古書院，1981 年。

14. 鄭鶴聲：《近世中西史日對照表》，中華書局，1981 年。

15. 郭味蕖：《宋元明清書畫家年表》，人民美術出版社，1982 年。

16. 郭味蕖：《國立故宮博物院善本舊籍總目》，故宮博物院，1983 年。

17. 來新夏：《近三百年來人物年譜知見錄》，上海人民出版社，1983。

18. 王重民：《中國善本書提要》，上海古籍出版社，1983 年。

19. 張慧劍：《明清江蘇文人年表》，上海古籍出版社，1986 年。

20. 臺灣中央圖書館編：《明人傳記資料索引》，中華書局，1987 年。

21. 楊廷福、楊同甫：《清人室名別稱字號索引》，上海古籍出版，1988 年。

22. 黃虞稷：《千頃堂書目》，上海古籍出版社，1990 年。

23. 章培恒：《新編明人年譜叢刊》，復旦大學出版社，1993 年。

24. 王寶平：《中國館藏和刻本漢籍目錄》，浙江大學出版社，1995 年。

25. 黃秀文：《中國年譜詞典》，百家出版社，1997 年。

26. 繆荃孫、吳昌綬、董康，吳格點校：《嘉業堂藏書志》，復旦大學出版社，1997 年。

27. 華東師大圖書館古籍部：《天一閣藏明代地方志選刊人物資料人名索引》，上海書店出版社，1997 年。

28. 徐娟：《中國歷代書畫藝術論著叢編》，中國大百科全書出版社，1997 年。

29. 池秀雲：《歷代名人室名別號辭典》，山西古籍出版社，1998 年。

30. 《北京大學圖書館古籍善本目錄》，北京大學出版社，1999 年。

31. 《香港中文大學古籍善本目錄》，香港中文大學出版社，1999 年。

32. 沈津：《哈佛大學哈佛燕京圖書館中文善本書志》，上海辭書出版社，1999年。

33. 陽海清：《中國叢書廣錄》，湖北人民出版社，1999 年。

34. 震華法師：《中國佛教名人大詞典》，上海辭書出版社，1999 年。

35. 王鶴鳴：《上海圖書館館藏家譜提要》，上海古籍出版社，2000 年。

36. 南炳文：《輝煌、曲折與啟示：20 世紀中國明史研究回顧》，天津人民出版社，2001 年。

37. 北京師範大學古籍部：《北京師範大學圖書館古籍善本書目》，書目文獻出版社，2002 年。

38. 吳榮光編，陳垣校注：《中國古代名人生卒、歷史大事年譜》，北京圖書館出版社，2002 年。

39. 楊廷福、楊同甫：《明人室名別稱字號索引》，上海古籍出版社，2002 年。

40. 田濤：《法蘭西學院漢學研究所藏漢籍善本書目提要》，中華書局，2002 年。

41. 陳忠平、唐力行：《江南區域史論著目錄：1900～2000》，北京圖書館出版社，2007 年。

三、年譜、方志

1. 朱守葆：《太傅文恪公年譜》，上海圖書館藏稿本。

2. 福徵：《憨山老人年譜自序實錄》，光緒二十一年徑山藏本。

3. 《北京圖書館藏珍本年譜叢刊》，北京圖書館出版社，1998 年。（52 冊《王文肅公年譜》、《資德大夫兵部尚書郭公青螺年譜》；53 冊《顧文端公年譜》；55、56 冊《淄川畢少保公年譜》；57 冊《王季重先生自敘年譜》；63 冊《陳忠裕公自著年譜》；66 冊《蒼雪大師行年考略》）

4. 楊振鍔：《楊淇園先生年譜》，商務印書館，1946 年。

5. 王雲五：《新編中國名人年譜集成》1～20 輯，臺灣商務印書館，1978～1986 年。

6. 徐朔方：《湯顯祖年譜》，上海古籍出版社，1980 年。

7. 任道斌：《董其昌繫年》，文物出版社，1988 年。

8. 鄭威：《董其昌年譜》，上海書畫出版社 1989 年。

9. 陳飛龍：《王思任文論及其年譜》，臺灣文史哲學出版社，1990 年。

10. 任宏：《王時敏年表》，附於《四王畫集》，上海書畫社，1992 年。

11. 黃炳垕、王政堯點校：《黃宗羲年譜》，中華書局，1993 年。

12. 鄭威：《程嘉燧年表》，《朵雲》第十集，上海書畫社，1998 年。

13. 洪思、侯真平、婁曾泉：《黃道週年譜》，福建人民出版社，1999 年。

14. 殷夢霞：《佛教名人年譜》，北京圖書館出版社，2003 年。

15. 馮其庸、葉君遠：《吳梅村年譜》，文化藝術出版社，2007 年。

16. 何宗美：《袁宏道詩文繫年攷訂》，上海古籍出版社，2007 年。

17. 張慧劍：《明清江蘇文人年表》，上海古籍出版社，2008 年。

18. 《萬曆青浦縣志》，《稀見地方志彙刊》第一冊，中國書店出版社，1992 年。

19. 《萬曆上海縣志》，上海圖書館藏萬曆十六年刻本。

20. 《崇禎嘉興縣志》，《日本藏中國罕見地方志叢刊》，書目文獻出版社，1991 年。

21. 《崇禎松江府志》，《日本藏中國罕見地方志叢刊》，書目文獻出版社，1991 年。

22. 《康熙江南通志》，《文淵閣四庫全書》507～512 冊。

23. 《雍正嘉善縣志》，上海圖書館藏雍正十二年刻本。

24. 《乾隆浙江通志》，《文淵閣四庫全書》519～526 冊。

25. 《乾隆泉州府志》，《中國地方志集成》福建府縣志輯第 22～24 冊。

26. 《乾隆烏程縣志》，《續修四庫全書》704 冊。

27. 《乾隆福建通志》，《文淵閣四庫全書》527～530 冊。

28. 《乾隆通州志》，上圖藏乾隆四十八年刻道光十八年補刻本。

29. 《嘉慶松江府志》，《中國方志叢書》華中地方 10。

30. 《光緒蘇州府志》，《中國方志叢書》華中地方 5。

31. 《光緒青浦縣志》，《中國方志叢書》華中地方 16。

32. 《光緒嘉興府志》，《中國方志叢書》華中地方 53。

33. 《光緒江陰縣志》，《中國方志叢書》華中地方 457。

四、今人著述

1. 潘光旦：《明清兩代嘉興的望族》，商務印書館，1937 年。

2. 李文治：《晚明民變》，《國立中央研究院社會科學研究所叢刊》第二十三種，中華書局，1948 年。

3. 孟森：《明清史論著集刊》，中華書局，1959 年。

4. 魯迅：《魯迅全集》，人民文學出版社，1973 年

5. 謝國楨：《增訂晚明史籍考》，上海古籍出版社，1981 年。

6. 孟森：《明清史講義》，中華書局，1981 年。

7. 黃仁宇：《萬曆十五年》，中華書局，1982 年。

8. 鄭振鐸：《西諦書話》，三聯出版社，1983 年。

9. 費孝通：《皇權與紳權》，天津人民出版社，1988 年。

10. 張秀民：《中國印刷史》，上海人民出版社，1989 年。

11. 陳鼓應：《明清實學思潮史》，齊魯書社，1989 年。

12. 安平秋、章培恒：《中國禁書大觀》，上海文化出版社，1990 年。

13. 嵇文甫：《晚明思想史論》，《民國叢書》第二編 7 冊，上海書店出版社，1990 年。

14. 尹韻公：《中國明代新聞傳播史》，重慶出版社，1990 年。

15. 蔣星煜：《中國隱士與中國文化》，《民國叢書》第四編 38 冊，上海書店出版社，1992 年。

16. 陳建華：《中國江浙地區十四至十七世紀社會意識與文學》，學林出版社 1992 年。

17. 李亞寧：《明清之際的科學文化與社會》，四川大學出版社，1992 年。

18. 陳萬益：《晚明小品與明季文人生活》，臺北大安出版社，1992 年。

19. 夏咸淳：《晚明士風與文學》，中國社會科學出版社，1994 年。

20. 廖可斌：《明代文學復古運動研究》，上海古籍出版社，1994 年。

21. 艾爾曼著、趙剛譯：《從理學到樸學：中華帝國晚期思想與社會變化面面觀》，江蘇人民出版社，1995 年。

22. 朱義祿：《逝去的啟蒙——明清之際啟蒙學者的文化心態》，河南人民出版社，1995 年。

23. 錢杭、承載：《十七世紀江南社會生活》，浙江人民出版社，1996 年。

24. 余英時：《士與中國文化》，上海人民出版社，1996 年。

25. 閻步克：《士大夫政治衍生史稿》，北京大學出版社。1996 年。

26. 溝口雄三著、索介然、龔穎譯：《中國前近代思想的演變》，中華書局，1997 年。

27. 黃卓越：《佛教與晚明文學思潮》，東方出版社，1997 年。

28. 周明初：《晚明士人心態與文學個案》，東方出版社，1997 年。

29. 王先明：《近代紳士——一個封建階層的歷史命運》，天津人民出版社，1997 年。

30. 牛建強：《明代中後期社會變遷史研究》，臺灣文津出版社，1997 年。

31. 吳仁安：《明清時期上海地區的著姓望族》，上海人民出版社，1997 年。

32. 梁啟超：《清代學術概論》，上海古籍出版社，1998 年。

33. 梁啓超：《中國歷史研究法補編》，上海古籍出版社 1998 年。

34. 余英時：《現代儒學論》，上海人民出版社，1998 年。

35. 何俊：《西學與晚明思想的裂變》，上海人民出版社，1998 年。

36. 張仲禮：《中國紳士——關於其在 19 世紀中國社會中作用的研究》，上海社會科學院，1998 年。

37. 馬學強：《上海通史》（古代卷），上海人民出版社，1999 年。

38. 趙樹功：《中國尺牘文學史》，河北人民出版社，1999 年。

39. 趙園：《明清之際士大夫研究》，北京大學出版社，1999 年。

40. 吳承學：《晚明小品研究》，江蘇古籍出版社，1999 年。

41. 錢茂偉：《明代史學編年考》，中國文聯出版社，2000 年。

42. 繆詠禾：《明代出版史稿》，江蘇人民出版社，2000 年。

43. 周群：《儒釋道與晚明文學思潮》，上海書店出版社，2000 年。

44. 左東嶺《王學與中晚明士人心態》，人民文學出版社，2000 年。

45. 周榮德：《中國社會的階層與流動——一個社區中士紳身份的研究》，學林出版社，2000 年。

46. 周積明：《文化視野下的〈四庫全書總目〉》，中國青年出版社，2001 年。

47. 尹恭弘：《小品高潮與晚明文化——晚明小品七十三家評述》，華文出版社，2001 年。

48. 張仲禮：《中國紳士的收入》，上海社會科學院，2001 年。

49. 史小軍：《復古與新變——明代文人心態史》，河北教育出版社，2001 年。

50. 余英時：《中國近世宗教倫理與商人精神》，安徽教育出版社，2001 年。

51. 吳仁安：《明清江南望族與社會經濟文化》，上海人民出版社，2001 年。

52. 陳寅恪：《柳如是別傳》，三聯書店，2001 年。

53. 張海英：《明清江南商品流通與市場體系》，華東師範大學出版社，2002 年。

54. 鍾鳴旦：《楊廷筠：明末天主教儒者》，社會科學文獻出版社，2002 年。

55. 朱萬曙：《明代戲曲評點研究》，安徽教育出版社，2002 年。

56. 馮賢亮：《明清江南地區的環境變動和社會控制》，上海人民出版社，2002 年。

57. 孫傑：《古代上海藝術》，上海大學出版社，2002 年。

58. 湯綱、南炳文：《明史》，上海人民出版社，2003 年。

59. 何宗美：《明末清初文人結社研究》，南開大學出版社，2003 年。

60. 劉志琴：《晚明史論——重新認識末世衰變》江西高校出版社，2004 年。

61. 冀淑英：《冀淑英文集》，北京圖書館出版社、上海科學技術文獻出版社，2004 年。

62. 熊月之、熊秉眞主編：《明清以來江南社會與文化論集》，上海社會科學院出版社，2004 年。

63. 錢茂偉：《國家、科舉與社會：以明代爲中心的考察》，北京圖書館出版社，2004 年。

64. 鄧志峰：《王學與晚明德師道復興運動》，社會科學文獻出版社，2004 年。

65. 巴兆祥：《方志學新論》，學林出版社，2004 年。

66. 朱端強：《萬斯同與〈明史〉纂修編年》，中華書局，2004 年。

67. 萬明：《晚明社會變遷研究》，商務印書館，2005 年。

68. 高彥頤著、李志生譯：《閨塾師：明末清初江南的才女文化》，江蘇人民出版社，2005 年。

69. 陳寶良：《明代儒學生員與地方社會》，中國社會科學出版社，2005 年。

70. 樊樹志：《晚明史》，復旦大學出版社，2005 年。

71. 邱仲麟《敬老適所以賤老——明代鄉飲酒禮德變遷及其與地方社會的互動》，《中央研究院歷史語言研究所集刊》第七十六本第二分冊，2005 年。

72. 徐林：《明代中晚期江南士人社會交往研究》，上海古籍出版社，2006 年。

73. 陳江：《明代中後期的江南社會與社會生活》，上海科學院出版社，2006 年。

74. 白謙愼著、孫靜如等譯：《傅山的世界：17 世紀中國書法的嬗變》，三聯書店，2006 年。

75. 李孝悌：《中國的城市生活》，新星出版社，2006 年。

76. 何朝暉：《明代縣政研究》，北京大學出版社，2006 年。

77. 萬木春：《味水軒裏的閒居者——萬曆末年嘉興的書畫世界》，中國美術學院出版社 2008 年版。

78. 王海剛：《明代書業廣告研究》，嶽麓書社 2011 年

79. 張勃：《明代歲時民俗文獻研究》，商務印書館 2011 年。

80. 高居翰著、鄧偉權審、楊宗賢等譯：《畫家生涯：傳統中國畫家的生活與工作》，三聯書店 2012 年。

五、論　文

1. 李鳳萍：《晚明山人陳眉公研究》，東吳大學中文研究所碩士論文，1985 年。

2. 王秀珍：《論陳繼儒與晚明思潮的互動關係》，東吳大學中國文學研究所碩士論文，1996 年。

3. 王鴻泰：《流動與互動——由明清間城市生活的特性探測公共場域的開展》，臺灣大學歷史系博士論文，1998 年。

4. 楊曉菁：《陳繼儒及其小品研究》，臺北市立師範學院應用語言文學研究所碩士論文，2001 年。

5. 李斌：《陳眉公研究》，中山大學中文系博士論文，2003 年。

6. 葉軍：《鄭鄤研究：兼論明代後期的黨爭》，復旦大學歷史系博士論文，2002 年。

7. 包建強：《陳繼儒及其小品文研究》，西北師範大學中文系碩士論文，2005 年。

8. 馮玉榮：《明末清初松江士人與地方社會》，復旦大學歷史系博士論文，2005 年。

9. 趙楠：《陳繼儒——晚明士風的一項個案研究》，東北師範大學歷史系碩士論文，2006 年。

10. 李菁：《晚明文人陳繼儒研究》，上海師範大學中文系碩士論文，2006 年。

11. 馮勇：《陳繼儒書法年表及相關問題研究》，南京師範大學美術學院碩士論文，2006 年。

12. 況克彬：《陳繼儒的造園活動與造園思想探析》，上海交通大學農業與生物學院碩士論文，2013 年。

13. 張秀民：《明代南京的印書》，《文物》1980 年 11 期。

14. 劉志琴：《商人資本與晚明社會》，《中國史研究》1983 年 2 期。

15. 王家範：《明清江南市鎮結構與歷史價值初探》，《華東師範大學學報》1984 年 1 期。

16. 葛兆光：《明代中後期三股史學思潮》，《史學史研究》1985 年 1 期。

17. 劭毅平：《評〈四庫全書總目〉晚明的文風觀》，《復旦大學學報》1990 年 3 期。

18. 許建中：《論明清之際通俗文學中社會價值取向的嬗變》，《明清小說研究》1990 年 3～4 期。

19. 李伯重：《簡論「江南地區」的界定》，《中國社會經濟史研究》1991 年 1 期。

20. 周振鶴：《釋江南》，《中華文史論叢》第 49 輯，上海古籍出版社 1992 年。

21. 陳國棟：《哭廟與焚儒服——明末清初生員層的社會行動作》，《新史學》第 3 卷 1 期，三民書局 1992 年 3 月。

22. 于志嘉：《日本明清史學界對「士大夫與民眾」問題之研究》，《新史學》第 4 卷 4 期，三民書局 1993 年 12 月。

23. 任繼愈：《明代知識分子對封建君主制的認識的變化》，《第二界明清史國

際學學術討論會論文集》，天津人民出版社，1993 年。

24. 何炳棣著、王振忠譯：《科舉和社會流動的地域差異》，《歷史地理》第 11 輯，上海人民出版社，1993 年。

25. 森正夫：《十六至十八世紀的荒政和地主佃戶關係》，《日本學者研究中國 史論文集》第六卷，中華書局，1993 年。

26. 蔣星煜：《陳繼儒論〈西廂〉〈琵琶〉〈牡丹亭〉》，《撫州師專學報》1994 年 2 期。

27. 黃愛平：《〈明史〉纂修與清初史學——兼論萬斯同、王鴻緒在〈明史〉 纂修中的作用》，《清史研究》1994 年 2 期。

28. 牛建強：《明代山人群的生成所透射出的社會意義》，《史學月刊》1994 年 4 期。

29. 董上德、吳觀瀾：《明人小品》，《古典文學知識》1995 年 1 期。

30. 李金松：《晚明小品新論》，《社會科學戰線》1995 年 6 期。

31. 孫競昊：《明清江南商品經濟與消費結構關係探悉》，《齊魯學刊》1995 年 4 期。

32. 牛建強：《明代中後期建文朝史籍纂修攷述》，《史學史研究》1996 年 2 期。

33. 朱子儀：《〈高士傳〉與中國隱逸文化》，《中國文化研究》1996 年夏之卷。

34. 吳承學、李光摩：《晚明心態與晚明習氣》，《文學遺產》1997 年 1 期。

35. 巫仁恕：《明代平民服飾的流行風尚與士大夫的反應》，《新史學》10 卷 3 期，三民書局 1999 年 3 月。

36. 岸本美緒著、底艷譯：《崇禎十七年的江南社會與關於北京的信息》，《清 史研究》1999 年 2 期。

37. 黃大宏、張天莉：《明陳繼儒〈虎薈〉研究》，《文獻》1999 年 3 期。

38. 張靜秋：《論晚明大山人陳繼儒的文化性格及其形成原因》，《中國文化月 刊》2000 年 11 期。

39. 李伯重：《明清江南的出版印刷業》，《中國經濟史研究》，2001 年 3 期。

40. 劉曉東：《世俗人生：儒家經典生活的窘態與晚明士人社會角色的轉變》， 《西南師大學報》2001 年 5 期。

41. 馮賢亮：《陳龍正：晚明士紳社會生活的一個側面》，《浙江學刊》2001 年 6 期。

42. 錢茂偉：《論明中葉史學的轉型》，《復旦大學學報》2001 年 6 期。

43. 陳平原：《文人的生計與幽韻——陳繼儒的為人與為文》，《文史知識》2002 年 1、2 期。

44. 劉曉東：《科舉危機與晚明士人的社會分化》，《山東大學學報》2002 年 2

期。

45. 方志強：《「歷史事實」——「事實」與「解釋」的互動》，《新史學》13 卷 3 期，三民書局 2002 年 9 月。

46. 王鴻泰：《社會的想像與想像的社會——明清的信息傳播與「公眾社會」》，載陳平原、王德威、商偉：《晚明與晚清：歷史傳承與文化創新》，湖北教育出版社，2002 年。

47. 倉修良、陳仰光：《年譜散論》，《史學史研究》2001 年 2 期。

48. 孫衛國：《論論事大主義與朝鮮王朝對明關係》，《南開學報》2002 年第 4 期。

49. 劉淑萍：《〈太平廣記〉裏的虎》，《中國典籍與文化》2002 年 5 期。

50. 喬治忠：《明代史學的普及性潮流》，《中國社會歷史評論》第 4 卷，商務印書館，2002 年。

51. 吳承學、李斌：《明清人眼中的陳眉公》，《中山大學學報》2003 年 1 期。

52. 閔宗殿：《明清時期東南地區的虎患及相關問題》，《古今農業》2003 年 1 期。

53. 陳時龍：《晚明書院結群現象研究——東林書院網路的構成、宗旨與形成》，《安徽史學》2003 年 5 期。

54. 袁逸：《明代書籍價格考》，《中國出版史料（近現代部分）》，湖北教育出版社，2004 年。

55. 南炳文：《論明人年譜的價值和利用》，《求是學刊》2004 年 6 期。

56. 王汎森：《清初士人的悔罪心態與消極行爲——不入城、不赴講會、不結社》，載《晚明清初思想十論》，復旦大學出版社，2004 年。

57. 張則桐：《張岱〈家傳張汝霖傳〉箋注——張汝霖事蹟考》，《中國典籍與文化》2005 年 1 期。

58. 葉舟：《危機時期的士紳與地方：以休寧金聲爲例》，《安徽史學》2005 年 1 期。

59. 周振鶴：《從明人文集看晚明旅遊風氣及其與地理學的關係》，《復旦大學學報》2005 年 1 期。

60. 范金民：《清代蘇州城市繁榮的寫照——〈姑蘇繁華圖〉》，載《古代中國：傳統與變革》，《復旦史學集刊》第一輯，復旦大學出版社，2005 年。

61. 向燕南：《晚明士人自我意識的張揚與歷史評論》，《史學月刊》2005 年 4 期。

62. 劉濤：《進入傅山的世界》，《讀書》2006 年 9 期。

63. 黃志繁：《「山獸之君」、虎患與道德教化——側重於明清南方地區》，《中國社會歷史評論》第七卷，天津古籍出版社，2006 年。

64. 邱澎生：《物質文化與日常生活的辯證》，《新史學》第 17 卷 4 期，三民書局 2006 年 12 月。

65. 張德建：《明代隱逸思想的變遷》，《中國文化研究》2007 年秋之卷。

66. 曹淑娟：《園舟與舟園──汪汝謙湖舫身份的轉換與局限》，《清華學報》新第三六卷第一期（2006 年 6 月）

67. 涂伯辰：《清閒與戒懼──從陳繼儒見晚明人心態》，載《全球化明史研究之新視野論文集（二）》，東吳大學，2008 年。

68. 熊明《生命理念的投射：嵇康與：《〈聖賢高士傳贊〉》，《古籍整理研究學刊》2004 年 6 期。

69. 商傳：《明代的社會主導群體》，《東嶽論叢》2005 年 1 期。